小原福治著作集 Ⅰ 説教

律法の彼方に

小原福治 著

キリスト新聞社

小原福治著作集Ⅰ　説教

律法の彼方に

小原福治　著

私は一生懸命にルターの註解を貪り読んだ。パウロのペテロ糾弾に襟を正し、

「人の義とせらるるは律法の行為に由らず、唯キリスト・イエスを信ずる信仰によりて義とせられん為なり……」は突如私の心を打った。それは強く大きな『然り』である。

自分の罪に対する深刻な認識により、「律法の行為で救われるというならば私は助からない。然り、この罪の身は唯イエスを信ずる信仰のみだ」という福音に直接突き当たった実験である。かくして註解を捨てて直接パウロ書簡を繰り返して味読百篇する。単純なる福音の真理は私の心の中に透徹する。恩寵を知りかつそれに与ったというこの私の悦びである。恩寵に打ち砕かれ、貫ぬかれ、そして飛躍した驚きと喜びである。それはまさに新生の悦びである。罪認識や信仰のみによる救いということを、自分でも繰り返し語り叫んで知り尽していたように振る舞っていた今までの自分が恥ずかしく思われるほどの転機である。……これが復活の経験である。

『福音と世界』（昭和二九年）掲載

小原福治牧師著「信仰の遍歴」より

昭和 39 年　81 歳の時

小原牧師の画　（雅号：湧泉）

シャクヤクの華

前岳　（戸隠連山）

刊行のことば

前掲の『福音と世界』の一文は小原福治牧師（日本基督教団元長野教会牧師）が御自分の回心の状況を綴られたものである。神は我々の環境と問題意識に応じて働いて下さるので、歴史上の人物達の回心の状況も各々異なっていることを我々は知っている。M・ルターは「神の義は神のあわれみへの信仰であることを学んだ」(1)ことにより救われたと言う。K・バルトは、それについて、「問いがすなわち答え」(2)という実存に救いを見出している。小原牧師も前掲の如くである。彼らの回心の在り方はそれぞれ異なってはいるが、その実存は自己の全面否定を内に含み、ある一点に収斂したことにおいて一致している。それはイエス・キリストという現実であった。

我々は、幸いにして、この回心の事実を鮮明にされた小原福治という人物を日本プロテスタント史の中に与えられている。そして、今日、その彼の説教に触れ得る事を感謝したい。その説教に対して、我々の先駆者達は告白とも思える次の言葉を遺しているのである。

「この説教者の説教こそ、時代を超えた神の言の強烈さと、そのロゴスによる明確化とを、響かせている。現代希な、真実な、説教であろう」(3)

小塩　力

「……キリスト者は何ものをも恐れない王者のような自由とともに、一切のものに仕える愛をもたねばならぬということ。これが真の自由であるということは、先生のくり返し説かれたところであった。……先生は長野という一地方都市にあって、全世界のひろがりに通ずるこのようなキリスト教を説かれたのである。この意味で先生の教えは普遍的で新鮮であった」(4)

福田正俊

「先生は、何よりもまずことばの厳密な意味で福音の説教者であられたと思う。神の言の歴史的な啓示者であり、且つ啓示そのものであられる主イエスの信仰によって罪の赦しと和解のことばを委託され、あえて人に語らしめられるという、その任務の重さを厳しく知っておられた人である。……私は先生に畏れをもつ。それは叱られることではない。先生の偽りない愛に触れることである。純なる愛の清らかさを見た。偽りのない愛のまなざしに対して限りなく畏れを私はいだいた(5)」

中沢宣夫

これらの先駆者達の言葉は、我々にある戦慄をもたらし、小原牧師へと眼を向けさせてくれる。彼は若い教員時代に、手塚縫蔵をはじめ、植村正久、高倉徳太郎を敬慕し、そして彼等から愛されたという現実の中で、P・T・フォーサイスとルターの信仰の言葉に導かれてイエスという逆接の実存に触れ、回心を体験した。そこで、彼の実存は否定されて飛躍したのである。そのため、彼の実存は恩師達とは異なったものになったが、彼らに対する感謝は彼の心から終生離れ去ることはなかった。

回心の出来事から生れた小原牧師の説教は、イエス・キリストの現実性を強く意識し、神の主権と信仰義認が徹底して語られ、歴史と社会に深く触れている。また、単刀直截であるその言葉は容赦なく我々に悔い改めをうながすのである。編者は、この彼の説教を読まれるキリスト者・求道者の方々が、小原福治牧師の世界が醸し出すそのエトスに触れ、新たな聖書の世界へと旅立たれることを念願するものである。

今年は小原福治牧師の召天五〇周年記念の年に当たり、長野教会の信徒有志の方々のご協力とご援助により、ここに『著作集Ⅰ　説教』を刊行できたことを感謝する。そして、今日に至るまでこのような小原牧師の業績を保存されてこられた長野教会の信徒の方々の卓見とご努力に改めて感謝申し上げて刊行のことばとさせていただく。

二〇一五年初秋

編　者

（注）文中の各注の出典および人物の紹介は巻末資料に記載致しました。

律法の彼方に　目次

Ⅰ　説　教

説教集『汝尚一つを欠く』所収十一篇（昭和二七年―三〇年）

説教集『切なる招き』所収一六篇（昭和三一年―三三年）

＊本文中の聖書引用は日本聖書協会の文語訳聖書によります。
なお、当時の文語訳聖書には今日の状況から鑑みて不適切と
思われる表記も見受けられますが、原稿のママとしました。

凡例

一　まず、原文に使用されている文語訳の聖句であるが、現代使われていない漢字、ひらがなは現代語にし、人名・地名等は「新共同訳」に依って変更した。

例：ペテロ↓ペトロ　給へり↓給えり　惡↓悪

次に、説教本文に使われている文語調の言葉遣いについては、読み易くするため、できるだけ現代語、現代かなづかいに変更し、また、読みづらい漢字には、所々ではあるがルビを付けた。ただ、ルビが付けられた漢字で現在使われていないものには（　）を付けた。また、辞書にない語句でも意味の通るものはそのままにし、通らないものにはママを付した。

例：訓《（おしえ）》　憐憫《（あわれみ）》　悲哀《（かなしみ）》　敢果《ママ》　それ故に↓従って　等

二　福音書等の表記であるが、説教本文の中で使われている略称は変えないでそのまま使用した。

例：コリントの信徒への手紙一四章一五節―一六節↓コリント前一四・一五―一六

また、文中の『遺稿集』は『小原福治遺稿集』の略語、『追憶集』は『湧く泉の如く――小原福治先生追憶集――』の略語である。

三　原文中の強調部分はすべて統一し、傍点（、、、）で表示した。

四　編集者が説教本文について「注」を付ける必要があった場合は【編注】として付した。原文に付けられた「注」等は《原注》として統一した。

五　記載された人名で故人の場合、注などで判明している人物には、「故」を姓の前に付けなかった。

I
説教

（巻頭説教）

神一人の外に善《よ》き者なし

マルコによる福音書一〇章一七節―三一節

昭和三一（一九五六）年『福音と世界』十一月号掲載説教

（北海の怒濤）

イエス途に出で給いしに、一人はしり来て跪《ひざまず》きて問う「善き師よ、永遠の命を嗣ぐためには、我なにを為すべきか」イエス言い給う「なにゆえ我を善しと言うか、神ひとりの他に善き者なし」（マルコ伝一〇・一七―一八）

マルコによる福音書一〇章一七節以下の並行記事である二福音書とも表現に多少の違いはあるが（マタイ伝一九・一六以下、ルカ伝一八・一八以下参照）、その中心問題は、「神一人の外に善《よ》き者なし」であり、この唯一の善《ぜん》なる神に帰らなくては、一切の人間の営みは「汝尚《なお》一つを欠く」状態に留まるということの警告であって、結局はこの言《ことば》に誘導招致のためとみられる。

さて、「神一人の外に善《よ》き者なし」は革命的な提言で福音の中軸をなすほどのものである。創世記の失楽園と新約のイエスを両極として、これを連ねる背骨がこの言である。聖書の各部は、この軸をめぐって回転しているとも考えられる。そればかりでなく、この「神一人の外に善《よ》き者なし」のテキストは、禁断を犯したアダムを楽園から追放する父神の判決の言に通じるのである。

この言は、イエスの人間に対する終末的宣言ともみられる。神は神であり、人は人でなくてはならない、その神の自己主張である。同時に、それは神を離れている人間に対する徹底した否定の宣告であって、これこそ聖書の人間観である。人間が神に帰り、神を神とする時、人間は神の映像として造られた状態に立ち返り、永遠の生命、神の国のメンバーたる資格を得て聖意を地上に反映する道を歩むことができるのである。人が人たることを忘れて、自ら神の位置に立つ時、いかに苦心努力を重ねても、その努力はバベルの塔である。かかる人間を救うために来られたイエスは、「汝尚《なお》一つを欠く」、「神一人の外に善《よ》き者なし」と宣《の》べ給う。福音は、この言の上に立っている。これこそ人間に対する完全な否定であり、判決である。人間の現実暴露である。しかし、イエス・キリストの否定であるが故に、同時にこれに耳を傾ける者には、さらに偉大な肯定である。否定のための否定ではなく、肯定のための否定である。

ともかく、これは人間にとって革命的な言である。これに対して、大多数の人たちは、「そんな馬鹿なことがあるか、それでは人間には善はないと言うのか、人間はみな悪だと言うのか」と抗議をする。コリント前書一章一八節以下に、「それ十字架の言《ことば》は亡びる者には愚かなれど、救わるる我らには神の能力《ちから》なり。……世は己《おのれ》の智恵もて神を知らず……」とあるとおりである。（ローマ書一・一八—二三参照）

十字架の言《ことば》は信じない者には愚かだということは躓きと同意である。福音に対する躓きの根元は、福音の福音性にある。それは神の能力《（ちから）》であり、人間に対する神の主権の主張である。この神の主権の主張こそ、実は人間の救いである。「神一人の外に善《よ》き者なし」は、正にイエスによる神の主権の宣言である。これには毛厘の妥協がない。この否定の宣言に毛厘も妥協がないところが、人間の躓きの大原因であろう。だからといって、福音はこの一事においては決して妥協しない。それが福音の福音性である。もし躓きをなくするために、救いの道を安易に、量的に考えて、いわゆる中道的の道を取って、この世の最大公約数に従うような傾向を取るならば、それは福音ではなく、福音における神の力どころか、神なき人間の愚かと無力より外の何物でもなくなる。それは福音ではない。福音がイエスによってもたらされたことは、人間至上のアダムの歴史を一刀両断に断ち切る新しい歴史の創始である。旧いアダムの死に対するイエスによる新生である。ここでは中道だの妥協などは考えられない。もしそういうことになれば、人間は救われない。頭ごなしの人間否定は余りに非現実的ではないかと考えるならば、それは福音と人間の思いとを置き換えることに外ならない。非現実どころか、「神一人の外に善《よ》き者なし」ことこそ人間の現実を示す。この現実に立ってそこから新しく出発し直さなければ、救いは皆無である。この新しい発足のために、上から来られたのが「神一人の外に善《よ》き者なし」……、その神を代表するイエス・キリストである。

私たちの入信の動機や事情には、各個人に相違はあろう。あってしかるべきである。しかし、おそかれ早かれ、「神一人の外に善《よ》き者なし」の一点に絞られ、この人間否定にまで追い詰められなければ、福音信仰はあり得ない。しかし、それだけに理性万能・人間至上の現代には特に躓き多く、これにプロテストする者が多いであろう。抗議は理性からくる。しかし、これは思索や理論や討議の問題ではない。「来りて見よ」という否定できない事実である。普遍妥当といった頭の論理だけでは人間自身の個人的な事実とはなり得ない、いわゆる真理を超える事実である。仮りにしばらく言うことを許されるならば、その普遍的な真理の絶対者なる存在こそが、神を神とする救いを携えて来られた人なるイエス・キリスト、すなわち神のロゴス（言《ことば》）であると言えるであろう。「来りてこの人を見よ」。このイエスに出会う問題である。イエスに出会う時、それは、いかなる懐疑論者も、科学万能の合理論者も否定できない事実である。生ける真理の問題である。事実を突きつけられて「然り」と答える認識の問題が信仰である。しかし、理性万能に乱舞している現代は理性を絶対万能として、理性をもってプロテストしてくるから、信仰はパラドックス[1]だと言って逃げてばかりはいられない。

旧約の律法は神の聖意を示すものであるから、律法という文字を充ててはあるが、今の法律の如く強制を意味するのでなく、自由意志の行動が要求されるのである。従って、律法はモラル（道徳）と等しい。律法も道徳も心と行動が一致するのでなければ、モラルだの善だのとは決して言えない。律法もモラルも、私たち人間がこれを行う場合、極めて消極的なもの、すなわち、なかれ主義である。つまり、外にどのように積極的に表われる善き行為も、内なる人においては自己保存・自己防衛の限界を出ていない。私たちは、何かといえば良心や道義を持ち出し善を叫ぶが、悲しいことに、善を叫び道徳を行うその自分は極端に自己的な塊である。例えば、親しい友人のためにおもんぱかる場合にすら、その誠意の中に自己愛を忘れられないエゴイストなる姿が運命的な私たち人間の姿ではないか。大使徒ペトロが最後の夜「今宵汝ら皆我に躓かん」と警告されるや、彼の虚栄心が頭をもたげて、「たとえ外のだれもが先生について躓くことがあっても、私だけは断じてありません。私は先生と共に牢獄も死ぬる事も辞しません」と力《りき》み返った。がしかし、イエスの予告のとおりに鶏の鳴く前に、三度まで反逆罪を犯して外に出て激しく泣かざるを得なかった。ペトロの真実、彼の真剣をもってしてもかくの如くである。私が、私がの自己に固まっている人間の良心や道義心の現われは大方こんなものである。エゴイストな人間のどこをたたけば無私な善の音がすると言うのか。誠に人間はだいそれたものである。もちろん、世間的な意味で、あれよりはこれ、これよりはあれと相対的に善悪の差等はつけられる。イエスも無下に人間のこの自然性を否定されない。しかし、イエスはこの偽りの状態から救い出すために、「唯一の善なる神」に立ち返らせるために来られた。それのみでなく、「されど口より出づるものは心より出づ、これ人を汚すものなり。それ心より悪しき念《おもい》いづ……」（マタイ伝一五・一八―一九）、とまで言われる。これは厳しい言葉であるが、胸に手を当てて心の底を見ることができるならば、逃避できない言葉である。人間の偽われない状態を指摘する言葉であるから。

神一人の外に善《よ》き者なし。この言は、理性万能の現代人に対して、ことに強い終末的な意味を持っていると私は考える。それだけに痛烈な反省を促《うなが》す言でもある。いかなるイズムもイデオロギーも、ただそれだけで万事が解決できると考えて、毛頭《もうとう》人間自身の事態を顧みようとしない故に、この厳しい宣言下に立っている。カール・マルクスから出た唯物史観のイデオロギーは、頭から神を排斥するから勿論のことであるが、しかし、この言葉の下に立つものは、ただマルキシズムばかりではない。ドイツの唯心論も西欧の民主主義も然りである。メイフラワーで故国を脱出した殖民地グループに、「我に自由を、しからずんば死を」と叫んだ独立戦争に、自由民主は燃えていた。南北戦争ではリンカーンの「人民の、人民による、人民のための」のモットーに保たれて、現在に至っている。しかし、もしアメリカがいつまでも原水爆でソ連の向うを張る態度を反省せず強化の道をたどるならば、「神一人の外に善《よ》き者なし」の言葉は、キリスト教国であるだけに強く打ち下されるであろう。

民主主義は、一般的には、ギリシャ思想を主潮としていると考えられているが、それは学問的政治的な意味においてであって、実際、西欧の民主的な健全な社会秩序と生活はほとんどキリスト教の影響によるのである。

キリスト教の影響が西欧の社会生活に及ぼしたものを除いたら、西欧に何が残るであろうか。

これと同じことが日本の社会についても考えられている。すなわち、内外識者によって言われることだが、日本は健全に民主主義に発展できるかについては悲観的な見方である。なぜなら、ここ日本にはほとんどキリスト教の影響を見ることができないからと言うのである。ブルンナーは、先年日本から帰ってチューリッヒの新聞に報告記事を載せ、「日本人ほど西欧文化を取り入れる民族は少ない、しかし、彼らはその最も良いものを取らない」と言ったことを何かの記事で見た。日本の社会には、一方に民主自由のその自由が本能的な自由という誤りに動く傾向と、他方には修身科を復活して道義の高揚を叫ぶというふうに、昔に未練を残す側とがある。のみならず、偶像崇拝とその因習を離れ得ない日本の社会には、今もなお新興宗教という低い御利益主義が押すな押すなの盛況である。しかし、福音がいかに祖国において困難な道にあるとも、既述の如く神の言《ことば》なる福音を割引《わりびき》してはならないし、またこの国、この社会に失望してはならない。

私たちがあらゆる営み・教養・学術・倫理に心を労し、努力を傾けても、「汝尚一つを欠く、神一人の外に善《よ》き者なし、神に帰りなさい」と信仰へ招くための大きな否定を認識する時、悔い改めという偉大な恩恵が与えられる。イエスに出会って、人は誰でも丸裸で神の前に立つ。あたかも楽園を追われた時のアダムとエバの姿だ。現実の醜体に驚き恥じて眼が醒める。俺が、俺がと自負する傲慢はうち砕かれて、自分がうそつき・無智・傲慢《ごうまん》・肉とエゴイズムの塊であることを暴露される。

その時、私どもは「神よ、罪人なる我を憐れみたまえ」（ルカ伝一八・一三）と叫ぶ。ただ未信者のみでなく、キリスト者も、イエスの前に立つ時、「我信ず、信仰なき我を助け給え」と呻かざるを得ない。イエスのこの言《ことば》の前に、人間が話し合い、討議し、思索し、友愛を説き、寛容を叫び、平和の道を発見するなどのだいそれた問題は吹き飛ばされて、全く砕かれた人間が発見されなければならないのである。これは正に大革命である。ここに卑下が起り、悔い改めが起り、生命の革命が起って、自己中心から本当の愛への新生が与えられるのである。パウロは、「それ神にしたがう憂いは、悔いなきの救いを得るの悔い改めを生じ、世の憂いは死を生ず」（コリント後七・一〇）と言っている。この否定を通らないすべての営みはことごとくバベルの塔であろう。しかし、それはただイエスに出会う一事を外にしては、絶対に起り得ない事実である。

信仰とは、イエスにおいて唯一の善なる神に立ち返り、連なり、服することである。だから、この信仰に代用できる何物も人間界にはない。信じる者の善行為といったうるわしい動作で代用できるものではない。「人の救わるるはただ信仰のみ」というパウロの言葉は、正にイエス・キリストの聖意そのものである。「信仰より出でて信仰に」である。神の真実から出でて神の真実に追いすがる、ただこの一事のみ。徹頭徹尾信仰一本である。

罪とはこの否定される人間の状態、すなわち、善なる神から離れている状態を言う。ここに「善《よ》きこと」とは、イエスにある至純至美な驚くべき愛（アガペー）のことである。従って、私たちの実際生活においては、罪とは「愛がない」状態である。人間は勝手に至善・至美などと叫ぶことを好むが、ただ頭で思い、口で叫ぶだけで、人間自身のものとして経験の事実に上《のぼ》らない。至美至善こそ、ただイエスにおける神の人格にのみ見得ることである。人間は、倫理道徳でさまざまな徳目を並べてそれを行うことによって、品性の陶冶、人格の向上を考えるが、福音においてはただ愛の一語に尽きる。この愛を目指さなければ、百般の営み・努力もバベルの塔であろう。なぜなら、神の聖意を映すべき共同社会において、愛の交わりができないからである。私は今ここで「本当に愛がないか」と言う反問に対して、本能的・生物的な自己愛を解剖し分析批判する時を持たない。本能的な愛こそ自己愛でエロースと言う。このエロースも親子とか、友情とか、男女の問題等に傍観者をしてホロリとさせることは勿論ある。しかし、それを直ちにモラルとか善だなどと言えないとハッキリ答えておくだけに留める。

最後に「人の救わるるはただ信仰によるのみ」という信仰の道について一言の必要を感じる。信仰は、それを持たなければ善行が可能でないからという理由からであってはならない。私たちの信仰は善行のためにではないのである。信仰こそ人間に許された唯一の善である。この善への志向が人類の目あてである。いかにも信仰は律法道徳を遂行する鍵である。だから、善行のための信仰だと世間的な意味で即断してはならない。福音信仰に立つ者は、この一事を明確に把握していなければならない。信仰を善行の方便とするとき、実は善行も不可能であるばかりでなく、信仰から脱落する。この光栄ある信仰を備えるためにイエスは来られた。信仰によって人間の義（善）が極力排斥されて、神の義がこれに代るのである。しかし、これとても、神の義の器である。私たちは、義の実質を自分が持っているかの如く考えてはならない。私たちは神の義を盛るだけである。ここから越権しては信仰の喪失である。義の器に留まる軌道をひた走るのが、信仰から信仰へである。それを実生活に翻訳する時、愛なき自己が愛への新しい生命に生きることである。フィリピ書三章はこの愛追求の道をひた走るパウロの信仰告白であろう。

【編注】

（1）「逆接」のこと。逆説とも書く。（関連箇所→三八三頁）

（2）E・ブルンナーは一九五三年から二年間日本に滞在し、国際基督教大学の教授をするかたわら、他にも広範な活動をした。

（回心後で現存する最初の説教）

二つの我

（アルプスと松林）

ローマの信徒への手紙二章二八節―二九節
昭和七（一九三二）年七月（日付不詳）長野教会説教

それ表面のユダヤ人はユダヤ人たるにあらず、肉に在る表面の割礼は割礼たるにあらず。隠《ひそ》かなるユダヤ人はユダヤ人なり、儀文によらず、霊による心の割礼は割礼なり、その誉れは人よりにあらず神より来るなり。

（ローマ書二・二八―二九）

己《おのれ》の力、己《おのれ》の知恵、己《おのれ》の思いによって生きつつある我は表面《うわべ》の我であって、隠《ひそ》かなる我、霊なる我、すなわち真の人間ではないと解釈ができる。表面の人は性来の我、もしくはこれに粉飾を施した人であって、たとえその生活が如何に立派に見えても要するに己がために財《たから》を地に積む者で、人間の真物でないというのである。自己中心であり、我執そのものであり、本能的、肉的の我である。所詮《しょせん》、他の生物と等しく自己保存という自然界の法則に基づく生活から出て来るものである。この法則的生活を無意識にあるいは大いに意識的に営んでいるものである。

この我はまた社会生活の中に在って、己が義を立てんとする我である。しかし、性来の我は己を義とせんとする硬《かた》なる故に、絶対に義たることのできぬことは神の言葉の示す通りである（コリント前一・一四）。ところがこの我は、そのような事は知る由もなく、何処《どこ》迄も己が義を立てんことを主張し頑張る。そして、世はかかる人を善行者として許し、また自らも善行者として許す。何ぞ知らんこの己の義は結局のところ自己中心より一歩も出ていない事を。

開明と言い文化と言う。智と言い、感情と言うも、要するに智は自己保存のために用いられ、これもまた我執と自己中心の動力以外のものではなく、感情と言うも遂に本能より一歩も出ていないようである。開明と言い文化と言う。しかし、いわゆる現代の文化というものは自己中心を基調とし、その文化の享有《きょうゆう》なるものはそれが巧妙に、狡猾に、隠密にあるいは公然と大袈裟に行われるというに過ぎぬ。これらは皆表面なる人、性来なる人、あるいはこれに装飾を施したる人心の動きである。この表面なる動きの中には善なる何物をも蔵していない。極端に言えば、その自己中心的自己保存の法則を最も巧妙に最も微妙に営むことが、すなわち、最も道徳的であるという結論に到る。信仰の立場よりせば最も上品な悪とも言うべきである。然るに、この表面なるユダヤ人の奥に一点の霊火によって、真と善と美に対して全心を傾倒して憧憬する霊的の我が隠れている。これすなわち隠かなるユダヤ人である。そして、この我が福音の光に照らされるや全幅の心胸（ハート）を開いて「我は罪人なり、御前に立つに相応しからず、罪人なる我を助け給え」と打ち砕かれて、顔を天に向ける叡智的霊なる我と化する。かくなって初めて、被造物たる人間の本領に帰ることができるのである。すなわち、隠かなるユダヤ人は愛なる神の神格、霊能、聖霊に相《あい》感じてアバ父よと呼ぶ可能性を付与されている人である。

そして、この隠かなる人のアバ父よと呼ぶ神は人間の頭脳によって造り出された汎神論的な神ではなく、自然神教の冷酷なる法則的な神でなく、また人の心の中に内在すると説かれる心理的神秘の神でもなく、真の生ける神である。聖にして父なる神、真人をして一度これに触れしむればその聖顔に照らされて、自らの胸奥の汚恥を嘆き悶えて、その罪咎《つみとが》より逃れんとひたすらにすがることのできる人格神である。内在に非ず、法則に非ず、詩的汎神にあらず、主イエス・キリストによりて啓示されたる愛なる神、父なる神である。我らの罪を嘆きこれを徹底的に許し給わんとし給う神、常にイエスとその十字架に於いて、聖顔を我ら罪人にむけて憐み、嘆き、そして裁き赦し、自ら我らの罪を贖うて我らに罪を負わせざらんとし給う神である。その裁きや実に赦さんための裁きである。

……神はキリストに在りて世を己と和《やわら》がしめその罪をこれに負わせず。……　　（コリント後五・一九）

主イエスの「我憐憫を好みて生贄を好まざる」神である。隠かなる真人は悔いし砕けし心を以《も》ってこの神を素直に受け入れて何等の疑いを持たず。全ハートを開いて我は罪人なり、我が信なきを憐み助け給えと祈る人である。福音の霊火を浴びこれに感応して、己の義を立てんとする従来の偽り（表面）の態度に痛切なる罪悪の実感を得て、最早自己に何等の期待をかけず、唯神の恩恵と憐みに生きん志に燃え、ここに新生の第一歩を与えられる「信仰の霊」(コリント後四・一三)である。「イエス・キリストの顔にある神の栄光を智る知識を輝かしめんために我らの心を照す」(コリント後四・六)、その心である。

これこそ実に面と面を相あわせて神を見る我(創世記三二・三〇—三一)(コリント前一三・一二)である。この霊なる我に磨きをかけて貫いそのひたすらなる成長を念願するのでなければ、人生終《つい》に何するものぞ。これあり、我らは他の生物と異なり、これを表面《うわべ》なるユダヤ人、性来のままなる人に蔽われていてはそこに人としての尊貴は毛頭認められない。我らにおいては、この隠かなる人こそ主イエス・キリストの顔にある神の聖愛を認め、特にその十字架において神の御聖旨を認め得る信仰の霊である。砕かれて遜《へりくだ》り、赦されて感激し、罪の己に愛想をつかし、毛頭己に頼る事なからんを念《ねが》う霊である。

しかも、この隠かなるユダヤ人は福音を受け入れる力すらもまたこれにすがる力すらも自らに持たずとし、これを神の恩恵に帰して、喜んで感謝する心を与えられる人である。この内なる人が福音の光を受ける時、主イエスの完全を仰ぎ望みて、地獄的の自己の魂故に痛切なる罪の意識を経験し、ここに神につける悩《なや》みを覚える。しかもこの為に、すべてのことに勝ち得て余りある我となり、すべての事の相《あい》働きて益をなす希望と確信の上に立ちて嘆く我、実に嘆きの我である。神につける嘆きの我であると同時にそれは祈りの我である。祈りとは神につける嘆きの我である、父なる神、主イエス・キリストにひたすがりにすがる心である。しかも、この嘆きの中にあって限りなき希望を蔵《ぞう》し、事々に再生の念願に燃やされ、感謝の中に愈々《いよいよ》神の愛を感ずる。常に地獄に落ちんとするの危機を己が生活に感じつつも、忍耐をもって常に望みを失わず、自棄に陥ることなく、矢種尽き刀折れて御前に立ち返り立ち返りて、その都度清新の力を付与される我である。福音の御光こそ己が唯一の慰めであり、憩であり、平安であり、楽であり、力でありとし、他に求めざらんとする我である。人生の至幸至楽は唯一点に在りとなし、内外《うちと》なる苦悩の中に在ってこよなき喜びと感謝を持つ我である。余の友歌あり、「天地の幸極まれりうつし世を直《ただ》にひかれつつ御国さす身は」と。実に福音の一点に天地の幸いは集中されて余さずとする我こそ福音の光に照らし出されし隠かなる我である。パウロはこの喜び、この幸いを述べて「されど曩《さき》に、我が益たりし事はキリストのために損と思うに至れり、然り、我はわが主キリスト・イエスを知ることの優れたるためにすべてのものを損なりと思い彼のために既にすべての物を損せしがこれを塵芥《あくた》の如く思う……」（フィリピ書三・七―八）と言ってその天賦も富も学歴も名誉も地位も表面《うわべ》のものとしてかなぐり捨てて些かの執着も持たぬ様である。

この世の楽を楽とせず、この世の安きに平安を求めず、この世の力を力と頼まず、それら一切の表面的なものに毛頭心を傾けざらんとし、また実際傾け得ざるが故に、世の人より見れば、愚者中の愚者だ、されど、何ぞ知らんやその中に蔵せる情懐《じょうかい》をや、何ぞ知らんやその中に抱ける燃ゆる希望をや、我は無力なり、されど神我の中に働き給うが故にすべての事相《あい》働きて益をなすを確信する我である。肉の生命は今果てる事ありとも生命の真清水を汲みて喜ぶ迄に到る我である。主イエス・キリストとその十字架につけられ給いし事の外は知るまじとの単純一途の念願に生くる我である。亡びる者には愚かなれども救われる我らには神の能力《(ちから)》なり。ユダヤ人は徴を求めギリシャ人は知恵を求む、されど、我らは十字架につけられ給いしキリストを宣べ伝うと、人生の行路をキリストの一点に集中して世の嘲笑の内に唯父なる神、主イエス・キリストの恩恵の御力を信じて、傍目《わきめ》も振らず進み行かんとする我である。「性来のままなる人は神の御霊のことを受けず、彼には愚かなるものと見ゆればなり……」（コリント前二・一四）である。実に表面《うわべ》のユダヤ人等の愚の骨頂とする福音を知恵中の知恵となし、「我は福音を恥とせず、この福音はユダヤ人を始めギリシャ人にもすべて信じる者に救いを得させる神の力たればなり」（ローマ書一・一六）とし、世の愚とする福音に真の能力《(ちから)》を感知する我である。

しかし、この隠かなる愚なる人も福音の光に照らされるに非らざれば一生浮かぶ瀬はない。人は何処迄もその表面なる人の偽の生活の中を彷徊して、惜しくも福音の喜びを享受する事がない。これを思う時、隠かなる心の扉を開けしと切なる愛の御言をもって訪《と》い給うキリストを拒否し、あるいは、かかる転機を無頓着に見過ごす人こそ気の毒である。これ実に人生最大の失敗である。更に悲しむべき事は、一度福音の御救いに与り、再び世の心遣いや己が知恵のために、福音を愚なりとして捨て去らんとする人達の心事である。福音を去って何処に行かんとするか。福音はその出発において、艱難と嘲罵の的となっている。キリストの弟子達すらも離反せんとして、「汝らもまた我を離れ去らんとするか」と主をして泣かしめている。されど、弟子のためにまた我らのため主は今も尚「されど我汝らの信仰の失せぬ様に祈りたり」と祈り居給う。たとえ、汝ら地獄へ陥る様な事がありとも、罪故に自棄することなく忍耐をもて信仰を最後迄保てとの御憐みである。実にキリストの愛我らに迫りつつあるに非ずや。キリストを置いて我ら何処に真理を求めんとするか、平安を求めんとするか。擧世《きよせい》の嘲罵《ちようば》を一身に浴び給い、キリストこそ生命の真理ならずや。

同時に思うことは、我ら極めて薄信ながら福音の真理を伝えられたる者が、各々この種の播種者たらしめられているという事である。隠かなるユダヤ人が一度福音の秘儀に与らしめられるや、たとえば、良き地に蒔かれた種の比喩の如く、あるいは三十倍、あるいは六十倍、あるいは百倍の実を結ぶ筈であるのに、一家の中に在りてすら福音を私して、惜しくも主の命じ給う「人と機会」を失う事である。自ら福音に燃えざる故か、しかし、福音は我らの霊の常食とすべきものである。人生二兎を追うを得ず。福音は我らに一途の心を要求する。我らは字義通りこれを食物としなければキリスト者と言えない。これを我が霊の糧とする時、豈《あに》燃えざらんや。福音を知らざる者の罪にあらず、伝うべくして伝えざる者の罪である。福音に無頓着なる者独り罪を犯すに非ずこれを伝えざる者の罪更に大なりである。

我らは唯希う、この内なる人、愈々《いよいよ》福音の慈光に浴し、健かに育てられて、主に在る新人たらんことを、そして、残されし生涯において、たとえ一人なりとも乏しき自らの祈りを通して他の魂にこの光の点ぜしめられんことを。

私も救われるでしょうか

ルカによる福音書一八章九節―一四節
昭和二七（一九五二）年十一月九日　長野教会説教

（庭前の花）

「われ汝らに告ぐ、この人は、かの人よりも義とせられ、己が家に下り往けり。おおよそ己を高うする者は卑うせられ、己を卑うする者は高うせらるるなり」（ルカ伝一八・一四）

まず聖書についてルカ伝一八章九節から一四節を読んで下さい。そこに解決の鍵を御覧になるでしょう。「私も救われるでしょうか」という不安定な気持ちで聖書を読み教会へ来る人達もかなりあるのではないかと思うので、私自身の経験を元として参考に供《きょう》したいと考えてこの題を出したのであります。かかる疑問は丁度「私の様なつまらぬ者、私の様な弱い者、私の様な過去を持っている者、かかる人間は神聖な神の前には出られないだろう」といった危惧《きぐ》の念《ねん》であります。しかし、この疑問、この危惧の念は聖書によって人間に対する神の御意《みこころ》を知れば直ちに解消されるのであります。なぜならば、聖子イエス・キリストはかかる疑問を持ってそれを解決しようと思い煩う者の為に救い主として来られたのであるから。そればかりでなく、罪については完全に潔いイエスではありますが、我らと全く同じ様に悩みと誘惑とを経験され、それに打ち勝って、かかる悩みを持っている者の中に救い主として来られたのであります。ヘブライ書五章には、

キリストは肉体にて在《いま》しし時大なる叫びと涙とをもて、己を死より救い得る者に祈りと願いとを捧げ、その恭敬によりて聴かれ給えり。彼は御子なれど、受けし所の苦難《くるしみ》によりて従順を学び、かつ全うせられたれば、すべて己《おのれ》に従う者の為に永遠の救いの源となりて、神よりメルキゼデクの位に等しき大祭司と称えられ給えり。（七節—一〇節）

とパウロは言っています。心に悩みあるものを救わんために自ら我らの想像のつかない試練と誘惑を通って来たのであります。

イエスは「およそ労する者、重荷を負える者我に来れ、我これを憩はせん」（マタイ伝十一・二八）と言われ、「健《すこや》かなる者は医者を要せず、ただ病める者を要す。……我は正しき者を招かんとに非ず、罪人を招かん為に来れり」（マタイ伝九・一二—一三）と宣言され、御自分の来臨された目的をはっきり言われて、我らを呼び給うのであります。「労する者、重荷を負える者」とは人によって色々に事情は違いましょうが、自分ではどうにもならない事を苦に病んで取越苦労して年月を送り、または自分の過去や現在の過失や罪悪に心を痛め、心身をすり減らし、あるいは誘惑に溺れ易い性格に自ら愛想をつかしている様な心の状態を言うのでありましょう。「罪人を招かん為に」の罪人も同様に解すべきであります。しかし、マタイ伝五章三節以下に、イエスは言われています。「幸福《さいわい》なるかな、心の貧しき者、天国はその人のものなり。幸福なるかな悲しむ者、その人は慰められん……」と。何れも心に深憂《しんゆう》を持っているもの、すなわち罪から来る悩みでしょう。この悩みを持ってイエスに訴えるものは幸いだと言うのであります。また「我は正しい者を招く為に来たのではない」の正しき者というのは本当に正しいのではなく自分だけで「自分に間違えはない、自分は正しい人間だ、自分は罪を犯した事はない、自分にはうそはない」と世俗的な意味で独りよがりに思い込んで得意になっている人達のことで、ルカ伝一八章九節のファリサイ的な人間であって、他人は欺く事はできても自分は欺く事はできない魂を見ることをしない人達、すなわち、自分は正しい人間だと思い込んでいる人間をイエスは正しい人と言うのです。左様な人達はイエスの深い同情ある、そして人を本当に救う能力《ちから》を持っている招きの言《ことば》に耳を傾け様とはしないのです。それはイエスが自分から正しいと考えている人間を少しも排斥する事を意味しません。イエスの愛憐《あわれみ》はそういう人にも等しくかけられるのでありますが、それらの人達はこのイエスの言《ことば》には耳を傾けないのであります。如何《いか》にイエスの愛といえども何の効果も見る事はできません。全く猫に小判、豚に真珠です。この事を「我は正しき者を招かんために来たのではないよ」と言われるのです。

とにかく、今まで考えて来た様に性格が弱いとか罪に溺れ易いとか、自分の様な恥ずかしい過去を持った者とかといった様な憂いがある者が救われるであろうかという疑問は、聖書によってイエスの言《ことば》を聴くだけで、直に解決される問題であります。しかし、以上の解答も「私は救われるであろうか」という問題に対して一応の解答ではありますが、未だ完全な解答とは言えないでしょう。完全な解答は「救われる」という事は、一体何を意味するかという問題を明瞭にして初めて得られる答えでありますが、それはしばらく後にゆずって、今は次の問題を取り上げましょう。

「私は信仰を持ちたいが，神を信じる事ができない」と思い込んでいる人達の為であります。自分は懐疑論者であって神というものを自分の頭で納得《なっとく》の行く様に見るのでなければ信じられないと自分で決め付けている類《たぐい》の人達であります。彼らは私は科学者だ、私は医者だから神など信じられない、神など不必要だと決めこんでそれから一歩も出ようとしない頑固な人達と同一型の人達であります。この問題は前の問題より少し面倒な問題であって、科学者、医者ばかりでなくキリスト教を信じている人達にもこの様な懐疑といったものが皆無だとは言えない深刻なものが在りましょう。しかし、信仰の問題は人間の頭で解決できる問題ではなく、神が解決してくれる問題であります。実は私も、この種の懐疑者でありつつ入信を決断して今日に至ったのであります。イエスはトマスの懐疑に同情し、かつその率直な態度を賞讃されて、「汝は見しによりて信じた。しかし、見ずして信じるものは幸福《さいわい》だ」と言われました。この懐疑論者のトマスも遂に完全な信仰者になって原始教会の柱石になりました。私は理知的だ、私は科学的な仕事に従事している、あるいは神信仰を私は持ちたいがどうしても神を信じる事はできないと自分だけで決めつける所に無理がありましょう。

信仰という事は、文字の示す様に、信じる事で眼に見えないものを誠《まこと》とし、見ゆる世界だけで満足できない人間の内的の問題に関する事であります。信仰は我らの理性や常識や合理的といった判断の上に立つものではないのです。私たちの頭で納得できる事、それこそ科学であり哲学であり常識であって信仰ではありません。

信仰はその理性や常識、つまり人間の考えを超越する人間の魂、その心根、その状態、何としても自己を欺くことができない心の深処、そこにのみ人間が神の声を聴く唯一の場所、この場所に育つものであります。常識や理性と矛盾することは明瞭であるにもかかわらず、なおかつ理性や合理では割り切れない人間の偽れない真相に眼を開いて、聖書の言《ことば》、イエスの提言する言《ことば》に強く逞しく「然り」と決断し応答する道、これが信仰でありましょう。しかし、私のかく言うことは「信仰は理知ではない」との一言で人間の考えを一蹴《いっしゅう》するつもりは毛頭ありません。しばらく私の以下の言葉に耳を貸して下さい。

さて「信仰を持ちたいが、信じられない」という疑問でありますが、前にもすでに述べた様に、この場合一番大事な事は「信じたいが」という願いであります。「信じられない」という事など少しも問題にする必要はありません。成るように委せて置いて結構であります。一体懐疑の心は人の力ではどうにもなりません。そんな疑いの心は神が始末してくれます。そんなものは棄てて置いてよいのです。イエスもトマスの懐疑など問題にしておりませんでした。ただしかし、「私は信じたいが」というこの心が大事であります。この心こそは、神の招きに耳を傾ける人間の腸《はらわた》から出てくる願いであります。初めはその願いは不透明であり、希薄で漠然としたものでありましても、その出てくる所は人間の魂の深いところから溢れ出るものである事を忘れないようにして下さい。「信じたい」というこの心こそは初めのうちは雲をつかむ様な漠然としたものではありましょうが、これこそ人間の人間たる根底をなす魂（ハート）の叫びであります。これは信じるという神に関する問題であります。理屈で処理できないハートの声、魂の眠りを呼び醒ます声であります。他人を欺く事がたとえできたとしても自分を欺くことのできないところから出てくる声であります。ハートの声、魂の願い、良心の叫びであります。科学や哲学や芸術で万事片付くと考えている固陋《ころう》な人間の頭を叩いて霊の世界に眼を開かせる魂から出て来る要求、そこで、またそこでのみ、見えざる神、イエスの中に隠されたる神に出会う場所、その場所からの叫びであります。アブラハムやモーセが神を見たのは彼らの inmost soul（内なる心）で神の声を聴いたからであります。この場合、人は思い切って聖書に没入し、イエスの言《ことば》に傾聴し、また教会において交わりの中に聖書を学ぶことが緊要《きんよう》であります。私は信じられないなどの懐疑の心などは必要はありません。そんな所に気を奪われていると一番大事にしなければならない「信じたい」という心の声を沈黙させてしまう結果になります。「信じたいが」というその心を大事に育てる事が重要であります。この心こそ信じられないと言うその神を信じる事ができる心であって、これこそマタイ伝一三章の福音の種を蒔くに適した土地で、五十倍百倍の収穫を刈り取る良い土地であります。

信じたい、信じなければならないという深い要求を持っている場合と、それ程ではなくただ漠然と信仰を持ちたいという場合と二つの場合が考えられますが、何《いず》れにしても神の招きに答える心の表われであり、否、それこそイエスの招きの声だとも考えられるのであって非常に大事な事であります。自分はどうしても神信仰は持てない質《たち》だと決めつけてこの心を棄てておくのは惜しみても余りある事であります。古今の信仰者を見ても仲々、たやすく信仰を持てなかった人が随分多くあります。

信仰は私たちの常識や理知という合理で片付けられないものであります。聖書によって、イエスが我らに言わんと欲し給う言《ことば》に耳を傾けている中に、漠とした不透明な「信じたい」という願いが漸次明瞭《はっきり》して来て、何時しか信じられなかった神が信じられているのに気が付く時が必ず来るのであります。それは我々の力ではなく御言《ことば》による聖霊の助けだと言う外はありません。信仰は私たちの納得するという常識や理性の問題ではないのです。それで、常識や理性に適《かな》わないからといって、人生で一番大事な信仰の問題をただそれだけで片付けてしまっては惜しい事であります。

「およそ労する者重荷を負える者……」と「我は正しき者を招かん為に非ず……」の御言《ことば》は結局同じ事を示している言葉で、自分の罪に悩み救われたい、逃れたいと手を差し出す心の状態を言うのであります。ここで正しい人というのは前に述べた様に本当の正しい人を意味するのではなく自分だけで自分は正しい、自分は罪はない、自分は立派だと自分免許で得意になっているファリサイの様な人の事であります。かかる人は「人間は神を離れていては悉く罪人だという人間の状態に眼を閉じている人であります。従って、イエスの招きに対しては全くチンプンカンであるか、あるいはこの招きの声を拒《しりぞ》ける傲慢な心の人達でありましょう。かかる人達には如何《いか》なるイエスの愛も手の下し様はないのであります。

さて、ここで少しく「救われる」という事は「どんな事を意味するか」考える必要を感じます。宗教によって救われるという場合に様々な段階があると考えられます。しかし、ここで言う救われるというのは聖書の意味する救いであります。キリスト教による救いという事も現に様々な状態を言っている様であり、勿論その各々の場合がその人に取っては大問題でありまして、それは皆肯定さるべきものである事は言う迄もありません。しかし、大体において初めの中は漠然としたもの、不徹底なものであり、低い要求が満たされたという様な事が多い。例えば病気を癒《なお》して貰ったとかあるいは世俗的の意味の幸福を求めるとかいう様な……。しかし、キリスト教が（聖書が、教会が）与えんと欲する救いはそんな所に止まってはいないのです。イエス・キリストを深く知る様になればなる程、誰でも左様なこの世の幸福とか病気平癒の折願とか願掛けといった低い所に止まっては居られなくなって、何時の間にかそれらの念願は消え去って、たとえ消え去らないにしても信仰において求むべき最大事ではない事を知る様になり、聖書が与え様と欲するもの、イエスが我らに与え様とするもの、すなわち、真に人間の誰もが求めなければならない救いが明瞭になって来ます。つまり、それは我々が如何《いか》に屈託したり、もがいたりしてもどうにもならないもの、また、科学の発達や哲学的真理探究だけではどうにもならない根太い人間の罪ではありますが、その根太い罪人である自分を発見して、この自分は何としても救われたい、救われなければならない一点に辿り着き、その苦しい自分を救ってくれるものこそキリスト教であるという感激の一点に迄辿り着くのであります。かくして、病気の癒えんことを願ったり、もっと経済生活の豊かである様にと考えたり、世の幸福を念願する事などは聖書の与えようとするものではない事に気がつき、初めに救われたいと一生懸命に願った事など忘れ去って、罪の痛みを覚え、この痛みから救われたいという良心（内なる人）の悩みに眼を醒ます、しかも、不思議な事に、この痛みこの苦しい悩みの中に、その悩みを超えて、その悩みを蔽いつつむ明朗な青空を見るのであります。すなわち、罪人なる我に対するイエスの徹底的な愛、イエスの赦罪、それから受ける感激と喜びと平安に自分が今立っている事に気付くのであります。すなわち、「信じたいが」という内なる心の叫びを十分に完全に最高度に満たしてくれる神の愛をイエスにおいて見るのであります。かくして今迄納得できなかったイエスの十字架の秘義を会得する迄に到るのであります。この時、今迄自分には「信じられない」と決めていたその神が信じられているのであります。なぜならば、イエスを信じる事が神信仰でありますから。イエスこそ救い主であり、救い主であるという事は、すなわち、神の子イエスなる事を意味します。人は誰でも神を求めて神に到る事はできませんが、イエスに来たって本当の神に来るのであります。世の中にはイエス抜きの神経験を唱えるものもありますが、それらは哲学的に頭の中だけで、人間の製造した主観だけの概念であったり、あるいは、幻想的になされた様なまぼろしに過ぎないものであり、結局人間自身の影法師に過ぎません。従って、救われたという事も屁理屈であったり、感傷的な気分であったりして、水の泡の様に消え去るものでありましょう。勿論、救いについて確かな事実として一瞬の間に一大事件として経験する場合も少くはありません。パウロやルターなどはその代表的なものであって、救われたという事実（回心、悔い改め）を強烈に鮮かに経験し、赦罪の世界に一瞬にして入った宗教的天才とでも言うべきいわゆる天才型も沢山あります。しかし、今私のここで皆さんと考えている「私は救われるだろうか」という問いに対して述べて来た事は、そういう天才型についてではなく、私自身の様なぼんくらの平凡型の入信についてであります。イエスの十二弟子の中でもペトロとかヨハネを除けば随分この平凡型の人間が多かった様であります。平凡型の「信じたいが」という心は彼ら税吏マタイやペトロがイエスに「我に従え」と招かれて、不透明ではあるが何か知らんイエスの魅力に感じて行く所を知らずして後に従った事と一脈相《あい》通じる所があります。「信じたいが信じられない」と思いつつも「信じたい」というその心の願いを捨てないで聖書に学び教会に来て、その交わりの中で礼拝を守る事が大事であります。それは丁度漠然とした魅力に引きずられてイエスに従った弟子達と同様に救われる大事な条件であります。イエスにおいては成算のあった事です。たとえ弟子達は漠《ばく》たる心でありましても。それで、もし弟子達がイエスに従わなかったならば、彼等は元の木阿弥です。信じたいその心を大事に育てる素朴な心こそが必要であって、「信じられないというその心の方は捨てておいてよいのです。神の言《ことば》、イエスが適当に処置してくれましょう。そして「私も救われるのかなあ」と気が付く時はペトロの告白の様に「汝は生ける神の子キリストなり」との信仰の状態に辿り着いているのであります。むしろ、イエスに導かれて来ているのであります。そして自分の信仰は未だこんな程度か、自分は未だ信仰の山麓にしかいないと驚嘆《きょうたん》しつつも最早《もはや》再び後戻りして元の木阿弥の状態に帰る事のできない事に気付くのでしょう。丁度ペトロが「主よ去り給え、我は罪人なり」と自分の汚れを告白しつつも、遂にイエスから離れる事のできなかった内なる人の歓喜であります。何物にも替え難い、なくてはならぬただ一つのものを求めてトボトボと辿った長い道中であったが、それはイエスを導者としての忍耐の道途でありました。

それこそ新しき人の歩みの道、その道からは決して逆コースを取れない道であります。以前には信じたくても信じられなかった自分は今こそ信じて新しく造られた存在でありましょう。パウロが言う「人もしキリストに在らば新たに造られたるものなり。旧きはすでに過ぎ去り見よ新しくなりたり」（コリント後五・一七）というこの変化は外に表れない内なる人の変化であって、「来りて見よ」というより外なき自分の新生の変化でありましょう。これは「噫《ああ》我悩める人なるかな、この死の体より我を救わんものは誰ぞや。我らの主イエス・キリストによりて神に感謝す……」（ローマ書七・二四―二五）、と叫んだパウロの感激に通じるものがありましょう。

それと共に、かつては意識せずに石の様に硬《かた》かった自我（エゴイズム）に気付いて、現在もこの自我でありつつ、自我では在り得ないという強い念願と希望とに動かされて、自己愛から非自己の方向、すなわち、イエスによって指示され導かれているその方向、また、「信仰と希望と愛とこの三つのものは永遠に残らん、その中で最も大なるものは愛なり」というその愛によって神の恩恵による信仰に支持され、信仰による希望を持ってイエスの与える事を約束される唯一の目標たる愛に向って立っている自己の姿を発見するでしょう。

しかも、不思議な事には、この新生した自分が神の国の一人として人間窮極の目標に向って歩みを続けているにもかかわらず、他人に対して誇るという心は起らないという事であります。キリスト者は人間窮極の目標を持ち、かつそれに向って歩みを続けるものでありながら、それは自分の力によるのでなく、すべて神の助け、恵みによるものである事を知る所の赦された罪人でありますから誇る様では困りましょう。誇る事はできません。キリスト者が誇るものでない、誇り得ないという理由は他にも一つあります。イエス来臨の窮極の目的は罪人たる人間に愛を持ち来り、愛を注ぎ、愛に動かし、愛を目当てに走らせんとする事でありました。すなわち、神を愛して、そうして人を愛せしむる事、この状態の上に神の支配する天国を打ち建てる為に来られたのであります。勿論、愛に歩ましめると言っても神ならぬ人間である故、完全に無私な愛はおそらく地上の生活において見る事は不可能かも知れません。神を離れた状態を罪だと言う事は愛し得ない事が罪だと言うに等しいのであります。ここで言う愛とはアガペの事で完全無私な愛、人間においては少くともそれに近い清い愛を意味します。この愛の無い状態があらゆる社会悪の源をなします。人間は他人を愛する気持でいて、実は他人でなく自分を愛している事を悟らないのであります。互いに愛し合っている同士の状態を能《よ》く見抜くと、実は愛する対象に自分を投影して自己を愛している事が判りましょう。神によらなければ何人も自己という枠の中だけで他を愛する所作をしているに過ぎないのです。この真の愛を欠いている状態が罪であります。何としても人間は神に依らなければ真の愛を知る事もまして身につける事もできません。真実の愛イエス・キリスト、その十字架の贖罪の愛でありましょう。このイエスの愛の一雫《しずく》を我が内に受け入れ、汚れ易き我が愛を清くされ、ここに本当の愛に目覚め、この愛を生涯の目標として走り続けるのであります。イエスも弟子達に、従ってまた、すべて彼を信じる悉《ことごと》くの者に、「我汝らを愛せし如く互に相愛《あい》せよ」との新しい戒《いまし》めを遺《のこ》して十字架にかかりました。この新しき戒《いまし》めこそ神の国民、すなわち、新しき人の唯一のモットー（標語）であります。かくして、イエスを信じる結果、自己中心的な虚偽の自分に愛想をつかして、この非自己的な愛の道を強く念願するのです。ここに、新しく造り変えられた人間があるのです。容易に無私なる愛を獲得する事はできないにしても、彼の人間としての方向は全く前とは正反対になっています。彼が全精神を集中し、また彼の全精神を占領するものはこの愛への道であります。この一道《いちどう》の生を続けるものは自己を誇ったり他を非難したりすることが許されましょうか、それはできない事です。しかし、完き愛は将来に属するものです。今現にたやすく私たちに実現しないからとてキリスト者は決してこの人生の軌道から脱線する事をしません。

　奥村政治郎兄が生前私に左の歌を送って自分の信仰状態を告白した事があります。

　　我が心及ばざらんをひた嘆け　たわやすくなお願いを捨てず

　これはキリストを信じるものの生涯を率直に歌っています。これがキリスト者の生涯であります。人はイエスを知れば知る程、自己の内なる矛盾を知って来ます。不平と感激、悲しみと喜び、怒りと寛容、憎しみと愛と相《あい》交錯する内なる戦い。しかし、かかる自分に対し神の言《ことば》は常に同情を持って「汝らはすでに清し、我語りたる言《ことば》によりてなり」（ヨハネ伝一五・三）、と語りかけます。イエスに来るものはその内なる悩み、内なる罪を赦されて義を着せられるのです。ルターの言う通りであります。しかし、悲しいかな我ら凡骨はこのイエスの絶対的な愛、その愛の宣言、完全なる罪の赦しを不完全にしか受け取らない未《いま》だしき状態を続けているので、救われるものとしての完全な状態を心に経験する事はできません。しかし、それだからキリスト者に対してイエスは常に私語《ささや》いているでしょう。「汝ら常に我に居れ」と。それは「我が愛におれ」と同意語であります。救われたものにとって大事なことは常に「イエスに居る」という事であります。かくして、その歩みは牛の歩みの如くであるにしてもキリスト者が常にイエスに在り、その言《ことば》によって導かれるならば、「この愛へ」の軌道から決して脱線する事なく一歩々々と前進の道を歩むのです。律法主義者やヒューマニズムの友愛の空念仏ではなく上昇の一路を辿る事に疑いはありません。信と望と愛の一線上、愛が永遠の彼方に在りましょう。しかし、それは鮮かな生涯の目標であってイエスの助けによって望みを失わず、常に前方に眼をつけて走り続けるのがキリスト者の生涯であります。

以上、平凡な私の入信の過程を叙《じょ》して「私も救われるのか」という問いに答えたつもりでありますが、唯今ふとこの問いに答えるに相応しい一小事を私自身の入信の経験に持っている事に気付いたので、それをお話します。

私が附属長野小学校の訓導（正教員）であった大正七年三五歳の春の事であります。矢島、田中両兄御夫妻と共に植村正久先生から洗礼を受けた時の事で、受洗前の準備として試問がありました。それで、我々は一時間程早目に出かけてその試問を受けました。夜の事で二階の奥の十畳間に植村先生が座っておられ、その脇に時の牧師安井氏と二人の長老が、かしこまっておる。私共は植村先生を正面にして私、矢島、田中の順に席に着きました。植村先生は極めて短かく試問前の祈祷をなされました。この祈祷によって一座はシーンとした厳粛の空気につつまれ、私自身は胸を抑えられる様な精神の緊張を覚えました。祈り終った先生は顔を上げて私たちを見ながら、「それでは皆さんにお尋ね致します。正直に答えて下さい。小原さんからお尋ねします。小原さん、「キリストは何処《どこ》においでです?」。どんな難問が出るかと予《あらかじ》め用意はしていたものの……しかし、これは全く、出し抜けの思いもかけぬ質問であります。私はギクリと致しました。考える余地も何もあらばこそ、私は反射的に「ここに居ます」と答えるより外なかった。実にそう答えるより外ない窮地に追いつめられた私でありました。そう答えるのが本当の私であるかあるいはうその私であるか、など顧みる余地はありません。何等の考慮を許さない上からの厳しい声を全身に感じ、一生懸命の反射的の答が「ここに居ります」の一語であります。私は満身汗でビッショリになりました。第二問が続いて来るのかと心構えをしたと思った時、先生の声は「矢島さんそれでよいですか」である。私は助かった様な思いでホッとしました。矢島兄は如何《いか》にと密かに様子を窺うとただ伏して黙ったまま頭を下げてうなずく。先生は残る三人、田中君、令閨《れいけい》二人の三人に向って一括して「皆さんそれでよいですか」と問われる。三人も非常に恐懼《きょうく》して俯伏《ふふく》しただけでありました。実に驚いた尋問、恐ろしい尋問でありました。植村先生はここで側に居た安井牧師と長老諸君に向って「どうです、皆さん、これでいいでしょう」と言われる。牧師も委員の二人も私たちと同様に恐懼した様子でうなずくだけである。「安井さん、短かく祈って下さい」……。これで試問は済んだわけで、ただの四、五分の間であったが非常に長い時間に感じられた。試問を終えて私たちは階下の会堂へ下る。驚いた事に最前《さいぜん》私たちの来た時には一、二人しか見られなかった会堂が満員である。人中を別《わ》ける様にして前面の壇の前に出ました。受洗が完全に済んで会衆を代表して「手塚さん、お祈り下さい」と言う植村先生の指名を聞いた時に、私は手塚兄、信仰の大先輩が我ら三人の前途を祝福される為に召されて遙々《はるばる》来会していた事を知りました。手塚兄の祈りは、イエスは長い間兄弟達を導かれつつ今日の決断あるべき祝福の日を待っておられたという様な感激の祈りでありました。誠《まこと》に天と地と人と相和《あい》した一場の受洗式を今眼前する事ができます。

さて、私の尋問の時の「ここに居ります」は全く追いつめられた窮地の叫び、それが反射的に出たのであるが、今も当時の事を顧みて、「あれでよかった」と考えるより外はありません。信仰に志して手塚兄の先達により、植村、柏井、内村先生等の説教や著書等によって導びかれた年月はそう短かいとは言えないにしても、私自身の信仰状態は甚《はなは》だ未熟なものでありました。しかし、ある時の植村先生の講壇の「信仰は冒険ですよ。冒険心がなくては駄目だ。キリスト教には卒業という事はありません。何時迄もグズグズしていれば死んでしまいます」という言葉を聞いて、飛び込まなければいけないと言う考えを持つ様になり、植村先生の御来長を機会に同志 志《こころざし》を一にして受洗したのでありまして、私自身の信仰など話にならない未熟千万のものでありました。この未熟千万の私の入信の決断を神は嘉納されて、植村正久先生の言葉をかりて「キリストは何処《どこ》においでですか」の最後の窮迫の一撃を加えて完全な決断に追い込んだのであります。これは理性にあらず、常識にあらず、私の頭の中の仕事や考えではないのです。だからと言ってそれは私の感傷でないのは勿論の事、人生最善唯一の道に追い込むために福音イエス・キリストの神の言《ことば》、すなわち、十字架の言《ことば》のパワー（能力《はたらき》）による決断だと思うのであります。理性によらず、否理性に抗して、それを超えて、感傷や気分でなく、それを臂《しり》えに見送って人生の偽われない事態を直視しこの事態から救い出す為に我らに告げるロゴスの否み難き声が「キリストは今何処《どこ》においでですか」だったのであります。人よ理性とや科学とや言う事をやめよ、聖書に眼を向けよ、そこに神の声を聴けと私は叫ぶのです。

再び言います。理性や常識で人間の万事は解決できない。理性には理性の限界があり、人間白身の考えには自己心という枠がある。我らは理性や思考を超えた、偽われない魂の奥の一室に立ち留ってそこでのみ聴く事のできる天来の御声、神のロゴスの聖なる招きの声を聴いて人事の完《まった》きを得るのであると。

【編注】文中の植村、柏井、内村先生とは、植村正久、柏井園、内村鑑三各氏のことであり、手塚兄とは手塚縫蔵氏のことである。

義の器は貧しき心

信仰はこの唯ひとりの善に連なる事だ。パウロはこの事を「義の器」と言う。ここに人間としては絶対の価値、無限の悦びがある。それがハンブル（貧しき心）である。従って、この幸いに与りつゝも彼に傲慢の心は起らないであろう。悔い改めの連続、この正しい軌道を走ることが永遠の生命であろう。

『汝尚一つを欠く』「神一人の外に善き者なし」より

我らは唯《ただ》、一信を願う

（寺と桜）

ルカによる福音書六章四六節―四九節

昭和二八（一九五三）年二月一日　長野教会説教

なんじら我を「主よ、主よ」と呼びつつ何で我が言うことを行なわぬか。凡そ我に来り我が言を聴きて行なう者は如何なる人に似たるかを示さん。即ち、家を建てるに地を深く掘り岩の上に基を据えたる人の如し。洪水出でて流れその家を衝けども動かすこと能わず、これ固く建てられたる故なり。されど聴きて行なわぬ者は、……」

（ルカ伝六・四六―四九）

自己反省という事は人生の歩みにおいて非常に大事な事とされ、反省のない人に対しては冷たい批判が加えられます。この場合はその人の行為に加えられ、またその動機にも加えられます。かかる批判は当然過ぎる程当然なことであって、その批判は間違えがないと言えるでしょう。しかし、キリスト者の自己反省は、上述の様に人生を平面的に見て人の顔を恐れての反省ではなく、またそうであってはならないのです。キリスト者の自己反省は平面に立つ自己でなく眼を上に向けて垂直的に神の前に立っての自己反省であります。イエス・キリストの前に立っての自己反省であります。私たちキリスト者は、一人で祈る時、あるいは公同の祈りにおいてキリスト者として自分の相応しからざる状態を反省し告白する事が常であります。「聖にして恩恵に満ちる神の前に何時迄この様な状態を続けているのか」という心の痛みを神に訴え、その御赦しを請う祈りと告白であって、魂から出て来る内なる悩み、内なる反省であります。人に対する横の関係における行動といった外側だけに留まり易い反省ではなく、むしろ心の中の動機とか、心そのものの動向に対する反省であります。

それ神に従う憂いは悔なきの救いを得るの悔い改めを生じ世の憂いは死を生ず。（コリント後書七・一〇）

しかし、外部的であれ内部的であれ、その何《いず》れにしても自分の行為（動機諸共に）についての反省であって見れば、信じる者の行為《おこない》が信仰とどういう関係にあるかという事について明確な見解を持たないと、我々プロテスタントの「人の義とせらるるはただ信仰のみによる」という福音の真理がゆがめられる恐れがある為に、このルカ伝六章四六節以下を取り上げてキリスト者の「善《よ》き行為」という事について考えて見る必要を思うのであります。特に聖書の中にもヤコブ書の如きは、「かく人の義とせらるるはただ信仰のみに由らずして行為によることは汝等の見る所なり」（ヤコブ書二・二四）とあり、このルカ伝（六・四六↓）でも一見行為を説いているかに解せられるからであります。かつて私はこの講壇で「キリスト者に対する最大の誘惑」と題して律法の義の事を考えた事がありましたが、ただ今もキリスト者の行為という事について迷わされない見解に立たねばならぬ事を痛感してであります。

さて、このルカ伝の箇所であるが、一見我らに対して為すべし、為すべからずという厳しい行為、すなわち、律法の義を説いているかに考えられますが、果してそれがイエスの聖意であるのか。「汝ら我を主よ、主よと呼びつゝ我が言うことを行わぬ……」とありますが「主よ、主よ」と呼ぶ事は信仰を意味しているが、今ここで言われている信仰は、信仰の如く見えて信仰でなく、イエスに対する形式だけの信仰的態度で、言わば口先だけで「主よ、主よ」というだけで、真実の信仰からの叫びではなく偽善的態度を取っているいわゆるファリサイの輩《やから》の神信仰で、そういうファリサイの徒に堕《お》ちてはならない事を戒《いまし》めつつ弟子たるもののあるべき状態を諭《さと》すのであって、決して行為そのものを説いているものではないのであります。それは六章の今迄のイエスの言《ことば》で明らかであります。四三節から四五節には、

悪しき果を結ぶ善《よ》き樹はなく、また善《よ》き果を結ぶ悪しき樹はなし。樹はおのおのその実によりて知らる、……善《よ》き人は心の善《よ》き倉より善《よ》きものを出し、悪しき人は悪しき倉より悪しきものを出す……

とあり、この言《ことば》の示す様に外部に表われる行為を考えるよりも、その行為の出て来る心そのもの、人間そのものが第一問題である事を教えています。人間そのものの改造なくしては真正の善はあり得ない事を問われて

います。ルターが「善《よ》き行為を積む事によって善人（義）たるのではなく、新しく造りかえられる事によってのみ善行を為し得る」という言葉は正にイエスの言われたこの箇所の説諭を正しく言っているものと見なければなりません。従って、この箇所は行為を説く律法主義者や、現代の人間万能主義者に対するイエスの警告であると見る事ができます。ヤコブは「信仰ばかりでは救われない。善行を伴わなければ」と言っているので福音の真理を体得したルターから見ると、信者を律法主義に引きもどす危険があるので、ヤコブを排斥するのではないけれども、ヤコブ書を、他のパウロ等の書簡に比べて藁《わら》の書と言って、余り重んじていないのであります。

今仮りにキリストの善行という事を考えると、それは言う迄もなく、モーセによって人間に与えられた十戒（律法）の御心を行う事であることは疑う余地はありますまい。神がそのために人間を創造されたのでありますから。マタイ伝二二章三七節には「汝心を尽し精神を尽し思いを尽して主なる汝の神を愛すべし。律法の全体と預言者とはこの二つの戒《いまし》めに拠《よ》るなり」と言って、すべての善なる行為はこの二つの戒《いまし》めの中に包まれている事を意味されています。

しかし、神の前に律法を守る事は外形の業でなく心の中からの完全な行為でなくてはなりません。人は立派な事を口に言い行為《おこない》に表わしますが心奥は常に自我であります。この二つの戒《いまし》め、またこの二つの戒《いまし》めに包含される日常の個々の戒め（善行）を行う事も、生れながらの人間には全く不可能であります。禁断を犯して神を離れた人間は事々に肉に動くより外なき存在であります。肉というのは肉の思いの事で、判り易く言えば、情慾と「エゴイズム」、自我に動く事であります。パウロの言う肉というのは霊に対して言っています。この霊とは信仰を意味し、それで、肉というのは人間中心、人間だけの努力を言っている様であります。今私がここで言っている「肉」という事はパウロの言う肉の動きを言うのであります。何事も自己の利害損得が行動の基準であります。他の生物とその中心的な動向は余り異なっているとは言えないのであって、ただ少しく巧みにその自我をカバーするに過ぎません。肉なる人、すなわち、信を持たない性来の人は、どんな小事でも自己の利害や名利に係りを持つ場合には狂人の様に熱心になりますが、そうでない場合には、たとえ外面は関心をもち熱心の様であり同情を持つ様であっても、心の中は誠に水の様に淡々とした程冷淡であります。その状態をイエスはルカ伝六章四三節から四五節で言っています。マルコ伝七章では、もっと突込んで言っています。すなわち、

　人より出づるものは、これ人を汚すなり。それ内より、人の心より悪しき念がいづ、すなわち淫行、窃盗、殺人、姦淫……、すべてこれ等の悪しき事は内より出でて人を汚すなり。（二〇節—二三節）

マタイ伝一五章にはさらに一歩を進めて厳しく言っています。

　聞きて悟れ、口に入るものは人を汚さず、されど口より出づるものは、これ人を汚すなり。（十一節）
　口より出づるものは心より出づ、これ人を汚すものなり。それ心より悪しき念いづ……。（一八節—二〇節）

　これは余りに極端な言《ことば》ではないかと思われますが、実状はこの言を拒《しりぞ》ける訳には参りません。如何《いか》にも人間には善に志す動きは皆無ではありません。しかし、その動きは、人前や社会的面目あるいは制裁等を恐れての事であって、もしこの人の顔を恐れる事や、自己の信用を失うという恐れがなかったり、社会的制裁というものが取り去られた場合を考えると、人間の悪の勢力が露骨に表われて、人は悪魔化する事を疑う事はできないでありましょう。ここに到って最早《もはや》人間は善を為す、為さぬの問題でなく「神一人の外に善き者はなし」という聖書の人間観の正しいことを承認しない訳には参りません。善人とか悪人とかの区別は完全になくなって、人は悉く罪人だという厳しい批判を受け入れなければならぬでしょう。「義人なし、一人だになし、善をなす者なし、一人だになし」とパウロが言う通りであります。神によって造られ、神の聖意を行うものとして自由意志を与えられたその人間が、神の禁断を破って神と無縁になった時、その自由を肉にのみ乱用する事は必然

的な事でありましょう。この事実をパウロはローマ書三章九節から一八節に言っています。聖書について味読されん事を。

イエスが「悔い改めよ」と言うことは人間の根本的改造（方向転換）を要求するのです。道徳的精神の徹底するところは、為すべし、為すべからずの行為の問題よりも、人格全体としての態度と方向、すなわち存在が問題になります。如何に為すかよりも、余は如何《いか》なる人間かということが本質的な問題となります。パウロは、ローマ書七章で見る様に「我如何《いか》にして善をなすべきか」ということを真剣に問題と致しました。しかし、それは「新しく造り変えられなくては」という最後の一点に追いつめられて、遂にイエス・キリストの贖罪の信仰に来て、新しく造り変えられたのです。

さて、人間相互のこの肉（自我）に動く状態をこのままに放置しておいては社会の秩序は保つことはできません。人間の皮をかぶった生物の百鬼夜行の巷《ちまた》が現出します。それだから、ここに社会の制裁、あるいは国権という形を取った圧力が現われるのであります。この社会的自然の制裁や法制的の制裁は等しく神の経綸の中にあるものであって、人類が救済の余地なき迄の破壊状態になる事を防ぐ為であります。実際この制裁によって辛うじて社会秩序は保たれているのでしょう。この秩序は人の心の中から出て来るものではなく、人の顔を恐れ、人の非難や法制の刑罰を恐れる外部からの圧力の為に自我が積極的に露骨に悪に動かないというだけのものでありましょう。これが神の前に偽れない人間の赤裸《せきら》の状態であります。すべての人が然りであります。一人の例外もありません。

「神一人の外に善《よ》き者はなし」。この場合、聖人といい君子というなどは笑止千万の話であります。人格者といい、あるいは教育家、あるいは指導者、あるいは文学者も、何もかも大同小異、五十歩百歩で、口より出ずるものは、これ心より出ず、人の心程悪に動くものはないのであって、正邪善悪を他人に対しては説くものの、説く御本人と説かれる人達との間に本質的善悪の区別などはないのであります。人は何人もイエスによって啓示された神（福音）に立ち返らずしては、心に如何《いか》程の高い清い理想を描いて如何《いか》なる美言を説いても、彼自身は依然として旧《ふる》い人間であり、肉の思いの中に動くエゴイストであるより外ありません。

我らは新しく造り変えられなければならない。善《よ》き行為を考える前に、新《あらた》に造り変えられる必要があります。イエスはニコデモが「我神の国に入る為に如何《いか》なる善《よ》き事をなすべきか」と問うた時「人新に生れずば神の国に入ること能《あた》わず」(ヨハネ伝三・五)、とズバリ、一刀両断の答をしています。イエスに取っては人自ら善事に動き善行為をなすなどは凡《およそ》そ狂人の沙汰であると考えられていると思われます。

然《しか》らば、真の善《よ》き行為とは新しく造り変えられる念願を持って、その方同に動くことでありましょう。新しく造り変えられる為にはイエス・キリストにより神の招きに歩むより外の事ではないでありましょう。「神信仰」、これが唯一最大な善行為ではないでしょうか。ヨハネ伝に、イエスは次のように言っています。

神の業はその遣わし給える者を信じるこれなり、(ヨハネ伝六・二九)

神の業(神の聖意に従う行為)、それは律法でありそれを総括すると、神を拝し、他を愛する、第一第二の戒《いまし》めに尽きる事であります。それで、これが我ら人間に可能になる為には、神より遣わされたイエスを信じなければなりませんが、ただここでは、それのみが唯一の行為であると迄言っているのであります。

この問題は大事な事であるので、繰り返して考える必要があります。「然らばこの信を獲るには、どうしたらよいか?」という疑問を提出して考えて見ましょう。信は何処《どこ》に見出され、何処《どこ》から来るか。この事は真面目に人生を考え、落着いた平安、何物にも紊《みだ》されない平安を求める求道に志す悉くの人の大問題でなくてはならない「問い」であります。そして、真先《まっさき》に明瞭なことは信仰は断じて我ら人間の行為功績に根ざすものでないという事であります。これは最早《もはや》何の疑いを挟さむべき余地を残しません。ただイエス・キリストより来り、イエス与え給うのであります。我らはイエスの招きに応ずるのみ。ただ、この一事によってのみ、すなわち、信仰によってのみ我らは新しく造り変えられるのであります。イエスに対してこの信仰を持つ事それだけが人間の持つべき唯一最大の行為であるのであります。イエスによって神に帰るただこの一事がすなわち新しく造り変えられる事であります。イエスはこの為に我ら人の中に来り給うた。今もなおその十字架上から我らを招いています。新約聖書の何処《どこ》を見ても我ら人間に対して行為の奨励を説いている箇所は見出す事はできません。この事を我らははっきり銘記していなくてはなりません。パウロも言っています。

　我らがなお罪人たりし時、キリスト我らの為に死に給いしによりて神は我らに対する愛を表わし給えり。我らもし敵たりし時御子《みこ》の死によりて神と和ぐことを得たらんには、まして和ぎて後その生命によりて救われざらんや……。

（ローマ書五・八↓）

救われる事（人、新たに生れ変わること）は毛頭人間の功績、善行によるのではない。イエスは我らの罪人たるその状態のままに招き救い給う。「我は正しきものを招かんとするにあらず、罪人を招かんために来れり」と。過去の罪も、現在の罪も、未来にはらむ罪も完全に、悉く、毛厘も余すことなく赦し給うイエスとその十字架に対する信愛の一事のみがイエスの恩恵に対する求道者の唯一の行為であります。

信仰は我らの行為に始まるものでもなく、行為によって進められ深められるものでもなく、また行為によって維持され成就されるものでもないのであります。ただ、イエス・キリストの愛、すなわち、その傷と血と、その死の真意に心を傾け、これにのみ唯一の望みと期待をかける一事、これが信仰であります。

信仰（霊の賜物）はいわゆる人間の善行に対して与えられるものでなく、イエスの心を痛める人間の罪、すなわち、神離反、神に対する人間の敵意に対するものである事をシッカリと認識しなければなりません。それが恩寵である、この恩寵を伝えるのが神の言《ことば》なる福音であります。

試みに十字架上における、イエスの贖罪の言を聴きましょう。

父よ彼らを赦し給え。その為す所を知らざればなり。

（ルカ伝二三・三四）

彼らを救う為に、愛を持って来られ、彼らの罪を負い、これを贖うために、人間のあらゆる罪と罪への審判がイエス御自身の上に万岳の崩《くず》れ落ちる様に集中される事を意識され、驚くべき聖子としての自由意志の力（この力こそ奇跡中の奇跡）をもって裁かるべき詛《のろ》わるべき罪の結果を御自身に引き受け給うた。そしてこの愛の対象たる彼らがなお悟ることをせず、悪魔的憎悪をもって屠殺《とさつ》せんとするその真直中において、彼らに対する憐れみと愛は微動だにせず、恨みどころか、警告の言葉すらなく「父よ彼らを赦し給え、その為す所を知らざればなり」と。真にこれが贖罪主の祈りでありましょう。驚くべしこのイエスや。

この時、我らは「未だそんな事があるのか、本当に我らの罪が贖われるだろうか」などと疑義を挟むべきではないでありましょう。すべての人を偽りとすとも神を真実とすべし。イエスは十字架にかかる前に贖罪を弟子達に洩らし、十字架において贖罪を具体的に示し給うたのです。

この救い主に対して表わすかかる恐るべき人間の態度は決して当時のユダヤ人に限定されてはいません。神の眼からは今日の我ら自身も彼らと等しくこの恐るべき殺戮《さつりく》者、大罪人、大悪人であります。人類の連帯責任を我らは深刻に考えなければなりますまい。それだけでなく、この十字架にイエスを屠《ほふ》って、その臨終に当ってなお嘲笑して「人を救うて己《おのれ》を救い得ざるたわけ者、今十字架より下りよかし、然らば我ら信ぜん」と罵倒して快哉《かいさい》を叫んでいます。全く悪魔の子で彼らは在るのです。

イデオロギーといい、科学という。如何《いか》にも科学に対する人智の無限性を表わしているかのようであります。原爆に水爆に。しかし、その人間が、天才的個人も、倫理的に、集団的、文化的にも人間界にどれだけ貢献しましたか。二千年の歴史がこれを証明しています。また将来においても神を無視して、真の平和、自由人としての真の平和の世は断じて期待できないでしょう。

また、神に対しイエスは、かかる無知なる彼らの態度、その罪を「私の今流すところの血の為に赦して下さい」と言う贖罪の祈りは、地上唯一の真実なるイエスの口から発せられたのであります。これを受ける受けないは我らの側の責任であります。

「イエスよ、御国に入り給うとき、我を憶《おぼ》え給え」という切なる懺悔の罪人に対してイエスは「我誠に汝に告ぐ、今日汝は我と共にパラダイスに在るべし」（ルカ伝二三・三九―四三）と宣言される。イエスを加えた三人の中、イエスの外の二人は身から出た錆、犯罪の結果の処罰として十字架にかけられたのであるが、その一人の悪人が処罰されつつ悔いる事をしないでイエスに向かって、「汝はキリストと自称しているではないか、真にキリストならば己《おのれ》と我らとを救え」と皮肉に揶揄《やゆ》したのを聞いていた他の悪人はこれを戒《いまし》めて、「汝罪に定められながら未だ悔いる事を知らないのか、我らは自ら犯した罪の報いを受けるのは当然であるが、この方は何の不善をなされたのでない。汝は未だ神を畏れないのか途方もない話しである」と詰責《きっせき》しつつイエスに向かって、「御国に入り給う時我を憶え給え」とすっかり打ち砕かれた心になっている。この悔いし砕けし心はイエスの憐れみを買うに誠に相応しい心と言わねばならない。イエスは言下に「われ誠に汝に告ぐ、今日汝われと共にパラダイスに在り」という真実の祝福を与えて死刑囚の彼の心に歓喜の光を与え給うたのであります。イエスも神の律法を破って処刑されるその状態を変化させる事はできない。律法は等しく神の御経綸の中に在る。律法は信不信にかかわらず厳として犯すことはできないのであります。テモテ前書一章九節以下「律法を用うる者は律法の正しき人の為にあらずして、不法のもの、服従せぬもの、敬虔ならぬもの、罪あるもの、潔からぬもの、妄《みだり》なるもの……のために設けられたるを知るべし」とある如く、神は人間の状態が救われる可能性を完全に破壊されて獣に迄堕ちきる事を欲し給わずして、国権の制裁をもって防ぎ給うのであります（ローマ書一三章参照）。従って、今この場合この処刑の状態を変更する事をイエスは欲しません。しかし、イエスはこの処刑される悔い改めた罪人の心の状態を変え給もうた。彼は暗い思いの死刑に対して歓喜してイエスの能力《（ちから）》に充てる愛、罪の赦しを味わってイエスを先導としてパラダイス（祝福）の中に行った事に疑いはありません。

　このイエスとその十字架との招きに対する信の一事を得て人は甦生《こうせい》するのであります。ルターの著作『基督者の自由』に在る、

　キリスト者は何人にも隷属せず、
　キリスト者は凡《すべ》ての人に隷属する。

と言う驚くべき真の自由の獲得を約束された新人となるのであります。この事を学び、この事を知った我々は何時《いつ》までキリスト者の行為をかれこれ弄《もてあそ》ぶ必要がありましょうか。彼は真に自由に喜んで隣人愛を目ざし、自愛から他愛への道、すなわち、神の律法の示す行動に歩むことは間違えがありません。信仰によるキリスト者の律法の行為は決して命令的な外より加えられる正義とか責任といった道徳律に引きずられるものではなく、自由人として神の恩寵に感応する生活そのものであります。

　換言すれば、キリスト者にとっては道徳も律法も無用であるのです。キリスト者にとってはただ信仰の一事ですべて足るのであります。

　この状態を最もよく描写してあるのが、ルカ伝七章の三六節以下であります。「赦さるる事の大なるものは、その愛することもまた大なり」という意味を述べてあります。この婦人は生々しい罪を持ったマリアという女性であります。多分マグダラのマリアでしょう。七つの悪鬼につかれたと言われる位のあばずれで手のつけ様もない女性であったが、一眼《ひとめ》イエスに接してその聖愛に触れてナルドの油の一壺を持ち来り注ぎつつイエスに訴えたのであります。この場の光景は正に一場《いちじょう》のドラマを見る心地が致します。同名マリアの他の一場面、ルカ伝一〇章三八節から四二節を御覧下さい。

　マルタとマリヤとを比較する事によってただ信の一事が如何《いか》に貴いかが窺われます。マルタに向っては「マ

ルタよ、汝様々の事に心を奪われて思い煩いに苦労をしている。されどなくてならぬものは唯《ただ》一信（これはマリヤの態度）」とイエスは言っています。マルタの現状は心あつく、厚意に動いていますがその根本の信の一事を欠く為に「思ひ煩いが多い」。――すなわち人の顔、人前を苦に病み恐れる心であります。マリヤの何もせずに静かに坐ってイエスに聴き入っている態度をはがゆく思ったのか、あるいは自分の愛慕している先生に対するマリヤの態度に対して一種の嫉妬的心情が動いたのか、何《いず》れにしても心の動揺、不安定の状態を禁ずる事ができず、遠慮もなくイエスの前に来り不満の心をブチまけたのであります。これは彼女の親切も、その厚意も、愛敬の情の動きも信がない為に空《むな》しき処作《しょさ》に留まって中味のないもの、否自己追求より外の何物でもない事を曝露しています。マルタはマリヤの信仰の状態を見るに「役に立たず」の一語に尽きるでしょう。これと等しい場面が、ヨハネ伝におけるマリヤのナルドの油をイエスに注いだ場面であります（ヨハネ伝一二・二―八）。この時居合せた弟子の一人なるイスカリオテのユダが怒って叫びました。「何《なん》ぞこの香油を三百デナリに売りて貧しき者に施さざる」と。ユダにとってもマルタと等しく、否それ以上に信仰などはおよそ現実に即《そく》さない、役に立たない、どうでもよいことだったのです。マリヤの態度は彼女から見て全く価値なき乱費以外の何物でもなかったのであります。この心は日頃先生、先生と言って離れる事のなかったユダをして反逆の挙に出でしめました。神に対して信を持たない者の善への動向は実に恐ろしい事であります。

現実を訴え現実のみを見てその奥を見ない現代からは宗教も信仰も恐らく「役に立たない事」として顧みられないでありましょう。しかし、彼らの現実は肉の生の表面だけのことであって、その一皮むいた内側を見ないのであります。だから、すべての事は根のない浮草同然であります。真面目に人生を考える者の眼からはむしろ甚《はなは》だ非現実的であると言わねばなりません。人間の現実の姿に眼をつぶっている独善的な自己肯定に過ぎません。それからは平和に向かうべき友愛もヒューマニズムの精神も出ては来ないのです。お題目だけでありましょう。目糞鼻糞を笑う類《たぐい》であります。イエスにおける信仰こそ実に人にその現実を悟らしめ、そして、この現実に立ってこそ悔い改めが生れるのであります。それは世の現実そのものを意味あらしめ、深め、高め、美しくするところの本当の現実直視であります。

それは丁度イエスの言われる「我律法または預言者を毀つ為に来れりと思うな。毀たんとて来らず、反って成就せん為に来れり」（マタイ伝五・一七）と同じ事のように思われます。道徳の復興が叫ばれていますが、その道徳が現実のものとなり得ないでしょう。道徳の復興は神を離れた人間が神に復帰する事によってのみ現実に生かされるのであります。

然《さ》らば我ら信仰をもって律法を空《むな》しくするか、決して然《しか》らず、反って律法を堅うするなり。（ローマ書三・三一）

とパウロも言っています。我国にも民族の愛国心の復興を目ざして修身科復活を考えている向《むき》もあり、愛国の内容に大きな問題があります。ここでは、その事には触れる余裕を持たないが、とにかく愛国心の復興の為に修身科を復活させるという事も、律法の上面《うわつら》だけの現実に目を留めるだけで、それを叫ぶ人間自身の内的な問題にまで突っ込んでいないのであります。だから、修身科の復活ははなはだしき危険を冒すであろう事は予想し難くはないのであります。

さて、信仰と言っても功利的に考えられて何かの為にという浅瀬に留まっているならば、たとえ道徳的に言ったところで信仰の真の能力《ちから》は出て来るものではありません。否、それは聖書の示す正しい信仰とは言えないでしょう。「神は霊なれば拝する者も霊と真実《まこと》とをもって拝すべし」（ヨハネ伝四・二四）とイエスも言われています。霊と真実とを持って拝するということは神礼拝そのものを目的として他の如何《いか》なる考えも交えない純真な態度を言うのであります。功利的に信仰を考える事は少なくとも信仰の浅瀬にある事であって、聖書の示す信仰の能力《ちから》を期待する事は不可能でありましょう。

「我、彼らが神のために熱心なることを証《あかし》します、されど、その熱心は知識（信仰）によらざるなり」（ローマ書一〇・二）とパウロは祖国の人達の神に対する熱心を知っていましたが、しかし、その熱心はイエスの与え給う信仰に熱心であるのではなく、律法の義に熱心であるのであり、決してイエスそのものを求めているのではない事を嘆《たん》じているのであります。律法の義はすなわち己《おのれ》の義で自己追求であります。神に熱心である様で実は自己の誉に熱心であるのであります。「それは神の義を知らず、己《おのれ》の義を立てんとして神の義（イエス）に従わざればなり」（三節）であります。神の義を知ったならば「俺が義人になるぞ」という傲慢な心などは消え去るでしょう。彼らは外面的ないわゆる現実を問題として満足しているのであります。従って、彼らの眼には内奥の魂の問題、霊の問題、現実に生命あらしめる問題であるマリヤの態度、信仰の事などは「役に立たず」としか見えなかったのでありましょう。信なくしては人間はいわゆる現実（肉）より外の事は考えもせず、また考えられない故に、イエスはその信をもたらすために我ら人間の中に来り給うたのであります。

　次に、いわゆる信仰の現実化もまた大いに警戒を要することであります。教会内の礼拝における教会内の交わりにおける実践という事で、祈りによって為されるならば大いに各自の信仰を堅うする事でありますが、集団的に信仰の現実化をめざす宣教運動というものには充分に慎みと警戒とを要するのであります。現在の様な教団の動きは決して喜ぶべき現象ではないのでありましょう。信仰の世俗化に堕《だ》してはいないのか。

　さて、このマリヤでありますが、彼女の信仰の態度こそは具体的に我らにおいては礼拝そのものに通じるものではないのか。彼女のイエスの下に静かに座してその御言に聴従する態度こそは正に我々キリスト者の礼拝厳守の態度を学ばしめてはいないのか。イエスとその十字架の救いの福音を凝視するただ信仰一本の態度こそすべてを決定するものである事を我らは知らねばならないでしょう。人の救われるのはただ信仰のみによるのであり、決して我らの善行によるものではないというその為にイエスは我らに来り給うたのであります。我々は福音の真理から逸脱しない為に、恐ろしい律法主義の誘惑に対して信仰を我らの帯として腰に締めて置く必要があります。そのために礼拝を喜び守りたいものです。

「狭き門より入れ、滅びに到る門は大きく、その道は広く、これより入る者多し、生命に到る門は狭く、その道は細く、これを見出すもの少なし」（マタイ伝七・一三―一四）と聖書にはあります。「道は長安に通ず」ということばがあります。長安は文化の都であり、栄華の巷であり、名利の巷であります。人は皆これに向う。その道は坦々として大道である。しかし、芭蕉翁《おう》は言う「この途《みち》や　行く人なしに秋の暮」と。暮秋の山村の小径を独り旅して辿りつつ、自分の歩きつつある俳諧の孤独をつくづくと思ってこの表徴的な詠歌が湧き出た事でありましょう。

誠に滅びに到る道は広く、人多くこれに向う。生命に到る道は狭くして、人これを見出すことは少ないのであります。「それ十字架の言《ことば》は滅ぶる者には愚かなれども救わるゝ我らには神の能力《ちから》なり」と。パウロも慨嘆しています。

この世の道は皮相の現実を求め、自己を追求する道であるので道は広く人の喜ぶ所であります。神への道は現実の「花より団子」の道でなく、非現実的にしか見えようがなく役に立たない道、すなわち、人の見出すことの少ない道であります。しかし、これよりも一歩を深めて理解する時、ひとつは律法の道であり、ひとつは信仰の道であります。律法の道は神を離れた肉の人間の好む所の道であり、信仰の道は肉でなく、すなわち、常識と理知と人間の意欲を超えた道であります。従って、この道は狭い道であります。情感や理知等と矛盾する道であって、それらを克服して、意志的に決断する道であります。従って、狭き道という事ができます。その為、この道を歩むものは永久に少数者である事を覚悟しなければならないでしょう。しかし、この少数者こそ、彼の残された少数者であることを我らは誇りとすべきでありましょう。

神の招きに応じること

人間から神に助けを求めるのではなく、神の方から呼びかけて我に来れと招き給うのであります。しかし、この神の憐れみに充てる救いの招きも条件はあります。すなわち、その招きに応じることであります。それが我等の側に於ける信仰であります。

『汝尚一つを欠く』「神よびたもう」より

ソクラテスとイエスの違い

如何にもソクラテスは多くの弟子達に囲まれていました。然《しか》し、それは弟子達が目的でなく彼等同士の論争、ディスカッション、そこから生れる抽象的概念が目的であります。三千年の歴史が示す様にこの思想は人間の本質をなす善意とそれへの決断をなす力は持ち合せていないのです。然るに、イエスはこれと異なり、人間そのものが目的であります。弟子そのものが目的であります。人格が目的であります。イエスは人間を招いて自己に結び付ける事が目的でありました。それが、すなわち、救いであります。

『汝尚一つを欠く』「神よびたもう」より

神の力が働く所

神は罪なる我等を平素の機会毎に善い方へ、善い方へと導くより外のことはしてくれません。「我は正しきものを招かんとに非ず、罪人を招かん為に来れり」とイエスは言われる。少し位、意に叶わなくとも、辛抱はできましょう。一体人間の祈りが事毎に聴かれたらどんな結果が生れましょうか。神は人間の木偶《でく》ではないのです。我等この罪なる人間に善なる神の聖意が着々と成就される以外に何を外に我等は求めると言うのですか。

『汝尚一つを欠く』「神よびたもう」より

神との邂逅《かいこう》

ローマの信徒への手紙八章一八節―二五節
昭和二八（一九五三）年四月二八日　長野教会説教

（こんもり山と木橋）

それ造られたる者は切に慕いて神の子たちの現われんことを待つ。（ローマ書八・一九）

信仰は神との出会い

「信仰は神との出会いである」。出会いという事は普通には人と人とが期せずして偶然に出会う事を意味するのでありますが、私たちが今ここで考える出会い（邂逅《かいこう》）という事はそういう意味ではなく、人と人との出会いという事に注目するのであります。すなわち、生きた人格的な神と出会う事でそれを信仰と言うのであります。従って、この出会いの神は人間が頭の中で考えた概念あるいは真理といった空虚《からっぽ》な神でなく我らに語り我らと話のできる生きた人格的な神を意味するのであります。

そこで、キリスト者はイエス・キリストにおいて神を信じるのであるが、それは我らがイエスに出会う事を意味するのであります。イエス・キリストにおける神と言うけれども、それではイエスの外に神があるかと問われるならば、「然り神は存在する」という事を言わねばならないし、また言えるのであります。しかし、その事は論理としては正しい。すなわち、イエスを神の啓示者として信じる本源的な神の存在という事が言えなくては問題にならないので論理として当然の事であります。しかし、それならばイエスを抜きにして神だけの存在を認識する事ができるのではないかと考えられる様であるが、そこがすなわち私の言う論理としては正しいがという事で、イエス・キリストにおける神ということはイエスを抜きにして神の存在を認識《みとめ》る事ができるという事ではありません。イエス・キリストにおける神ということはイエスによって啓示される神ということであって、イエスなくして神の存在を言う事はあたかも空念仏の様なもので無意味な事であります。それは哲学的に神を考え想像する人間の頭の考えであって、そのできた概念《かんがえ》を真理とか超越神とか絶対者などと命名はしましても結局私たち人間の想像を指して神だと言ってみるだけの空想的作物に過ぎないもので、言わば人間自身の影《かげ》に過ぎないのであります。だから、聖書の神を信じるという事はイエス・キリストに出会う事を言うのであると主張するのであります。人はイエスに出会って初めて生ける人格的な神を信じるのであります。イエスという一個の人物が一九五五年前に人類を救う為に人類の中に降臨され十字架にかかったという事は人間の想像や作り話ではなく、確かな歴史上の事実であったのであります。このイエスという人物に面会し、その真相を知り、これと語り、その声を聴き、これに祈りを捧げるという事がイエスに出会う事で、それがキリスト教の神信仰であります。

受肉の秘義（第二のアダム）

イエスは我らを愛し我らの罪を問題にし、十字架において我らの罪を贖い給い、我らを招き我らを救い給う聖なる一個の存在であり、この聖なる存在に出会うのであります。

すなわち彼は神の貌《かたち》にて居給いしが、神と等しくあることを固く保たんとは思わず、反《かえ》って己《おのれ》を空《むな》しう し僕《しもべ》の貌《かたち》をとりて人の如くなれり。……（フィリピ書二・六）

これが受肉の秘義であり、聖霊のみごもったイエス降誕の秘義であります。罪なる人間を救うために完《まった》き人としての降誕の秘義であります。第二のアダムとしてのイエスの生誕の秘義であります。第一のアダムが禁断を犯して神を離れて楽園を追われたという事は神話でもよろしい。しかし、神を離れた被造物、特に神の聖意を地上に行うものとして自由意志を与えられた人間が神を離れ去っては神の聖意に従うことはできない。すなわち、人間本来の正しい状態で在り得ないのであって、その状態を罪と言うのである。ところが、この罪なる人間を人間自身の力で救うことはできないので、それができるのは罪なき人、新しき人なる第二のアダム（完《まった》き人）でなくてはならないのであります。

完《まった》き人なる第二のアダム、それは如何《いか》なる存在であるか。潔く疵《きず》なきもの、我ら人間の様な暗い陰を少しも持たない完全無欠な人格、すなわち、聖《きよ》き（ホーリー）人物を意味します。この聖なるものは愛において至《し》純《じゅん》無私なるもの、「アガペ」の化身と言うべき聖愛の持ち主、それは古今を通じて人間の世界にイエス一人を外にして見得べくもない奇跡的な人物であります。これは正に聖なる（ホーリー）存在であります。

この絶対無雑一念、自分の事を考える余地を持たない人の子イエスの愛は如何《いか》にして可能であったか、それは、イエスその人が神に対して絶対的な信頼と服従とを捧げる忠誠（ホリネス）の賜物として与えられたものであると考えるより外ありません。イエスは誠に意志の自由を備えた人間でありつつ、一毛たりとも自分の意志に動いた事なく完全に「御旨《みむね》のままになし給え」と神の聖意に従って、我ら人間を救う以外の存在ではなかったのであります。我ら人間は心に愛を願い口に愛を説くけれども、「愛」というべき愛に一寸たりとも動くことはできないのであります。敵を愛するような無私なる愛に動き得ないのみでなく、一見美しく見える愛の行動でも必ずその根底、その動機にエゴイズムがあるのであります。然《しか》るに、第二のアダム、人として生れ給いしイエスは正に驚くべき奇跡的な意志、自由がありつつ絶対に私意に動かず父神に信頼しきった忠誠の賜物としてまた驚くべき至真の聖愛を持っておられた人格であります。

人の子の発展

勿論、イエスは本能的に神を知り神を愛し神の聖意と呼吸を合わせ鼓動を共にされた存在ではあるが、しかし、人となりしイエスは救い主としてのこの「ホリネス」（＝神聖の境地）にまで達するために人間としての発展の経過を通る必要はあったのであります。「イエス智恵も身のたけも彌《いや》まさり神と人とにますます愛せられ給う」とルカ伝二章四〇節にあるのがそれであります。マタイ伝四章の「野における誘惑」においても神に対する絶対信頼（忠誠）への発展のための試練であります。ヘブライ書五章七節から一〇節には「キリストは肉体にて在《いま》しし時、大いなる叫びと涙とをもて、己《おのれ》を死より救い得る者に祈りと願いとを献げ、その恭敬によりて聴かれ給えり。彼は御子なれど、受けし所の苦難によりて従順を学び、かつ全うせられたれば、すべて己《おのれ》に従う者のために永遠の救いの源となりて、神よりメルキゼデクの位に等しき大祭司と称えられ給えり」とあります。ここに「己《おのれ》を死より救い得るものに……」とありますが、この「己《おのれ》」というのは我らの考えるような「私の心」ではありません。救い主としての使命達成は非常に苦難な道であります。ゲッセマネの園に、十字架上に我らはその苦難の程を少しは知る事はできますが、その苦難の道に対して自ら破れる事なく父神の御聖意のままに父神の栄光をこの私において現わし給えとの叫びであります。彼は一点の私心なき聖《きよ》き人格であり、人間に対して義にして愛なる父神を完全に顕わしつつその聖愛を我ら人類に与え給うので、我らはイエスに乞い、願い、祈り、訴え、懺悔し、感謝することができるのです。

神と人との出会いの原型

神に対して聖なる服従そのものであったイエスは我ら人間が神に対してあるべき状態を示すと共に、神と人との完全なる出会いを示し、神に対する本当の人間の在るべき態度の原型なのであります。神と人との出会い(信仰)の冠冕《かんべん》であります。

今迄述べた事を整理すると、「神と人との出会い」という事は、神を離れて自ら神となっているいわゆる己《おの》が腹を神とする誤まれる状態から、神の映像として創造された人間本来の状態に立ち返る事であります。その事をこそ全聖書は示していますが、今は仮りにローマ書の中からこの事に関して大きな示唆を与える箇所を取りますと、

……それ造られたる者は切に慕いて神の子たちの現われんことを待つ。……(ローマ書八・一八―二五)

それ神の見るべからざる永遠の能力《ちから》と神性とは造られたる物により世の創《はじめ》より悟りえて明らかに見るべけ

れば、彼ら言い過《のが》れる術なし。……（ローマ書一・二〇―二三）

でありますが、この箇所を熟読する時私共は人間の方向が神中心でなければならないか、あるいはまた人間中心でよいのであるかという問題を提供されます。しかし、この二つの問題を取り上げて論じる事はこの紙面の限界外であります。そういうわけで、唯《ただ》一事、人間中心ですべての事が人間の頭と腹で解決できると言うギリシャ時代から現代迄に発展したかに見える人間文化とその努力の状態が「汝尚一つを欠く」ために極めて「乱れ」、バベル的の状態である事実と、神の経綸の言《ことば》なる聖書の示しにより、人間中心の状態では個人として本来の姿であり得ず、また、集団的に人間の文化として平和を招来することはできないという事を申しておくだけに止めます。

さて、この人間の状態に対して、神の経綸は人類史上の一事柄としてイスラエル民族に課せられている事を聖書は示しています。旧新約聖書によるイスラエルの歴史は神を離れた人類が神へ復帰するその叫びの歴史であります。過去においては預言者の警告の叫びであり、新約においてはイエス・キリストの神の国（救い）の完成の招きであります。

ルカ伝における蕩児《とうじ》と父との出会い

この神に立ち返るということは恰《あたか》もルカ伝一五章十一節以下の蕩児《とうじ》が父に復帰した状《さま》に彷彿としています。彼の蕩児《とうじ》は、それまでは、子でありつつ父たるものの心情《こころ》を知る事はなかったのであります。従って、子として父に対して正しい関係にある事もできない状態でありました。父と子でありつつ蕩児《とうじ》は父に対して赤の他人でしかなかったのであります。問題は財産の自分の分け前を持ち出して情欲のままに放蕩にさ迷ったというところにあるのではなく、父の情《こころ》、父の彼に対する愛に対して無感覚であったという所にあります。彼が窮余の末に懺悔して帰った時に、初めて眼が醒めて、父の心を知り本当の子としての状態に立ち返りました。すなわち、本当の父を知りそして本当の子たり得たのであります。彼はこの時父に出会ったのであります。その反対に毎日父の命に従って田園に働いて居た兄は、常住を父と共にしつつ、実は子として父に出会ってはいないのであります。彼は父の子に対する心を知らないのであります。

神と人との出会いもまたこれと同様に、人間が神を神としてあがめ仕えることでありますが、それにはまず、イエス・キリストの招きに応じてイエス・キリストに出会う必要があります。イエスにおいて神を神としてあがめ、神の聖義に服する事であります。この事は神に対する人間の忠誠であります。忠誠（ホーリー）と言っても、イエスが父神に対してなされた忠誠など我ら人間に思いもよらぬことであります。否、それだからイエスを仲保者とするのであります。否、イエスそのものの前に忠誠を願い祈るのです。この状態こそ我ら人間が神を神として崇《あが》める事であります。それは非常に不完全なものでありますが、神はイエスにおいて、この信の不完全を嘉納し給うことをイエス・キリストは我らに諭《さと》されています。

十字架上の言（神の痛み）

重ねて申しますが、救い主としてのイエスの降臨において神を神とし人を人とする名分が事実において完《まつた》く成り、神と人との完き出会いの典型を見るのであります。人間には不可能である「神との出会いの聖なる状態」は、歴史の中において、ただ人の子なるイエスの人格においてのみ見られるのであります。

今、救い主として地上におけるイエスの生涯の最後の言《ことば》を取って見ましょう。

父よ彼らを赦し給え、その為す所を知らざればなり。……（ルカ伝二三・三四）

この贖罪の十字架上の言《ことば》は人の子としてのイエスの神に対する完《まつた》き忠誠、絶対なる信頼と服従の意志の証明であり、人格そのものであります。

この事をもっと具体的に言うと、イエスの潔きハートと意志は人間が罪の中に迷える状態を憐み、その罪を感じる事が極めて敏感であるのみでなく、その罪を彼御自身のものとして痛み給うのであります。この無私なる愛は第二のアダムと呼ばれる神の映像そのままの疵《きず》なき汚れなき潔き完《まつた》き人の状態であります。人間は自分の罪の状態などには無頓着であり無感覚であるけれども、神が人間の罪を痛み給うその神の聖なる痛みを、そのままに、人の子イエスは痛み給う聖なるものであります。

かくして、イエスは神に向って立ち、イエス御自身の背に、我ら人間の罪を負いて罪人として立ち給い「父よ彼らを赦し給え、その為す所を知らざればなり」と贖罪の祈りと叫びを挙げ給うのであります。これは、すなわち、「凡《およ》そ労するもの重荷を負える者我に来れ、我これを憩はせん」と宣《せん》せられ、「我正しき者を招かんとにあらで罪人を招かん為に来れり」と招かれ、「我は生命のパンなり」と諭され、「まず神の国とその義を求めよ」と教え給うて十字架上に宝血を流して我ら人間に訴えられる所以《ゆえん》であります。しかし、ここで注意しなければならない事は、人間の罪に対するイエスの痛みであります。というのは、神を去った人間の罪は神としては裁かないではおかれない神の怒り（義を主張する神の怒り）であります。聖書の神は義にして愛なる神であります。愛なればこそ義を主張する神、義であればこそ愛なる神でありましょう。罪を罪として正さねば見過ごし得ない義なる神、しかし、同時に神は罪なる人間を捨て得ない神であります。ここに罪に対する神の痛みがあります。この人間の罪を御自身の痛みとして痛み給うイエスの代償があるのであります。

イエス自身における神の聖

この人の子としての聖なる状態はまた直ちに神の子キリストの聖であります。すなわち、神が人間に対して主張し給う神の聖義を示しています。イエスは罪人の友としてその罪の赦罪を神に求め給うが、同時に罪人に対して神の聖子として特殊な立場を主張しています。御自身に対し絶対なる信頼と服従を要求されています。同じ十字架上において「今日汝我とともにパラダイスにあるべし」と罪の赦しを宣言され悪人をしてパラダイスの祝福に与《あずか》らしめています。あたかも、ヤハウェ神が禁断を犯した始祖アダムを楽園から追放したことと好一対をなす神そのものの神聖を主張しています。また、他の所では「汝の罪赦されたり」と赦罪の宣言をされます。罪の赦しはただ神によるのみ。これ等の事は説明を要しない事と思われます。これがイエス・キリストであります。

人の子としてのイエスは神に対して、絶対的なる聖（忠誠、信頼）で在《いま》し、神の子キリストとしてのイエスは神と等しき立場を御自身の人格に保持され、神に対する態度をすべての人に対して要求されています。神にして人、人にして神、神と人との完全なる出会いの原型を我らに示しているのでありましょう。人なるイエスと神の独《ひと》り子としてのイエスとは区別することができない程に一個のイエスという人格に渾然《こんぜん》として生きています。そして、その神秘的奇跡的人物の愛なる呼びかけに我らが応じる時、ここで初めて真の神に出会うのであります。神を去って罪に在る人類の救済に対して神と鼓動を合わせ呼吸を共にする無比なる信頼と服従において、歴史の古今を貫いて神と人との完全無比なる出会いの人なるイエスを見るのであります。このイエスの切なる十字架の招きに応える時、我らは初めて彼の蕩児《とうじ》の如く我らの罪を痛み我らを憐み給うイエスの聖意に触れかつ感じるのであります。かくして、イエスの招き給う御心に我らの心の鼓動を合わせる事ができます。少なくとも、合わせせんと念願するのであります。この時、我らはイエス・キリストに出会うのであります。勿論、不完全至極なものではありますが神が罪人なる我らを罪の姿のままに求め給うが故に、人生のあらゆる努力にも増して、ただ一つのなくてはならぬ神との出会い（信仰）があるのであります。コリント前書には、「汝らは神によりてイエス・キリストに在り、彼は神に立てられて汝らの智恵と義と聖と救贖《あがない》とに為り給えり」（一・

三〇）とあります。イエスは彼に来る者にとっては善《よ》きことのすべてであります。我らの出会いは我らにおいてこそ不完全至極であるけれども、イエスにおいて完全であるのです。「汝らはすでに潔し、我語りたる言《ことば》によりてなり」という御言は何の割引をする事なく、そのままに受ける事こそイエスに出会う我らの態度でなければなりますまい。

くどいようであるが、我らは十字架上における人の子イエスの祈りなる「父よ彼らを赦し給え、そのなす所を知らざればなり」と祈られた祈りの中に、「父と我とは一体なり」、「我は父におり父は我に居給う」、「我を見しものは父を見しなり、如何《いか》なれば我らに父と示せと言うか」と言われるイエスを見て、神と人との完全一体なる典型を見ることができます。誠に我らの出会いこそ不完全なれ、しかし、イエスにおいて完《まった》しと言わねばなりますまい。

パウロの出会い

最後にパウロの出会いの状《さま》を考えましょう。これも彼のルカ伝一五章の蕩児《とうじ》の父との真の出会いに彷彿《ほうふつ》たるものがあります。使徒行伝九章一節より二二節、並びに同二六章一節よりアグリッパに対するパウロの弁明を読んで下さい。パウロはイエスとその同類を迫害する事がヤハウェの神に最も忠実な事と信じ切って、その迫害の真最中に復活のイエスに出会ったのであります。「サウロ、サウロ何ぞ我を迫害するか」のイエスの声は蕩児《とうじ》を遠くより見付けてかけ来たって接吻した父の心を暗示するイエスの赦しの言葉であります。パウロはユダヤ人中のユダヤ人（フィリピ書三・五）、わけてもファリサイ党に属し神の律法を自力で行う事こそ唯一の忠誠であるとの考えから一歩も眼を逸らし得ない、いわゆる道徳家でありました。神の前に立つ為には苟《いやしく》も罪人であってはならないと思い込み、神を信じるという事は律法を堅く守る事だと信じ、自己を神の選民だと思い込んでいる代表的イスラエル人でありました。かかるパウロが一度黙示によってイエスに出会って眼が醒めて、今迄の自分の信仰というものの態度は全く神の聖意に反するというよりも寧ろ神に敵するものである事を悟り、一般ユダヤ人の信じた神とは全く異なった義にして愛なる神に驚いたのでありまして、律法を厳守する事を要求する神でなく、また人間が神から離れていて律法の一角なりとも完うする事ができない肉なる存在である事を悟り、却って、罪を赦すために人間の罪を痛み給うそのイエスを罪人のために与え給う神である事を知り、神を信じるという事は律法の行為によるのでなくただイエス・キリストとその十字架を信じる信仰だけでよいということを悟ったのであります。これが、パウロにとっては、イエス・キリストにおける神の奥義であります。パウロはイエス・キリストに出会う事によって、本当の神に出会ったのであります。彼は驚き、恐れ、感謝し、悦び、人間のあるべき状態は何であるかという無くてならぬ唯《ただ》一事、信仰の勝利を得たのであります。我らもまた彼と共にイエス・キリストに出会った者、そしてまた常に出会う者である事に少しの変りもありません。イエス・キリストに出会う事の嬉《うれ》しくも楽しきことではありませんか。我らの認識が一変し、我らの視界は広々とし我らは肉の自己追求から他人に対しての愛の道、深い同情への道を志し、かくして真の謙遜と勇気と愛を許される不変の道を歩む事ができましょう。この道に置かれて何人か悦ばざらんや。

【編注】この説教は後日項目別に整理されたものである。

罪とは

さて、少しクドクドと道草を食った嫌いがありましたが、蕩児の長兄の心こそが罪の状態であるとするならば父の心を知らずその愛を拒否して自ら正しい人間、親孝行をしている人間と思い込んでいる如く、神の人間に対する関係をわきまえない状態、更にその神の愛を拒否して自己を正しとする不信の態度こそ罪であるとすれば、罪は神を離れている人間そのものの性格と言うべく、従って、罪は人間自身のあらゆる営みによっても取り除く事はできないものであると言わねばなりません。かかる神離反の人間も神の創造（愛）によるものであるが故に終《つい》にここに神より遣わされた救い主イエス・キリストとその十字架がある事を旧新約聖書は指示しています。赦すべからざる不逞傲慢な人の罪は是《これ》を徹底的に裁く事なくしては赦すことはできません。しかし、もし我等人間の罪に対する裁きが神から下されたならば我等は破滅の一事より外はありますまい。ここにおいてイエス・キリストの贖罪の十字架があったのであると聖書は明かに示しています。すなわち、神の聖意を心に留めてイエス自らの自由なる服従の意志により、人間の罪を負い給い、その罪に対する神の裁きの厳しさを受け給う心、かくして、人間の罪は徹底的に裁かれ、そして、赦されたのであります。

『汝尚一つを欠く』「主の十字架を必要とした我等の罪」より

イエスの自由意志による決断

しかし、我等はイエスの十字架の苦難《くるしみ》はイエスの聖なる自覚による神の聖意に服従したものである事を知ると共に、それは又完全にイエスにおいて独立した自由な意志的決断である事を忘れてはなりません。

『汝尚一つを欠く』「主の十字架を必要とした我等の罪」より

人間の求むべき唯一つの途

（乗鞍山）

ガラテヤの信徒への手紙五章一三節―一五節
昭和二八（一九五三）年八月二三日　長野教会説教

兄弟よ、汝らの召されたるは自由を与えられん為なり。……

（ガラテヤ書五・一三）

自由であるべき人間が神を離れ神を捨てて自由を失ってしまいました。その自由を人間に取り戻してくれるために、イエスが救い主として来たのであります。神を持つ事なく人間の独り勝手に振舞っている事は他の生物と同じ意味において自由だと言えない事はない。しかし、神が人間を創造《つく》り給うに当って、理性と自由意志を与え給うたのは人間を地上に於ける神の像に似せて造られた事、すなわち、神の聖意を行わせるためにでありまして、決して他の生物のように本能のままに生きるためにではなかったのであります。然るに、この人間が神の賜物の鴻大《こうだい》なのをよい事にして神から離れて、神の映像としての人として、正しく善なる神の御意に従って行動する事ができなくなってしまった事は既に学びました。その憫《あわ》れむべき状態から人間を救うためにイエスが来られたのであって、云い換えるならば真の自由を人間に取り戻すためであったのであります。従って、キリスト教の救いという事は、人間でありながら他の生物と同じように自己追求の本能に束縛された状態、すなわち、人間としての自由を失った状態から救うためであるという事ができましょう。

この不自由な人間を救うためにはイエスを信じる信仰だけでよい、行為によるのではないというイエス来臨の真意を我らに叫び伝えるのが大使徒パウロであります。唯信仰一本のみ益ありと言うのであります。しかし、このキリスト教の真理を浅く考えて誤解する世の人達や殊更に曲解して「それならば信仰さえあればどんな悪事を働いても、罪を犯してもよいのか」という殊更に悪意を持ってキリスト教を皮肉る者がある事を慮《おもんぱか》って、パウロは六節で「唯愛に由りて働く信仰のみ益あり」と諭すのであります。このパウロの言葉は決して行為を説くのではありません。真にイエスに対する信仰を持った時、愛は信仰の結実として必然的に生れる筈であって、もし愛に動かなかったならば信仰は未だしき状態であると言わねばなりません。だから、真の正しい信仰に立てと言うのであってやはり信仰を勧める諭しであるのです。

神の人間に対する聖意は出エジプト記二〇章、申命記五章にあるモーセによる十誡に尽くされています。人間が人間らしくあるためには行わなければなりません。神は絶対であります。神の誡命の前に立っては人間に文句やつぶやきは許されません。という事は、人間があるいは社会が造った法律に対するのとは違うのであります。法律は制裁とか処罰とかをもって強行して来ます。人が法律に従う意志があるなしにかかわらず、力ずくで威嚇して行なわせるのでありますが、神の律法はそうではありません。何処までも選択と行動の自由を拘束しないのです。神は人間が正しい事、善なる事を行うのに、いやいやながら行う事を嫌い給うのであります。人が喜び進んで自発的に、すなわち、自由に行う事を欲し給うのであります。従って、表面的に如何《いか》に立派なような行為でも心の動機がもし不純であるならば、それは正義でもなく善でもありません。神はかかる人間の善行というのを極端に忌み給います。然るに、人間は神を離れてしまって、この正しい自由の意志に動くことは不可能なのであります。

ここにイエスを信じる信仰、すなわち「愛によりて働く信仰」があるのです。イエスの来らざる前はモーセによる神の律法は重苦しいもの、強制されるもの、恐ろしい忌むべきものになってしまいました。苦虫を噛みつぶし、眼をつぶって努力励行といった厳しい、冷酷なものになってしまいました。しかし、イエス来り給うて、かかる忌み嫌う律法が愛によりて働く信仰と化したのです。信仰から生れる「愛神・愛他」の愛の行動にさしもの厳しいやかましい律法も変質するというのであります。「愛によりて働く信仰」とは善行のすすめではなく信仰のすすめであります。恐るな唯信ぜよ。決して行為を先に考えてはいけません、と言うに等しいのであります。

然らば、パウロは何故に一三節以下行為を説くのであるか、すなわち、汝らの召されたるは自由を与えられん為なり。ただ其の自由を肉に従う機会となさす、反って愛をもって互に事《つか》えよ。……心せよ、もし互に咬み食わば相共に亡されん。（ガラテヤ書五・一五）

と、一見行為を勧めているように見えますが注意して読むと、やはり「信仰のみ」という一線から脱線していない事がわかると思います。すなわち、「自由を与え給う」神を離れたため失ってしまったその真物の自由、正しく行動のできる自由である。「この自由を肉に従う機会となさず、却って愛をもて互いに事《つか》えよ」ということであります。キリスト者はこの自由を与えられたものである。しかし、だからと言って人間として完成した状態ではなく罪の残滓がなくなってはいない。肉の思いが完全に潔くなっているのではない。然るに、肉は罪の虜《とりこ》と成り易いから、与えられた自由の機会を肉の情欲や肉のエゴイズム（自己中心）に売り渡さぬよう心掛け願い祈れ、むしろ、この自由を努めて愛をもって互いに奉仕するように用いなさいと、諭すようであります。互いに心から真に相愛《あい》して偽りのない同情をもって互いに仕え合う事のために、イエスは汝らに自由を与え給うたのであります。

問者《もんじゃ》は言うであろう、「唯信仰のみによって救われると言うのにもかかわらず、尚罪の残滓を持っていたり、その救われた自由人が肉に従うような状態であるならば信仰を持った者と持たない者と何等の相違はないではないか」と。決して然らず、と我らは答えるのであります。我らは信仰によって自由を与えられたという事は律法の秋霜の如き冷厳から解かれると共に罪からも解かれたのであって、冷厳な律法に追いかけられるのではなく、神イエスにより恩恵の道に歩む者とされ、最早「罪は我らの主となる事なき」（ローマ書六・一四）状態に立っているのであります。神を知らず、イエス・キリストを礼拝の対象としなかった間は罪は私たちの主人公で、我らは罪の誘惑の前には全く頭が上がらず、罪の僕であったのであります。然るに、今やイエスという愛の君が主人公で、罪は我らとは本質的に関係はなくなった。罪は我らにとって主従の関係ではなく赤の他人同士である。信における時、罪は最早恐るべきものではないのである。加之《しかのみならず》イエスは我らに向って「汝らは既に潔し、我語りたる言によりてなり」（ヨハネ伝一五・三）とさえ言って励ましてくれます。パウロのローマ書六章三節以下のすすめは行為のすすめと言うより信仰のすすめ、既にイエスによる信仰を得たのであるから、その信仰の建設を完成するために努力せよと信仰のすすめをなしていると見るべきでありましょう。

既に置きたる基《もとい》のほかは誰も据うる事能わず、この基はイエス・キリストなり。人もしこの上に金・銀・宝石……を持って建てなば各人の工《わざ》は顕わるべし（コリント前三・十一―一三）。

信仰の工事の完成のすすめであります。あるいは思想家、あるいは学者、あるいは教師、あるいは実業家、あるいは芸術家、各自が好み与えられた職分がイエスを基盤とする信仰の上に建てられるならばその信仰の進歩と共に金・銀・宝石・木材・石材等の性格に従って光を加えられるであろう。

これに反して、もし律法の行為にかじりついているならばパウロの言う偽兄弟の如く、如何《いか》に敬虔を装い、儀式に断食に、あるいは、飲食に口やかましく日曜日厳守（マタイ伝一二・二、一〇参照）をやっても、それは形式的な敬虔であって空しく徒《いたず》らな骨折りでありましょう。

以上の如く、ガラテヤ書五章一三節以下は信仰のすすめでありますが、それだから、今こそ本当に愛による信仰が可能に成ったのであり、今こそ本当に「善き行為」に歩む機会であるのです。すなわち、信仰によって善き偽りなき行為が可能になったのであり、「それ故、今こそ互に愛をもって事《つか》えなさい」とすすめていると考えてもよいであろう。信仰生活においては信仰から離れた行為を考えることは百害あって一毛の利する所はないでありましょう。

愛をもって互いに仕える事こそ、人間同士の真の交わりです。人間の自然性による愛（エロス）すら浄化される事は必然でありましょう。特に、教会内においてこの交わりを各自は心掛け祈り取る事こそ信仰の実践であり、信仰の向上であり、神の律法実践の基本でありましょう。信仰によるこの実践の念願と努力は最早人間だけの無力な偽りの行為ではなく、イエスの賜物でありましょう。人格的な本当の交わりはこの主イエスを頭とする教会内の相互奉仕の交わりに出発し、拡大されなければ本物にはなりますまい。従って、平和の道はこれを除外しては決して考えられないのです。

さて、パウロは遂に一歩を進めて「それ律法の全体は『おのれの如く、汝の隣を愛すべし』との一言にて全うせられるなり」（五・一四）と叫びます。ここで、マタイ伝二二章三七節から四〇節を参照すると、イエスはまず神に対する誡命を示し、それに次いで第二の誡命として隣人愛を説いています。ところが、パウロは、ここで、「それ律法の全体は己の如く汝の隣を愛すべしの一言にて全うせられる」と言い切っています。イエスの言われているのとパウロのそれとは第一と第二が転倒していて大変な相違の様に見えますが、しかし、実はイエス御自身も第一の誡命の次に第二もこれに同じと言って「己の如くその隣を愛せ」と命ぜられます。イエスの第二もこれに同じといわれる事に少しの駆け引きも割引もありません。己の如く隣人を愛し得るためにはまず神に帰り、神に忠誠であるために神をイエスにおいて信じる事が基本となります。その意味で誡めの第一となりますが、しかし、その神の誡命（律法）を行う事においては第一と第二の誡命の間に些かの甲乙もなく全く同格のものでありましょう。それはイエスが然《しか》言われ、パウロが然《しか》教えたばかりでなく、イエスその人が「第二の誡命においてこそ本当に神を愛するのである」ことをイエスの生命《いのち》と贖罪の十字架において示しておられます。どんなに深淵な考えや信仰を持って神の前に敬虔な態度であったとしても、隣人愛の歩みを歩まないならば空念仏であって、神を礼拝するのではないよと言われている事を忘れてはならないと思われます。

それは信仰と愛の道であります。新しい道、再創造された道、イエスにある復活（新人）の道であります。この道の偽りない状態をパウロはフィリピ書三章によく描いています。「われ既に取れり、既に全うせられたりと言うにあらず、唯これを捉えんとて追い求む。キリストはこれを得させんとて我を捉《とら》えたまえり。兄弟よ、われは既に捉えたりと思わず唯この一事を務む、すなわち後のものを忘れ、前のものに向いて励み、標準《めあて》を指して進み、神のキリスト・イエスに由りて上に召し給う召にかかわる褒美を得んとてこれを追い求む……」（一二節―一五節）、とあります。また、ローマ書八章二三節から二五節には、

「然のみならず、御霊の初の実をもつ我らも（キリスト者も）自ら心の中に歎きて子とせられんこと、すなわち己《おの》が体の贖われん事を待つなり。我らは望みによりて救われたり、眼に見ゆる望みは望みにあらず、人その見る所を争《いか》でなお望まんや。我らもし其の見ぬところを望まば忍耐をもてこれを待たん」

と諭しています。

信仰によって救われたからとて実質的にイエスの示された標準を得ただの、あるいは得られるなどと思い違いをしてはならないのであります。前にも申した通り救われたということは愛に対して可能な状態に置かれたという事であります。それだから、「己の如く隣人を愛せよ」との第二の誡めが新しい誡命として我らの可能な道として与えられるのであります。言い換えれば行為が人間を救うのでなく、何処《どこ》までも信仰によるのであるが、信仰を持てる汝らは今こそ本当に善き行為「隣人愛」ができる軌道に移されたのだ、今こそ真に行為が可能な時だと言うのであります。

この第二の誡命こそ、愛の追求であって（コリント前書一三章参照）、時代を貫いて不変不易の人類の求むべき唯一の道であります。「己の如くその隣人を愛せよ」とは何と偉大な人間界の真理ではありませんか。しかし、かかる真理、本当に個人をまた社会を生かす唯一の真理はイエス・キリストが来られたことにより初めて明瞭《はっきり》と人間に示され、人間に可能な唯一の道として与えられたのであります。勿論、旧約の世界において神の律法として命ぜられ教えられたものでありましたが、それは丁度現代の良智による友愛といった人道主義的な倫理観という位な響しか持ち得ない状態で、それ以上に本当に人を社会に生かし生気を与える能力《ちから》を持つも

のでなかった。イエス来られて全く新しき葡萄酒として人間界に新しい希望の世界を許されたのであります。文化的に偉大な思想を生んだギリシャの思索的真理は人間の力の最高度まで極めたかの如き高度なものに達しましたが、しかし、この人間の理想を万能とするギリシャ思想では、「己の如くその隣人を愛せよ」という生ける真理には、たとえ今後如何《いか》様な点にまで到達するとしても、行き着き得ないのであります。この真理は神聖なる、奇跡的な意志による私なき愛、神の子イエスの贖罪の死を信じる信仰によってのみ我ら人間の所有とするより外に方法のない唯一の真理であります。実に驚くべき真理でしょう。「己の如く」であります。人間は終始一貫、自分が一番大事です。一切の事はその善きも悪しきも自己の名利、損得が中心をなす動因であって影の形に添う如く離れる事のない性格であります。人間の性、人間が存在するということは、すなわち、このエゴイズムを意味するのであります。この人間に向って「己の如くその隣人を愛せよ」と何と驚くべき霹靂《へきれき》ではないでしょうか。それがイエスによって我らにもたらされたのです。哲学者も思想家も芸術家も、科学者も政治家も宗教家すらも、このイエスの叫びの前には驚愕を持つべき真理であります。しかし、それはイエスによって唯驚くべき真理を示されて閉口頓首するばかりでなく、この自己追求のみの人間に可能な真理として提供されたのであります。この真理を自分のものとするためには唯イエスの訴えと招きの御声に聴従するだけでよいのであります。この招きの訴えの声を聞いて、しかも耳をかさず真剣にこれを求めようとする志を持たないならば、如何《いか》に決意をかため努力を重ねて立派な事を志向しても旧態依然として人間の本質に少しの変化も起り得ないのであります。これは自己中心の塊が人間だからであります。これは聖書でいう旧《ふる》い人間でありますます。パウロの言う肉の人であります。イエス・キリストによって新しく造り変えられなくては「己の如く隣人を愛する」という新人たり得ないのであります。かく旧き人を新しい人に誕生させるためにイエスは来られ、人はこのイエスに来りて真に自由を与えられ、自由の意志によって己の如く隣人愛に歩む事を可能とされるのであります。これが復活であり、創造主なる神がその像に似せて造り給うた真人間に立ち返る事であります。

「己の如く他を愛する」、人の世にある、唯一つの中核的真理、この愛を追求する事こそ人格のすべてであります。これは正に時代を貫いて永遠に変る事なき真理でありましょう。理論はとにかくとして己の如く隣人を愛するという事は何人も「然り」と承認しなければならない生きている人間の公理ではありませんか。この公理、この真理に全く無智たる状態こそが罪であるのであります。人間は自己追求の旧い状態から解放されて非自己の愛に真の自己を追求する事を神から求められています。私たちキリスト者は、旧い自己愛から一転して非自己の愛を追求する姿に本当の自分の姿を見なければなりますまい。それが我々人間に備えられた唯一つの道でありましょう。そうではありませんか。そして、それは、即、現代人の誰もが要望している平和への唯一つの道でありましょう。

この道はイエスが来られて最早旧い律法の道ではなく、新しい道であります。すなわち、「我新しき誡命を汝らに与う。我汝らを愛せし如く汝らも互に相愛せよ」と。イエスは救いの事業の完成の死の一歩手前で、弟子達への遺言としてこの言葉を残されています。ヨハネ第一書には「わが汝らに書き贈るは、新しき誡命にあらず、汝らが初めより有《も》てる旧き誡命なり。この旧き誡命は汝らが聞きし所の言なり。然れども我が汝らに書き贈るところは、また新しき誡命にして、主にも汝らにも真なり。その故は真の光すでに照りて、暗黒はややに過ぎ去ればなり」（二・七―八）、とあります。イエス・キリストの誡命《いましめ》である故に「そう行動せざるを得ないやむを得ざるの途」それは強制の道でなくして、しかも、そのように歩まざるを得ない道であります。イエスの御霊の助けある道と言うより外なき道でありましょう。

この愛の追求をイエスによって我らの生涯の志となし「我らは望みによりて救われたり、眼に見ゆる望みは望みにあらず、人その見る所を争《いか》でなお望まんや」（ローマ書八・二四）、と心の内に叫びつつ忍耐をもってこの愛を追い求める事こそが救われた者の状態であり、キリスト者の生涯であります。

終りに付記したい事は、イエスによって我らに可能な事として与えられたこの愛の追求の道こそ我らの信仰の立所であると言うことであります。かつても斯《か》く考えたのであるが、イエスなればこそ、疑うことのできないイエスの愛の真理なればこそ、聖書には不可解な問題のあるにもかかわらず、それらを乗り越えて己の如く他を愛するという信仰の真理にゆらぎ迷う事なく立ち、かつ走る事ができるではないかという事であります。願くは我ら互いに相祈ってイエス・キリストの我らに求め訴え給う御声に対し認識と決断を新にせんことを。

「義の器」とは

私はここでは「義の器」という真意を理解せんとするのである。ここで肢体と言うのは字義通りに解すれば肉体という事であるが、そう分析しないで自分と解してよいと思う。パウロが常に示す様にキリスト（福音）は神の能力《ちから》であるのだから、我等はキリストを信じて、神の力が我等の内に働く事に間違えはない。然し、それは神の義が我等の固有のもの、すなわち、我等の所有となるとの意味ではない。福音の前に信と不信が起る。信じて神の恩寵下に置かれ拒否してアダム（罪）のままに放棄される。信じる者は恩恵の下にあるのである。常に恩恵の下にある事（信仰）の継続である。人間は何人も自己を義なるものとして神にも他人にも捧げる事はできない。この事はキリストを信じる者といえども、同様である。然し、キリスト者は義の器たる事はできるのである。神の義の器であって、自分が義の実質を持ち得ないけれども義の器であって神の義を盛る器たる事ができるのである。

『汝尚一つを欠く』「義の器」より

我は福音を恥とせず

（塩尻駅の車窓から）

ローマの信徒への手紙一章一六節―一七節
昭和二八（一九五三）年十月十一日　長野教会説教

我は福音を恥じとせず。（ローマ書一・一六）

宗教が必要でなく福音が必要である

目的とするところは、宗教が必要であるのでなく、福音が必要である事を主張せんとするのであります。人は近時の社会的混乱を見て宗教の必要を説く。真面目に宗教を自分のものとする考えで言うのかは疑わしいが、しばらくその言葉通りに受け取るとして、「キリスト教が必要である」という意味で宗教の必要を説く人は割合に少ないと思うのであります。何故《なぜ》であるか、キリスト教はこの世の人達には嫌われるのでありますから。勿論、キリスト教は日本人には外来の宗教だというので殊《こと》に嫌われるのでありますが、キリスト教を嫌うのは独《ひと》り日本人ばかりではなく、民族の如何《いかん》にかかわらず、世界の大多数の人には嫌われるのであります。その原因は色々ありましょうが、一番主なる理由は、キリスト教は宗教ではなく、福音であるからであります。パウロのこの「我は福音を恥とせず」という叫びの中に、多くの世の人に受け入れられないということが暗示されています。この世はむしろ反キリスト（unti Christ）であることが暗示されていましょう。磔刑という最も忌むべき恥ずべき酷刑《こっけい》に死したものを救い主と仰ぐことは、祖先にアブラハム、モーセ、ダビデ等を持っているユダヤ人、伝統に固執して祭政一致的王者（メシア）の臨在を待ち望んでいたユダヤ人（パウロもその一人であったが）には、これを救い主と仰ぐなどということはもっての外の事でありました。かく祖国の人にも、異邦人にも嫌われ憎まれ、排斥されるキリストの福音をパウロは「恥としない」と叫ぶのであります。

宗教と福音

広い意味では、このキリスト教を宗教と言うことができるし、また我々もこの世に対しては、そう言っています。しかし、正しくいえば、キリスト教は仏教、回教、神道といった宗教ではなく、福音であります。私たちキリスト者はこの区別を明確に認めていなくてはなりません。

宗教は人間の必要から生れて来たものであります。宗教の必要を世の人が言うのは一理ありといわねばなりません。従って、宗教は人の考え、人の頭から生れたもの、人間が考え出したものと言うことができます。エゴイストなる人間、自己中心なる人間（パウロに言わせれば肉なる人）が、自分の都合で考え出した救いというのが宗教であります。

ところが、福音は人間からは生れない。人間が製造した宗教とは違うのであります。地から生れたものでなく、上から来たものであります。人間が必要と感じようが感じまいが、問題ではありません。神の必要から生れたものであります。神がその愛する民（人間）に対して必要として人間に訴え給う御言、メッセージであります。福音が人間に対してのメッセージ、能力《ちから》として来たことには人間の側からは何等の関係がなかったのであります。

神を離れて、自分の智恵と能力《ちから》で何事でもできると考えていて、本当の罪なる自分の状態に全く無知であった人間の悲しむべき状態、それを神が憐み給うて、神の方から救いのメッセージを与え給うたのであります。罪の赦しのメッセージであります。

罪について

罪について、社会は、世の人は余りにも甘く考えているようであります。普通、罪と言えば、個々の罪、あの人やこの人の罪、あるいはああした罪、こうした罪と、個々の罪を言うのであります。すなわち、道徳的に誤りといった個々の罪、偶発的に、あるいは故意に、道徳的に犯した事を罪と言うのであります。確かにそれも罪でありましょう。しかし、聖書における人間の罪というのは、そんな生やさしい、甘いものではありません。人間そのものの性、そのものが罪性であるといっても過言でないかも知れません。人間性をすでに侵している恐ろしい力を言うのであります。すなわち、罪は人間を虜《とりこ》にする恐ろしい力であります。人間が罪に閉じ込められて、動きのとれない状態。それなのに人間は善悪を理性的に見分けて、罪悪を自分の力で制圧し克服することができると考えたり、あるいは善に決断して、善を積むことができると考えるのであります。人が罪を制圧したり克服するのでなく、罪が人間を捕らえて人間を克服しているのであります。

聖書（福音）の罪というのは神に背《そむ》いている人間の状態であります。個々の罪については世の中の相対的な関係で、他人と比較して、善悪と言い罪ありと言い無罪だと言う事はできるけれども、すでに神を離れている為に人間は罪の状態に在ることに無感覚になっています。本当の罪なる状態を知ることはできないのであります。この罪の状態を憐れんで、罪から解放して、神に立ち返らしめるために、イエス・キリストは神から遣わされた救い主として来たのであります。これが福音（悦びのおとずれ）であります。イエスこそこの罪よりの救いのメッセージ（福音）であります。それで、イエスに出会って人は初めて罪なる状態を知り、自分の偽りに満ちた情けない状態を知るのであります。この時、人間は「意志は人生の殿堂だ」などと言って、何でもできると思っていた状態から目覚めて、丁度地中の暗闇に蠢動していたもぐらが白昼に掘り出されたように驚き狼狽します。罪の始末、神の裁きに恐れ伏すより外なき虚偽の自分を知るのであります。然るに、神はイエスにおいて、この人間を裁くどころか、贖い赦すことによって、罪から解き、神の子としての自由を与え給うのであります。その状態は救い主イエス・キリストが我らに語り給うたルカ伝一五章の放蕩息子の父に帰った時の悦びの状況を彷彿させます。それで、キリストの救いを福音と書きます。福音とは字の通り、よき音信、悦びの音信といいます（ルカ伝二・一〇―十一）。そして、パウロは「我福音を恥とせず……」と叫ぶのです。人間の必要から生れるものではなく、愛なる神が人間に対して必要とされた愛のメッセージ、それは人間の克服することが絶対にできない罪を赦すことによって、罪から自由にしてくれ、「罪は汝らの主となることなきなり」と悦ばしき状態を宣言されるのであります。この悦びの音信についての具体例を見てみましょう。

その最も著しい例はパウロにおいて見る事ができますが、今日はパウロの福音に対する精神をそのままに我ら後人《こうじん》に生かす器として召されたルターについて考えてみましょう。というのは、このことは我らの福音の信仰に堅く立って動ずべきでない事を教えるからであります。

ルターの回心

ここでルターの回心というのはルターが本当の意味において、イエス・キリストに出会った事を言うのであって、あの恐ろしい雷火に恐れおののいて地に伏して神に赦しを乞い、キリスト教徒として修道僧になることを誓って当時最も厳格であったアウグスティヌス派の修道院に入った事を意味するのではないのであります。

ヴィッテンベルグ大学の教授として、僧職を兼ねていたルターは、上司のシュタウピッツから神学博士の資格を取る事を極力勧められた時、「あなたは私を殺すのか」と答えています。ルターは義なる神の前に真に敬虔なるキリスト者とならんと念願して、ローマ法王庁の教義と戒《いまし》めを誠実に遂行するために非常な努力を払っていたと想像されます。この苦心の上に、さらに神学博士の試験に応ずるために努力する事は助からないと考えての答であったのでしょう。ところが、シュタウピッツは「死ぬも生きるも問題ではないではないか。主イエスは君において大事をなさんと欲し給う。君がそれで死ぬなら結構な事じゃ」と強引に勧めるのでした。ルターは本意なく、シブシブと受験の準備を致しました。そして、その年の一〇月一八日にドクター（博士）の資格を貰ったのであります。この年はたしか、一五一一年でありましょう。その後一五三七年、三月二一日の礼拝の説教でルターが言い及んだ事に「私が神学博士になった時、私は光明を見ることはできなかった」と言っています。それは神学博士という偉い資格は自分の信仰に何の益もなかったとの事であります。しかし、彼の苦行はさらに続けられて言語に絶するものがありました。たとえば聖典の定時勉強のおくれを取り戻すために三日間昼夜を分たず、寝ずに、食わず飲まずに密室に籠ったというようなことは屡々《しばしば》でありました。この他、断食・祈祷等、見る目も気の毒な位の苦業・潔斎《けっさい》の連続で、彼の私的生活は完全に煉獄《れんごく》そのものでありました。彼の同僚達はルターを聖徒と呼び、かの有名な人文主義者エラスムスでさえルターの聖徒的生活に感嘆致しました。彼の生活は僧侶としては一点の非難する所を見る事のできない善《よ》き行為の連続でありました。しかし、彼自身は言っています。「それは本当だ。もし坊さん（牧師のこと、monk《モンク》）が牧師らしい生活をする事によって天国に行く事ができるならば、私は確かに天国に行くことができるが……、しかし、こんな苦しい生活がもう少し続けられるならば、私は死んでしまうであろう」と。さらに彼は言う「何時《いっ》になったら私は神が私を憐れんでくれるような敬虔な人間になる事ができるか」と。これは彼が信仰者としてのあらゆる敬虔にもかかわらず内心は甚《はなは》だしい不虔であった事を意味する言葉でありましょう。なお彼は悲嘆している。「すべては無駄である。清潔においても、ミサ（聖餐式《せいさんしき》のようなもの）においても、祈りにおいても、ただの一度たりとも神が私に対して、恵み深く慈愛である事を感じる事はできない。私の生活もドクター（博士）の称号も資格も少しも私を救う助けにはならない」と。ここに至って、ルターは遂に絶望しました。彼は自分の善き行為で自分を救う事はできなかったのです。「私にとっては、イエスは恐ろしい裁き主であるという事より外に考えられない。私はイエスを逃《のが》れん事を欲しつつも逃れることはできない（イエスに捕えられたルター）。私はキリストを嫌悪しているのだ。十字架上のキリストの姿は私をして恐怖せしめ戦慄せしめる。私は顔を伏せて眼を閉ざすばかりで外の事を知らない。私はイエスにおいて救い主を見ずして悪魔を見る。……私の心は髄の髄までヴァチカンの教義で毒されていた。私はバプテスマとキリストを見失っていた。そのため、自力で自分を救い出さんと空しき努力に心身を磨滅《すりへ》らしていた」と、彼は嘆くのでした。友人も遂に同情して言うようになりました。「キリストはルターにとっては裁き人であり怒りの君であった。ローマの教義は彼を絶望に追いつめ、地獄の淵に追い込んだ」と。

　ある時、ルターは詩篇についての説教に立った時、「神の義」の言葉に出会って、その講壇を中止した事があったと言います。ルターは「神の義」「義なる神」を恐れていたのであります。彼は次の様に書いています。

「私はパウロを理解せんとの燃ゆるような念願を持ってローマ書を取り上げた。第一章において『神の義は福音の中に顕われ』にぶつかった。私はこの言葉を嫌悪する。それは神に対する憎悪の感情だ。罪人を罰する言葉である。罪人を罰さないではおかない義なる神の裁きの言葉である。私は罪なき程の真剣な牧師としての生活をするにもかかわらず、私の良心は私に向って、「神は『汝罪人よ』と叫ぶ」と告げるのである。……（再三この同じ節一章一六節―一七節に帰る）……しかし、私の良心は傷つけられている。私は歯ぎしりをする。私は正直な所、神に反抗している。しかもなお、私は同じ聖句を取り上げるのである。私は何としてもパウロのセンスを知らんと願うのである。ローマ書のこの句を夜となく昼となく幾日か考えた。そして、突如光明は与えられた。神は遂に私に憐れみを与え給うた。それは次に続く『義人は信仰によりて生く』の聖句によってであった。その聖句は私に光明の暗示を与えたのである。かくして、漸《ようや》く私は神の義は信仰による賜物として無条件に与えられる事を身をもって感じる事ができた。すなわち、神の義は福音によって啓示され、信じる者を義と宣言する事を知ったのである。

かくして、今や私は全く新しき人なることを実感した。今や聖書は新しい書として顕われた。今まで嫌悪を催する神の義なる言葉は悦びの音信として強烈な愛情をもって抱擁（embrace）するものとなった。パウロの書簡のこの箇所は天国への関門となったと感じたのである」

以上がルター回心の心境であります。ルターもパウロと等しく「我福音を恥とせず」と叫ぶのであります。この福音はユダヤ人を初めギリシャ人をも、すべてこれを信じる一事だけで罪に対する厳しい審判から赦されるばかりでなく、執拗な罪の圧力からも解放される義なる神の愛の能力《ちから》であります。人間の必要から生れ、人間の頭から出た宗教でなく上から人間に来る神の能力《ちから》であります。人間は神からの賜物として与えられた理性に乱舞して、神を忘れ去り神に離別して、理性の指示にもかかわらず意志的に善に決断することができなくなっています。そして、自分の都合や自分の利害や自分の名誉という虚栄に閉ざされて、自分中心の範囲内で善悪正邪という相対的の世界だけに動いていて、神によって造られた本来の故郷から飛び離れています。そして、何時《いつ》の間にか偽装的な善行為を善だと考え感じるよう化石化しているのです。神の賜物なる理性をもった自分を宇宙最高の尊貴なるものと一人勝手に判断して、基本的人権を叫びます。その独善的な高慢な心根、神に造られた人間が神を捨ててしまった傲慢、つまり神に対して道徳的に背いている状態が罪の本質です。けれども、神に離別し、帰るべき故郷なる神を見失っている為に自己の塊でありつつ、人道主義といい、友愛・寛容を説いて平和を招来せんとしています。しかし、真の友愛の如何《いか》なるものでなければならないかすら知るよしもなく、従って、平和を招来する方向への第一歩をも踏むことができずに騒いでいるのが現在の国際状勢であって、これは正に神の笑い給うバベルの塔の建築騒ぎであります。

人間としての本然《ほんぜん》の価値に生れ変らなければ、その友愛も、ヒューマニズムも、自分やあるいは自国に都合のよい言い草に留まるより外ありません。本然の人間に変ることは、すなわち、故郷（ヘブライ書十一・一四―一五）に帰る事であります。神の再発見であります。

そんな事は人間の考えや頭の中には皆無になっています。そのために、イエス・キリストが福音をもたらし給うたのであります。イエスはロゴス（神の言《ことば》）であり、イエスそのものが福音であります。イエス・キリストは裁き主ではなく、罪の赦しの愛の救い主として来り給うた事こそ愛なる神の聖意であります。このイエスに出会って、ルターは、人の顔を恐れざる堅固な信仰を得たのであります。神聖ローマ皇帝すら法王の破門の布告の前に戦慄《せんりつ》してヴァチカンの法王庁の門外に裸足《はだし》で三昼夜立ちつくさなければならないような全世界を威圧する法王並に法王党、さらに法王党に属する全欧洲の諸民族のその只《ただ》中にあって、この一個の孤独な僧侶ルターが、よく法王の破門状を焼却し得た事は正に福音の故であり、福音の能力《ちから》であります。宗教改革の火の手はここに上げられました。

　これより先に、ルターはヴァチカンの免罪符は福音を取引にする事である事を憂えて、九十五ヵ条の提題をヴィッテンベルグの寺院に貼り出した為に、そしてそれに続いて、多くのヴァチカン批判の論争の文書を頒布した為に、宗教裁判が行なわれるウォルムスに召致《しょうち》されるや、友人はルターの危険を憂えてウォルムスに行く事を思い止まらせ、何《いず》れへか身を隠す事をすすめた時、ルターは「たとえ悪魔がウォルムスの瓦《かわら》程いるとも私は行く」と叫び、また「ルターをして死なしめよ、キリストをして生かしめよ」とも叫んでいます。彼が、ウォルムスでのイエス・キリストの福音に関する論争において、自分の主張を一歩たりとも取り消さなかったのは、決して自分が無罪である事を弁明する為ではなかったのであります。彼はこの場合自己を考える事はできなかった。否、自己の焚殺される事を恐れなかったのではないが、福音の真理の偉大性は彼をして自己を捨てる事を敢てなさしめたのであります。彼は自己の無罪の弁明のためにウォルムスに出頭したのではなく、福音を弁明するために福音を護るために行ったのです。パヒスト（法王党）が聖なる喜びの福音をこの世の型に鋳込み、天上の神を地上に引き下ろし、法王自ら地上の神となりすまし、キリストの十字架の恥死によって罪を贖う神の愛を政治的権力に化するのみでなく、信仰の律法化と福音を商売の具に取り替える醜怪な事実から福音を護るために、ヴァチカンに対し堂々と非難を浴びせてプロテストしたのであります。

　天上と地上の権を握ったかに見える法王党を向うに廻してプロテスト（抗議）する事は当時にあっては正に、猫の首に鈴を付けんとする鼠の挙《きょ》にも等しい事でありました。しかし、これは一個の弱き僧侶ルターのよくなし得る所ではありません。それは正に福音そのものの能力《ちから》であります。福音が、イエス・キリストが、神がルターを起こし立たしめたのであります。ルターは完全に神の御用に立ったのであります。

　ルターはヴィッテンベルグで初めての説教壇に立った時の事を述懐して言っています。「我の前には多勢の顔が並んでいる、そのため私は戦慄した」と。ルターも我らと全く同様な、かかる弱い一個の鼠の如きものでありましたが、よく暴君的巨猫の首に鈴を付けて、その暴威を粉砕したばかりでなくパウロによって伝えられた福音の正しい在り方を教会に挽回して、永遠に教会を福音の役に立ち返らしめるエクレシヤ擁護の偉業を果したのです。彼は法王を反キリスト者として非難して立つことができました。これによってあの反キリスト者なるニーチェや現在のトーマス・マンすらもルターを古往今来の最も偉大な人物と呼び、キリスト教を護ったものはルターであると賞賛しています。トーマス・マンの如きはさらに「近代の真のデモクラシーはルターによって始まっている。すべての人は神の祭司であるという事こそデモクラシーである」と叫んでいます。しかも、かくのごとく言明しているにもかかわらず、このトーマス・マンはルターを好まなかった人物であります。

神は真にルターをして唯一の救いの道である福音を護るために立たしめたのでありました。その為、法王庁のあらゆる廻し者の魔手のその只《ただ》中にあった一個の僧侶に対し、最後迄焚殺の手が廻わらなかったのでありましょう。ルターは、外見から見れば孤独な淋しい姿を持ってウォルムスの宗教審判の前に立ちました。しかし、その状景は恰《あたか》もローマの総督ピラトの前に立ったイエス・キリストのようであります。裁くべきピラトこそイエスに裁かれているのであります。それと同様に、裁かるべきルターこそ却って、法王党を裁いたのであります。たとえ万山崩れかかるもルターのこの堅陣の信仰を破ることはできません。それは福音の真理に立っていますから。ルターのヴァチカンに対するプロテストはルターの業績ではなく福音の業でありました。キリストは言います「人新たに生れずば神の国に入ること能わず」(ヨハネ伝三章)と。すなわち、新たに生れるとは「上から生れる」という事であって、イエス・キリストの福音による事であります。

さて、少しく長くなりました。ローマ書八章の言葉をもって結語と致します。

然ればこれ等の事につきて何をか言わん、神もし我らの味方ならば、誰か我らに敵せんや。己《おのれ》の御子を惜まずして我ら衆《すべて》のために付《わた》し給いし者は、などかこれにそえて万物を我らに賜わざらんや。誰か神の選び給える者を訴えん、神はこれを義とし給う。誰かこれを罪に定めん、死にて甦えり給いしキリスト・イエスは神の右に在《いま》して、我らの為に執成《とりな》し給うなり。我らをキリストの愛より離れしむる者は誰ぞ、患難《なやみ》か、苦難《くるしみ》か、迫害か、飢か、裸か、危険《あやうき》か、剣か、録《しる》して『汝のために我らは、終日、殺されて屠《ほふ》らるべき羊の如きものと為られたり』とあるが如し。然れどすべてこれらの事の中にありても、我らを愛したまう者に頼り、勝ち得て余りあり。われ堅く信ず、死も生命も、御使も、権威ある者も、今ある者も後あらん者も、力ある者も、高きも深きも、この他の造られたるものも、我らの主キリスト・イエスにある神の愛より、我らを離れしむるを得ざることを。(ローマ書八・三一―三九)〈傍点著者〉

神の愛は福音によって示されています。

《原注》
ルターは聖徒として立ち、その実質を得ようとして、苦行に苦行を重ねても遂にその苦行によって成果を得ることができなかったばかりでなく、苦行を重ねれば重ねる程それだけ、自分の良心は神に逆らい、キリストを嫌悪する不虔を感じたのであります。この心こそはルターを最も苦しめたものでありましょう。換言すれば、神に忠実な僕《しもべ》としての善なる行為を重ねれば重ねる程、愈々《いよいよ》自分の内なる行為が反対に虚偽な不忠実なものであることを知り、人間のしぶとい罪の如何《いかん》とも為し難きを見て絶望したのであります。その時ルターはパウロの言葉によって、ただ信仰のみ、行為によるのではないという神の赦罪の言《ことば》を聴いたのであります。ルターは正にパウロと等しく、自己の聖望によって律法(善行)を厳守し、あらゆる敬虔な態度に心を精進していたのです。それは信仰といっても聖書の言う福音信仰ではなく、人間の必要から生れる宗教によって救われるという限界内に留まっていたのでした。そこでは決して目覚めた良心を満足せしむる事はできません。ルターは追いつめられてパウロと等しく「これが人間の赤裸の姿である事」を知ったのです。それを知る事と、イエス・キリストの十字架の贖罪の福音とがほとんど同時に彼の心奥を貫いた。ここにルターの回心が起り、福音は人間の思い、人間の必要、人間の努力の如何《いかん》に関係なく、神が人間に対する愛の必要からイエスの十字架において語り給う恩恵の音信である事を悟ったのであります。神の必要こそ、本当に人間の必要な一事でありますが、神を離れた人間はこの事に全く無智無感覚なのであります。それだから、福音があるのであります。これ如何《いか》ばかりの神の愛ぞやと言わねばなりません。ここに新たな人として生き甦ったルターはこの福音（メッセージ）を受けて福音擁護の難行に立たしめられました。福音の使者であります。福音のメッセージは、そのメッセージを正しく、ありのままに、勇敢に宣べ伝える事が使命であって、それ以外に、何か人間の考えで工作を施したり加えたりする事ではありません。福音は神の力であります故、福音自ら働くでありましょう。牧師僧侶はメッセンジャーであります。人間自らの思いで何か拵《こしら》える、造り上げると考える事は考え違えであります。大間違えであって福音を傷け冒涜する結果になりましょう。

ルターはこの事に対して全く誤まらない正しい態度を取る事ができました。ただメッセンジャー（使者）として、福音を正しく、福音本然のままに宣べ伝えること、それだけだ。これが宗教改革の全精神であります。キリスト教世界会議も、日本内国伝道総会、あるいは教区総会、修養会と随分多忙に企てられるが、もしそれが多勢の人間の企てで終るならば、イエスの十字架の福音を損なうものとなるより外はありますまい。かかる大会の催しを私は必ずしも悪いとは言わないが、メッセンジャーとしての使命の外に、何か仕出かさなければならないような、この世の営みに追い立てられるような焦躁感情で、メッセンジャーの使命を忘れたような、数々の事柄は福音の能力《ちから》の充分な進行を阻むものであると私は考えます。旧日基の伝統的精神はこのプロテスタントの精神に生きていましたことを付記致します。

【編注】この説教は後日項目別に整理されたものである。

ウォルムスの宗教裁判でのルターの姿

次の日の会見は大広間で行なわれた。高い所に法王党の多くの人達が並び、エックは神聖ローマ皇帝を代表する言わば今の最高裁長官のような人、難しい顔をして昨日の質問を繰り返したわけです。再び「これを総べて廃棄するか若《も》しくは固執するのか」と聞いた。この時ルターは落ち着きはらって鈴のような明朗な声で「これは全部私のものである。しかし、第二問は一様に答えられない」と答えた。昨日のようにそこにうず高く彼の著書が積まれてある。エックはそれらの著書を指さして「これはお前の著書か」と聞いた。その言葉の終らない内に「これは全部私のものです」と答える。次に「これを取り消すか」と聞かれ、ルターは「これは神の問題である。魂の救いに関する問題であるから取り消すことは絶対にできない。キリストは「人の前で私の名を恥じるものは、私も父の前でその名を恥じる」（マルコ伝八・三八）と言われた。すなわち、神の言葉について述べてあるから、これは取り消すことはできないと言ったのである。そして、「第二の書冊は、問題は法王と法王のつくった教条と法王の生活の故に堕落させられたキリスト教界の状態を痛切に非難した本である」とルターが言ったら、その場にいた皇帝は「ノー」「ノー」と苦しまぎれの叫びをあげたそうである。しかし、ルターはそんなことにはおかまいなしに法王の圧制と神への不敬がドイツを最悪なる事態に至らしめることを申し述べ、さらに「第三の種類の冊子は個人的な私の問題ではなく、イエスの言にかかわる問題である。だからもっと辛辣にこの内容を書けばよかったと私は今は後悔している位である。これ等も取り消すことはできません。もしこれに誤りがあることが聖書によって証明されれば即座に私はこれを火の中に投げ込むであろう。私はここでイエス御自身の言葉をもう一度引証する『私は平和をもたらすために来たのではなく反って剣を投ぜんためである』（マタイ伝一〇・三四)」と続けた。そして、ルターは気の毒そうに若い皇帝の顔を眺めて、なお続けて「私は皇帝支配のドイツの困惑を防ぐために、遠慮なく神の言に従うのであって、単にローマ法王を攻撃するのではない。私はどこまでも神を畏れる道を歩まねばならない。他を責めるためでなくして私は全ドイツを本当に愛するが故にその責任を取るのである」と言った。

そこで審問官エックは「聖書の言葉から言えばお前の考えはみんな異端である。ルター君、君一人だけが聖書を熟読していると思っているのか、凡ゆる教会の先人教師の伝承による神聖なる正教に疑問を持つというのか。キリストによって建てられ、使徒によって伝えられ、教父達によって伝承され、幾多の会議によって定められたこの伝承を、お前はみんな誤っているというのか」と詰問する。ところがルターはびくともしない。鋼鉄のような態度で「皇帝陛下、諸侯閣下は簡潔な答えを要求されているので私が今まで言ったことをかいつまんで簡単にお答えします。私は法王の宗教会議の一切の決議に対して断じて従うことはできません。余の良心は神の言にとらわれています。私はこの内容を取り消すこともできませんし、取り消すことを欲しません。神よ助けたまえ、アーメン」と答えた。ある記録にはこのルターの最後の言葉を「私はここに立つ。私はこれより以外に仕方がない」と書いてある。

これでウォルムスの会議のことを少し細かく述べたのでありますが、面白いことは、本当に弱い一個のルターが誘拐心や悪魔の力の前に、かくも強く立ち得たということであります。自分に本当に弱くなって、イエス・キリストにすがった時に、本当に人間は強くなる。宗教会議に立ったルターは本当に強かった。万岳崩れくるとも動じない。この強さは人間からは出てこない。人間が本当に弱くなり切ってキリストに支えられた時にのみである(コリント前一・二五)。ルターがウォルムスの審判で対決する様《さま》はイエスがピラトに対決する様(ヨハネ伝一八・三三↓)に似ているとも言えるであろう。

『遺稿集上』「宗教裁判の前に立つルターの姿」より

福音――悦びの音信

（戸隠連峰と越水ヶ原）

ルカによる福音書二章一〇節―十一節
昭和二八（一九五三）年　長野教会クリスマス説教

今日ダビデの町にて、汝らの為に救い主うまれ給えり、これ主キリストなり。（ルカ伝二・十一）

福音は史的事実・神の能力《ちから》である

福音の音信とは救い主イエス・キリストの生れた事を意味する。ベツレヘムの馬槽の嬰児の叫びが歓喜の音信（福音）に通じる。イエス降臨の結果、人は神に立ち返って神を神とし、従って、地上の人間の世界に平和の社会すなわち神の国が建てられるというのである。

福音はメッセージ（使信）である。今より一九五三年前にユダヤのベツレヘムにて処女マリアの子として救い主イエスが降誕したという歴史上の事柄である。しかし、厳密にはイエス降誕というだけに止まっているのではなく、イエスが人類の罪を負って十字架に死に給うたというイエスの地上三〇年の短かい生涯のすべてを包含することは今更言う迄もない。我らはこの福音を「イエス・キリストとその十字架」という言葉をもって言い表わす。「汝らの為に」救い主生れ給えりとあるように、福音はこの世にまたこの世の中なる我々一人一人に向けられ告げられ語られるメッセージである。イエス・キリストによって神が我らの為に為《な》された事柄のメッセージだという事は今から千九百年程前に起った歴史的な事件であると共に、今も尚我らの為に為《な》されている事件であり、我らに訴えているという事件である。それで、福音を歓喜の音信（メッセージ）というのである。歴史的事件であるという事は我々人間の考えや想像によって造り上げた救いとか真理という主観的なものでなく、人間の考えや、想像や、感情とは別なものであり、我らから別に、我らを離れて起ったという確かな事柄、疑う事のできない事実を意味する。しかし、歴史的に起った事件というだけならば、それが如何《いか》に確実に起り、存在した事件であったにしても我らにとっては「そうか、そういう事があったのか」と言うだけの過去の史的な物語に過ぎない。我ら自身の問題とはならないのである。クリスマスのメッセージはかかる単なる過去の物語ではなく、我らのために起り、我らに訴えているメッセージだという我ら自身への主観に響く事件である。神の真理、神の能力《ちから》を持って、今も昔と同様に我らに向って為される生きた事件の音信である。この史的なイエスという人格とその十字架の死という客観的な事件の音信は、それが単なる音信（消息）に留まらず、その音信と共にこれに聴従せんとする個々の人々に、その生活状態や生命を変革するという客観的な働きを持つところの神の言である。パウロの言う「十字架の言は神の能力《ちから》」であるという所以《ゆえん》である。ただし、このメッセージは我々を対象とし我々の心に訴えるものであるが故に、受ける我々の方にこれに耳を傾け感謝して受ける信頼の態度を必要とする。我々の方にこの信の心を持たないならば、「亡ぶる者には愚かなもの」（コリント前一・一八）であり、役に立たない事件であり音信である。

人間の自然性における悪の力

さて、イエスが救い主として我ら人類の歴史の中に降誕されたクリスマスの音信は、実に「イエス・キリストとその十字架」の贖罪であるという歓喜の音信（メッセージ）の意味するところを、唯今は大使徒パウロのローマ書七章によって考えて見ようと思う。まず七章七節から二五節まで静かに再三読んで下さい。

生れながらの人間の性（自然性）の中には本来の人間としての価値を破壊し、破滅に導くある恐ろしい悪の力がある。基本的人権が自由と平和の民主社会を形成するなどと言って、自己の人権あるいは人格の尊厳や幸福と共に、他者の人権人格の尊厳とその幸福を犯してはならない、尊重しなければならないと言われる。ただ単に言われるだけでなく、これは誠に万古の真理として何人も疑う事のできない原理である。

然るにもかかわらず、個人あるいは民族として、互いに自己のために他者を犠牲にし他者を欺《あざむ》き（自己を欺き）他者を殺戮《さつりく》して省みない今の国際情勢を見ると、特にこの事が明らかである。平和を唱えるばかりでなく何れも実際に平和を追求しているにもかかわらず、他面他民族を殺戮《さつりく》する事を考え、自ら平和を脅かす事に汲々としている。
かかる人間の自然性は人間自身の意志で克服する事のできない力、しかもすべての人間に共通する所の悪の力と言うより外はない。少しく自分の状態を省察する人は自分の経験として否定できないこの恐ろしい力を知る事ができる筈である。聖書はこの悪の力を罪と言い、この罪なる状態を死というのである。

地上における人間の存否を生といい死と言うが、聖書の意味する死という事はこれとは全く異なる事を意味している。ローマ書の七章でパウロは鮮かに言っているように、死とは今現在において我々人間を捕え人間を支配している悪の力、その力のままに動くより外なき人間の状態を言うのである。もっと端的に言うならば、我らが、普通、生命というその生きているその人間の状態を死とパウロは言うのである。神に造られた人間の価値を喪失して生きている事、それを死と言うのである。神をもたない独りよがりの人間の姿が死の状態であるというのである。ところが、パウロはこの死の状態を律法と関連させて次のように言っている。

これ罪は機に乗じ誡命《いましめ》によりて我を欺き、かつ之によりて我を殺せり、（ローマ書七・十一）
然れば善なるもの我に死となりたるか。決して然らず、罪は罪たることの現われんために善なるものによりて我が内に死を来らせたるなり。これ誡命によりて罪の甚だしき悪とならん為なり。（ローマ書七・一三）

人間の破滅的状態――罪――死

パウロは、「律法（神の誡命、人間の道徳）がなければ罪は死にたるもので、律法が人間に与えられている事は人間としてのあるべき状態、すなわち、その価値を問われる状態であり、しかも、その律法を行う事ができないから罪があるのであり、律法がなくて他の生物と同様な状態であるならば罪などは無いのである。然るに、人間には律法がある故に罪は存在し（罪は生き）、人間は死の状態なのである」と言っている。そして、続けて「律法も誡命も聖でありかつ善であるが、この善なるものが我（人間）に死となりたるか」と、パウロは反問して自ら答えて曰く「罪は罪たる事の現われん為に善なる者によりて我が内（人間の中）に死を来らせたるなり。これ誡命によりて罪の甚だしき悪とならん為なり」と言う。では一体この「甚だしき悪」とは何か。それは破壊の力である、善には絶対に行動し得ざる状態を言うのである。

善とは善のように見える見せかけだけの、心の伴わない外的の行為を言うのではない。一点の私心なき善行為のことである。善悪を理性的には認識する事はできても、その悪を克服して善に行動する事はできない情けない状態がすなわち甚だしき悪である。人間が全く罪の虜《とりこ》となって悪に働くより外の存在でないという事が深刻に省察されたのが、罪の甚だしき悪とならん為なりと言うのである。「我欲する所の善は之をなさず、欲せざる所の悪は之を為すなり」（一九節）と言い、あるいは「われ内なる人にては神の律法を悦《よろこ》べど、わが肢体の中に他の法ありて我が心の法と戦い、我を肢体の中にある罪の法の下に虜とするを見る」（二二節―二三節）という状態が、パウロにとっては、善なるものによって罪の罪たる事が鮮明になり罪の甚だしき悪となった状態なのである。善に対して完全なる無能力者に等しいのである。

ただし、ここで注意すべきことは「我欲する所の善は之をなさず、欲せざる所の悪は之を為すなり」というパウロの言葉である。欲する所の善というのは善たらんと意志する事を意味するのではない。善悪の識別をわきまえるとの意に解すべきである。従って、欲せざる所の悪をなすという意味は悪に意志的に動く事である。罪に捕えられた内なる人間（自然性）は罪に対して好んで積極的に、すなわち、意志的に動くのである。この状態なる事を罪の甚だしき悪となったと言うのである。かかる状態なる人間を罪と死の状態に在るものと言うのである。誠に情けなき悲しき状態、それは神を忘れた人間の自然性である。この状態こそ正に人間の破滅の状態であり、この状態を聖書で罪と言い死の状態に在ると言うのである。

あるいは人は言うであろう、「人生をそう悲観的に見なくてもよいではないか、人生の文化的価値、その向上を見たらばどうか」と。しかし、かかる考えはキリスト教を誤解している者の言い草である。キリスト教（従って聖書）は決して世の文化を軽視してはいない。キリスト教の信仰そのものは決して人間の教養や文化を否定してはいない。それどころかそれらの文化価値を（個人の教養も）等しく神の賜物と見るのである。ここに問題となっている罪と死の状況は、もっともっと深く人間性を穿ち抜き、貫く問題である。たとえ如何《いか》程の教養ある人も如何《いか》程の文化価値を有する社会も等しく死の法、すなわち、罪の支配下に在る事実を言っているのである。如何《いか》なる条件、また事情の中にある者でも、総括的にしかも簡明直截《せつ》に、断定し得る状態、高きも低きも等しく罪の支配下にある存在だと言うのである。パウロの告白はその高低の如何《いか》にかかわらずすべての人間の持つべき告白である。

人間の破滅は神離反からである

かかる人間の悲劇的状態の根本的な原因は神に造られた世界そのものが神から逃避しているという所にある。それは、神の映像としての人間が神に対して全く赤の他人の状態、神に反し神に敵対している状態である。かくして、人は罪と死の悪の力の支配下に蠢動するより外ないのである。ローマ書一章二一節以下に、パウロは言っている「神を知りつつも尚これを神として崇《あが》めず、感謝せず、その念は虚《むな》しく、その愚なる心は暗くなれり。自ら智しと称《とな》えて愚となり、朽つる事なき神の栄光を易《か》えて朽つべき人および禽獣《とりけもの》および匍《は》う物に似たる像《かたち》となす。この故に、神は彼等をその心の欲にまかせて互いにその身を辱しむる汚穢《けがれ》に付し給えり……」と。この傾向こそ人間の破滅への傾向である。これは正に死と言うべきである。神離叛こそ罪であり死であると言わねばならない。

内なる人間——人間性の現実

パウロは言う「我はわが肉のうちに善の宿らぬを知る。善を欲すること我にあれど之を行う事なければなり」（ローマ書七・一八）と。肉というのは神を離れた、生れながらの自然的な人間、人間中心に物を考え物を処理し、自分の能力《ちから》で悪を克服し善をなすことができるぞと考えている人間という事である。この場合たとえ芸術とか倫理とか真理の発見とか、あるいは自由を叫んで思策するといった精神的な事も一括して、パウロは肉の人というのである。この肉なる人間の中には毛厘も善は宿らない。たとえ善に行動してもそれは善でなく自己を考え自我追求を巧者にやるだけに過ぎない。極端な言い方のようだが、それこそ却って、他を欺き同時に自己を欺くものであると。誰彼は善で誰彼は悪だなどの肉の世、肉の人間の批判などは一色に塗られて罪人だという厳しい神の批判の前に丸裸で立つのが人間の状態である。世の人は「そんなに悲観的に人間性を見たり、そんなに架空的な現実を離れたところばかり見なくてもよくはないか」と言うかも知れない。しかし、人格としての存在のこの状態は決して架空的な観想でもなく非現実的な問題でもなく、否、人間性の疑うことのできない歴史の経験であって、人間性の現実の姿である。この現実に眼を蔽うて友愛を説き寛容を叫び平和を歌っている事こそ空想であり、迷妄である。如何《いか》に友愛を鋭き良知を叫び平和に熱狂しても平和は来ないであろう。

聖書の罪はすべての内なる人をとりこにする能力《ちから》

我々自身気をつけないと罪の問題を道徳的な方向に考えて個人的な失敗とか罪咎《つみとが》と考え易い。これは罪を余りにも軽くかつ甘く考える傾向である。聖書によれば、罪はそんな小さい問題ではない。道徳的に考えられたり、道徳心というもので克服できるような甘いものでなく、人間性を包み蔽い窒息せしむる悪の力である。人が一度罪に捕われるや彼はそれを意志して積極的に好み且つ為す所の恐るべき力である。人は罪の奴隷とされている。世の人はまた、「罪に対してそんな悲劇的な考えは迷妄である」と言い、「罪は人間の決意と努力で克服できるものである」と考える。すなわち、人間の教養の高下大小というもので罪の解決の難易に相違があると考える。依然として罪の問題を道徳の方向において処理できる個々人の個々の罪咎より一歩も出ない考えだ。聖書の罪はすべての肉なる人を捕虜《とりこ》にする能力《ちから》である。人間が罪を支配するのでなく、罪が人間を支配し奴隷にするのである。

パウロは言う「我は肉なる者にて罪の下に売られたり」（ローマ書七・一四）と。これによると、彼はすべての人間、第一のアダムたる神を離れた人間の自然性（肉の人）の状態を、彼自身の告白において、明確に認識していることが分かる。

歓びの音信

かかる人間の、また人間の社会に、我らの主イエス・キリストが救い主として天下ったのがベツレヘムの一旅舎内の厩舎《きゅうしゃ》の中であった。「のみしらみ馬のしとする枕下」（芭蕉）とある馬槽の中に、呱々の声を上げ給うたのである。それがクリスマスのメッセージ（音信）である。罪と死に占拠されているこの世の真直中にイエス・キリストとその十字架の神の福音がこの世を生かす喜びの音信として、雷の如く、叫び且つ電光の如く来り給もうたのである。現在も未来永劫に神がこの混乱と険悪の世の中に割り込んで来り給もうのである。

幽暗《くらき》を歩める民は大なる光をみ、死の蔭の地にすめる者のうえに光照らせり。（イザヤ書九・二）
ひとりの嬰児《みどりご》我らの為に生れたり、我儕《われら》はひとりの子を与えられたり。……（イザヤ書九・五）

マタイ伝四章一五節から一六節には「ゼブルンの地、ナフタリの地、海の辺、ヨルダンの彼方、異邦人のガリラヤ、暗きに座する民は大いなる光を見、死の地と死の蔭とに座する者に光のぼれり」というイエス御自身の言が掲げられている。

ルカ伝四章一六節以下にはマタイ伝のこの箇所と共通する所として、イエス御自身が会堂においてイザヤ書を読みつつ「この聖書は今日の汝らの耳に成就したり」（二一節）と迄言われている。ここに、福音が世の救いとしての悦びの音信であるという福音性が最もよく示されているのではあるまいか。

福音（クリスマス）の使信は疑えない不動の事実（現実）である。福音は神と人、現実の歴史により、歴史を貫く客観的な事実である。それは我々人間の状態とその人間をもって構成するこの世の赤裸な状態（すなわち悪の力に支配されて混乱と破壊の道から逃れ得ないこの世の状態）を披歴《ひれき》し、しかも神の能力《ちから》はその悪の力と罪と死の力よりも遙かに偉大であり、この神の能力《ちから》に依り頼む時に、「罪は神の義に」、「律法は恩寵に」、「死は生命に」、「暗黒は光に」変革される悦びを伝えるのである。イエス言い給う「罪は汝らの主なることなし」と。

このクリスマスの音信に聴従するすべての人は、旧いアダムの姿のままで、新人として復活のイエスと共に新しき生命に歩む事ができるのである（コリント前一五・二一↓）。この時、人間は彼を犯すあらゆる罪と悪の力から護られる。神の前に立ち得ざるものが神の怒りから赦される。それは彼自身の働きからでなく、ベツレヘムの馬槽に泣く使信の贖罪の叫びによってである。彼は罪より解かれたのである。彼が罪なき清い人間に成ったというこちたい道徳的な意味からではなく、罪は最早彼の支配者ではないという意味において。彼はこの時イエス・キリストの愛の支配保護の下にある。彼はイエスを幹とする葡萄の樹に連なる一つの枝となったのである。「この故に今やキリスト・イエスに在るものは罪に定められる事なし」（ローマ書八・一）とパウロは言う。

イエス・キリストの降臨の音信によって「己の智恵をもって神を知らず」、その為、神に放棄されてあらゆる迷信、あらゆる偶像に走り、あらゆる心の欲の為に羞恥《しゅうち》を忘れ、混乱の人間とこの世の状態がありのままの現実である事が確かであると等しく、救われて、罪の力や死の力から自由にされて悦《よろこ》びと光と平安（平和）の新しい世界が眼前に展開する事もまた確かな事実である。

福音の永遠性

この福音は神の能力《ちから》であり、人間の世が世である限り人類の生存する限り、馬槽からの召命の叫びは止まないであろう。福音は人間の造り話や物語ではない。この人の世に向かって神の愛なる救いの叫びである。招致である。この福音は片隅において行われた事ではなく、何人の眼にもあらわに、白昼堂々と行われた事実である（使徒行伝二六・二六）。人間が自己中心の塊で、罪こそ人間の現実である如くその真直中において行われ、それから救うイエス・キリストにおける神の愛の真実が厳存することを示して余りある現実の使信である。イエス・キリストは来りて我らに神の愛を説くのではなく、彼こそ、その神の愛を我らに頒ち与えた者である。彼こそ神の愛そのものに外ならない。それと等しくイエスが我らに自由を説くのではなく、彼こそ実に我らを律法と奴隷と罪から自由にしてくれるのである。彼こそ真の自由と言わねばならない。彼こそ福音であり、神の愛の現在である（ガラテヤ書五・一）。かくして、イエスの音信に真実に聴従せんと念願する者は変りない神の平安（平和）を頒ち与えられるであろう。イエスこそ神の平安そのものである。

福音の与える真の平安

このメッセージ（音信）は今直接にイエスの口から叫ばれないけれども、聖書により教会により教会を通して叫ばれており、我らはその教会に連なって、地上のこの世の中にある現実の経験と事実とにおいて悦びの光を仰ぎ、この悦びの使者としてある事を感謝する事ができるのである。この福音に耳を傾ける者には、大小高下の人間的な差別など全く無視され、すべての人に与え給うキリストの平安（peace）が恩恵の賜物となるのである。

ルカ伝の「いと高きところには栄光神にあれ、地には平和、主の悦び給う人にあれ」（ルカ伝二・一四）はそれを言っている。イエス御自身も「われ汝らに平安を与う。我与うる平安は世の与うる如くならず」（ヨハネ伝一四・二七）、と言われる。この平安はキリスト教を信じて病気がよくなりつつあるとか、不幸が幸福に転化しつつあるとかいった平和な気持ではない。この福音によって罪赦されて（未だ罪の残滓《ざんし》を多分に持っているにもかかわらず）、「この故に今やキリスト・イエスに在る者は罪に定められる事なし」（ローマ書八・一）という平安なのである。

自分の行為の正しさ故に赦されるのではなく唯神の恩恵を、イエスを、我らの主と仰ぎ信頼する事だけで赦されるばかりか、我らを嘉納して世の非難やあるいはあらゆる悪の防塞として、神（イエス）が我らの味方となり護ってくれるという平安である。我々が信仰を持ったから心に平安を得たといった、我々自身の中に生きるという平安（それは世の与える平安だ）ではない。それは人間の心理的な気分に過ぎない。長持ちはしない。朝に悦び夕に悲しむ水の泡の如きものだ。我々の中から生れる平安でなくイエス・キリストが平安の源泉である。イエス・キリストこそ平安そのものである。イエス・キリストは平安を与える為に世に来り給もうたのである。この平安は患難悲痛を取り去る事によって平安であるというより、患難悲痛の中に在って、それらを突き通す平安である。

すなわち、我ら自身の罪赦されたりとの平安と同時的に、その事は正に福音の使信者としてこの世にあるという恩寵の平安である。福音の為に世の厳しいまた冷ややかな批判も憎悪も迫害も貫き、イエスの御苦しみに与るメッセンジャーとされた平安である。福音そのものはこの世の為に与えられたメッセージである。すべての人に対して与えられたものである。何人もこの神の愛の福音の恩恵から洩れる者はいない。

イエスは神の聖意のままに神の愛そのものとしてこの世に来臨されて、贖罪の十字架においてこの世（全人類）の救いを完うされてしまったのである。すべての人間に高きも卑しきも富める者も貧しき者も、悉く、一人洩らさずに救いを完遂されている。だから、唯「信」の一字によって誰でも救われるのであり、そして、この平安に与る事ができるのである。「我神の国に入る為に如何《いか》なる善き事をなすべきか」（ルカ伝一〇章）ではなく唯この神の愛に心を向ける一事だけで。しかし、世は救い主を憎悪と迫害をもって処したように容易に福音の召命に従わないのである。

この愛なる神の招きに対して反抗するこの世の為に、イエス・キリストの十字架において罪の赦し、すなわち、救いは既に為されてしまっているのである。しかし、神の愛という人格的な心と心との問題であるが故に、すべての恩恵はイエス・キリストにおいて完全に為されているにもかかわらず、これに心を向け、これに喜び従わんとする信頼を持たないならば、救いに参与する事ができないのはまた自明の真理である。彼は自らの態度、福音の招致を拒否する自分の仕草によって神に見放されて、自ら蒔いた種を刈り取らねばならない。これはつまり神の審判と言うのである。けれども、イエスはこの世を裁くために来られたのではない、救う為に来られたのである。ヨハネ伝三章一六節から二一節を味読されんことを。

イエスこそ真の平安の主

さて、イエス・キリストの与え給う平安はすなわち平和の心である。何事にも揺るがない、限りなき、ピース（peace）である。この平和が地にあって、すなわち、主の悦び給う人（信頼する人）にあって、初めて人の世に平和は来るであろう。イエスこそ真の平安の主である。イエスによらずして真の平和はない。この平和をこの世に来らす為にイエスは来臨された。それが救いである。既にイエスに頼らずして平安も平和もないとすればこの福音（メッセージ）はこの世のあらん限り、人間の社会の存続する限り、その叫びを続けて止めぬであろう。「天地は過ぎ行かん、されど我言は過ぎ行くことなし」（ルカ伝二一・三三）と。それは神の経綸である。この世が完全に救われて愛なる神の聖支配が隅から隅まで行われるまで、すべての人間が神の栄光を頌《たた》え（いと高きところには栄光神にあれ）、そして、地には平和、主の悦び給う人にあるその時まで続くであろう。

福音に一切をまかせまつろう

さて翻って我らは如何《いかん》。お互いに御覧のような現実の姿ではある。しかし、イエス・キリストに在る事において、この福音によって罪の赦しを受け入れ、福音の使者（種を蒔くもの）として、主を頭とする教会のメンバーである事をクリスマスの音信において新しい悦びと感謝を持つべきではないか。願わくは我々をして心をこめてこの悦びの音信に傾注して一切万事、この世的の苦慮、身の廻りの心労を取り去って貫おうではないか。自分の罪の問題の処置も、あるいは倫理生活といった事まで投げ出してしまって、イエス・キリストにある神の憐れみ、その十字架における召命の声にのみ心を傾けようではないか。イエスは「先づ神の国とその義を求めよ」（マタイ伝六・三三）と宣《せん》し給う。この場合に、このクリスマスの叫びを聞いて未だ「そんな事ばかり考えていては食うことができない」だの「それでは唯信じさえすればよいのか。悪い事を仕出かしてもよいのか」など、大使徒パウロを非難したパリサイの大馬鹿共の口上などを真似する、ひねくれた根性を持たないようにしようではないか。

【編注】この説教は後日項目別に整理されたものである。

ペトロの告白

ペトロは今、イエスに「汝は我を誰と言うか」との厳《おごそ》かな問いに追いつめられて「汝は生ける神の子なり」と叫ばざるを得なかった。これは聖《きよ》き愛に満てる救い主イエスの光の様な訴えに打たれた感激（インプレッション）の叫びであって、思考も躊躇《ちゅうちょ》も許さない実感の叫びである。平素イエスとの交わりの中に不透明ながら受けざるを得ない神聖な何物かを受けていたのであるが、改めてそのイエスから「汝は我を誰と言うか」と問われて初めて眼が醒めて、ここにこの偉大な告白を叫んだのである。

我らの告白

イエスの人格とその十字架の招きに真向い立つ時、我等は誠に聖なる者の前に立つ。そして、ペトロと共に「主よ我を去り給え、我は罪人なり」と叫ばざるを得ない関係を感じる。

私の告白

私は今ここで「汝はキリスト生ける神の子なり」の告白を取り上げたのは、我人《われひと》共にキリストの福音の中心問題である神の子イエスの告白を明確に認識したいためである。決して諸兄姉にこのパウロの告白を強いるためではない。強いる所かそれは実に私自身の問題であるからである。私はそんな事を強要できるような立派な牧者ではない。私は依然として一個の素人（レーマン）に外ならない。諸兄姉と共に祈り、主イエスを頭として交わる小さい羊の群の中の一個の小さい小羊に過ぎない。私は自分の問題を取り出して告白する事を礼拝の講壇と考え又説教と考えている。説教だからとてお説法ではない。キリストすらお説法をやられた事は唯の一度もない。キリストは「我に来れ」と招くのみである。

以上三篇は『汝尚一つを欠く』「汝はキリスト生ける神の子なり」より

神、人と共に在り（エクレシア）

コリントの信徒への手紙一　一二章一二節―一三節
昭和二九（一九五四）年二月二八日　長野教会説教

（萩と野花）

体は一つにして枝は多し、体の枝は多くとも一つの体なるが如く、キリストも亦然り。

（コリント前一二・一二）

聖書は我らの救い主イエス・キリストを指示《さししめ》している。旧約聖書は神の聖約と預言とによって来るべき新しきイスラエルを指《ゆび》さしており、新約聖書は名の示す如く神の聖約の完成の記録であって、イエス・キリストの新しい聖約（ニューテスタメント）である。すなわち、神を離れた第一のアダムの系列に属するすべての人間は神の手によって救われなければ、神に造られた存在としての本来の、また、人間としての価値を挽回する事はできないのである。ここに、救い主としてキリストの来臨、「言肉体となって我らの中に来れり」（ヨハネ伝一・一四）という受肉の真理が起り、そのキリストはヨハネ伝記者の言葉で表わせば「実に父の独《ひと》り子の栄光にして恩恵と真理とにて満てり」（一四節）と言われている通り、聖書は遺憾なく救い主イエス・キリストの面目を証《あかし》している。特に、新約聖書は地上三〇年のイエスの御生涯の原典的な記録であり、その描写は真に具体的で生彩あるイエスの伝記という事ができる。しかし、それにもかかわらず、聖書を学んだだけで我らはキリスト者たるのではない。聖書はいかにもイエス・キリストを我らに知らしめてはくれるけれども、神我らと共に在りてという生きた交わりは聖書だけでは与えられないのである。すなわち、我らは聖書の中においては生けるキリストと出会う事ができないのである。キリストは聖書の頁、聖書の活字の中には生きては存在しないのである。キリストは教会（エクレシヤ）の中に生きて存在し給うのである。人は教会に連なり、教会のメンバーとなって初めてキリストに連なる枝として生けるキリストの愛の樹液を受ける事ができるのである。

キリストの教説もその奇跡も、また、かのキリスト来臨の究極的受難（十字架の贖罪）も地上に神の愛の支配（教会）を打ち建てる為であった。「二、三人我が名によりて集まる所には我もまたその中に在るなり」（マタイ伝一八・二〇）、これが教会である。自分一個では如何《いか》に敬虔な態度で聖書を学び、その章句を暗記してもキリスト我らと共に在《いま》さないのである。キリストの名において集まる所においてのみキリストは生きて我らの主となり給うのである。またルカ伝一七章二一節には「見よ神の国は汝らの中に在るなり」と言われる。キリストを中心としてその周囲に集まった汝らが大事である。その為、実は教会に属さないキリスト者というものは存在しない筈である。無教会主義などと言われるけれども、これは決してイエスの宣《せん》せられし教会の意味を否定するのでない事は明らかで、内村氏の唱えられた無教会主義というのは、教会における人的制度や権威の弊害を極力排撃する所からの事であって正しい意味の教会を否定する筈はない。なぜならば教会においてこそ生けるキリストと共に在ってその恩恵に与《あずか》る事ができるからである。

しかし、教会に属するという事は教会の制度といった様な人的の政治性をもったもの、その様なものを権威としてそれに連なり、それに属する事ではない。何処《どこ》までもイエス・キリストに連なり属するのである。キリストが教会の頭であって、教会はその体であり、各キリスト者はその枝であるというのはこの関係を意味する。キリ
コリント前書一二章を参照さるべし。しかし、キリストは教会の頭だからと言って妄《みだ》りに教会の秩序を正す為に人間の考案した営みにキリストの名を冠らせる事の悪しき事である事も心しなければならない。かく言えばとて私は何でもかでも人間の考えた事を教会の中に持ち込んではならないと排斥するのではない。祈りにおいて、信仰においてなされるならば神は嘉納し給うであろうから。およそ人間を対象としない神の愛の御業という事は考えられないからである。

さて、教会において人は生けるキリストに連なり、ここに神、人と共に在す問題が現実の事になるのであるが、その事を我らの信仰生活において最も具体的に示すことは、この教会に連らなる時、私という個人が消滅して我らという一体（one body）とのメンバーに成るという事である。教会に属する時「私」というセルフ（自己）は消え去って「私共、我ら」だけが残るのである。小原という自己的存在の（self）は消えてしまうのである。もっと突っ込んでキリスト者としての本質的な点に触れるならば、自己あって他あるを知らない罪なる

人間、エゴイズムの塊である人間、キリストが言われた「口より出づるものは心より出づ、これ人を汚すものなり、それ心より悪しき念《おもい》いづ……」（マタイ伝一五・一八）という運命的「私が、私が」の自己中心的な個人個人がその個人から解放されて我らと叫ぶ事ができ、自己愛の塊なる心がほどかれて「あなた」という他愛の正しい方向に向くことが、教会における交わりを通して、できるのである。従って、教会に連なる事はエゴイストなる自己が解放される唯一の場所であり、それでそれが神の国の形であると言われ、その教会に連なる事が救われた状態なのである。信仰を基礎としない人間の倫理観だけのヒューマニティや、友愛という事は存在するのであるが、それは人間の腹から出て来るもので何かそこに食い付いてとれないものが存在する。それは永遠な意味を持たない。その時の利害、都合で小波の様に変化するのは必定《ひつじょう》である。然るに、キリスト者としてのそれは内的の変化だ。心の変革である。復活といってもよい。

現にかかる状態をパウロはキリストの復活に与ったといい新生とも言うのである（フィリピ書三章前半参照）。ここで注意すべき事は内的の変化ということであるが、それは知的な観想的あるいは神秘的に理解する事ではない。そんな事は福音信仰に係わりの無い事である。だから、教会に属してキリストを頭とする愛の交わりに生きる事が救いへの絶対的な条件となると言うのである。私でなく我らとしての大きな転回、この方向にハッキリと生活のすべてを一丸として心を通《かよ》わす事のできる状態は、ただ福音によるエクレシヤに連なる外に人間界の何処《どこ》にあるであろうか。

以上考えて来た事は我々個人がキリスト者として救われた教会とそのメンバーについてであるが、教会に連なる時、各メンバーは教会が賜物として与えられている使命の分与を等しく、命令としてでなく、賜物として与えられたものである。すなわち、キリスト者はキリストの弟子として救われ、その為さらに新しい弟子を教会に招く事においてキリストの神の国建設の業に与《あずか》ることができる。この事は、賜物として与えられた神からの聖なる委託である。キリスト者は教会に在って救われ、教会を通してこの世に向かってキリストの聖意に与るのである。キリスト者の生活の中軸はこの二つの道においてパウロの潔《きよ》きに到る道を走るのである。

最後に「汝ら知らずや、汝らは神の宮にして神の御霊汝らの中に住み給うを」（コリント前三・一六）について註釈をもって締めくくります。ここでパウロが汝らと言うのは教会の各メンバー個人個人に呼びかけているのでなく、各メンバーで組織されている一体たる教会を指しているのである。神の御霊汝らの中にの中が大事である。この汝らの中というのはキリスト者一人一人の心の中と解釈すべきではなく、汝らがキリストの名において集まって一体たる教会の中にと解すべきであると私は信じるのである。それは恰《あたか》もイエス御自身の「二、三人我名に集まる所に我もまた在るなり」を宛《さなが》らに表わす言葉として私は受け取るのである。この意味において、救われる条件として、各人が教会に連なり主を頭とする愛の交わりの一員たる事が強調されるのである。しかのみならず、もしこの言を各個人個人の心の中にと解し、汝らを各々の個人個人と解するならば、教会生活というものは恩恵としてでなく重荷を感じて律法化されるのではないかという事である。教会はキリストによって立つものであるから、教会自身の持つ弱点や欠点のみでなく罪をも持つであろうにもかかわらず、キリストの贖《あがな》いによって贖われ、罪に問われない場所であり、同時にキリストの贖いの業の場所である。この教会に連なるキリスト者一人一人はまた実に多くの欠点と罪をも持つ弱者であるにもかかわらず、教会が贖われたものでありまた贖いの場所であると等しく、自ら贖われて義とされたものであり、同時に、世の人に対して福音の播種者としての認識を失わないならば、我々おのおのは枝として、相互に相《あい》助け補う信仰の実践者としての線から脱落する事なく「汝らはすでに潔し、我語りたる言によりてなり」とのキリストの宣言を聴く事ができるであろうと信じるのである。

イエスの死の理由

人の子は死の苦しみを味わねばならないという事は如何にして自覚として明瞭になったのであるか。周囲が彼に対して次第に敵意と反撃の態度を持ち、最早メシアとしての彼の運命に受難は避け難い事を予想されたが故であろうか。決して然らず。この死の苦しみを満喫しなければならないという事は、イエス御自身の内に父神の御意の洞察として何等外囲《がいい》の刺激による事なくして自然に生れた予見である。それは愛なる神の必然（神の御旨）の絶対不動の条件である。聖子としての自覚から当然生れ出た洞察であると信じられる。神に負わせられた必至の条件である。憐れみに満てる父神の聖なる支配が能力《ちから》である為に、人の子イエスの贖罪の死こそは避け難い条件であるとの洞察と言って間違えはないと思われる。

『汝尚一つを欠く』「受難週余録イエスの死について」より

受難週に当って「サウロよりパウロへ」

コリントの信徒への手紙二　五章一七節

昭和二九（一九五四）年四月十一日　長野教会説教

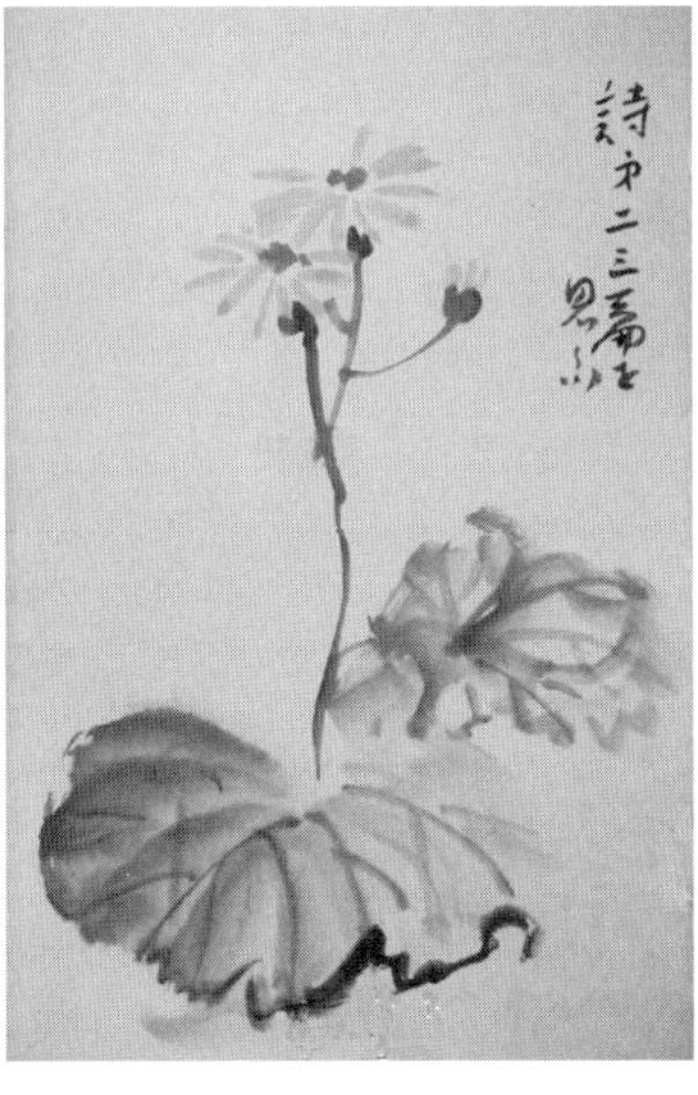

（つわぶきの花）

人もしキリストに在らば新たに造られたる者なり旧きはすでに過ぎ去り、見よ、新しくなりたり。

（コリント後五・一七）

「サウロよりパウロへ」と題してイエス・キリストの受難について考えようと思うのです。何故ならば、ルターがパウロの書簡、特にローマ書を評して「新約聖書中最も鮮明な福音書（gospel）」と言っているのと等しくキリストによる救いの過程を最も良く代表するものがパウロであるからであります。そしてパウロの命《いのち》がけで主張する「人が救われるのは己れの義にあるのではなく、神の恩恵による神の義にあるのだ」という贖罪の真理を強調するからであります。

パウロの書簡を批判する者の中には、パウロは行き過ぎている、キリスト来臨の目的はマルコ伝一章一五節にある如く神の国の宣伝であったのを、パウロは行き過ぎてキリストの御精神を誤まっているというのがあります。その理由としては、四福音書、特に共観福音書（マタイ伝、マルコ伝、ルカ伝）はキリストの直弟子達もしくはその弟子達の伝承による記録であって原典とも言うべきものである。ところが、ローマ書はこの原典とは食い違っている箇所が多い、と言うに在る様です。かかる議論からは当然イエス・キリストの救いは四福音書だけで結構であると考え、他の書簡（特にパウロの書簡）を軽視するに至り、あるいはイエスの宗教とパウロの宗教などという一見最もらしい様な議論をする者も出るのであります。これは結局キリストを教祖と見なし、パウロと同列な唯の一個の人間に引き下げる事にあります。というのは、教祖は宗教の開祖であって救い主ではない。キリストの来られた目的は十字架の贖罪にあったのであり、キリストが我ら人間の神を離れた罪とそれによるすべての罪の状態を贖うて我ら人間を神に立ち返らしめる事にあったのであるから、キリスト来臨の究極の目的は十字架の受難にあったのであります。

さて、パウロの回心（悔い改め）を考えるに先だって、ペトロについて少し考え置く必要があります。ペトロは使徒行伝に「然《しか》るに何《なん》ぞ神を試みて弟子たちの頸《くび》に我らの先祖も我らも負い能わざりし軛《くびき》をかけんとするか。然らず、我らの救わるるは彼らと等しく主イエスの恩恵によることを我らは信ず」（一五・一〇―十一）と弁明し、パウロと等しく我らは我らの律法や道徳の善き行為ではなく、神の与え給う恩恵によって救われる事を主張していますが、しかし、ペトロ前書では「汝らはこれが為に召されたり、キリストも汝らの為に苦難を受け、汝らをその足跡に従わしめんとて模範を遺《のこ》し給えるなり…」（二・二一以下）と述べて恩恵による救い、信仰のみによって与えられる神の義の真理を不透明にする弱点があります。特に、ガラテヤ書二章十一節から一四節においてパウロに激しく詰責されるなど、何処《どこ》か信仰のみによって救われる福音の恩恵を曇らす弱さを持っています。私はペトロの信仰はパウロと殆んど一致したものと考えるのであるが、その表現の奥に何か未だ割り切れていないものがあるのを感じるのであります。この不透明さが「救われるのは信仰プラス善き行為」と主張するカトリックの系統を取らしたのではないかとさえ思うのであります。さらに、使徒として先頭に立ったペトロの悔い改めの過程において、彼はイエスの捕われの夜に三度イエスを拒否して鶏鳴《けいめい》を聞いて外に出て、痛く泣いたのであったが、この痛々しい悲嘆も未だ回心（悔い改め）には程遠い状態であったのです。その後、漸くにしてキリストの復活に接して使徒としての悔い改めに立ち上がる事ができた事は事実と信じますが、それでも前のペトロから後の使徒ペトロの変化には何処《どこ》かペトロ自身の歴史的な発展の跡の残るのを私は感じるのであります。私はそういう発展的な信仰の過程を否定するのでなく、そういう状態を厳密な意味で否定する事は困難な事と思いますが、それに比較するとパウロの悔い改めは実に手をひるがえした様に鮮やかで、彼が主張する様に「信仰のみによる神の義の救い」が実に的確で鮮かで悔い改めの最も代表的なものである事を示しています。ルターの悔い改めはこのパウロのローマ書に依ったのでありまして、私たちの信奉するプロテスタント信仰は実にパウロの主張するところそのままであります。パウロの救われた事には毛厘もパウロとしての人間的発展のあとは見られません。中世期前後のイエスの足跡を踏むとか、敬虔なそして神秘的な主観的な生活、俗世から離れた美しい僧院生活といった敬虔主義、それは信仰と言うけれども、そこには人間の行為第一という臭味の抜けないキリスト者の生活、それが救われる第一条件となって、聖書中心であるプロテスタントの信仰と相入れない様なものと共通したものをペトロは持っているのではないかという不透明さがあります。これに比べると、パウロ書簡の主張こそ純福音が最も簡明的確である事を知るのであります。

前に戻って、パウロがキリスト降臨の真意を誤まって伝えたと言う批判の否なる事を、以下、キリストに関して最も正確な原典と言われる共観福音書から取り出して見る事にいたします。然《しか》らば自《おのずか》らこのパウロへの批判こそが却《かえ》って誤りであり、同時にキリストが救い主であってその十字架を信じる信仰だけで救われる事実が明らかになり、かつ、キリスト観の不透明さをも正すことができるのであります。

四福音書共、共通の中心点はヨハネ伝の二〇章三一節の「されどこれらの事を記ししは、汝らをしてイエスの神の子キリストなる事を信ぜしめ、信じて御名によりて生命を得しめんが為なり」である事は説明の必要もないほど明らかなことであって、それを心に留めて置いて、共観福音書からイエス来臨の目的を検討します。

マルコ伝一章一五節　「時は満てり、神の国は近づけり。汝ら悔い改めて福音を信ぜよ。」

これは将来に属すると解釈すべきでなく、現在イエスと共に神の国が存在する事を意味し「悔い改め」は自力の改悛、矯正でなく回心である事を教える。

ルカ伝四章二一節　「この聖書は今日汝らの耳に成就したり。」

これは郷里ナザレの会堂において旧約聖書のイザヤ書の預言「主の御霊われに在す。これ我に油を注ぎて貧しき者に福音を宣べしめ、我を遣わして囚人に赦しを得る事と、盲人に見ゆる事とを告げしめ、圧《おさ》えらるる者を放ちて自由を与えしめ、主の喜ばしき年を宣べ伝えしめ給うなり」（イザヤ書六一・一）が御自身イエスにおいて成就される事を宣言されたのであって、「囚人」も「圧えらるる者」も等しく内的に罪に在る者の意味であると解すべきでしょう。

ルカ伝一二章三二節　「恐れるな小さき群よ、汝らに御国を賜う事は、汝らの父の御意なり。」

マタイ伝十一章四節―六節　「ゆきて汝らが見聞きする所をヨハネにつげよ。盲人は見、破者はあゆみ、癩病人は潔《きよ》められ、聾者はきき、死人は甦えらせられ、貧しき者は福音を聞かせらる。おおよそ我に躓かぬものは幸福なり。」

これは獄中に在りしバプテスマのヨハネに答えたイエスの言《ことば》であります。

これ等は福音書の中核をなすイエスの言《ことば》であって、イエスが救い主として来たのであって、律法や道徳の模範を遺す為に来たのではなく、人間には絶対に不可能な罪よりの解放をする恩寵の主として来られた事を意味するものである事は説明を要しません。

然《しか》らば、パウロの「人が救われるのは人間自力の改悛とか律法道徳の自力の義にあるのではなく全く神の恩恵、イエスの贖罪の赦しによる神の義による事」と一点の矛盾も相違もない事は明らかとなるでありましょう。

さらに一歩を進めて、パウロの悔い改めの経過を辿る為にフィリピ書三章四節以下十一節まで塾読して下さい。五節から六節には「……律法につきてはパリサイ人、熱心につきては教会を迫害したる者、律法によれる義につきては責むべき所なかれし者なり」（六節）と書かれています。そこでは、パウロは恰《あたか》も「律法遂行の自分の誠意は非難されるべき所がない」と言う様であります。使徒行伝二六章四節から五節を参照して下さい。律法を厳守するファリサイ派に属する者ではあったが、パウロは、イエスに「偽善者よ」と厳しく非難された輩《やから》とは異なっています。従って、彼は律法の義（人間の義）について失敗感を持ってはいないかの様に思われます。少なくとも、彼の回心は律法の義を人間の力で遂行して義人たらん事は不可能だとの失敗感が中心的な基礎になっていないと見られます。そして、パウロはフィリピ書三章七節に至って一転して「されど今までに我が益たりし事はキリストの為に損と思うに到れり。然り、我は我が主キリスト・イエスを知る事の優れたるために、すべての物を損なりと思い、彼のためにすでにすべての物を損せしが、これを塵芥《あくた》の如く思う」とあります。「己の義」に失敗を感じてイエスの招きに心を向けたというのではなく、イエス・キリストなるが故《ゆえ》に、イエス・キリストの愛の十字架故《ゆえ》に過去の人間的営《いとな》みを捨て毛頭惜別を感じないと解《かい》さなければこの叙述の真意は捉《とら》えられない程にキリストの愛を讃歌する叫びであります。勿論、回心後において、如何《いか》に誠意をもって律法に努力しても、それは誠意でなく、私心なき律法の遂行などは神を離れた人間が夢みることもできない事であるのを悟ったでありましょうが、しかし、彼の回心の過程は完全にこのフィリピ書が意味しているものでありました。ダマスコ途上の回心がそれであります。今が今まで命《いのち》懸けで律法を実行する事に心力を傾け、従って、それと全く相《あい》反するキリストの徒を憎悪し迫害している真直中で、電光の如きキリストの愛の鞭が下されて地に倒れたのであります。「サウロ・サウロ何《なん》ぞ我を迫害するか」（使徒行伝九・四）というこの愛のキリストの鞭はパウロの鉄の様な硬い意志に対して更に強い鋼鉄の鞭でありました。パウロは地から立ち上がった時、本当に眼が醒めました。彼の意図も念願も加わらないキリストの愛の鞭が彼の堅い硬い心を砕いて創造という変化が起ったのであります。「されど今までに我が益たりし事はキリストの為に損と思うに到れり」とあるように、彼の過去の一切、否々現在に続いて来ているパウロという人間そのものが詛《のろ》うべく笑うべく恥かしい卑劣傲慢な存在そのものである事、その様な彼を憐れみ愛し赦し救ってくれるイエス・キリストに眼が醒めたのです。

　神なき人間を最も良く代表するサウロの行動、彼が誠心誠意やっている神の律法の自力遂行という事をキリストは苦々しく思われ、その硬《かたく》なな根性を排斥し、拒けて一刀両断に人間が善行をやるぞできるぞというその人間を打ち砕かれて、神の恩恵のみによる新しいパウロが創造されたのです。強いライオンはイエスの愛の鞭で打ちのめされて、立ち上がった時は柔和な羊となっていたのでした。そして、キリスト者を迫害する為にダマスコに出掛けた彼は立派なキリスト者となって目的地に辿り着いたのです。かかる事は彼としては全く夢にも考えない事件でありました。神の子イエスとその十字架の愛のみがすべてであって過去のパウロは死んでいます。これは既述のペトロに見られるような発展的経過とは違い、人間パウロには発展的経過の何物も存在しないのであります。かくして、パウロは福音によって救われる最も代表的な原型であるのです。このパウロが説く所は到る所に恩恵による神の義である事は当然であり、その事は、すなわち、イエス・キリスト御来臨の目的そのものである事に最早《もはや》疑いはないでありましょう。

さらに注意すべきことはパウロがこの信仰のみによって救われる真理を宣べ伝える時は、最早《もはや》彼一個という個人の問題だけでなく、もっと大きな広い時間的な将来を持っているという事です。ローマ書五章一二節から二一節まで読んで下さい。一人のアダムによって罪は世に入り、そこに神を離れた自己の塊なるアダム（罪）の世紀が生れた。その世紀の進行中のすべての人間は罪の中に在り、旧《ふる》い人であり、死の状態に在るより外のものではない。その人間の罪、死の状態から救うために一刀両断にイエス・キリストにおいてこの人間の世紀を断ち切ってしまった。そして、キリストによる新しい世紀、罪を解かれた生命《いのち》の世紀が創始されました。これは人間としての正しい真の世紀で、人類はこれを歴史の紀元とするのであるとパウロは言っているのではないでしょうか。第一のアダムと第二のアダムという歴史的な事柄は同一世紀の時間的進行における二つの事件であるのではなく旧と新、死と生、罪と悔い改めという世紀を異にする事件であることをパウロは意味するのであります。コリント後書五章一七節に「人もしキリストに在らば、新たに造られた者なり、古きは既に過ぎ去り、見よ。新しくなりたり」とある通りです。

しかし、キリストに対して盲目であったり、キリストを拒否したりするならば新しい世紀に立って生を喜ぶ新しい世界を見る事はできません。それは信仰の問題であります。如何《いか》にジタバタしても依然として旧い人であり死の世界に止まるより外はないのでありましょう。そこに本当の平安はありますまい。「我平安を汝らに遺す。わが平安を汝らに与う。わが与うるは世の与うる如くならず」（ヨハネ伝一四・二七）であります。

以上述べて来た様に、キリストの受難は人間の力では不可能な神への復帰（神信仰）、すなわち、悔い改めによって神の義を与えて罪の状態から救い出す為であったのであります。神の愛憐《あわれみ》が罪を赦す事によって、悔い改めの新しい世界、罪から解かれた自由の世界（神の国）に復活させる為に、キリストが我ら人間の罪を負うて十字架に架かられ、神の裁きの前に立たれた事が主の受難であります。

マルコ伝一〇章三二節以下を見ますと、そこには、「エルサレムに上る道にて、イエス先だちて往き給いしかば、弟子達驚き、従い往きし者ども恐れたり。……」とあります。この短かい、誠に厳しく暗い表現に私共は何を感知するでしょうか。それは第一にこれこそ目撃者その人の表現そのままを丸出しにしているという事であります。誠にエルサレムへのイエスの最後の入城の光景の緊迫した、厳しい、陰惨な光景はこの短かい実感の言葉より外はありますまい。「イエス先だちて往き給いしかば、弟子達驚き……恐れたり」と。いつもと異なったイエスの様子、孤独で緊迫せるイエスが先立ちて行く、弟子達には計り知ることができないイエスの心事、捕えられ渡されて屠《ほふ》られる厳しい使命遂行の決意の姿（それは神の命《めい》である）、それを懐いて進み行く孤独の姿は唯《ただ》ならず、後に従って来る弟子達を驚かし恐れしめた事に疑いはないのであります。キリストは最後の頂点をなす一事、贖罪の使命に身も魂も集中されて黙々として歩を進めている、何か知らん恐るべき様子を示しています。

次に、エルサレムへ入城するや神の子羊の憤怒に燃えた宮潔《みやきよめ》の事があった。「わが家は、諸々の国人の祈の家と称えらるべしと録されたるにあらずや。然《しか》るに汝らはこれを強盗の巣となせり」（マルコ伝十一・一七）と記されている。――ヨハネ福音書二章一六節には「我父の家を商売の家とすな」とある。――神の民の神礼拝の宮が、祭物、捧物、両替、お土産のマーケット化している。それのみでなく祭司達が商人と結託して懐《ふところ》を肥やす場所となっている。これは単に宗教革命家達の一時的憤怒の宮清掃といったものと同一に解すべきではなく、イエスの胸中には、聖なる怒りをもっての聖殿清掃をシンボルとする大きな問題、すなわち、来るべき十字架の受難によって神を忘れ神を拒否した旧いアダムの死の人間の世に、神の支配の行われる新しい生命の世界を自覚されての預言の挙であるという御自覚があったと解する事は行き過ぎでしょうか。私はかくの如く信じるのであります。それと共にこの冒涜的祭司達に対する排撃的挑戦の態度を否《いな》む事はできません。

さらに、厳粛なる最後の表徴は最後の晩餐の席上、弟子達に残された言であります。それは、パンを取り、祝して謝し、割きて弟子達に与えて言い給うた『取れ、これは我が体なり』という言、そしてまた、酒杯を取り、謝して彼らに与え給いて「これは契約の我が血、多くの人の為に流す所のものなり……」（マルコ伝一四・二二―二四）との言は正に贖罪のシンボルである。ルカ伝には「我が記念として行え」と言われたとあって、シンボル（表徴）の意味が明らかに窺われる。マルコ伝の同じ章の一四節の弟子達に夕餐の備えを為さしめんとし給う言に、深い意味を見る事ができる、すなわち、「われ弟子等と共に過越の食を為すべき座敷は何処《どこ》なるかと言え」（一四節）というイエスの言はイエス御自身が主人格となって弟子達を客扱いにする客座敷の様子と、入城直後の宮潔の挙、ゲッセマネの苦悶の祈り、そして遂に十字架上の呻き「父よ何《なん》ぞ我を捨て給うや」に一貫した贖罪の使命達成の聖子を見ないでしょうか。さらに遡って回顧するならば、イエスの受洗、その野の誘惑、山上の変貌を初めとして十字架までの一貫せる聖子の歩みを見ないでしょうか。しかし、これは聖子イエスなりとも実に容易な事ではないのであります。十字架上の御苦しみ、特にその「我が神我が神何《なん》ぞ我を捨て給いし」の叫びは聖自覚の前の救い主としては如何《いか》にも矛盾した、辻棲の合わない様に思われもするが、そこにこそ却って、我ら人類の罪を負う者の贖罪の受難を見る事ができるでしょう。人となり給いしイエスの贖罪であります。神そのもののままなる堂々として恐れなき凱歌入りの贖罪では我ら人間を招く魅力は皆無となりましょう。そんな事ならば、我らに毛頭罪赦されたという感覚も知覚も持たせ得ない。それは星辰運行の様な規則的冷たい、機械的な必然性を示すに外ならない。神の霊に充たされてこの贖罪の聖業をなし給う聖なる自覚（御受洗）、如何《いか》にこの使命を達成すべきかの内なる戦い（野の誘惑）、すでにその使命を受け、その能力《ちから》と覚悟に固く立ち給いし姿（山上の変貌）にもかかわちず、人たりし聖子の最後の一線に近づくエルサレム入城には、彼を知り得ざる盲目の弟子達（すべての人間を代表する）を従えて先に立つイエスは誠に孤独感に圧倒されそうであり、しかも、ゆるぎなき使命に赴《おもむ》く心を失わざる厳しい、陰惨たる御姿は弟子達を恐れしめ、最後の晩餐において贖罪の事実をパンと葡萄酒に表徴して、いとも鮮やかに余裕と聖なる覚悟を我らに示されたにもかかわらず、ゲッセマネの苦しみの祈り、十字架上の叫びは一体何を意味するか。私たちはこの場合、単に一個の人なるイエスを考えていてはならないのであります。イエスは彼の受洗において人間の罪を負うて立ったのであり、一個人としてのイエスは消えてメシアたるイエス・キリストであります。我らの罪を負うことの生きた事実は聖子にとっても容易な事ではない。我らと等しい試みに遭う人たるイエスは、マタイ伝のかかげた様にある時ある場合で誘惑を受けたわけですが、それだけで事が済んだのではなく、誘惑は常に彼の内に起り得たのです。血の汗のゲッセマネの暗黒と恐ろしい沈黙に包まれた森の中の祈り、十字架の苦悩の叫びは正に人間の罪を負うて死に定められるという恐ろしさであります。父と子と一体たる聖なる自覚に対する一刀両断の神の審判、それは父神に見離された御自覚、現に地獄に突き落された証拠の叫びであります。我ら同胞の戦犯者すら、絞首台に上るとき笑って上るあり、悠々として上るあり、様々であります。だから、イエスの受難の苦悶においてこそ、逆理《ぎやくり》的に、贖罪完遂、誠に「彼は我らの罪を負えり」との事実が見られるのであります。彼の受け給うた受難、彼の十字架上の苦悶の叫びこそは聖子の使命完遂の勝利の表徴であり、イザヤ、エレミヤ以来の人類への宣告と人類の待望とに対する救いの完遂を示すものであります。ヘブライ書には次のようにあります。

「主は自ら試みられて苦しみ給いたれば、試みられる者を助け得るなり」（二・一八）と。

ローマ書八章一節の大提言について

一　結論として

そして八章に来て、以上を受けその結論として、「この故に今やキリスト・イエスに在る者は罪に定めらるる事なし」と強く論断するのである。その論断は死から生命への新生、すなわち、聖霊による聖化の生命を説くのである。この八章一節の提言は私たちをして、イエスの弟子達に対して言われた、「汝等は既に潔し、我語りたる言によりてなり」(ヨハネ伝一五・三)を思い起さしめる。尚パウロはローマ書六章一四節で「汝等は律法の下にあらずして恩恵の下にあれば、罪は汝等に主となる事なきなり」と言う。「罪の支配にない」事は、すなわち、神の怒りから解かれ、律法の詛い(死)から解かれたのであり、それが死から生命である。従って、パウロは一節に続けて「生命の御霊の法は汝を罪と死との法より解放したればなり」と言うのである。聖書に於て、死とは人間の自然的な死の事ではない。イエスに於ける神の愛を拒否して人は死である。それは神の恩恵の下になく神の怒りの下にある。この怒りの下のままでの自然的な死は永遠の死に属するだろう。

二　この提言を重からしむるもの

然し、この勝利の叫びのようなパウロの提言の直前、七章二四節の「噫われ悩める人なるかな、この死の体より我を救わん者は誰ぞ。我等の主イエス・キリストによりて神に感謝す、然れば我自ら心にては神の律法につかえ、肉にては罪の法に事《つか》うるなり」と不可解な叫びがあるのは何故か、この七章の苦悶の呻きは、回心前のサウロ時代のままの呻きではない事は今更論ずる必要はない。何故ならばローマ書は大使徒パウロの書簡である。回心したサウロがキリスト者パウロになってから回心当時を回想して書いたものである。然し、問題は回心前の苦悶の叫びであるかキリスト者パウロとしての叫びであるかについては註釈者の間に議論ある様である。七章のキーノートはイエス・キリストを信じる者は律法の詛いから解かれる事であるとする観点からすれば、私はキリスト者使徒パウロの立場から回心当時の状態を主題として書いたものであって、単にそればかりに留まる事ができないで「望みによって救われた」(八・二四)キリスト者の心情の告白も併せ持っているものと理解するのである。さらに、「然のみならず、御霊の初の実をもつ我等も自ら心の中に嘆きて子とせられんこと、すなわち、己が体の贖われんことを待つなり。我等は望みによりて救われたり、眼に見ゆる望みは望みにあらず、人その見る所を争《いか》でなお望まんや」(八・二三―二四)を見るならば、この理解は誤まっているものではないと考えられる。後に述べる様に、キリスト者の生活は出来上ったそれではなくキリストによって備えられた新しい走程を走り走ってやむ処なき生活である事を思う時、パウロのこの呻きは律法の義という空しい努力、詛わるべき努力から解放された瞬間を主題として書きつつ何時《いっ》しかキリスト者自身の告白がにじみ出たものと考えて間違えはないと思われる。「噫、我れ悩める人なるかな、此の死の体より我を救わんものは誰ぞや」という苦悩の呻きはイエス・キリストに出会って「我信ず我信なきを憐れみ給え」と叫ぶ者のみの告白であって、他の如何なる人間からも出て来ない謙虚な告白である事を思えば、この箇所を単にサウロの回心前後の回想だと断定する事の方が少し無謀だと思われる。

この理解に立って七章二四節から八章一節に続けて読む時に「この故に今やキリスト・イエスに在る者は罪に定めらるる事なし」は如何に大きな提言であり、我等薄《はく》信のキリスト者を鼓舞する偉大な力を持つのである事がわかると思われるのである。

『汝尚一つを欠く』「パウロは言う、《キリスト者は罪に定められることなし》と」より

狭き門より入れ

（修養会二〇周年を記念して）

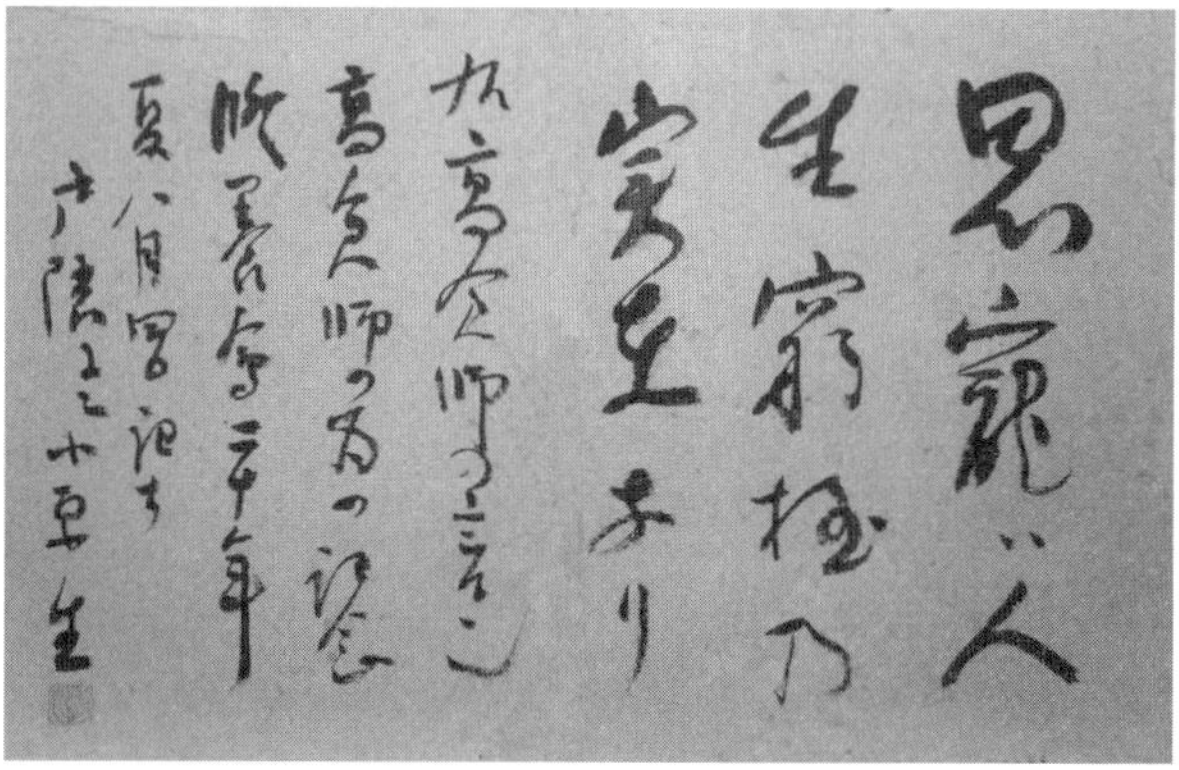

恩寵は人
生究極の
実在なり

右高倉師の言也
高倉師の為の記念
修養会二十年
夏八月四日記す
戸隠にて　小原生

マタイによる福音書七章一三節―一四節
昭和二九（一九五四）年九月二六日　長野教会説教

狭き門より入れ、城にいたる門は大きく、その路は広く、これより入る者おおし。生命にいたる門は狭く、その路は細く、これを見出すもの少なし。（マタイ伝七・一三）

信仰を求めよ。神の国に入る事を求めよ。しかし、その門は狭くその道は険しい。そのため、心を尽くし全精神を傾けこれに集中せよ、と言うのである。神と富とに仕うることはできない。富とは金銭財宝の事のみを意味するのではない。この世における名誉とか利害とか地位とか幸福といった事を意味する。勿論、衣食住という事は何人にも必要な事であるが、それのみに心を奪われると、思い煩いという無理想な状態にあるのと同様である（マタイ伝六・三三参照）。もっと高く深く思いを馳《は》せて本当の人としての道に志せと言うのである。冒頭のマタイ伝七章一三節にあるように、この世の世俗的な快楽・幸福・名利は誰でも求める事であって広い道だ。しかし、それは滅びに到る門であるという。それは少なくとも人間として窮極の目的とすべき道ではない。人間は人間として求むべき道がある。生命にいたる門だ。それは信仰の道である。しかし、信仰の道は細く狭い道で多くの人はその道を好まない（見出すものは少なし）。信仰の道は十字架の道であり、苦難の道である。従って、人の忌避する道であってこれを求める者は少なく、求めても中途で脱落するものが多い。脱落しないで生命を得る為に心力を尽くして集中して求めよ。切実なる求めによって与えられるものである、とこの聖書の箇所は言う。この「狭き門」の言葉は、端《はし》なくも、「それ十字架の言《ことば》は亡ぶる者には愚かなれども、救われる我らには神の能力《ちから》（生命）なり」（コリント前一・一八）を思い起こさせる。キリストの十字架の信仰の道は躓きの道である、ということを思い起こさせる。十字架の道は如何《いか》にも苦難の道なので、狭い門であり険《けわ》しい道であるに相違ない。しかし、私は今、そういう苦難の道だから狭い道だと言うよりも、神の国、すなわち、信仰の道は信仰であるが故に人多く顧みない事実にこの「狭い」という意味を強調するのである。それが、すなわち、躓きの道である。神に離反《そむ》いている人間の本質的に罪なる状態からは何としても自ら求める人は殆どないという状態は現実の世の人の赤裸な状態である。ここに私は重点を置いてこのテキストを考えたい。一度キリストに出会ったものにとっては「救われる我らには神の能力《ちから》」であり、「されど我らは十字架に釘付けられ給いしキリスト（躓きの道）を宣べ伝う」と叫ぶことができるが、大多数の人達にとっては「ユダヤ人は徴《しるし》を請い、ギリシャ人は知恵を求む」なのである。

従って、心を尽くして入ることを求めよと言うのである。切実な求道の心で、心術を尽くして求めよと言うに等しい。勿論映画を見たり、小説を読んだり、有益な講演を聞いて教養を高めるなどの態度では駄目である。聖書の言に心の耳を傾け、教会の礼拝もその中の交わりも真剣に心を集中しなければならないことを教えられている。生《なま》ら半かに求めて脱落した者は求めざる前の状態より悪くなるぞとキリストも教えられている。（ルカ伝十一・二六）

何故《なにゆえ》に躓く道か、何故《なにゆえ》にギリシャ人（知識人）の愚かとして嘲笑する道であるか

それは、非合理の道であり、この世の人の道理に叶わない非理性的な道であるからである。勿論、我らキリスト者はキリストにおける神信仰こそは大きく、全人的に合理的な道であると考えるが、それはそれとして、人間万能、理性万能になっている人間は自己において解決できないものはないと信じ切っている（しかし、何が解決できているというのか）。換言すると、人が救われるのはイエス・キリストによるより外に絶対にないという唯一の事実が理解できないのである。自己中心的な、人間万能とする人間と、その人間の世は己《おのれ》の利害打算と虚栄心を土台として己《おのれ》の思想、己の真理探究、己の真善美追及、己の哲学、己の律法の義追及、己の道心、己の品性、己の人格向上が可能なりと思い上らざるを得ないのである。「自らが神となっている」自己（人間）過信の故に、真の人間、すなわち、今あるがままの現実に全く無知であるからである。私はこの矛盾だら

けの人間の自己の姿を真に知らないという事こそ「信仰の道、すなわち、生命に入る門は狭い」という中心的なことだと考えるのです。

一体、救われるという事は、かかる思い上がった人間の状態から救い出される事に外ならない。そして、キリストの来臨（今も御言と聖霊の招致）はこの為だった。自分が如何《いか》なる病気にも罹っていないと思い込んでいる者は医師の治療を拒否するであろう。しかし、一度《ひとたび》自分が病気に罹っている事を知った者は何を置いてもまず医師を求めるであろう。人間自身は真の赤裸の状態を知らないでいるが、キリストから見た時、実にあれもない恥ずべきまた悲惨な虚栄と不義とうそつきと傲慢とエゴイズムそのものの状態である。キリストはこの状態を人間のあるべき状態に治癒する為に来られた霊界の医者であると考える事ができる。従って、まずイエス・キリストの診断に耳を傾けなくては救われる手掛りを得る事はできないのである。別の言葉で言えば教会に連なって聖書の人間観に立たなければならないと言うのである。

聖書の人間観に対して人間の人間観

聖書の人間観に対して人間の人間観がある。それは、すなわち、現代精神で言う人間中心、理性万能、エゴ中心の人間観である。たとえば、理性で善悪の道を知り、その善意志で罪悪を克服すると言うのであって天井なしに人間自己を祭り上げるのである。それは原子核や、水素爆弾の理性万能、科学万能の結論を生み出すより外の何物でもない事、人間が悪の力に本質的に犯されている現実の状態に対して完全に無知にして無恥なる傲慢、人間そのものを神とするものである。さらに、人間自身による人間観を聖書の言葉の中に求めるならば、パウロがローマ書七章後半に深刻に描写し尽くしているあの現実の姿などに毛頭気の付かない高ぶった人間であろう。恐るべき矛盾を朝から晩まで繰り返して平気で自己に得意になって「自分が、自分が」を心の中で主張し続けている。曰《いわ》く叡智的存在、曰く倫理的生物と、それは一体何だ。イエス・キリストは「善《よ》きものは神一人の外なし」（ルカ伝一八・一九）と言われた。自己中心以外の何物でもない人間の人間評価の当を得ない事は当然のことである。我ら自身の内と外の行動と我らの周囲の社会的混乱と国際情勢において長い歴史の過程におけるいわゆる文化社会を見ただけでも、イエスのこの言の真を知る事ができる。誠を求めて誠たり得ず、虚偽を忌《い》みつつ虚偽を避ける事をせず、倫理を説き倫理を求めて自己追求以外の道を歩むことのできない矛盾撞着の人間自己を深刻な問題として取り上げない所に、信仰に対して自ら道を窄《すぼ》めている状態があることを知らないのである。これが人間の人間観である。「そんなに深刻に見る必要はないではないか。それは余りに世間離れをして現実に即さない」と言う人があるかも知れない。しかし、聖書の人間観こそ疑うこともできない人間のありのままの状態を示す現実そのものである。この現実に眼をつぶって何の善《よ》き事を期待し得るか。

キリストは正にかかる人間の矛盾を取り除き甦生させる為に来られたのである。この矛盾と虚偽の状態は人間の中に在るある部分を構成しているもので人間の努力で取り去る事ができるといった様なものではないのである。人間そのものの現実の状態が、矛盾そのものである。それを聖書は罪と言うのである。パウロが生まれながらの（神を離れたままの）人間を死の状態と言う如く、神なくして人間が生きているというその事が死なのである。

然らば聖書の人間観は如何《いかん》？

聖書の人間観というのは、キリストが神の啓示者である故に同時にキリストは人間の状態をも啓示してくれるので、キリスト、すなわち、神の眼から見た人間の状態を言うのである。すなわち、人間は神に造られたもので、神の創造の業は創造の最後の段階に立つ人間に集中されたもの、すなわち、神の聖意を地上に映す存在（人格）として造られたものである。その事は最後まで愛なる神の眼の中にある神の愛の対象そのものである。この人間が神の備え給いし賜物（理性）に有頂天になって、羊の一人歩きといった神離反（アダム）になって

（それが罪の中核）、一大矛盾的な存在以外のものではなくなった。神の像としての存在が然《しか》あり得ないという現在の姿であるというこの一大矛盾から万般の矛盾と撞着が惹《ひ》き起こされるのである。その矛盾の起こる状態は罪の現われである。

ところが、この争われない人間自体を我々に暴露し給うのはキリストである。キリストによって示されなくては人間自身で自分の現実の姿を知る事は絶対にできない。

さて、然《しか》らばどうしたら人間の真の姿（reality）を知る事ができるであろうか

キリストの立場から人間（自分）を見なければならない。すなわちキリストに出会うことである。信仰のスタンドに立たなければならない。前にも言った様に神に背《そむ》いた自然人は人間万能のエゴイストに硬化しきった化石の如くである。人間の中に治癒の道はない。何をしても神の言、イエス・キリスト（聖書）の人間観に立たねばならない。

この神の言による人間観は、人間の思想や、理性的真理追究という様な如何《いか》なる人間的要素によるものではなくキリストの啓示にかかわるreal（現実そのもの）な事実である。一点の疑いを挟む余地なき人間の困った状況の暴露。だからこそ、神離反の人間にはこの信仰のスタンドに立つことは狭い道なのである。

救いへの一歩

しかし、この狭き道を選び取ることは、すなわち、救われる道への第一歩であり前進である。自分の病気を知ることは治癒への第一歩であるであろう。キリストに出会って罪なる、病める自分自身を知れば、必然的に狭い生命の道を選ばざるを得ないであろう。ただ単に、教義的に、神に造られたものにもかかわらずそれとは正反対な人間中心の肉的存在を罪だと言う人間観を主張するばかりでなく、実際に自分が道徳を志すものと是

認しつつも虚言者、偽善者、不義不真実であり、また善を行うと心から念願しつつも、実はエゴイズム的に動いている恐ろしい罪の力の前に完全に包まれている状態であるにもかかわらず、事々に自己満足と虚栄心にひしめくという不虔と不遜の矛盾せる実際の姿に目覚めるのである。しかし、繰り返して言う様にこの人間自己の現実の姿に目覚める事はイエス・キリストに出会う事にのみよって可能な事である。そういうわけで、人間が人間として在るべき状態でない、トンチンカンでみじめな罪人である事を知る事もまたキリストの恩恵によるのである。それはパウロが言う「値なくして与えられる神の恩恵」であると言わねばならない。

しかし、キリスト・イエスを信じる信仰と言う時、「信じる」という主観的の態度は我らに起こらなければならない。救われるのは神の恩恵によるけれど、その恩恵は我ら人間に対する神の愛である故、この愛の招きに答えなくては折角《せっかく》の聖愛も画餅に過ぎない。ここに高い深い意味で信仰は主観的な事であると言えるのである。与えられ、これを受け取るのである。では一体、その信仰は如何《いか》にして成り立つのであろうか。

信仰は決断である

キリストの招きによって打ちひしがれて、人は漸く自己のあられもない姿を恥じ恐れ、その自分に対する限りも知らぬ愛の前に砕けた心が湧き上がる。「噫《ああ》我悩める人なるかな。この死の体より我を救わんものは誰ぞや」（ローマ書七・二四）の叫びである。しかし、それは救い主イエスに出会った叫びであるが故に、この自己暴露に目覚めた叫びは、必ず、次に「我らの主イエス・キリストによりて神に感謝す」（二五節）という救われた悦びの叫びを伴うのは必然である。ここに主観的というべき意志決断がある。これは神の愛の攻撃に対し人間の全面的開城である。信頼服従である。これが信仰である。何等人間の思想や考えからでなくただキリストとその十字架の reality（ありのままの主イエス）によって、ありのままの自己の姿を知って yes（然り）と答える意志的決断である。それは、「神よ、罪人なる我を憐れみ給え」（ルカ一八・一三）という告白である。

世間で考えている様に宗教は「あった方がよい」という便宜的なものではない。かかる考えは「無くても間に合う」と言うに等しい。キリストへの信仰はそんな生やさしい人間のご都合主義から生れるものではなく、人間が必要とするしないにかかわらず神が人間に対して絶対的に必要とされて招くところの愛である。万人に向かっての憐れみの愛である。人は悉くキリストによる神に立ち返らねばと主張するのがキリストの啓示される神である。しかし、ここに注意すべきはこの決断は信仰の決断であって、過去のような自分の能力《ちから》や努力で善を行なうという自分に死んで、キリスト・イエスを信じる信仰だけで生きるという決断である。

　信仰はこの罪なる自己に目覚めて、キリストの招きの御言に然り（yes）と答えざるを得ないその決断である。信仰はどこまでも人間の考えに立たないし、また神学的な態度に依るものでもない。信仰は神の言（イエス）に対して「然り」と決断する事である。イエスという事実に対し認識し決断することである。自己の現実とこれを救わんとする救い主を認識し、「然り、我信ず我信なきを助け給え」と決断する事であって、毛厘も気持ち、あるいは経験といった神秘的なものが介在しない神の言と私との人格的交渉の事実以外の何物でもない。これに対して、人間の理性万能の自己陶酔や自己意識、自画自賛の叡智だの人道主義、あるいは友愛など、さらにはギリシャ式の超越的な存在を神とする思想こそ罪悪そのものであり、この理性を神とする人間そのものこそ罪に外ならないであろう。

　人間は断じて人間自身の創造主《つくりぬし》でもなく、人間自身の君主でも主人でもない。神なき自然人にとっては罪が君主であり、主人である。これに対してキリスト・イエスに在るものは「罪は汝の主となる事なし」と言われた様に神によって「罪なし」とせられ「汝らはすでに潔し、我が語りたる言によりてなり」と宣せられるものである。「我が語りたる言」によりて神に属するもの、すなわち、神が主である。

　この神と人との基本的な関係において神の言の現実に対し「然り」と決断する信仰のリアル（現実）である事を、理性万能の現代社会の真直中に置かれたエクレシアに属する我らは明確に心に留めて置かねばならない事である。

この事は、信仰は理性を排斥する事を意味しないのみか、かえって真に理性を尊重することを意味する。エミール・ブルンナーは「Faith is the reason subject to the rule of God」（信仰とは神の支配に従う理性である）と言っている。現代人の間に福音を宣べ伝えるメッセンジャーとしての現代のキリスト者に大きな示唆を与える名言と私は思うのである、理性が文化において真の人間の道（humanity）に光彩あらしめる為に理性は正に神の法則に従って、理性の越権を懺悔して自己の限界を守らなければならないであろう。ブルンナーの言う事を他の言葉で言うならば「信仰とは神の賜物として人間に与えられた理性が、その越権を悟って本来の限界に退く事である」と言ってもよい。

何故《なにゆえ》私はこの同じ様な事を長々しく繰り返すかというと、それは「理性的な人は信仰が困難だとか、理性は信仰と相《あい》入れないとか、あるいは科学で解決できない事はない」などの考えの誤りを正す為なのである。

新しい生活

信仰は単に神を信じるということではない。神を信じると言うだけであるならば結局はギリシャ式の哲学的思想の産物と異なる所なく空念仏である。リアルな所（現実）がない。空想に等しい。そこにはrepentance（悔い改め）がない。噫《ああ》悩める人なるかなのパウロのhumble（ハンブルの心）がない。信仰はイエス・キリストにおいて人間自己の発生（神の像＝人格として造られた事）と現実の今在る状態、換言すれば、人格として在るべき状態と現在の姿との矛盾と懸隔《へだたり》に目覚めて悔い改めが起こらなければ信仰とは言えない。ここに過去一切の清算がある。それは新生であり復活であり、人生の一年生に立ち返って全く新しい幼児として新しい愛の道を発足する事である。「我キリストと共に十字架につけられたり、最早《もはや》我生くるに非ず、キリスト我中に生くるなり」（ガラテヤ書二・二〇）は古来パウロの神秘主義だと言われる。必ずしも神秘主義と言うべきかどうかは私には問題ではない。ただしかし、パウロはイエス・キリストの十字架という贖罪の事実に触れて決断した事、すなわち、神秘でも自己感情でもなき認識と決断に立つ事こそが彼の基本的な信仰のスタンドポイント（立場・視点）だと私は受け取り、またそれで十分だと考える。

信仰は誤りを犯して来た旧《ふる》い過去を清算して最初の出発点に完全に立ち返って出直すことである。過去のすべてのものを悉く清算して一年生から発足し直す事である。この清算と新生はイエス・キリストの賜物である。人間である私の側にある事ではない。それはイエスによる贖罪、罪の赦し、神の義による。これに対して我々に悔い改めがあるのである。

冒頭のテキストに帰るならば、生命の道は狭いという事は、信仰の道であるからという事である。信仰は必ず悔い改めというハンブルな状態になる事を必須の条件とする。必須の条件というより、このハンブルな、悔い改めの心こそ実は信仰への前進であり、それゆえ、信仰を形造る要素である。然《しか》るに、神に背いている事が本質的に中核をなしている現代人にはこの悔い改めのハンブルを持つことは至難である。それは事毎に神を忌避するからである。これが生命への門道の狭き一番大きな理由であると考えられるのである。それは躓く石である。ローマ書に「彼らは躓く石に躓きたり」（九・三二）とある通りである。

ルカ伝一五章の蕩児《とうじ》の情況を取り上げて、信仰による新生と躓きとを比較するならば、先の蕩児《とうじ》こそは、迷える一匹の羊を救う為に他の九十九匹を野に置いて尋ねてやまない父の愛に心動いて、決断して家に帰り、全く新しい生活に出直したのである。これが罪を知り悔い改めて父の招きに決断した事、すなわち、過去を葬り過去に死して新生に発足する信仰を示唆する。然《しか》るに蕩児《とうじ》の兄は「見よ我は幾年もなんじに仕えて未だ汝の命令に背きし事なし、然《しか》るに……」（ルカ伝一五・二九―三〇）と言う。果して、自己満足、自己肯定の兄は父に躓いたのである。狭い門に入れないのである。神の国は何人も拒まない無限の広さであるが、その門は狭い。すなわち、入ろうとするものは極めて少ない。人間自己の頭が高くてつかえて入る事ができない。この躓きは人間のうぬぼれであり、傲慢である。彼の兄は依然として旧い生活を不平満々で繰り返すのである。

狭き門に入る信仰（悔い改め）に対して信仰の様に見えて然《しか》らざる神秘主義を一瞥する必要を感じる。この神秘というのは結局は人間の理性を立場とするもので自己を神と同一視するような神人合一的な主観によるものであって、そこにはギリシャの新プラトン式のイデアや理想主義的神（超越者、絶対者）というものを対象とするものもあるが、それは信仰の対象ではなく、本当の罪意識を持たない。従って、悔い改めがないのである。勿論新生はあり得ない。結局人間の理性、人間の影を追うもので甚《はなは》だ傲慢不遜と言わねばならない。キリスト教の或る派にも頻りに聖霊に満たされたとか、神の内在など叫ぶものもあるかに聞くが、それらはこの神秘主義的のものではあるまいか、私は知らない。

また繰り返す様であるが、ギリシャ的真理探究はある意味においては人間の欠点、矛盾を認め、その原因を探求はするがこの矛盾を人間自身、すなわち、自分自身のものとして自分に取り上げない。人間を構成する一部分の理性を万能とするが故にこの問題を理性という小手先で解決しようとして、自分の問題として取り上げないのである。抽象化、観念化して真理だと主張するのである。そして、愛の神の生きた言の前に耳を傾ける砕けた心を持ち得ない。これもまた狭い門に頭がつかえるのである。

これらと等しく、現代人が福音信仰に来ることをしないのは正に stumbling-block（躓く石）に躓くのである（コリント前一・一八）。人間中心というのは結局エゴ中心の事で理性を神とし、何事も合理合理で、人間の罪の問題の事実を非現実の一語で一蹴して顧みない傲慢な態度になって自ら躓くのである。この事実を第四福音書記者は一言をもって明快に表している。

曰く「彼は己《おのれ》の国にきたりしに、己の民はこれを受けざりき」（ヨハネ伝一・十一）。

《原注》

題目はとにかくとして随分回を重ねて信仰について考えてきました。信仰こそ人間のまず持たなければならないものだと考えるからであります。私の信仰というのは耶蘇《やそ》教と言われるイエス・キリストによって自顕し給う神を信じる信仰を言うのであります。キリスト信仰と言えば何か自分達に合致しない、変なもの、恐いもの、さわる事もいやな様に思われている様ですが、この信仰は人間にとって最も自然なもの、人間の在るべき平常な道であります。日本の昔からの色々な因襲、社会的の因襲（特に神社関係と仏教関係を織りなした習俗）に囚われている所へ、宣教師やあるいは牧師、さらに、キリスト信者が日本人の生活状態や日本人そのものに対する態度（特に、キリストの精神を無視して自分達の背景をなしている文化とか社会を自負して優越的な立場を取る態度）、あるいは、キリスト者の呻き（ローマ書七・二四）を持たないで、信仰者なるが故にという自己肯定の為に、自然に未信者を卑下する様になり、あるいはそう受け取られるという様な事により、キリスト教信仰が特に毛嫌いされる原因となっているのではないかと思われます。そこに何か一種臭味《くさみ》がある。ヤソ臭いと言うのであります。実際いわゆるヤソ臭いのはヤソの本物ではないと私は考えますが、ヤソ臭い臭味では困るが、「キリストの香り」ならよいでしょう。それは生活の様式ではない。外に見えない内なる心の問題で、それはキリストに従うものの持つハンブル（謙虚）な心であります。罪人である自分がキリストの愛に救われたという感謝と、この信仰者でありつつ、「私は信じます。私は不信者であります。主よ私を助けて下さい」という心の基調であります。この隠れた心の思いはキリストの香《かお》りを与えるでしょう。これには忌味はない筈。そしてその生活は極めて自然に、ことさらめいた所のない日本人の日常であるという所に大事な所がありましょう。人中で頻りに黙祷したり、雑談の只中にキリストを引っ張り出したり、甚《はなは》だしきは箸の上げ下ろしに神様やアーメンを言ったり、禁酒禁煙がキリスト教の様に叫んだり、何か知らん「自分は信者だという固い意識で」身を守るといった、甚《はなは》だしい律法主義の表われは正に人に忌避の念《ねん》を起さしめます。たまらない程の臭味《くさみ》を与えましょう。実は私も、そういう臭味を嫌うものの一人であります。これ等の考えや振る舞いは実はキリストの福音とは何のかかわりのない事であります。

真のキリスト教というのはすでに申した様なハンブルな心で、密《ひそ》かにエゴイストな自分を嘆き訴えつつ非エゴイズム（他愛）に動く様に、人を導いてくれるものであります。かかる人間の生活には臭味も嫌味もないでありましょう。かかる信仰は私たちをして本当の神に立ち返らすのであります。

神は在るか、無いかという事は人間の理屈で解決はできない問題であります。この問題を終日終夜《ひねもすよもすがら》あげつらって見ても同じ議論の堂々巡りして、蟻が盥《たらい》の回りを廻り歩くと同じこと日を重ね月を重ね年を重ね、否世紀を重ねて今日に及んで解決のつかない事であります。何故ならば、キリストの啓示される神は造物主《つくりぬし》なる神である故に被造物（自然物）の間に挟《はさ》まっては存在していないのです。従って、その造られた人間の頭や理性の理屈のとどく所には居ない存在であります。これは信仰というスタンド（立場）から「然り」と決断を迫る事実の承認（認識）に立つのです。

人間が人間の造り主ではないでしょう。それと同様に人間が人間の主人公ではありません。人間が造り主（神）になったり、人間が人間の主人になっているから、寛容を説き、友愛を叫び平和を唱えてはみても、実は、寛容も友愛も、平和もあったものではない。社会の、国際間の自己拡張、武力のおどし合いの堂々巡りであります。北鮮と南鮮の話し合い、ホーミチンと南印度支那とのゼネバの話し合いが何の効果を持ち来らすのですか。その話し合いの舌の根の乾かない中にもう中共と台湾の側と金門島の競り合いが始まり、各国は自分の国の利害を中心に都合のよいその場の解決を得んとして互いの顔色を見て容易に物を言わず、あるいは、間接的に大きな脅し合いの駆け引きに終始していましょう。ＮＡＴＯの協定問題にせよＳＥＡＴＯ問題にせよ自国の利害が始めであり終りである所にソロバンの珠をはじいています。世界政府を樹立しなければならないと言われましても、結果として何程の事があるかと言わねばなりません。私は何処《どこ》の国が悪いと言うのではなく、神なきあるいは神を後廻しにしている民族（日本もその中のもの）、すなわち、人間と人間社会の結論を言っているのであります。これ等の国際的な問題を見ても、その行動の主導的立場にある人達は国家社会を憂えての事ではありましょうが、結局は自己のあるいは自党に緊密な関係を持つ選挙対策を目標とする場合がないなどと言い切れない状態ではありますまいか。

神が我ら人間の主であるとの決断（信仰）に立つ事こそは本当にヒューマニズムを生かす事であり、本当にお互いが友愛に動き寛容と同情を持つ事であり、私なき心で平和を求め平和を追求する事であります。人間だけで「平和は平和のみで求めなければならない」と言って見た所で、そう叫ぶ御本人が平和の人になっていないのです。平和や友愛を求め説く前に、その人間がエゴという侵略的な人間そのものをその平和、友愛の人間に改造しなければなりません。この改造はイエス・キリストの福音にのみあるのであります。

この事は二千年の長い歴史を見れば明らかなことでありましょう。形と装束が変わっても、個人も民族も互いに自己追求や自己拡張の闘争に終始してやまない事態は、科学万能が自ら文化を破壊するぞという段階に来ている今日においても同様であります。そして、正に、かかる人間が神となったバベルの塔の建設という混乱の中に、世界の歴史は見えない聖なる神の支配を逃がれられないという事が見えているのではないでしょうか。だが、人間社会の中心的な望みとしての真の平和文化への希望の叫び、これは神の支配にある人類の歩みの方向であります。

神があるかないかという事は既述の様に問うべき事柄ではない。神の存在という事は、「神なるが故に在る」というだけの鮮明な問題であります。証明できないし、証明を要しない事であります。神はただイエス・キリストにおいて出会うべき生ける存在であります。理屈で論争すべきものでなく、知的究明で人間の研究の対象となるものでなく、人と人とが出会う様にイエス・キリストに出会うその事が神を知る事であります。曰く「来りて見よ」と、ヨハネ伝一章四六節は言います。

【編注】この説教は後日項目別に整理されたものである。

倫理のすすめではなく信仰のすすめ

ガラテヤ書五章六章、ローマ書一二章一三章などはキリスト教倫理と言えない事はありません。然し、パウロは「キリスト・イエスに在りては割礼を受くるも割礼を受けぬも益なく、ただ愛に依りて働く信仰のみ益あり」（ガラテヤ書五・六）と言い、同じ五章の二五節には「もし我等御霊に由りて生きなば、御霊に由りて歩むべし……」と言っています。御霊に依りて生きるとはイエス・キリストを信じる神信仰によって生きる事であります。パウロがキリスト者に対して倫理道徳を説いている様に考えられる箇所も沢山ありますが、決して信仰から離れて道徳のすすめを言っているのではなく、却って信仰のすすめを言っているのであります。これはガラテヤ書五章一節「キリストは自由を得させん為に我等を釈《と》き放ち給えり。然らば堅く立ちて再び奴隷の軛《くびき》に繋がるな」で一層明瞭であります。奴隷の軛というのは旧いユダヤの律法教の事で、それは今日盛んに道徳低下が叫ばれていますが、その道徳に通じます。この道徳律法から解放されて真に倫理道徳の道を歩む事ができる信仰の自由を与えられたキリスト者は断じて昔の律法道徳の道に逆戻りすることなく、堅く信仰に立っていなさいと励ますのであります。

『汝尚一つを欠く』「キリスト者の倫理」より

「柳町教育」の源泉

現在最も健全な民主主義国家はギリシャ思想のみで発展したものではない。ギリシャ思想にキリスト教的思想をプラスして発達して来ている。小さい例であるが私は柳町小学校の十一年間の校長時代に「柳町校は自由主義」だと評された。あの戦争の真最中、全国の教育そのものが軍国調を帯びファッショ化の傾向に動いている時、私は決して好んで自由主義を標榜などはしない。そんな事を自《みずか》らしなくても危害を身に感じる時であった。私は附属小学校の教員をしていた時、杉崎先生によって紹介されたデューイのデモクラシー教育を嗅いだ事はあっても、それを寧ろ甚だしく毛嫌いした方である。柳町小学校の十一年間の校長の期間に於て一度たりとも民主教育を考えたこともなし、自由主義というイズムなど、今日と等しく眼中になかった。しかし、現在の民主教育の本質が、私の生徒に要求する教育そのものであった。それは如何なる人間を養成するかという中心的の問題は私にとって福音的信仰を背景にそこから出て来た私の不動の信念であった。これは全く今の民主教育があらねばならぬ中心的ねらいと一致するものである。私は別に隣近所の学校と異なった様な何事も営みもしなかった。形から見てさほど取り立てて異なる事もないのに、周囲の先生や師範の生徒達まで柳町小学校は自由主義だというのである。口止めをする事もできない。それが為に特高課あたりから随分眼をつけられた事もあった。

『汝尚一つを欠く』「基督教と民主主義」より

現代に生けるパウロ

使徒言行録九章四節
昭和三〇（一九五五）年二月一三日　長野教会説教

（北アルプス）

彼地に倒れて「サウロ、サウロ何ぞ我を迫害するか」という声をきく。　（使徒行伝九・四）

前講壇のコリント前一五章で、キリストの復活に関連して何故《なにゆえ》にパウロはかくも細々《こまごま》と論ずるかとの問いに対して、当時のギリシャにおける教会特にコリント教会のキリスト者の間にはいわゆるギリシャ的キリスト教(Hellenistic Judaism)とでも言うべきギリシャ思想をそのままキリスト教に取り入れた考えを持つ者が多かった事、すなわち、キリスト教哲学とでも言う様な一種神秘主義的な考えがあったので、それに対する警告として本章の復活に関する論述があったという前置きを心に留めて読む必要があるであろうと私は述べた。

それはキリストの復活を史的な事実として理解する事をせずに霊魂の不滅と言った様に理解する傾向であって、キリストの死は霊魂が肉体の束縛から解かれて天上にあまがけるという神秘的な考えである。キリストの死を人間の死の代表的なものであるとする考えである。そこではキリストそのものを歴史的に受け取らないで、ギリシャ的に、思索的に受け取ろうとしているのである。神を叡智的な智恵(divine wisdom)と考え、キリストはその叡智の化身もしくは表徴（シンボル）でありとするのである。かくあっては、神、人となり給うた受肉の真理、すなわち、イエス・キリストその人が神の啓示者であり、救い主であるという歴史上の福音の真理を人間の思索に引き下ろして無意味なものにしてしまう恐れがある。パウロはキリストの復活ならびにこれを信じる者の復活の事実を論じるのであって、霊魂の不滅を説いているのではないのである。キリストの福音には霊魂の不滅といった永世はあり得ない。生命の永生ではなく復活である。現にパウロはローマ書八章二三節に「……すなわちおのが体の贖われん事を待つなり」と言っている様に、霊肉分離ではなく霊肉共なる一個の人間としてそのままに贖われんことを待つのであって、それはキリストを信じる事によって起る必然的な復活新生を言うのである。近代人もキリスト教と言えば直ちに霊魂の不滅を説くものだと考え違いをしている者が多い様である。聖書にはそんな不滅は何処《どこ》にも説いてはいない。何処《どこ》までも復活であり新生である。パウロはこの一五章でも信仰によって、現在においてキリストの復活に与り、その完成を目ざして歩む事を説くのである。フィリピ書三章にはこのキリスト者の生命の方向がよく描写されている。

本講壇はこのキリストの復活に関連してパウロの現代における意義を考えようとするのである。第一に考えられる事はパウロが異邦伝道の使徒として召された事である。第四福音書記者と同様に、ギリシャ的教養に生い立ったパウロは彼の信仰の根底をなすイエス・キリストとその十字架という歴史的事実にギリシャ（異邦）の思考の形式を消化して、さらに、キリストの福音の救いの史的事実に神学的な論述を加味し、全世界を宣教の対象として、実際その宣教に従事してユダヤ民族内だけに凝《こり》かたまる傾向から離れ得ない原始キリスト教を、そのあるべき状態、すなわち、全人類的に展開したのである。これがパウロの使命であったのである。

パウロは神政のメシア待望の民族の中に生い立ち、自ら言う如く、ベニヤミンの族ヘブライ人の中のヘブライ人であり、律法につきては熱狂的、むしろ狂信的なファリサイ中のファリサイ人であった。

ヘブライ人、ファリサイ派は神の選民としての誇り、神の律法を行う者であるとの誇大な自負を持ち、それが世代を重ねるに従って、彼らの軽蔑する異邦人（ギリシャ人）に滑稽視される割礼の如き野蛮な儀式を民族伝統の誇りの最高なシンボルとまで持ち上げるに至った。この事が社会的民族的な特権となった時、全く手の付けられない様な偏狭独善のファリサイ化に陥ったのはやむを得ない事であろう。他の民族を悉く邪教の民と軽視し、彼らは皆自分たちの国の為に存在するといった誇大妄想的なものになった。これは極端な人間の自我心（エゴイズム）の表われとも言える。

しかし、彼ら（ユダヤ人）を律法における倫理的、道徳的熱情から見る時、ローマやギリシャの享楽的文化の社会民族に比べて社会的生括においては正に優位に立ったものと言わねばならない。イエス・キリストはこの自負に対して「汝ら偽善なるファリサイ人よ」と言われたが。

道徳がエゴイズムと結合した時、ここに恐るべき独善が生れざるを得ない。これが民族感情と結合して救いがたい独善と帝国主義が頭をもたげるのである。この感情の前には個人の自由も愛の交わりも何もあったものではなく、国内的にも国外的にも自国拡張の前に、ただ、力押しの一手があるばかりになり果てるのである。日本の「八紘一宇」の如きは全くこれと同様な状態であろう。東洋倫理の忠と孝を遂行するという道徳意識と万邦無比《ばんぽうむひ》という民族意識と結合してしまっては、全世界、少なくとも劣等民族と見なしていた国に対して八紘一宇の看板をかかげて我が意の如くにならしめんとするのはまた必然の結果と言わねばならない。これは極端なエゴイズムの現われである。かかる時天譴《てんけん》は遂《つ》いに来た。ドイツのナチスの例などは最もよい実例である。しかし、この帝国主義は未だ過去のものとして世界から消え去ってはいない。人間の構成する社会民族国家であるから、ソ連も、アメリカも、我らの日本でも気をつけないと危いのである。蓋《けだ》し神を離れた如何《いか》なる道徳的、律法的努力もエゴイズムならざるを得ないからである。

かかる狂信的偏狭独善の律法主義を破ったのがパウロであり、かかる偏狭な伝統精神を抜け切れなかった福音の使徒達によって形成されたエルサレムの母教会の方向を世界大の視野に立たしめて、キリストの来臨の御意を正しい状態にしたのは。パウロであるとも言えるのである。

我は福音を恥とせず、この福音はユダヤ人を始めギリシャ人にもすべて信じる者に救いを得さする神の力たればなり。（ローマ書一・一六）

汝らユダヤ人と称えられ律法に安んじ、神を誇り……盲人の手引、暗黒におる者の光、愚かなる者の守役、幼児の教師なりと自ら信じる者よ、……（ローマ書二・一七—一九）

イエス・キリストはパウロを用いて個人個人閉ざしている堅い硬《かた》いエゴイズムの鉄壁陣を神の恩恵《めぐみ》をもって外から打ち砕き、一人ずつ神との交わりによって人と人との交わり（Brother-hood）の平和な御国に招き入れ給う神の国建設を、民族的の結合から世界大の正しい方向への道を開かしめた。

第二はキリストの復活とキリスト者の復活を明瞭な史的事件として我らの前に提供したことである。イースターの晨《あした》の「主は甦り給えり」の音信は弟子達をして欣喜《きんき》雀躍《じやくやく》、手の舞い足の踏む所を知らざらしめて、昨日まで憂愁と恐怖に彼らを閉ざしていた師イエスの悲惨な敗北の死を忘れさせてしまった。そして、この師は聖なる勝利者救い主として彼らの前に現われた。ペンテコステはその狂熱の喜びの表われである。

しかし、それは、未だ未だ、キリストの他の史的事実の如く史実として受け取るには、余りにも主観的でかつ幻想的な事柄に受け取られるより外なきものであった。未だ未だ人格的、宗教的経験（事件）とはなっていなかった様である。キリストは、正《まさ》しく、十字架において罪と死を克服し給うた勝利者である事に間違《まちが》えはない。復活のキリストはその十字架の罪の赦しの救いを証明する。しかし、それにもかかわらず、彼を十字架につけたファリサイに対しては勝利者ではないのである。何故ならば、すべてのファリサイ人はキリストの弟子達を冷笑して傍観している。キリストは死に打ち勝ったけれどもファリサイには打ち勝てなかった。反対にファリサイはキリストを打ち砕いて勝利者として立ち続けている。彼らは依然として己《おのれ》の義を求めて律法道徳に噛りついて自己満足の得意満面の状態を捨てない。実はこのファリサイの徒に敗死した事こそはキリストの勝利であり神の恩寵の勝利に外ならないのであるが。キリストの勝利というのは罪と死とに対しての勝利である。ファリサイ人をも含めてすべての人の為に罪と死を克服して甦り給うた。しかし、ファリサイはキリストに克服されていない。当時のファリサイのみでなく理性万能を考えている現代の思想家、科学者、道徳を説き道徳で人間の精神的向上を志している現代人もファリサイと五十歩百歩である。広い意味で正しくファリサイ的である。

しかし、ヨルダン河においてヨハネからバプテスマを受けた人類の代表者なるキリスト、山上の垂訓を教えられたキリスト、野の誘惑に救世の方途を御自覚されたキリスト、当局ユダヤのサンヒドリン（ユダヤの法院）

に捕えられて、ゴルゴタ山上に十字架の詛《のろ》いを受けたキリストこそ福音の勝利者として示されなければならない。キリスト以外の何人でもなく、キリストのみが勝利者として明示されなければならない。福音の勝利者は自我という武器を持たない御自身の武器、愛の武器を持って完全な勝利者として自己を神とするファリサイの前に現われなければならない。

この時、主の復活は幻想的神秘の世界から現実の（リアルな）史的事件の上に立つのである。十字架の贖罪が万世に生ける真理として証される為に、キリストの死からの甦りが単に想像的（超世界的）な事柄に止り、独り感じ独りそう思うといった主観的な神秘主義な理解では済まされないのである。動的な積極的な実存の生命として、すなわち、歴史として示されなければならない。その重大な聖なる任務を負うて立ったのがパウロである。

ユダヤ人中のユダヤ人、律法につきてはファリサイ人、熱心につきては教会を迫害した者、サウロの憎悪とエゴイズムに対する神の愛（アガペ）の復活の勝利こそ彼のダマスコ途上の驚くべき事変である。「サウロ、サウロ何ぞ我を迫害するか」（使徒行伝九・四）は復活のイエスの黙示であり。ファリサイに対する抗議である。ここにおいてキリストの十字架は救い主の敗北でなく罪と死の克服であり、同時に、ファリサイに対する勝利としての事実である。猛り狂って羊に襲いかからんとするライオンが、その刹那に羊の前に頭をうなだれて屈服するというあり得べからざる事件がダマスコ途上のパウロによって事実として証された。ルカ伝一五章の、あの頑強不屈な兄が、到底在り得べくもない事件として父の子に対する愛に目覚めて、弟の蕩児《とうじ》の外に多くの迷い出た弟を求め尋ねて行ったパウロの一生は、正《まさ》に、キリストの復活を示す歴史的事実である。パウロはこの事実の為に「人よりに非ず、人に由るに非ず、イエス・キリスト及びこれを死人の中より甦えらせ給いし父なる神によりて使徒となれるパウロ」（ガラテヤ書一・一）と狂気の如く叫ぶのである。またコリント前書一五章九節には「我は神の教会を迫害したれば使徒と称えられるに足らぬ者にて使徒のうち最も小さき者なり。

然《しか》るに、我が今の如くなるは神の恩恵に依るなり。かくて、その御恵は空《むな》しくならずして、すべての使徒よりも我は多く働けり。我にあらず、我と共にある神の恩恵なり」と言っている。この主の復活ということは私一個の私見でも仮定でも想像でもない。私が直接に出会って受け経験した所の歴史的事実であると主張するのである。これは単に一個のパウロの事件に留まるものではなく、キリストによる神のグレイス（恩恵）がすべてのファリサイに対する攻撃を代表する事柄である。ダマスコ途上のパウロの甦生はキリストの復活を証明する歴史的事件である。これはパウロに内的に起った主観的神秘的な経験ではなく正に外から加えられた能力《ちから》によるのである。パウロは黙示によると言っている。ここの黙示とは啓示の事で内からでなく外からである。神の恩恵（グレイス）である。復活のキリストに出会ったのである。かかる故に、パウロは山の難、河の難、海の難、人の難の中にもキリストの苦《く》に与ることを悦びとして席を暖める暇もなく東に西に南に北に走り廻って「福音を宣べ伝えずば、我は禍なるかな」と叫びつつ、遂にローマに至って殉教の死を遂げるまで異郷（全世界）に向ってその生涯を終始する事ができたのである。

福音のメッセージは、イエス・キリストという史的な人格、このイエスに関するその言その業、すなわち、「汝らが見聞きする所をヨハネに告げよ。盲人は見、跛者《あしなえ》はあゆみ、癩病人は潔められ、聾者はきき、死人は甦らせられ、貧しき者は福音を聞かせらる。おおよそ我に躓かぬ者は幸いなり」（マタイ伝十一・四―六）とキリストもヨハネの弟子に答え給もうた如く、見聞《みき》きする事のできる史的事実が根底である。それはキリストのありのままの事実（reality）であって何人も否定できないし疑う事もできない現実の事である。このキリストの愛の現実に出会う時、我ら人間の矛盾撞着の姿、罪なる状態がまた否定できない現実として暴露されるのである。しかし、キリストの業そのものである窮極の十字架の贖罪とその復活こそは福音そのものである。その十字架は史的事実として受け取る事は困難ではないが、死よりの甦りに至っては容易な事ではない。パウロは正にこの甦りの事実をダマスコ途上において証明すべき使徒として立たせられた。ルカ伝一五章の蕩児《とうじ》の兄の如く頑迷なる救済しがたきファリサイ中のファリサイたるパウロが復活されたキリストの招きに目覚めて、これをダマスコ途上の驚くべき革命的事件並びに彼の一生を貫く福音の使徒としての生涯とその記録（書簡）を現代の知識人の為に現実のままを残したのである。

パウロが異境伝道の使徒として活躍して、小さく旧いユダヤの派閥的殻の中に固まっている原始キリスト教のその殻を破って世界大に持ち来たした事と、キリストの復活並びにキリスト者の復活と新生とを史的な事実として提唱した事は、勿論、受肉化身のキリストにおいて実存した事実である。しかし、この使命の召命にその一生を捧げて「我にとりて、生くるはキリスト死ぬるもまた益なり」と叫ぶ人間パウロを見る時、我らは正に「パウロの主張がそのままに現代に持つ意義」を否定できないのである。

福音は非マンネリズムの歩みの道

キリストが既に我等に向って「汝等は既に潔し。我語りたる言によりてなり」と言われています。又「罪は汝等の主たる事なし」と言われています。これ等は信じる者を甘やかす言ではありません。却って、そこに厳しい意味を持つ愛の言であります。以上の如く、福音は限りなく新しい非マンネリズムの新鮮な歩みの道であって、この道に信頼するという決断の道です。この決断の連続がキリスト者の走程であってマンネリズム化されない筈の道であります。

『汝尚一つを欠く』「信仰のマンネリズム」より

イエスの権威

（雲上の白馬）

マタイによる福音書一六章一三節―二〇節

昭和三〇（一九五五）年五月一日　長野教会説教

彼らに言い給う「汝らは我を誰と言うか」シモン・ペトロ答えて言う「汝はキリスト、活ける神の子なり」

（マタイ伝一六・一五—一六）

二月の講壇で神の恩寵の絶対という事について考えた。それに続けて結局同一の事であるが、イエス・キリストの絶対なる権威（神性）について考えたい。何故なら、我らのこの事を言葉で告白しつつ、尚常に心の中にその証《あかし》を探求し続けているからである。それで、イエスの人格の絶対的神聖（Absolute Divinity）について視点を一歩前進せんとするのである。

「汝らは我を誰と言うか」

イエス御自身が福音の使者として遣わさんとする親近《しんきん》なる弟子達に対する問いである。畏るべき問いである。キリスト教は結局キリスト論だと言われている。キリストに対する我らの告白、これが根底でありまた中核である。キリストが弟子達に問われたこの御言は誠に恐ろしく響く。その問いにペトロは答えた。

「汝はキリスト、生ける神の子なり」

と、よくも答えたペトロである。ペトロのこの答えの「汝は」は「イエス」との意であろう。一個人なるイエスを指す言葉であって、それがキリスト（救い主）であり、それであるから、生ける神の子だと言うのである。これはペトロとしては考える余地もなく恐懼して反射的に、答えざるを得なかった答えと考えられる。キリストが捕えられた夜のあのみじめなペトロを考えると、イエスに対する彼の洞察はこんなところまで進んでいたとは考えられない。しかし、以来このカイサリヤ・フィリポの告白は偉大な告白（Great Confession）と言われる程にイエスその人に対する正確な告白である。これは私はペトロの告白というよりも、絶対なる権威に在り給う聖なる人格イエス・キリストの「汝らは我を誰と言うか（告白するか）」の厳しい問いに押しつぶされて押し出された反射的な告白、それより外にあり得ないペトロの心から搾り出された告白と考えられる。イエスのこの問いの前に恐れて眼が醒めてイエスの神聖に触れたその瞬間の告白であろう。

爰《ここ》にイエス己がキリストなる事を誰にも告ぐなと弟子達を戒め給えり。（マタイ伝一六・二〇）

何故であろうか。イエスは教師、大先生、あるいは教祖として来られたのではない。イエスはプロパガンダ（宣伝）の為に来られたのではない。イエスは彼自身の救い主、キリストなる事を声明する為に来られたのではない。彼は自己を言葉で宣言し畏縮させてこれを奉じよとは毛厘も考え給わなかった。イエスは教い主（キリスト）として来られた。彼は「ゆきて汝らが見聞きする所をヨハネに告げよ。盲人は見、跛者はあゆみ、癩病人は潔められ、聾者はきき、死人は甦らせられ、貧しき者は福音を聞かせられる。おおよそ我に躓かぬものは幸福なり」（マタイ伝十一・四—六）、と言われた。このように、イエスは声明に権威を持つのではなく、その人としての一個の人格（神格）に絶対の権威を持って来られた。

キリスト教は如何《いか》なる事、あるいは如何《いか》なる真理を信じるかではなく、誰を、何人を信じるかである。生ける神を信じる事である。それはイエス・キリストという一人のパーソン（人間）を信じる事である。既に述べた様にキリスト教は、すなわち、キリスト論である。ペトロの告白がキリスト教である。

然らば、我らの告白はどうであるか。問題はいつも他人事でなく我らの問題に帰る。この時、我らの告白に誤魔化しがあってはならない。ペトロやパウロはイエスに対しては極めて身近な切実な関係を持ち時間的に近接していた。我らは時間的な大きな距離を持っている。しかし、聖書は我らに対しても、未来永劫にこのペトロと同一な告白を要求している。言う迄もなくキリスト教はこの告白以外のものではない。

誠にわかり切った事である。かかる事を私が言ったら「未だそんな事を言っているのか」と冷笑する者もあるかも知れない程の平凡な事である。しかし、もう少し辛抱して考えて貰い度い。パウロは「然れば我汝らに示さん、神の聖霊に感じて語る者は誰もイエスは詛わるべき者なりと言わず、また聖霊に感ぜざれば誰もイエスは主なりと言う能わず」（コリント前一二・三—四）と言っている。つまり、「イエスは救い主なる故に主である」、あるいは、「イエスはキリストなり」と告白する事は、すなわち、聖霊の働きによるのだと言う。正に、我らもその様に告白している。かく我ら自身も告白しているにもかかわらず我らはイエスの神聖、その絶対の権威を透視せんとしてイエス御自身の無比なるパーソン（人格）を解明し、その驚くべき山上の垂訓、その奇跡として発露する聖なる無比なる愛を考え、この無比なる奇跡的愛の主イエスこそ疑う余地なきものだと断じるのである。他に疑義があってもこの一事「そのグレースの聖なる一点に疑義を挟む余地なし」としてイエスの神聖なる事を我ら自らの心に納得せしめ様とするのではないか。

しかし、イエスの絶対性、その神性、その絶対の権威は、我らがイエスという人格から出る教えとか、同情とか、智恵とか、愛とかの性質に驚いて、そうであると是認して「神なり」と告白することに依拠するのではないという事を新しく考えなければならない。イエスがそういう素晴らしい性質を持っているからその神性を承認できるという処に留まるならば、これは人間の仮定や人間の想像に立ち、人間の認識に立つのであってイエスが神の啓示者としての真義を破る事になりはしないか。我らが如何《いか》に見るのでなく、イエスなるが故にキリストであり、その愛の招致は絶対なる神の権威を主張するのである。すなわち、人なるイエスそのもののパーソン（人格）の本質が神性であるのである。史的人物という一個の人格の「人そのもの」が倫理的にまた宗教的にどうであろうと、またその内的な生命が美しいという如何《いか》なる装飾的なものをもってしても、神の啓示たり得ないのである。イエスは、全く神性の存在(神の世界、在って在るもの)で、世界に属する神聖なる本質の所有者、神聖絶対の権威そのものであるという完全に人間的想定を切り離した所から来れるものである。

試しに、我ら、時としては等しく仲保者的な名称を捧げるモーセ、エレミヤ、イザヤといった預言者達とイエスを比較したら、上述の意味がはっきりすると思う。全く本質的な相違である。キリスト・イエスは被造物ではない。預言者は完全に我らと等しい被造物たるに過ぎない。彼等は神のスピリットを受けて神の言を我らに残した意味において暫く仲保者という言葉を持つ事ができる。しかし、イエスは彼等の如く啓示者としての実質と使命を神から受けて来る必要のない本質的に神性者であった。絶対的権威者である。

御子は神の栄光の輝き、神の本質の像にして、己が権能の言をもつて万のものを保ちたまう、

（ヘブライ書一・三）

このイエスのパーソンの本質に対して預言者は勿論、預言者と同質なる人類のヒューマニティや叡智的（理性的思惟の真善美）なあらゆる努力を持ち出して来ても、そこには永遠なまた絶対なる何等の権威も存在しないのである。いわゆる、人文（人間歴史）の階程において変化し、所を替え、場所を譲るべきもの、これ等の華麗な思想も、文化の営みも、イデオロギーも、またその最も麗しい倫理の堆積も悉くイエスの前に立っては打ち砕かれて卑下すべきより外の何物もないものである。そこに残る唯一の善き事は悔い改めの服従のみが唯一の善き事である。

勿論、我らがイエスの無比なる教え、その奇跡的な愛によって、イエス・キリストは神の子なりと、自らの信仰心を納得させる事は信仰の過程においては許される事であり、またあって悪い事ではない。しかし、「だからそれ故に」と考えてはならない。啓示の本義を離れるからである。

言肉体となって我らの中に宿れり。我らその栄光を見たり。実に父の生み給える独子の栄光にして、恩恵と真理《まこと》とにて充てり。（ヨハネ伝一・一四）

ヨハネは言（ロゴス）を用いているが、これは決して彼のギリシャ的イデアや思惟的の真理とか原理を意味

しているのではない。歴史の中に来り給うた一個の人格、イエス・キリストの本質を証し指示《さししめ》している。神の神聖を御自身の実質において自顕する事によって神を啓示するイエスその人の本質の栄光を持てるもの、それは恩恵と真実において我らに迫る絶対なる権威者（神）である。「如何《いか》にして降臨されたか？」、ここにイエスの人性が在る。しかし、「イエスは何人ぞや？」の問いに対してその神性の絶対（独り子の神）が立ち給うのである。

従って、今更言う迄もない事であるが、キリストの十字架の受難はステファノや、ペトロや、パウロ等の殉教的の死でない事は明らかであろう。根本的に神と人との相違である。キリストの十字架は誠に贖罪の死であった。

最後に、イエス・キリストの聖なる御自覚について

キリスト教はイエス・キリストの聖なる自覚の上に立つと波多野精一先生は『基督教の起源』において言われている。キリスト・イエスの一挙手一投足、その片言隻語も、否キリストこの世にあれまししその事は悉く聖なる彼の御自覚の中の事である。イエスは、父と我とは一体であるとの御自覚に生きられた。このキリストの御自覚を我らが問題にする時、それはキリスト御自身に対してもまたキリスト教に対しても、従って、教会の信条に対しても決して人間的思惟や推測で越権したり侵犯する事ではないであろう。前述の波多野精一氏の言葉は学問的にキリスト教を考え様とした言葉であったであろうが、今我らがこのイエスの聖自覚という事を問題とする時、この御自覚は、直《ただ》ちに、我らの信仰におけるイエスその人の神性と権威を証するものである。その事は我らの人間的想像や推測や仮定に立つものではない。かくして、我らも憚《はばか》らずペトロの告白を叫ぶ事ができるのではないであろうか。

来りて見よ

紫光（あざみ）

ヨハネによる福音書一章四六節

昭和三一（一九五六）年一月二九日　長野教会説教

ナタナエル言う「ナザレより何の善き者か出づべき」フィリポいう「来りて見よ」　（ヨハネ伝一・四六）

ナタナエルが「ナザレより何の善き者か出づべき」という抗議に対するフィリポの答えである。これはあらゆる懐疑に対する最後的な切り札である。特にキリストの救いの福音においては常に最も確かな切り札である。「来りてこの人を見よ」と。アメリカのシーリー博士の名著に『エッケ・ホモ』（来りて見よ）がある。この著書を読んでそれで事が解決済みになると思ってはならない。結局はこのエッケ・ホモの示すように真剣に聖書によってキリストを見なければならない。その時、この言《ことば》は懐疑に対する頂門の一針となるのである。

この「来りて見よ」をペトロの実例から見たらどうか。ルカ伝五章一節から八節を是非読んで下さい。そこで、イエスがペトロに「深みに乗り出し、網を下ろして漁《すなど》れ」と言われたのに対し、ペトロは、

「君よ、我ら終夜、労したるに何も得ざりき、然れど御言に随《したが》いて網を下さん」

と答えた。このペトロの心の中で、先生、私たちはガリラヤ湖畔に半生を過ごした漁夫ですぜ。漁の事に関しては万事経験済みです。昨夜来、終夜漁《すなど》りして一尾も獲れなかったのです。深処《ふかみ》に出て網を下ろしたとて何程の事がありましょうか。しかし、折角《せっかく》先生のお言ですから、やってみましょうと言うのである。

ところが案に反して二艘《そう》の舟が沈まんばかりに魚が取れた。彼は恐れをなしてイエスの膝元に平伏して、

「主よ、我を去り給え。我は罪ある者なり」と告白せざるを得なかった。

これは漁獲の問題ではない。イエス・キリストへ来りて見た時（出会い）、聖なるイエスを目のあたりに感じて自分の過去における努力も、経験の集積も、その真実性も何もかもが吹き飛ばされて白昼に投げ出された赤裸の自分の姿を見た瞬間の告白が「主よ我を去り給え……」である。

エッケ・ホモは信じる事の鈍い我らに向ってイエス御自身の神格的人格そのものが呼びかけている聖なる招きの言であろう。

このイエス・キリストは、アダムの神離反以来の長い旧約の時代を通して人間を至上にし神を拒否して人間自身というバール（偶像）に膝をかがめるユダヤの民族の中に、遺《のこ》されたもの、すなわち、遺《のこ》れるすべての預言者が常に前方に指し示した一点に立つ救い主であった。アブラハムによって神の約束として与えられた民族の中の極めて少数の遺れる者、モーセも、ダビデも、さらにはすべての預言者達がこの神の聖約を疑わず、偉大なイメージを失うことなく「来るべき」者を指してやむ事はなかった。そのすべての預言者の指は唯一点を指し続けていた。その一点にキリスト・イエスは立っておられたのであった。今も尚そこに立っています。

「来りて見よ」と。フィリポはこのキリストを見て懐疑論のナタナエルに「来りて見よ」と言い、ペトロも、同じ言葉を「主よ我を去り給え、我は罪ある者なり」と言いかえている。パウロに至っては最も鮮かに、ダマスコ途上で「主よ汝は誰だ」（使徒行伝九・五）と叫んでいる。「主よ」は「我神」と同意語であろう。

何故かかる事があり得るのであろうか。

我らの主イエス・キリスト、救い主（神の独り子《ひと》）が、神を離れた人間が自分を神の位に置いて「自分が、自分が」と力みかえって顧る事のできない状態が罪（この神に背《そむ》いている事こそがあらゆる人間の混乱、すべての悪の原因である）であり、その罪の状態から救い出さんとして神の啓示者として我らの中に来り給うたからである。すなわち、イエスの実体が「来りて見よ」と御自身を示しておられるからである。この時、聴く耳を持ち見る眼を持つ者には逆の効果が眼の前に展開するのである。恐るべき事態が現われる。「我は罪人なり」という事態である。「来りて見よ」と招く聖なる言は逆に「我ら」を指して「汝ら」を見よと指し示している。神離反の現実の姿を。原子科学者も米ソの指導者達も誰も彼もが、もし聞く耳を持つならばこの「来りて見よ」で眼が醒めて「我は罪人なり」と告白するであろう。

イエス・キリストにおける招致の問題は、我々が人間の学問で、人間の発明や発見で、人間の文化活動で、人間の政治や人間の経済問題で、人間の智恵と力で歴史を推進し平和を来らせると言うが、人間が主体となって力みかえれる問題ではない。如何にも驚くべき科学の発展は正に人間の発見であり発明である。しかし、神の映像として創られた人間アダムが神に背いて自ら神となって個人の社会のあらゆる悪と混乱をひき起しているエゴイズムの根底は毛厘も変化され得ない。人間が主体たるのでなく、人間こそは客体である。人間が創始し、人間が発見する問題ではなく、人間が耳を傾け、人間自身が発見されなければならない問題である。「人間とは何ぞ」と。

この時「来りて見よ」のイエスの招致される愛の言は逆に、主を見た我らの瞳を我ら自身に注がしめる。この時「主よ我を去り給え、我は罪ある者なり」と告白せざるを得ないのである。これこそが悔い改めであり、キリストを信じる事である。そのために、「神と等しくある事を堅く保たんとは思わず、反《かえ》って己を空しうして僕の貌をとり人の如くなれり……」に見られる完全な自己放棄、自己否定をもってイエスは我らの悔い改めの原理を示されるのではないか。

このフィリピ書の二章六節から八節こそ愛なる神の啓示者イエス・キリストの招き「来りて見よ」である。この言に耳を傾けて人間至上主義の愚かな自分の眼が醒めて、翻って自分の傲慢、虚栄の塊り、嘘つき、エゴそのもの、善を志すというその意志すらも自分が自分の塊《かたまり》以外のものでない事実に驚き畏れて、「主よ我を去り給え。我は罪ある者なり」の悔い改めが起り、この「来りて見よ」の愛の主なるイエスに連なって、イエスのみによって与えられる新生の生命の一線に復活するのである。

神人一体の主イエス

（雑木林）

フィリピの信徒への手紙二章一節―十一節
昭和三一（一九五六）年二月五日　長野教会説教

汝らキリスト・イエスの心を心とせよ。すなわち彼は神の貌《かたち》にて居給いしが、神と等しくある事を固く保たんとは思わず、反《かえ》って己《おのれ》を空《むな》しうし僕《しもべ》の貌《かたち》をとりて人の如くなれり。すでに人の状《さま》にて現われ、己《おのれ》を卑《ひく》うして死に至るまで、十字架の死に至るまで順《したが》い給えり。（フィリピ書二・五―八）

フィリピ書一章二七節以下三〇節までの勧告に続けて、二章一節「この故に」と再び勧告を新たにして以下教会内の一致を勧めるのである。コリント前書一章十一節から一三節を見るとコリント教会内に、アポロ党・ケファ（ペトロ）党、キリスト直属、あるいはパウロ党というように小党分立と言ったような忌むべき争いの空気が見られる。しかし、これは単にコリント教会だけでなくギリシャ地方の各教会は同様な紛争の空気があり、フィリピの教会もその例に洩れないような兆《きざし》をパウロは感じたのであろう。二章の冒頭はこの危険を未然に防ぐための勧告である。

「この故にもしキリストによる勧め、愛による慰安、御霊の交際、また憐憫《あわれみ》と慈悲とあらば」（二・一）と仮定の接続詞を用いて勧告を新たにしているが、この仮定は「キリスト者なるが故に当然これらの最中に恩恵として所有した筈だから」と提言して彼らに深い反省と祈りを勧めるのである。そして「汝ら思いを同じうし、愛を同じうし、心を合わせ、思うことを一つにして、我喜悦を満たしめよ」と懇切に勧めをなし、さらに一歩を進めて、

何事によれ、徒党また虚栄のためにするな、おのおの謙遜をもて互いに人を己《おのれ》に勝れりとせよ。（二・三）

と言う。苟《いや》しくもキリスト者であるならば紛争のための徒党、虚栄心の虜《とりこ》となる事は全く問題にならない事ではないか、最低限度の状態を考えたとしてもキリストに在る者は断じて徒党や虚栄のために動いてはならないではないかと、誰もが刺されるような痛い所を突いてさらに一歩前進して、

各々己《おのれ》の事のみを顧みず、人の事をも顧みよ。(二・四)

と積極的に彼らの心を引き立てて、勧告と共に激励する。かくして、遂にこれらの懇切な勧めの言葉を一括して、

汝らキリスト・イエスの心を心とせよ。(二・五)

と結んで以下(六節—十一節)の麗わしい言葉をもってキリスト・イエスの救い主、父なる神の啓示者なる事を讃仰《さんぎょう》するのである。

すなわち、彼は神のかたちにて居給いしが、(二・六)

神と等しき方、神の神聖の所有者、聖なる存在、ヨハネ伝一章一節「太初《はじめ》に言あり、言は神と共にあり、言は神なりき」の受肉前の状態を仰ぎ、この神と等しきものが

言肉体となりて我らの中に宿り給えり、(ヨハネ伝一・一四)

の事実を説くのである。言《ことば》はギリシャ思想のロゴスであって、万物を超越する絶対者、歴史を超越する根本原理、万有の始原、万有の根底を意味するのであろう。ヨハネはキリストの救いの福音を異境、すなわちヘレニズム(ギリシャ思想)の中へと戦い進めるために、ギリシャの誇りとするその思索の根本原理のロゴス(言)こそ歴史の中に存在し給う人、イエス・キリストその人格であると言うのである。ギリシャ思想のロゴスは如何《いか》に深い、また、高い真理であったとしても、それは人間の頭の思索から出たもので、絶対者・超越者・無限者と如何《いか》ように見ても救いをそこに期待する事もできないし、神として礼拝し、祈り感謝し、助けを求むる

対象ではない。ヨハネはキリストこそ、ギリシャ思想のロゴスと称する生ける真理、神が人となった人格者であるとし、そして、このロゴスをキリストの福音に同化させて異境に向って訴えるのである。

この神のかたちにて居給いしが、己《おのれ》を空しうし僕《しもべ》のかたちをとりて人の如くなれり。（二・六―七）

これはキリストの humiliation（卑下《ひげ》）、自己否定、あるいは自己放棄である。聖なるキリストが、神の前に奴隷（完全な自己放棄）となり、かくして、人間への僕《しもべ》（奉仕者）として神に敵しているアダム（罪人）なる人間の蠢いている罪の泥海の唯中《ただなか》に来り給うた。父なる御心のまにまにこの罪人を救うために神聖な立場を捨てて最も卑しい罪人の中に来り給うたのである。「肉によりて弱くなれる律法の成し能《あた》わぬ所を神は成し給えり。すなわち、己《おのれ》の子を罪ある肉の形にて罪のために（我らに）遣わし肉において罪を定め給えり」（ローマ書八・三）とパウロは表現する。

「神の子イエスが人となった」と言うからとて空間的に天から、高い所から地上に来たと考える必要はない。そんな空間や距離を考えずに、キリスト・イエスその人の実態を見ればよいではないか。疑えない事実として我らは「神と等しくある事を固執する事なく我ら罪人の為に僕《しもべ》となった」キリストの来臨を見るのではないか。

ここに問題となるのは人となったキリストの神聖の有無の問題である。すなわち、すでに人間となったからにはその神聖は持っていないのではないか、あるいは逆に人たるキリストなれど神の子としての神聖を保有しているのではないかという問題である。古来この二つの問題が論議となって今日に続いているようであるが、私たちはそんな議論を尻目にかけてキリスト御自身の御自覚の言を聴こう。

一　ルカ伝一〇章二三節以下

……汝らの見る所を見る眼は幸福なり。われ汝らに告ぐ、多くの預言者も王も、汝らの見るところを見んと

欲したれども見ず、汝らの聞く所を聞かんと欲したれども聞かざりき。(一〇・二三―二四)

これはキリスト御自身の事を言われている。また、

二　マタイ伝十一章二節から十一節まで

……ゆきて汝らが見聞きする所をヨハネに告げよ。盲人は見、跛者《あしなえ》はあゆみ、癩病人は潔められ、聾者はきき、死人は甦えらせられ、貧しき者は福音を聞かせらる。おおよそ我に躓かぬ者は幸福なり。(十一・四―六)

と言われる。聖自覚から出た言であるばかりでなく、事実キリストその人こそこれらの業をなし給うている。「汝の罪赦されたり」(ルカ伝五・二〇)はイエスの言であり、人間界には絶無な罪の赦しの神の言ではないか。神の **Divine Power**(絶対の能力《ちから》)であろう。

正に、人になり給うたイエスはその神の神性(**Divinity**)を保っておられる。しかも、このイエスはマタイ伝十一章二九節以下に、

我は柔和にして心卑ければ、我が軛《くびき》を負いて我に学べ、さらば霊魂に休息を得ん。我が軛《くびき》は易《やす》く、わが荷は軽ければなり(十一・二九―三〇)

と言われているのみでなく地上三〇年の御生活は正にこの言の通りであった。柔和も心卑き(**humble**)も卑下《ひげ》(**humiliation**)であり、自己否定であった、アダムと等しき人間である。勿論、我らの如く神を離れた、あるいは離れ易い罪なる人間でなく、完《まつた》き人、堕罪前のアダム、完全に神の御意《みこころ》を地上に映し得る人間である事は今更言うまでもない。

神にして人、人にして神なるキリストをここに見るのではないか、神人合体なる一個の驚くべく畏るべき人格を我らはキリストにおいて見るのである。神と人との完全なる出会いの原型とも言える存在、我らはフィリピ書二章六節から一〇節において、端《はし》なくも、神と人との出会いなる驚くべき御救いの生ける真理を見るのではないか。

キリストの中に、我らは神が生きて在す事を見るのではないか。人なるキリストの中に聖なる父なる、生ける神が在《いま》し給うと断言できるのではないか。他の何処《どこ》を探って見ても、如何《いか》に人間の脳漿を傾けて沈潜し思考しても絶対に生ける神を我らは見る事はできない。ただキリストにおいてのみ我らは神に出会い、そこにのみ救いは与えられる。かかる人なるキリストはエッケ・ホモ（来りて見よ）と招いておられる。

聖書の義とは

正義など言う社会通念、そんな抽象的な考えや題目ではありません。義という事は人間と人間の赤裸な交わりに係わる事であります。愛の交わりの事であります。律法もモラルも無私なる愛の交わりの上に立てられる問題でありましょう。律法的、社会生活のルール（規則）それは神の律法でもモラルでもありません。善という事は、外形的に見える立派な所作の事を言うのではありません。そんな消極的な、すなわち、自分の利害損得を標準とした善行為がどうして善だのモラルだの義などと言えましょうか。

『切なる招き』「驚くべき提言」より

幸福なるかな柔和なるもの

マタイによる福音書五章五節

昭和三一（一九五六）年二月一九日　長野教会説教

（ススキとりんどう）

幸福《さいわい》なるかな、柔和なる者。その人は地を嗣《つ》がん。

（マタイ伝五・五）

柔和は英語のミーク（meek）である。それは心の貧しきものハンブル（humble）に通じる。それが神の国を嗣ぐ者だと解してよい。我らの柔和は欠陥だらけであり不完全極まったものであるが、しかし、キリストにあって柔和な群《むれ》に対して赤の他人ではない。柔和な群《むれ》（神の国のエクレシア）の一人に数えられている者である。そのため、キリストによって神から約束に与る者のメンバーとされる事に間違えはないであろう。如何《いか》なる困難も苦難も彼を窮地に追い詰めることはできない平安と平和を約束されている。我らの群においては最早《もはや》相互に感情や利害の抗争はあってはならないし、また、ない事を約束され、相互に助け合う共同の悦びへの音信のコースを歩むものである。

この状態が心の貧しきもの、柔和なるものが地を嗣ぐものだと約束された状態であると思われる。しかし、生れながらの人間（アダム）は決して低くされる事、ハンブルにされる事、卑下される事を好むものではない。卑下され恥ずかしめられる事は我らの人間的生の意志に反するものである。我らが卑しめられ、恥ずかしめられる時でさえ、心の奥には虚勢とプライドを持ち続ける。否却ってかかる時にこそ、エゴイストなる虚栄心が極度にかき立てられるのである。このエゴ、虚栄心は如何《いか》なる人間的な忍耐や意志的努力でも克服する事はできない。ただ、神の前にハンブルにされる以外には可能な事ではない。イエス・キリストのみがかかる我らの虚栄心を打ち砕き、神の国を嗣ぐに相応しい、柔和な自由を与えてくれる。キリストは我らを神の国を嗣ぐ者とするために自ら卑しきものとなられ、僕《しもべ》の形を取られて恥ずかしめを受けられ、祖国の人達に排斥され、異邦人（ローマ）によって裁かれて十字架に抹殺された。このイエスに私は真の自由を見る。この卑下以外の自由は人格の自由に値するものではない。これは父神に対する絶対的信頼と忠誠な自由意志であった。キリストこそ卑下を甘受された真の自由な方、すべてのものの王者としてすべてのものを従え得る自由の王者である。

第一に祖国のイスラエルを、そして、全世界を自由にして救って下さる神の代表者、否神そのものである。この自由のない所に平和はない。このキリスト御自身が福音であり、この福音の語られまた聴かれる所に真の自由を与えるために来られた。そこはすなわちエクレシヤ（教会）である。キリストに在って、この柔和な交わり、ハンブルな群が教会であろう。

この教会も、また教会のメンバーも実質的には誠《まこと》にこのキリストの柔和を解する事が未熟な状態であり、自らハンブルとしては極めて不完全なものであるにもかかわらず、主は過去、現在、未来を通じて、いたわり愛して下さる。我らは誠に不完全であるけれど、キリストの完全、そのハンブルによって神の国の世継ぎと数えられる。そして永遠に「幸福なるかな柔和なる者、その人は地を嗣がん」と招き給う。

我らは決して自分の信者としての状態をキリストに対応して比較する冒涜をしてはならない。我らが如何《いか》様に自己の不信不義や傲慢を告白してもイエス・キリストの卑下（ハンブル）の万分の一すらも持つことはできない事を銘記しなければならない。かく我らは傲慢であるけれども、キリストは我らのハンブル（柔和）な方である（コリント前一・三〇）。かくの如き我らであるが、キリストは言われている「汝らの名の天に記されたるを悦べ」（ルカ伝一〇・二〇）と。我らはイエスに在って確かに神の国の一員たるのである。

汝らは我らの主イエス、キリストの恩恵を知る。すなわち、富める者にて座したれど、汝らのために貧しき者（ハンブル）となり給えり。これ汝らが彼の貧窮によりて富める者とならん為なり。

（コリント後八・九）

このキリストに在り、このキリストのハンブルに加えられて我らに本当の自由があるのである。本当の自由はこのキリストの卑下《ひげ》に与る事に外ならない。この世におけるすべての自由の如くに見える事、また自由として通る如何《いか》なる事も、自由ではない。キリストのみが神に背けるアダムのために十字架の恥を負い給うて、真の自由を与え給うのである。ガラテヤ書五章一節には、「キリストは自由を得させん為に我らを解き放ち給えり、然れば堅く立ちて再び奴隷の軛《くびき》に繋がるな」とある。自由を唱える民主自由の西欧ブロックも、東のブロックの共産的全体主義にも自由はない。神の前のハンブルがない時、それは人間至上主義の帝国主義、全体主義であり、そこに厘毛も自由はなく従って自己を絶対者とする傲慢（エゴイズム）があるだけである。そこに平和はあり得ない。過去十数世紀の華《はな》やかな文化的伝承と集積は何を現代にもたらしたか。科学の隔世的な発見と発明、それらによる世界大戦は何をもたらしたか、旧い世紀と新しい世紀の一線が鮮やかに画されたかに見える幻に驚き悦び、乱舞して自由と平和の夢に酔うたのは束の間である。然《しか》して、若人達、またそれに同調する中年の知識人達も未だ平和のおどりに醒めやらず、マージャンに、パチンコに、野球に、ゴルフに、スキーに、オリンピックに、映画に、あらゆるスポーツに、これらの人間の享楽の一線を走り進める事が文化建設の如く走り走って顧みるところを知らない。私はスポーツを、また娯楽を排するものではない。そこに人間としての責任感を持たない状態、創造主なる神の像に似せられてあるその責任感を持たない状態を悲しむものである。今の世代の文化活動に責任感が爪の垢程もないように思われる。これはいかにも自由である如くして自由ではない。人間性の低い自然性（本能的）のままに走る事に外ならない。自由ではないのみかこれは不自由である。奴隷の状態、エゴイズムのまま、セルフィシュの丸出しである。

　国際状勢の政治的駆け引き、大より小に至るまで神に対する責任を持たない生物的、アダムの禁断を犯した一線をひた走る状態が新世代のランニングのようだ。個人も民族もエゴの塊り。

　少しく自由について聖書の言う所を聞こう。

キリストは自由を得させん為に我らを解き放ち給えり。（ガラテヤ書五・一）

キリストによってのみ自由がある事を明瞭にする言葉である。キリストに在らずしては自由は絶対にない事も自ら明瞭であろう。キリストは我らアダムの人間至上主義の虚栄と傲慢とを打ち砕いて、ハンブルな心、柔和な者とならしめ、そこに真の自由と、従って、平和な神の国を我らのために、また我らの中に打ち建てるために、「神と等しくある事を堅く保たんとは思わずして人の形を取った僕《しもべ》として来られた」。我らにこの自由を与えんが為に、十字架をとり給うた。このキリストを信じる信仰以外に世界にも人類にも絶対に自由はない。

自由という事は何か。善悪の認識の能力《ちから》と、その何《いず》れにも決断する自由があると考えるのは大きな誤りである。悪に決断して自由と言えるであろうか。善悪の認識決断の中に自由があるのでなく、善へのみ意志決断をする、それが自由である。神の命に、その恩寵に喜び決断する、そこにのみ自由がある。自由というのは聖なる愛なる神の恩寵のみに一方的に決断する所にある。アダムが楽園中のただ一本の木の実の禁断を犯した状《さま》を取り上げてみよう。あの禁断を犯した事が、すなわち、自由の喪失である。この自由の喪失の実態を罪という。自由の如く見えて自由ではなく、エゴイズムである本能のままに動く自動機械である。完全に自由を喪失した罪人である。この禁断の木の実を備えられたのは恩寵である。自由はただ恩寵のみに決断し服従する事である。人間に与えられた自由はこの一線に対してのみのためである。この禁断を破って自由の喪失であり、罪である。

神一人の外に善《よ》き者なし、この神にあって自由がある。神の愛の命《めい》に悦んで従い決断する事だけを自由と言うのである。これ以外に人間の好悪または意志的に動く如何《いか》なる事にも自由があり得ない事を聖書はいとも明瞭に教えている。我らが人間の考えで、善をも悪をもなし得る自由という事の中に自由があるのではない。その動きは善の如く見ゆる所に決断したとしてもそれは自由ではなく、従って、罪である。そして社会の状勢も、また平和への念願についても何の効果を求める事もできない。

自由はただキリスト・イエスの与え給う柔和な道（十字架、meakness）以外に求めて得ることは絶対に不可能である。

最後に、もう一つ聖句をとって神の国（地を嗣ぐもの）の自由の結語とする。

また真理を知らん、而《しか》して真理は汝らに自由を得さすべし。……まことに誠に汝らに告ぐ、すべて罪を犯す者は罪の奴隷なり。（ヨハネ伝八・三二—三四）

真理とはイエス・キリストに外ならない。生ける真理である。「われは道なり、真理《まこと》なり、生命なり」（ヨハネ伝一四・六）とある。また、「奴隷は永遠に家に居らず」とは奴隷は神を離れている状態で罪であることを言っている。己《おのれ》を神とする人間至上の傲慢の状態を意味するのである。家とは神の国を指しエクレシヤ(教会)を意味するであろう。キリストの柔和（ハンブル）に召されて、これに与《あずか》り、この心貧しき者の交わりに加えられる。そこにのみ真の自由はある。教会はこのエゴイズムに帰因する混乱、闘争の世界の真直中における唯一の非自己、自己否定の自由な国である。だから、柔和と平和の唯一つの場所である。それは教会自体がまたそのメンバーがこの自由を所有している事を意味しない。キリストのハンブルと自由にあって然《しか》るのである。教会は不完全でありその中の各個人も不完全至極である。しかし、キリストの完全に与って、キリストの召された新生の道を歩くのである。

真の自由は正に一方的に神の恩恵に決断し服従する場所と時とに存在するのである。平素自由として通る、意志の自由、選択の自由と言うものは禁断を犯した後のアダム（人間）の自由であって、虚栄の塊の人間、心の貧しさと柔和（ハンブル）を失なったセルフィシュ（自己中心）な生物的の肉的、すなわち非精神的な自由であって人間（神の映像としての）の自由とは言えないのである。

イエス・キリストの告白と私たちキリスト者の告白

ローマの信徒への手紙七章二四―二五節

昭和三一（一九五六）年一二月（日付不詳）　長野教会説教

（鹿）

噫《ああ》われ悩める人なるかな、この死の体より我を救わん者は誰ぞ。我らの主イエス・キリストによりて神に感謝す、然れば我みずから心にては神の律法《おきて》につかえ、肉にては罪の法《のり》に仕えるなり。

（ローマ書七・二四―二五）

キリスト教信仰はこの告白を持つ事であり、私たちキリスト者は正にこの告白を持ちこの告白の上に立つ事であると言えましょう。この解り切った事を、もう一歩つき詰めて考える必要を思うのです。この告白はキリストの前に立つ告白であり、これを私たちは礼拝や祈りにおいて常に持つのであるが、だからと言って簡単に私たちができると考えたり、またこの告白の上に立っていると考えられる私たちでありましょうか。この私たち自身の事をしばらく後まわしにして、キリストの父に対する告白を取り上げて見ましょう。

父よ彼らを赦し給え、その為すところを知らざればなり。（ルカ伝二三・三四）

われ誠に汝に告ぐ、今日汝は我と共にパラダイスに在るべし。（ルカ伝二三・四三）

前の告白は、直接には、イエスの救いの対象である祖国の人達、すなわち、このイエスに無智なる人間万能に立つ所からイエスに対して反感を持ちこれを憎んで十字架の死刑を加えた彼らのために、父なる神に対して罪の赦しを祈った告白であって、それはまた神に背《そむ》けるアダム（全人類）のための祈りであり告白であって、それは正しくヨルダン河に罪の赦しのバブテスマを受けられたと等しく、全人類（一人残らず）を代表するイエス・キリストの告白であります。次の「今日汝は我と共にパラダイスに在るべし」はこの罪人の打ち砕かれた心を嘉納《かのう》されての罪の赦しの宣言でありますが、常に父に対して私たちを代表するイエスの父神に対する告白と言う事ができましょう。然《しか》して、前の全人類を包括する告白に対し、この「すべて彼を信ずる者の亡びずして永遠の生命を得んためなり」（ヨハネ伝三・一六）は信じる個人個人、一人一人が神に受け入れられる告白を意味します。前の「父よ彼らを赦し給え」があってこそ、彼の「汝今日我と共にパラダイスに在る」事が可能であります。イエス・キリストの来り給うたのは全人類を救うためでありました。全人類を愛なる神に立ち返らすためでありました。ここに私たちにとっては、旧い神に背いているアダムに対し連帯責任を持つと同時にイエスにおいて新しい人類の一致結合たるべき連帯性を経験し、イエスの十字架の贖罪のメッセージを受け入れる神の国のメンバーたる事を考えかつ経験するのであります。すなわち、キリスト教の救いは単に一人一人の「救われた」といった主観的なセンチメンタルな上に立ち得ないものであります。すなわち、キリスト教の救いは「自分が救われた」という自己の感情に立つものではなく、救われなければならないアダムの連帯性から神の国への新しい連帯性のメンバーに救い出されたのであって、何処《どこ》までも全人類を救うために全人類を代表された十字架における「父よ彼らを赦し給え、その為すところを知らざればなり」とのイエス・キリストの告白に立つのであって、キリスト教には自分一個が救い出されたという事実はない筈であります。暗黒に住める全アダム（人類）から、光明の新世界のメンバーに救い出された強烈な連帯意識に救い出されたものであります。「個人個人の救い」という事は、「全人類」の連帯意識を持たなくてはあり得ないのが、キリストの救いであります。少し脱線して本題から逸脱した感もあります。

しかし、問題はなお残っている様です。すなわち、罪なき聖なるイエス、神の子イエスがどうして他の者の罪を負う事ができるか、そんな事が果して可能であるかという問題であります。しかし、これは左様に理窟っぽい面倒な問題ではありません。罪なき聖なる子なる神であるが故に全人類アダムを包括して代表者たる事ができたのであります。一人一人というのではなく神に背ける全人類をであります。キリストの人格（神格）に宿るその聖なる御自覚を考えた時、ヨルダン河のバブテスマに、野の誘惑に、その十字架に完全にイエスが全人類を代表している事が理解できないなどと未だ言うのですか。全人類の代表者として十字架に裁かれたが故にこそ、キリストとその十字架の福音の招きを信じる一人一人が初めて救われるのであります。繰り返す様だが、テキストの先の方は全人類を代表する告白であり、従って、次の「今日汝我と共にパラダイスにあるべし」の告白、宣言があるのであります。次のテキストに進みます。

昼の十二時ごろ、日、光を失い、地のうえ遍《あまね》く暗くなりて、三時に及び、聖所の幕、真中より裂けたり。

（ルカ伝二三・四四―四五）

神の子の贖罪《しょくざい》の刑死である。イエス・キリストの尊い生命とその死である。天地晦冥《かいめい》は当然の事、聖所の幕が真ん中から裂けるどころの問題ではない。裂けたか、裂けないか、あるいは天が黒雲に蔽《おお》われたかどうか、そんな事は私たちにはどうあってもよい事だ。イエス・キリストが十字架上に、厳しい神の下に、また、前に立って屠《ほふ》られたという贖罪の事実こそが天地晦冥の事実である。だから、聖所の幕が真二つに裂けた事こそ、イエスによって完全に閉ざされた天門が開けられて父なる神と子なるべき人間の交わりが復活した事実を示すのではないか。人間の傲慢が粉砕されて神の恵みが暗黒の天を破って光り輝く大事件に私たちの注意を集中しよう。次のテキストに進みます。

イエス大声に呼ばわりて言い給う「父よ、わが霊を御手にゆだぬ」斯く言いて息絶え給う。

（ルカ伝二三・四六）

これは正に首尾一貫、救い主の使命を完遂して復活の曙光《しょこう》を望見《ぼうけん》する階調《かいちょう》の叫びである。大声に叫ばれた「我が霊を御手にゆだぬ」と。しかし、イエスは幼きより最後まで一日一時たりとも父なる神に御身をゆだねられなかった瞬間はなかったのである。この階調をなす叫びをさらに一歩を深めて洞察しようではないか。次のテキストに進みます。

昼の十二時より地の上あまねく暗くなりて、三時に及ぶ。三時頃イエス大声に叫びて「エリ・エリ・レマ・サバクタニ」と言い給う。わが神、わが神なんぞ我を見捨て給いしとの意《こころ》なり。

（マタイ伝二七・四五―四六）

（マルコ伝一五章三三節から三四節にもマタイと同様な悲痛な主イエスの最後の叫びが描写されている。）

これは救い主の父神に対する最後の告白であります。常識的に考えると贖罪者《しょくざいしゃ》としての聖自覚を持たれたイエスとしては、「我が神、我が神何ぞ我を見捨て給いしや」というこの悲痛の叫びは全く理解に苦しむものとしなければならない。しかし、人類救済のため贖罪者として十字架にかけられた最後の完遂であればこそ、この悲痛な父神に対する告白の叫びがあったのであります。私たちは単に仲介者たるキリストの故に私たち人間の罪が赦されて、神の義が与えられたと単純に考えてはならないでありましょう。罪なき聖子イエスが全人類の罪を負うて義なる神の前に立たれた事を忘れてはならない。御自身は告白すべき何の罪をも持ち給わないが、罪に堕《お》ちて神を完全に見失って目覚める事を知らない暗黒の中に在る人類、全アダムの代表者となられて罪に対して厳しい聖義の神の前に立たれて罪に服するのであります。イエスの背後に神に反する我ら人類の存在を忘れてはならないのであります。

イエス・キリストの第一義は父なる神に対する事であります。勿論、罪なる人類の為にであります。為にであるから神に背ける人類に対してイエスは全く一体たる同格のものであります。この場合イエスにとっては、ただ神の前に罪の裁きを受ける事以外ではないのであります。勿論、イエスは神離反の人類の罪を詛《のろ》い裁きつつその代表者として神の前に立ちました。神の与え給う苦杯を満喫される覚悟に寸分の隙《すき》はありません。しかし、人類の罪を負う事は罪なき聖子にとっては如何《いか》に苦しい事であったろう。ゲッセマネの血の汗、祈り、あるいはヨハネ伝一二章二七節「今わが心騒ぐ、我なにを言うべきか。父よ、この時より我を救い給え、されど我この為にこの時に到れり。父よ御名の栄光をあらわし給え」、そしてまた、ルカ伝一二章四九節「我は火を地に投ぜんとて来れり。この火すでに燃えたらんには、我また何をか望まん。されど、我には受くべきバプテスマあり。その成し遂げられるまで思い迫ること如何《いか》ばかりぞや」等の言からも感知できるのであります。

御子ではあるが、この告白は十字架上で腸《はらわた》から搾《しぼ》り出された苦杯満喫の告白でありましょう。聖義の神が決して見逃し給わぬ断罪の裁きを御一身に受け止める為に、「我が神、我が神何《なん》ぞ我を見捨て給うや」という父神に放棄され見捨てられた苦しい告白において、神の聖義の栄光の権威に完全に服されたのです。正に、人間を、信じる者に挽回される為の代表者としての告白でありましょう。私たち人間には、罪に服する事は勿論、その罪の告白も全く可能でありません。だから、キリストが贖罪者であるのです。十字架を単純に私たちの贖罪のイエスの業と考えるだけでは足りない。罪に対する告白は私たちの信仰の中核をなすものでありますが、その告白は真実の意味においては私たちキリスト者にとっても、イエスから独立しては私たちに全く不可能な事でありましょう。如何《いか》に敬虔な思いに満たされる時も、自己追求というエゴから完全に自由にはなっていないのであります。だからこそ、イエスは十字架上に「父よ彼らを赦し給え、その為す所を知らざればなり」と祈られています。私たちがイエスに在ってのみ、この執り成しの主の告白に与る事ができます。このイエスの「我神、我神何ぞ我を捨て給うや」の告白は、神から離れた人類（罪人）の告白でなければならない告白であって、それは神の裁きの前に目覚めて神を神と崇めるホーリー（神聖）な告白であります。神を離れた、汚濁《おだく》の人間の為し得ない告白であります。だから、イエスが人類に代って告白されたのです。この告白は単に十字架上のこの苦しい叫びのみでなく、これは告白を包括して、その十字架が神を神とし、人を人とする、アダムの罪の告白、旧いアダムに死して、神に立ち返る告白であります。

イエスは、聖子として私たち人類の罪を十字架上に贖われて、罪の赦しを人類に備えられました。そして、すべて信じる者にこの罪の赦しの救いを与え給うのであります。それと共に、この救いに与《あずか》る為の信仰の告白をも私たちに代ってなされたのであります。イエスは父神の愛《いと》し子なれども神に立てられて救い主として徹底的に打ち砕かれました。完全に神に見捨てられました。御自身の罪の為でなく全人類のために、そして救われる者としての罪の告白をも、来るべきすべてのキリスト者に代ってなし給うたのであります。

父よ彼らを赦し給え、その為す所を知らざればなり。
今日なんじは我と共に、パラダイスに在るべし。
我神、我神何ぞ我を見捨て給うや。

このイエス・キリストを迎えて人類の罪の意味は、愈々《いよいよ》鮮かになりました。人間の罪は律法や道徳に対する事でなくて、十字架に反する事であること、すなわち信仰否定、これが最大の罪であることが分かりましょう。パウロに言わせるならば、私たちは「不義をもて真理を阻む人の諸々の不虔と不義」に在る人間、「神の栄光を変えて朽《く》つべき」罪なる人間自身を偶像として神に祭り上げているアダムであり、正に神の怒りが天より顕わるべき者であるので、私たちが救わるべく悲しみ嘆き祈らなければならないのであるが、イエス・キリストが救い主として私たちアダムの徒《と》に代ってその告白を為されたのであります。このイエスがあって初めてパウロの「噫《ああ》我悩める人なるかな、この死の体を救わんものは誰ぞ。我らの主イエス・キリストによりて神に感謝す」という告白が可能であり、そして私たちもまたパウロに学んで同じ告白が可能であるのであります。

ルターと山上の垂訓

しかし、ルターが旧教（ローマ党）に恐れられ忌憚される事は本当のモラル（善き行為）を生かす事についてである様だ。ルターはイエスの山上の垂訓をそのままに受け入れるが、ローマ党は、これはキリスト者と雖も到達不可能の事としてこれに対し割引をしている。……ルターは少しも割引せず厳しいままに受け入れているのに対し、カトリックはかかる厳しい誡令に手加減を加える為キリスト者を二つに分類して英雄的な強い信仰者とそうでない普通の信仰者と分けて、山上の垂訓を一応受け入れる形を取っている事である。修道制度と平信徒の区別がそれである。そして、修道院においては神への忠誠と隣人愛を厳しく強請《きようせい》するのである。これはルターに取っては詭弁に過ぎない。ローマ党はこの区別をしなければ山上の垂訓は行われないとするのである。ルターはかつて、このローマ党の制度を取り入れて清潔な生活をする為に献身して修道僧になった。然るに修道院の要求する断食、祈り等、努力すればする程自分の不潔が曝露されるだけで一歩も清潔に進んでいない事を発見して悶絶する程の苦しみから、行為によるのでなく信仰のみによる救いに救い出されたのである。ルターに対する「然らば山上の垂訓は人間の到達できるものであるか」との問いに対して、ルターは到達できない事を承認しつつ答える。

「如何にもその通り到達困難である。しかし、神はこの至難を我ら人間に要求し給うている。」

それで、ここにルターが「到達できない」と言う真意を明確にする必要を感じる。いや実は「神の前に人の誇る処なからん為」と「キリスト者は望みによりて救われた」というこの言葉が正に完全にして明快なる回答であるのである。

『切なる招き』「ルター伝読後」より

汝らは地の塩なり　世の光なり

マタイによる福音書五章一三節―二〇節
昭和三一（一九五六）年六月二四日　長野教会説教

（伊豆の巌島）

汝等は地の塩なり、塩もし効力を失わば、何をもてか之に塩すべき。後は用なし、外にすてられて人に踏まるるのみ。汝らは世の光なり。山の上に在る町は隠るゝことなし。また人は燈火《ともしび》をともして升の下におかず、燈台の上におく。斯《かく》て燈火は家にある凡ての物を照すなり。斯の如く汝らの光を人の前にかゞやかせ。これ人の汝等が善き行為を見て、天にいます汝らの父を崇《あが》めんためなり。

（マタイ伝五・一三―一六）

塩も光もキリスト者のこの世における機能、あるいは働きと言ったもの、使命、職分、ポストと言い換えてもよいであろう。そして、塩も光も生命に欠く事のできない特殊な役を持つもので、しかも、他の何物をもっても代用する事のできないものである。この比喩をもって主イエスは弟子達の社会における無比なるポストに立つ事を諭され、励まされると共に警告されたのであって、それはすべてのキリスト者にも適用される戒めである。塩の働きは今更言う迄もなく、物の味のもとであり、清掃のシンボルであり腐敗を防ぐ力を持つ。日本では昔から清めの行事に欠く事のできない物とされ、塩を散布して気も心もすがすがしくなった事をお互いに経験しているであろう。これに類したように、社会の中における少数のキリスト者としての存在の意義を示唆している。光は暗きを照す様に、キリスト者の社会に存在するその事がすなわち蒙《もう》を啓《ひら》き、導き手であり、この世の眼の働きをなすと言われる。格別に、あれをなし、これを行うと言うのでなくても唯存在そのものが社会の味付けをなし防腐剤であり、清涼剤であり、同時に先覚者であり啓蒙の役を果すと激励され、その激励の裏に警告されている。

「汝らは世の光なり」について注意しておく事は、この論調から言って「世の光」と言う事より「人の前に輝かせ」と言う語調が特に強められている事である。他人が汝らの善き行為を見て天にいます汝の父を崇めん為に、あるいは「人は燈火をともして升の下におかず、燈台の上におく云々」、と見なければ光も役に立たない。如何《いか》にも光は我らの視覚に訴えるものである。そこで注意すべき事は「汝らの光を人の前に輝かせ」である。

これは勿論キリスト者が自分の行動を人に見せるという意識があるならば、その悪しきこと卑しき心事が見る人に嘔吐を催させる事は今更言う迄もないが、「汝らの光」と言うイエスの言から、文字通りキリスト者自身が実際にその光を持っているなどと思うべきではない。もしそういう世の光たる機能があるとするならば、それは太陽の光を受けて光る月光の光に過ぎない。たとえ信仰を持ったからとて、実質を自分の所有にしたかの如き錯覚を持つなら大変な誤りである。そういう錯覚を持つ者があればこそ、キリスト教が鼻持ちならぬように嫌われるのであろう。我らお互いに顧みてどうしてそんな光を持つと言えようか。我らキリスト者に至っては善い事がある所《どころ》かこの「我」そのものが罪そのものだとの完全な自己否定に立ってキリストの慈愛、神の恩寵の招きのままに走る者とされた唯この一途を持つその事のみが善である。キリスト者にとってはこの外に善なる何物も持ち合せてはいない。我らは、主の前に不信と不義を告白して「我信ず、我信なきを助け給え」と嘆くが、それは敬虔な態度や儀式用の言葉や祈りではない。キリストに在ればある程、深刻な自己の赤裸の告白である。この告白を持つ事が救われた事であり、また我らの信仰である。しかも、それこそ、「信仰より出で、信仰に」の特異無比なる悦びと感謝の心が織り込まれた告白である。パウロは正にこのキリスト者の生命を極めて明確にフィリピ書三章に描き出している。我らに善きものは一物もない、もしありとすれば in Christ（キリストに在って）である。キリスト者の善き唯一のものは信じるその事のみである。

前後転倒の形だが、ここで山上の垂訓について一般的な注意をする必要を感じる。しばしば繰り返すようにマタイによる福音書は原始キリスト教会の成長期に宣教の対象たるこの世の状況に応じて教会内部を規正し統一する必要から、言わば、教会が足並を揃えて健全な宣教運動をする唯一の場所として立つ為に、その教育的訓練の必要からマタイによって書かれたものである。特に山上の垂訓は教会（神の国民）に倫理生活の規準として、すなわち、ここで言う地の塩、世の光として立つべき信仰生活の規準を示す言葉である。キリスト御自身がその時その時に諭《さと》された事を教育に都合のよいように整然と集録されたものである。しかもこれは使徒マタイ（純ユダヤ人）がユダヤの教会を対象として（少なくともそれを主として）書かれたものである故に、一応の注意が必要であると思われる。それは、

一　キリスト者なるが故に、ここに掲げられたような実質的可能性を自分が所有していると考えるべきでなく、

二　キリスト者だから、それに相応しくあらねばならぬと（それは正にその通りだが）考え過ぎぬことである。

一の場合は既に述べたようにキリストに連なるものとしてのハンブルな心を失ったもの、自己陶酔、自得傲慢、いわゆる卒業したキリスト者で鼻持ちならぬ次第であろう。

二の場合は信仰のみによる救いの福音が行為の宗教に堕《だ》して律法化され、従って、形骸に得意になり形式的な敬虔主義に堕し、偽善的行動を本物のように錯覚して同信のものを批判したり未信者を見下げるような事になり易いか、あるいは、律法的な厳しさに堪えず遂には信仰喪失の状態に陥《おちい》る何れかの恐れがある。キリストは決して弟子達に対しても単に行為を説かれていないという事はキリストの十字架が語っている。だから、山上の垂訓を読む時、福音の基調を離れない様にとの注意が緊要ではないであろうか。

重ねて言えば、キリストを信仰するという事は善行を為すため、人格の向上のためにというのではなく、キリストを信じるその事が唯一の善である事、この認識を持つ事である。それでは、信仰さえあれば何を仕出かしてもよいかという愚問などは全く問題にならない。神なしの人間こそが何を仕出かすかわからんから、キリストは行為の勧めをされず「信ぜよ」とのみ言われるのだ。この事をキリスト者は片時も忘れてはならない。

但し、信仰の初期、たとえば求道と言った場合には勿論誰でも、善行とか、人格品性という事が問題であり、それが問題にならなければ宗教の必要も起らぬし、求道の心も生れないし、キリスト信仰も起り得ない。従っ

て、信仰の過程において品性や善なる行為は問題になって差し支えないし、またそうあるべきであろう。しかし、何時迄もそこに留まっていてはいけないと言うのである。留まって居てはならないという命令形ではなく真剣に福音を追求するならば自ら求めなくとも、善行や人格の向上の為の信仰ではなく、信じるその事が唯一の善なる事を知るに至るであろう。キリスト者は決して他と自分とを比較して（相対的に）、自己が善《よ》いとか勝っているとか考えるべきではないであろう。また、自分に少し位この相対的な善《よ》さがあったとしても、それで自分を絶対化してはならない。

以上一三節から一六節で山上の垂訓の中の社会における職分（役目）を述べ、それから以下垂訓の各論に入る序（あるいは総論）として一七節から二〇節が掲げられている。

われ律法または預言者を毀つために来りと思うな。毀たんとて来らず、反って成就せんためなり。（一七節）

我汝らに告ぐ、汝らの義、学者、ファリサイ人に勝《まさ》らずば、天国に入ること能《あた》わず。（二〇節）

これは一七節から二〇節までのポイントである。二一節以下は具体的な各論に入るのである。

さてこの神の国の民（キリスト者）の倫理的規準は旧いイスラエルの宗教生活の規準であるモーセの律法と比べて説明する必要がある。すなわち「汝らの義、学者、ファリサイ人に勝らずば、天国に入ること能わず」という二〇節と、二〇節以下は皆この対比によって論されている。

何故か、律法（道徳も）は救い主キリストが一度来り給うて過去のものとなってしまった。キリストの招きに耳を傾けるものにも旧い過去のものとなっている。彼らの先祖達に係わりを持ったものと等しいものではあり得ない。という事は律法を破る事を意味するものではなく、却《かえ》って律法の条項を完遂する事になるのは勿論であるが、それは律法を行う事によってではない。

この律法を守って自ら義人となるという根性が罪なる状態であって神に反逆した旧いアダムの族、人間万能とする旧いアダムの状態である。この律法の義は完全にキリストの来臨によって否定されてしまい、従って、このキリストのメッセージに耳を傾けるすべての個人個人にもこの律法の義は完全に否定されて、新しい神の恩寵に変るのである。しかし、その事は、律法と伝統に硬化している旧い殻のままのユダヤ人には恐ろしい反動を起させた。すなわち、信仰のみによって義人とされるという宗教は彼らの律法と預言者とを無視する許べからざる革命運動であり邪教であると言うのである。彼らの最も誇りとしたモーセによる律法を破るものであると。かかる彼らの反動は逆に学者ファリサイの手によって救い主キリストを十字架に恥死を遂げしめたのである。パウロもかつてキリストを誤って、これを冒瀆し、その群を迫害したが、回心の後は信仰のみを強調して彼もまた同国人に迫害された。従って、ここにキリストは「我律法また預言者を毀つために来れりと思うな。反って成就せんがためなり」と言われる。パウロもまた「然らば我ら信仰をもて律法を空しくするか、決して然らず、反って律法を堅うするなり」（ローマ書三・三一）と叫ぶ。

さて一歩を進めて、キリスト御自身は律法に対して如何《いか》に考えられたであろうか（マタイ伝五・一七―二〇）。キリストの齎《もたら》された神の秩序（愛の法則）は遙かに律法を超えて高く深く偉大な能力を持つものではあるが、しかし、律法は過去の世においては全く無益のものであったのでなく、彼御自身の時までの守り役であって、暫定的の意味で正しとせられた。しかし、今は律法は不完全であり、無力なもの、そこに人間の救いはかけられない、無用の長物で、排除されねばならないものとされた。これがキリストの律法に対して取られた態度である。

実に、律法道徳はキリスト来臨までの暫定的、中間的な役目に過ぎない。ガラテヤ書三章二三節から二四節では信仰迄（キリスト迄）の守り役だと言っている。守り役というのは暫定的中間的なものであって、それは手引ではなく、指導者でもない。単なる守り役に過ぎない。幼児は見守り保護する子守が必要である。誤ちの起らない様に番をし見守っているだけの役目である。完き者が来る時完《まつた》からぬものは所を譲って後退しなければならない。その時律法は無用の長物である。キリストは律法を毀つために来たのではなく完全な愛の則を持って来られた。そのことがすなわち律法の完全遂行、律法を改めるため、律法以上のもの、暫定的なものでなく絶対的なもの永遠なものとして来り給うた事である。このキリストの前には、律法は太陽の前の月の如きものとなってしまう。「天地の過ぎ行かぬうちに、律法の一点一画も廃《すた》ることなく悉く全うせらるべし」（マタイ伝五・一八）がそれである。徹底的に完遂だ。それは完全無欠、律法の不完全を補うのみでなく、律法を超えるのである。ルカ伝一六章一七節には「されど律法の一画の落つるより天地の過ぎ往くは易し」とある。これは律法の尊厳を言った言《ことば》ではなく、今迄神を離れた人間が如何《いか》に努力し、わめき泣き叫んでも律法を完遂する事は人間には不可能であったのが完き者キリスト来りて、このキリストに連なる者は等しく律法に対して可能な新しい世紀の人として立ち上れる事を意味しているのである。キリストが言われるのは、御自身を主体として律法を批判的に言われているのであって、律法を主体として言われてはいない。キリスト御自身こそが主体である。それと同様に、人間においては、主イエスに連なるかという信仰の問題が常に聖書において主体になっている。それで、山上の垂訓も読む時、この主体たる信仰の基盤から離れて読んではならない。信仰を主体として学ぶならば決して律法に後退する事はないのである。次へ進みます。

二〇節の「我汝らに告ぐ、汝らの義、学者、ファリサイ人に勝らずば、天国に入ること能わず」は、弟子達を励ます言であると共に、暗に形式的な敬虔や律法の偽善的臭味をもって他を非難して自得満々のファリサイ根性を排しつつ、弟子達への警告でもあろうか。

それよりも、この言の裏にキリストを信じる信仰によって与えられる義（それは神の義）が律法の義を遙かに超えた有力なものであるとの聖約の支持を強く感ずるのである。汝らの義がファリサイの義に勝らなければと言う言外に「勝るよ」という福音の真意を我らは読み取る事ができるであろう。これと同時に、「律法はファリサイや学者といった階級や職分的な自負自得に立って如何《いか》に努力力行、誠意に誠意をこめても、決してその人力で完うできるものではない。お前達の信仰こそが福音にファリサイの熱心以上に純化されてこそ、ファリサイに勝るのである。ファリサイの信仰は信仰の如くして自己中心である。律法を守るというその事によって父なる神に遠ざかっている」ということ。これが救い主キリストの言外の意味ではないか。

パウロは祖国ユダヤ人を批判して「われ彼らが神のために熱心なる事を証す、されどその熱心は知識によらざるなり。それは神の義を知らず、己の義を立てんとして、神の義に服《したが》わざればなり」(ローマ書一〇・二―三)と言っている。「知識によらない」とは「信仰によらない」との意である。この智識というのは「神認識」であってイエス・キリストにおける神を知る事を意味する。神信仰は律法の義を人間の自力で行うことにあるのではなく、義を与える恩恵の神を信じる事である。だから、彼らユダヤ人の神のために熱心だということは、神の義を拒否し、己の義を立てんとする(Ego Centric)自己中心より外のものではない。神の為に熱心だと言うその真意は徹底したセルフィシュ(自利一点張り)に外ならない。これは信仰のようで実はその逆である。

律法を守る(完遂する)という事は道徳を守り、善行を行うという事では解決しない。律法道徳を解消し給うたキリストを信じて神から義を与えられる事によってのみ解決される問題である。キリストが我らに向って「汝らの義、学者、ファリサイに勝らずば、神の国の人たり得ない」との諭しからは正に言外に「来りて信ぜよ」の意を我らは洞察すべきではないか。

《原注》以上は山上の垂訓の各論に入る準備としての講壇であって、この様な立場に立って以下各論を静かに味読すれば一々註釈説明を要するものでないとの考えからである。

世の憂いと神に従う憂い

コリントの信徒への手紙二　七章一〇節
昭和三二（一九五七）年十二月九日　長野教会説教

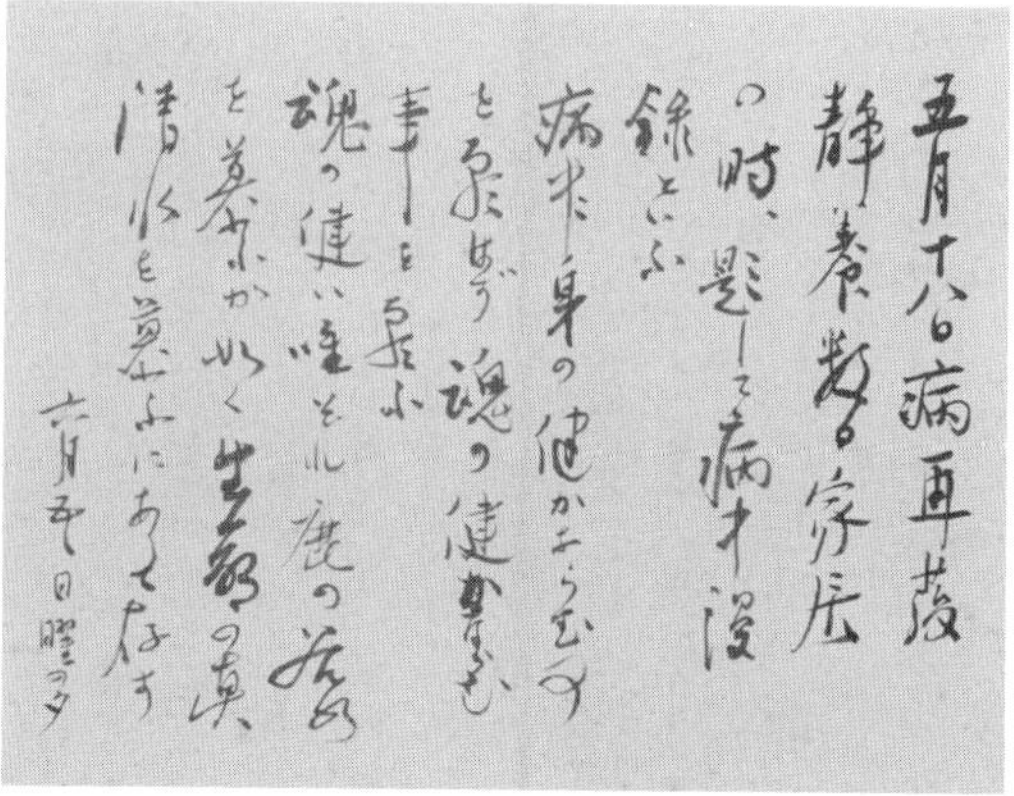

（病身中の画帳より）

（昭和六年）
五月十八日病再発
静養数日家居
の時、題して病才漫
録といふ……

それ神にしたがう憂いは、悔いなきの救いを得るの悔い改めを生じ、世の憂いは死を生ず。

（コリント後七・一〇）

人は何人も幸福を求める。勿論幸福にも浅い深い、高い低いがある。卑《さも》しい所に満足してそれを追求する者、上品な所を求めてこれに没頭する者、金をためる事に幸福を求める者、世の名誉や地位を求めて手段を選ばぬ人間も世の中には沢山いる。しかし、その上等下等を問わず、人はおのおの幸福を求めこれを追わないものは一人もない。これは人間に備えられた本能であるから。

この本能的に求める事が思い通りにならないで所期《しょき》（期待）に反する場合に不幸や不満や憤りが起る。これは広義に人生の悲哀と言う事ができよう。人生の悲哀《（かなしみ）》はこれも幸福（悦び）を求めると等しく本能的なものである。この本能は人間の生命を構成する基本的な要素であって、人間なるが故に生きている上は、人間の力で克服する事のできない性《さが》であろう。この講壇はこの人生の悲哀《（かなしみ）》について考える。

すでに本能的な性《さが》として与えられたものであるから、その幸福の最低度の衣食住問題について、マタイ伝五章で、イエスは「神はこれらの生活の必需品は知っておられ、炉に投げ入れらるる野の草をも、神はかく装い給えば、まして汝らをや」（三〇節）、「さらば何を食い、何を飲み、何を着んとて思い煩うな（苦慮し悲しむな）、……ただ神の国とその義を求めよ……」（三一節）と諭されている（マタイ伝六・二五―三四）。これは必需品を軽んじる言ではない。

さて、悲哀には二種類ある。世の憂いというのは人間の自然性（本能的）の要求に反する場合の不平不満を最低限度として上昇するであろう。これらの追求が、思いのままに満たされない場合の不満不平苦痛が世の憂いと言う事ができよう。しかし、かかる憂い、すなわち、それを追い求めようとする本能のままに放任しておけば、いわゆる快楽主義の方向を無制限に追求する結果になって、その結果、人間としては死への道行きであろう。若人達が舟に乗って笑い歌い、さざめき合ってセントローレンス河を下る様なものだ。歓楽つきて哀情どころではない、激流の運び去るがままにスピードは加わって、眼の醒める時はすでに遅く、急転直下ナイヤガラの瀑下に突入して身も心もメチャクチャになってしまうのは必定《ひつじょう》であろう。

この悲哀に対して神に従う悲しみがある。これは悔いなき救いに入る悔い改めを生ずと言う。世の憂いは言わば外的な憂いである。物が欲しい、金が欲しい、甘いものを食いたい、美しいものを着たい、楽をしたい、勉強はいやだ、遊びたい程度から威張りたい賞められたい等々徹底的に外部にこの幸福を求めて、それを得られない場合に不満であり不平であり苦痛であり悲哀であろう。ここには少しも内的なもの精神的（スピリチュアル）なものがなく、霊的なものはない。いわば不幸の原因、不満混乱の原因が自己にある事に気がつかず、悉《ことごと》く自分以外の他人に不幸不満の原因を転化するのである。自分を棚に上げて、他人のせいにするのである。自分を肯定して他人を批判し難詰する態度で、いわば「自分が可愛い、自分だけをいたわられる存在のポストに祭り上げる態度である。自分が家庭のあるいは職場の迷惑と混乱の原因になっている事を悟り得ない状態である。しかし、人間なるが故に人間自身を偶像視して、人間の知恵と力で何事をも成し得ると考えている以上、この人間の自然性からは誰でも離れる事はできない。自分を神様に祭り上げている。

神に従う憂いはこれとは完全に対蹠《たいしょ》的だ、この憂いの逆である。それはイエスに出会った内的の悲しみである。スピリチュアルな霊の悲しみと言う事ができる。これは本当の意味における人格的な悲しみである。深刻な自己の内的な悲しみである。どうにもならない、進退極まった自己の状態に目覚めた、革命的な憂いである。従って、それは新生に至る一歩前進、曙光《しょこう》と言うべきだ。本当の新生はイエスに出会っての事であると同様に、この新生（救い）に至る悔い改めの憂患は正にイエスに出会わなくては断じて起り得ない。そして、イエスに出会うならば早晩《そうばん》必ず起るべき悲しみである。それが悔い改めに至らしめるのである。

キリスト教の救いは、さながらこの内なる憂いを求める事に在ると言わねばならない。その時、人間が少し位の富や地位や趣味や人の信用だの自分の学歴だの自分の美貌だの少しばかりのいや大教養さえあっても、キリストに出会って神に従う憂いの前には、米の粒よりも敢果《ママ》ないもの、三文の価もない下らぬものなる事を知らされる。いやそれ所ではなく、その為、その地位、その学歴、その信用、その教養が自己に所属していると思った所有者御本人そのものの全体、本質が、それらの所有と一括してセルフィシュな自己中心、虚言者《(うそつき)》、偽善者、独りよがり、自惚れ、横着、あらゆるこれらの形容詞で形容しても足りない罪人、すなわち、このイエス・キリストに啓示された神の愛に対して無智なる存在だという革命的な事件が自分の内に起るのである。これが悔い改めに到らしめる憂いである。

　これをどうすればよいか。どうする事もできない鉄壁の前に立たされた状態。これをどうすればよいか。この時、この憂患に到らしめたイエスを忘れて「自己で考え苦しむ」事の無益なる事を知ればすでに完全な悔い改めに入ったのである。再び眼を自己から転じてイエスを見上げる時、キリストが我らを十字架上から手を差し伸べて「神は愛なり」といばらの冠の下から滴る宝血の御顔を向けて招いておられる。御言は偉大な力をもって「怖《おそ》るな、ただ信ぜよ」と響く。これは人間のまた私たちの思索でも思想でも概念でも悟りでもなく、イエス・キリストと我らの間に起り得る事実であり経験である。そして、千九百年程前に一度起り得た事だけでなく、現在においても天に在ます復活の生けるキリストの人格的な生命の訴えである。常時、キリストを仰ぎ見る時起り得る、神の力の業である。しかし、ここに注意しなければならない事は、パウロのこの言葉は、非キリスト者に訴えている言葉ではなく、立派なキリスト者、エフェソの教会のメンバーに訴えている言葉で、それは同時にまた、我らに訴えている言葉である事を忘れるなという一事である。

　何故か。悔い改めはただ一度来てすべてが解決するというわけではない。常に新しく神に従う憂いの結果として常時に起る事でなければならない。それは庭を清潔にする為に雑草を取り去る様なものだ。一度取ったからで済まない。あとからあとからと雑草が出て来る。我らはキリストに在って霊に属する者であるが、同時に生れながらの自然性の悲しみに犯され易い本能をも持っている。これに対して私たちは事々に新鮮な悔い改めの事実を持たねばならない。そして、先の自己愛憐《あいれん》の反対の立場、すなわち、自分を囲む一切の困惑（家庭、対人、対社会問題）の根本原因はこの自分に在るという認識経験に立つ事が悔い改めによって与えられるキリスト者の具体的な生活の助けとして生かされるのである。

キリスト者は何事も常にキリスト（神）に対する。その時、キリストの光、イエスの愛の方向を遮る者は自分である事に気づき、そして、対人関係において自分こそ困惑の原因なる事を認めざるを得ないのである。不思議な事に、この内なる悲しみ、霊なる煩い、神に従う悲哀はキリスト者の悦びである。悲哀ではなく生命に至る悔い改めの感謝である。これは正に我らの日常生活において起る奇跡である。マジック（魔術的信仰）ではない神秘（ミステリー）的奇跡である。我らはキリストに在るミステリーを彼のマジックと取り違えてはならない。彼の主観的、主情的マジック、御岳講《おんたけこう》や狂気じみた事をキリスト教などと考えてはならない。

これと同時に、この悔い改めの奇跡は私たちの中から出る意的、情的な決意、認識でもない。それは生ける神の言の能力《ちから》、キリスト・イエスの愛の力である。この愛の力を追い求める者の上に与えられるグレースの力である。悔い改めはこの一点に搾られて、私こそ暗い陰影を投げかける存在だと知り、本能的な悲しみとは正反対である自己否定、神による革命的自己認識に立つのである。これは「人間は皆罪人だ」といった一般的な原理的、思想的認識ではない。また、いわゆる神学的な承認でもない。極めて個人的な事柄「この私が」である。イエスの十字架が人となれるイエスその人の人柄的実事《じつじ》である如く、このイエスの十字架上の招きが自分に向っている事実（reality）である事。これを我身に生かされる時、自分こそイエスの前に立ち塞がっているエゴだ、光を遮るエゴ的存在なるを知るのである。しかし、この邪魔物を除く事は人間である「私」にはできない事は明瞭であり、これを救う為のイエスの恵みに従う、それが新生に到る悔いなき悔い改めの事実である。

エゴイズムこそはキリスト者にとっても根本的病であり、神を離れて死に到らしめる病である。キリスト者は、正に礼拝を守り聖書を学び、キリストを礼拝の対象として、正に立派なキリスト者である。しかし、厳しい生死の招致の瞬間に当ってペトロの反逆を犯さぬと保証はできないであろう。信仰のテストはこの危急の事件に出会う時であろう。世の人はあるいは言うであろう。信仰がそれだけでテストたり得ないなら、聖書を読む事も礼拝を守る事も無益ではないかと。これは正にサタンの声だ。我らはだからこそ、祈りに、礼拝に、御言の学びにおいて怠らず、愛なきエゴから救い出される一途の道を日々の生活に具体化し訓練しなければならないのである。一度神の恵みに救い出された我らは、常に悔い改めを新しい経験として自分に生かす様、祈り、努め、学ばなければならない。パウロはエフェソ書五章一四節で「常に眼を醒しおれ、死より起きよ」と戒《いまし》めている。これもまたパウロ自身の経験に立つ告白である。

ヨハネ伝四章一四節には「生ける水」とあり「永遠に渇く事なき水」とある。しかし、これを我らは常に汲んで飲まなければならない。これを汲む器こそ我らの信仰である。この信仰がマンネリズムに陥らないように、私たちは生ける水を常に汲まねばなるまい。イエスはまた光である（ヨハネ伝参照）。マタイ伝には「汝ら世の光なり」と言われている。しかし、私たち自身が光なのではない。真の光なるイエスを受けてその光を反射する器となるのである。光源はイエスである。光を妨げるものは私たちのエゴである。だが、このエゴを私たち自身で打ち消すことも克服する事もできない。このエゴは光に対して鈍くて強靭な不透明体である。しかし、エゴがイエスに出会って透明体と化するのである。これが奇跡である。マジックではない。この光の前に透明体であり、器である為の憂いこそ感謝のあふるる悔い改めであって私たちの信仰をマンネリズムにしない日常必須の条件であろう。

《原注》信仰は生命の真清水、生命の光を受ける器であり、私たちはこの器にならなければならない、そしてこの器たる為に祈りを持たねばならぬと言った。ここで言う祈りとは広義に解さなければならない。黙祈したり公同の祈り等は勿論立派な事である。しかし、それだけが祈りであるのではない。聖書を学びあるいは信仰に関する書籍を見たり、礼拝に出席したり特に毎日一定時に少時なりとも聖言に接する事など心満たされて継続するならば、それこそ最も好ましい祈りであって、その生活全部が祈りの生活だと言う事ができよう。堅くかしこまらなければ祈りでないなどと考えるべきではない。道を歩きつつも、車中雑沓《ざっとう》の中にあっても我らの心をイエス・キリストに向ける時、そこに私たちの父なる神が臨在する。その時私たちの心は祈りであろう。

社会秩序は神の摂理

万物の創造主なる神は同時に救い（贖罪）の神である、罪の赦しは信仰のみに依り、福音の聴かれるところに行われるのであり、我らの自由の選択がある。神に信の態度を取らないこの世に対しては神は如何なる態度を持っておられるであろうか。この世の不信こそがキリストにおける父なる神の救いの対象であって、神はこの世に対しては律法という権威を持って不信の世を保持されている。この世を破滅状態から護っているのがこの世の社会秩序である。それは生物界の原理であり、自然の法則に従って適用される秩序である。それは神の創造の原理である。自然法も又自然法的倫理もまた歴史を支配し給う神の御意志の中にある。それがローマ書一三章の権威である。救いは愛の福音を聴く耳を持てるところに働き、聴く事をしない世に対しては律法という力を持ち、しかも、無秩序による破滅を招かぬように何時迄も救いの対象として保存される。生物保存の原理は正に創造主なる神の御心である。それを我らは摂理という。

『切なる招き』「社会秩序とキリスト者」より

山上の垂訓をもう一歩踏み込んで考えてみると

△ヨハネ伝一七章と、
△山上の垂訓（マタイ伝五章―七章）……弟子達の中に在って弟子達に語り給うた教え

とを味読して比較したならば私たちは何かここに同じキリストの言の根底にある相違を見る事ができる。先ずヨハネ伝第一七章を取り上げると、そこに私たち人間の近づけない高い距離、我らを遙かに引き離した高処に居るキリストを見る。神の啓示者としての神の子キリストを見る。子なるキリストの父なる聖なる神との緊密不離な交わりの中に居給うキリストを、神と等しいレベルに存するキリストを見るのである。然るに翻って山上の垂訓の場に帰って見ると、弟子達に囲まれて、汝らと呼びかけ、弟子達からは先生と呼びかけられているイエスを見るのである。ここには、イエスは正に我らにも可能な希望として、我らの師友として、我らの親しめる、近づき易い助け主としての存在である。先の神の子キリストはここでは人の子イエスで在り給う。

そしてこの厳しい荘重な山上の垂訓がこの人の子イエスにおいて私たちに可能な事として与えられ、又私たちはこの可能な新しい信仰の倫理の途に歩む事ができるという親しみを持って聴き入るのである。ヨハネ伝とマタイ伝とを併せ読めば、神の子キリストが神の啓示者として「汝等天の父の如く全かれ」と大喝する聖なる立法者として我らの中に来り給し神であると共に、その愛においても等しく完全無欠な恩寵の人の子として我らの中に在って我ら（地上）の中に神の国を打ち建てるために個々の生活の態度を諭し給う事実を見るであろう。

『切なる招き』「厳しけれども親しき生活訓」より

神の愛

ヨハネによる福音書三章一六―二一節
昭和三二（一九五七）年三月一日　長野教会説教

（頼朝山より旭山を見る）

死を覚悟せしに旭……
不快を押して頼朝山二登
（昭和）七年六月……

それ神はその独《ひと》り子を賜う程に世を愛し給えり、すべて信じる者の亡びずして永遠の生命を得ん為なり。

（ヨハネ伝三・一六）

世を救うことが第一義である。全人類の救いが神の御意志である。言うまでもなく、この神の救いをイエス・キリストにおいて私たちは事実として受け取るのであります。キリストの救いは一人一人を個人的に救うのであるが、本質的な目的は神を離れた全人類、誰も彼も区別なく一人残らず救うのが目的であって、この全人類に向けられた救いは「凡て彼イエスを信じる者の亡びずして永遠の生命を得んため」であります。福音記者ヨハネによると神を離れているアダムの状態は亡びの途上に在るもので、それが神に立ち返った状態を永遠の生命と言うのであります。神を見失い、神に背いている状態はどんなに立派に、華やかに、また道徳的であっても亡びの状態に在るものだと言うのであります。この点はパウロと全く一致しています。

全人類が救いの対象であるが、しかし、一人残らず救うというのではなくイエスを信じる者は誰一人も余すことなく救うのであります。このことを私たちははっきりと心に留めて置かなければならない。神の救いの業はイエスにある愛であります。それはイエスの思想ではなく救いの事実であります。神の独《ひと》り子としての聖なる御自覚の立場から神を忘れ神から離れて亡びの途に在る人類に対する救いの愛であります。思想ではありません。抽象的な真理とか、深い高い偉大な思想の産物と言った事柄でなく人格的な愛であります。この愛に対して、一方に信頼の関係が起ってここに救いが成就するのであります。誰でも信じる者は悉く救われる、そのようにしてイエスの救いは全人類を対象としているのであります。

次に注意すべき事はイエス・キリストは単なるイエスという一個の存在ではないということであります。神を離れ、神を見失っている全人類（アダム）を代表する方であります。ヨルダン河でバプテスマのヨハネから洗礼を受けられた事実、十字架上に「父よ彼等を赦し給え、その為す処を知らざればなり」と祈られた祈りにおいてこのことを知ることができます。その他、イエスの弟子達に語られた教訓や、十字架の受難に赴《おもむ》かれる時に遺《のこ》された言葉で知ることができましょう。神を忘れ、神を見失い、あるいは神に反抗し、神を否定する全人類が救いの目標でありそれを神の愛をもって神の愛に招くのであるから、すべて信じる個人個人は洩れなく救われるのであります。ここに私たちは神の救済史の永遠性を見ることができます。イエスは全人類を救う方であるから、信じるすべての一人一人を救うことができるのであります。

神（イエス）を頭とする一体たる交わりに救い出し給うことが目的であります。だから、福音の救いには宗教的個人主義は絶対に存在しないのであります。「私は救われたい」でなく「私も救われたい」であります。厳密に言うならば福音の救いには他宗教の如き一個の「私」ではなくて常に「私ども」であります。功利主義的な、新興宗教的な、卑俗な御利益主義が入ってはならないし、入る余地は絶対にありません。それのみでなく、彼の主情的、マジック的な、内住などを叫ぶ極端な個人主義、かかるセンチメンタルな神秘主義はキリスト教ではあり得ないのであります。キリストの救いは新生を意味します。神の子たるべき人間が神を見失って自我に固まり切っている状態から、「交わり」、すなわち、愛を失っている状態から「本当の交わり」に、すなわち、新しい本当の愛、キリストによって顕わされた神の愛の交わりに連なる本当の愛の途に救い出されるのであります。私たちは単に一個の存在としてここに救い出されたのではない。「この世」からイエスを頭とする神の国の一員に救い出されたのであります。一社会、一民族から世界は一なりと言える基本的な条件は一体何処にあるのでしょうか。それは私たち人間の自然性、自然的生物的な愛情にあるのではありません。親子、兄弟等肉親的な愛情に、社会の民族の世界の一体たるべき基礎を見出すことはできません。あるいはまた、人間の頭で考え出した社会組織や社会的訓練や慣習、さらには、等しく人間の頭の技術でデッチ上げたイズム（主義）イデオロギーなどそんな機械的な抽象論、観念、人生観や教訓にはありません。国際状勢を見たらわかるでしょう。人間の自然の愛情を超え、私たちの良心を持って受けかつ答えるべき神の愛、神の真実に連なることの一事のみが条件であります。ローマ書五章五節にパウロは言っています、「我らに賜いたる聖霊によりて神の愛我らの心に注げばなり」と。この愛でありましょう。この愛に与る時、社会も民族も世界も一体となって互いに兄弟と言うことができるのです。この神の愛による秩序の下にだけしか永遠の平和は来ないのです。

キリスト教は決して、高遠な、深い、美しい心とか情緒といった、そんなセンチメンタルなものに在るのでなく、「救い」であります。イエス・キリストは決して私たちの感激や涙に訴えてはいません。私たちの現実のあられもない事態を指摘しつつ、神の憐み、罪の赦しに招くのであります。従って、福音を詩や小説の材料にする文学は、これを読む側で注意をしなければセンチメンタルに堕《だ》する危険をもつと言わねばなりません。

神その子を世に遣し給えるは世を裁《さば》かん為にあらず、彼によりて世の救われん為なり。彼を信じる者は裁かれず、信ぜぬものは既に裁かれたり。神の独《ひと》り子の名を信ぜざりしが故なり。（一七節―一八節）

記者ヨハネはイエス・キリストの来臨の目的は世を救うことであって断じて裁く為ではないと言い、それに続いて「信ぜぬものは既に裁かれたり」と叫んでいます。これは何を意味するでしょうか。神を信じ、神に立ち返らない者は暗きを歩むもの故、遂にその不信の結果亡びの状態を刈り取らねばならぬことを意味するのでしょうか。あるいはまた救い主の愛の招きを拒否する為に、神に放棄されて亡びの途を歩むより外ないことを意味するのでしょうか。この何《いず》れもの意味はこのテキストの中に書かれてはいますが、もう少し、はっきりする必要があります。記者ヨハネのキリスト観には特に終末的（審判）の意味が加味されています。主イエス自ら裁き給うのではないが、神の独り子の名を信じないために裁かれたりと言わねばならないと言うのです（八節）。イエスの動機は救い一本であります。裁きを持っては来られない。それは新約全巻を貫く問題であります。福音記者ヨハネは審判という言に信と不信を区別する意味を強調しているように思われます。しかし、既に上述したように神の子イエスと私たちとの間における人格的信頼と拒否の問題である故に、拒否するならばこのイエスもどうにも手のつけようはありません。イエスの招きこそは彼の来臨、彼の十字架のすべてであります。しかし、これに心を傾け聴き入れ服従するのでなければ実にやむを得ないのであります。どうすることもできません。ここにイエスにおける神の痛みがありましょう。

これは実にやむを得ない状態であります。これを「既に裁かれたり」と言うのです。さてこのイエスの裁き、やむを得ざる裁きこそ、誠にイエス・キリストにおける慈愛の神の裁きであって、これこそ深刻な裁きでしょう。何故か、「神の独り子の名を信じないから」であります。神の独り子の名というのはすなわちイエス・キリストということであります。ローマ書二章にパウロの怒りの言葉があります。「……汝《なんじ》神の審判《さばき》を遁れんと思うか。神の仁慈《なさけ》汝を悔い改めに導くを知らずして、その仁慈と忍耐と寛容との豊かなるを軽んじるか」（三節―四節）と。神の我らに対する愛はルカ伝一五章の蕩児の父において、しかもイエス御自身の言で、示されています。また、これは正にイエス御自身の私たちに対する愛そのものを示されたのです。神に背ける者をかくも追求してやまないもの、否神を拒否しこれに敵するものをも、なお十字架において招き給うのであります。神の子イエス・キリストを拒否する心は正に裁かれた状態でありましょう。私たちはイエスとその十字架において主の愛の招きを知り抜いている筈であります。

その裁きはこれなり。光、世に来りしに、人その行為の悪しきにより、光よりも暗黒を愛したり。すべて悪を行う者は光をにくみて光に来らず、その行為の責められざらん為なり。

（ヨハネ伝三・一九―二〇）

「その行為の悪しきによりて」とは良心的でないということでしょう。真実がないということです。それは上皮のことだけで、他人に見せることが主である偽りの行為の元でありましょう。それはつまる所自我の追求であるのです。「自分の為」がすべてであります。しかし、神を見失っては人は何人もかくあるのは当然であります。この状態でありながら、神の律法を行うと言い、道徳善を為すと言うのですから、えらいことです。勿論、人の中には随分自己の真実を心掛け善行為を為そうと考え願う者もおります。誠に奇特な次第でありますす。しかし、人間はパウロの告白のように「我はわが中、すなわち我《わ》が肉のうちに善の宿らぬを知る、善を欲することと我にあれど、これを行う事なければなり」（ローマ書七・一八）という状態であります。肉のうちというのは肉体だけのことをいうのではありません。精神的というその人間の心そのものがエゴの塊であるのです。これをパウロは「我が肉の中に善はない」と言うのです。つまり我《われ》という人間そのものがエゴイズムの塊であると告白しているのです。勿論、この告白ができることは大したことで、悔い改めた人、救われた人でありまして、キリストに出会わない者はこの人間としての自分の現実の姿を知りません。しかし、事実はこの通りでありますそれにもかかわらず道徳を行うとか、「善行者、有徳のもの」と自己を肯定するのがエゴであります。この自称君子が光（イエス）の前に立つ時、その上皮《うわつら》だけの善行を剝がされて裸になるのです。それで、丁度暗黒が光と相入れないように光を避けるのです。暗黒を愛するのです。イエスの前に来て、イエスに出会う誠に恵まれたチャンスに立って尚丸裸になれないで、神の独り子の名を拒否するそのことこそ裁かれたのでありましょう。さらにもう一歩進んで率直に言うならば、ここの「悪」とはこの愛なる神を拒否するそのことを意味するのであります。そして依然として神なき暗黒の世に生きているのです。パウロはこの状態を死と言っています。光を憎むとは、ちょうど彼のファリサイの官権連中が、自分達は律法の義を持っている者、他を導く者だと形式的に義人振りを発揮して誇っている故に、至善至美なる救い主イエスを憎みこれを抹殺しようとしたあの根性のことであります。この反対に、

真を行う者は光にきたる、その行為の神によりて行いたることの顕れん為なり。

（ヨハネ伝三・二一）

光を悦び光に来るのであります。「真を行う」は「真を志す者」と解釈しなければなりません。しかし、この場合は「自分が真実であるぞ、自分が真実の善を行うぞ」と自己を押し出す人間のことではありません。真実であり得ない自分であることに気づいて、自分は真実であり得ないが為に真実でありたいと願うもの、それがすなわち「真実を志す者」、すなわち、このテキストの真を行う者であります。かかる志の者は光（イエス）に来るのであります。マタイ伝五章の「心の貧しき者」（三節）、あるいは「心の清き者」（八節）が示しているものであります。

既に述べたように、「光」とは、イエス・キリストのことであります「もろもろの人を照す真の光ありて、世に来れり」の光であります。この光は聖であります。この光が世に来たが世はこれを避け、この光が己の国に来たが、己の民はこれを受けなかったのであります。「されど、これを受けし者すなわちその名を信ぜし者には神の子となる権を与え給えり」であります。結局、真を志す者であります。これに反して、光を悪《い》むものは、すなわち、悪を行う者であります。キリスト・イエスを見て尚かつ律法・道徳・真理（理性的）を行うぞと頑張り続けてやまない状態こそ誠に暗黒を愛するものと言わねばならず、それこそ既に裁かれた状態でありましょう。

結語として、もう一度「悪を行う者」「真を行う者」について述べます。

前者はイエスの招きを聴きその力ある業に驚きつつも、彼の招きに耳を借すどころか却ってイエスを捕え十字架に抹殺したあのファリサイの心に動くものと解すべきでしょう。

真を行う者とは、ルカ伝一五章の「放蕩息子のたとえ」にある弟の蕩児が心砕かれて懺悔して父の愛に立ち返る志に通じる心を言うのでありましょう。

神の裁きは信仰の有無に下る

ローマ書二章五節「神の怒りを積みて、その正しき審判の顕るる怒りの日に及ぶなり」は、勿論原始エルサレム教会の信仰の最後のイエス・キリストの審判の時を意味するものであろう。しかし、それと同時に既に神の国を現在せるイエスとその十字架において見、経験せしパウロは、キリストに面して人は誰でも終末的審判の下にあること、すなわち、イエスかノーかによって新か旧か、生命か死か、善か悪かの二者択一の危機に立つことを意味することも考えなくてはならない。……パウロのこの警告は、我らキリスト者に適用されることであることを改めて心に留めざるを得ないであろう。そうすると、ここに大問題が起る、神の裁きは行為に対して下るのであるか、信仰のあるなしに対して下るのであるかとの問題である。ローマ書は人の救われるのは唯信仰のみによると強調している。然らば、神の怒りは信不信の如何《いかん》に在るのではないかと。この論法からはキリスト者は神の裁きからは逃れるとしなければならない。しかし、注意すべきことは「信仰による義は神の審判を無用にすることはできない」ということである。更にわれわれの注意すべきは「信仰は決して行為の代用物ではない」一事である。

ここで信仰と行為の関係についてパウロとアウグスティヌスの考えとを比較して参考にしよう。アウグスティヌスはすべては信仰からくる。しかし、結局は行為に依存する。律法は神のグレースに導くために与えられ、神のグレースは律法の完成のためだと言うのである。この立場からは律法は神の御意志を具体化したものだが、人間にはそれを完遂することができない、それで、神は行為の義を得るために福音（恩寵）によらしめるとなるのである。しかし、パウロはかくは主張しない。福音と律法とをパウロは結合しない。そして、信仰こそ始めであり終りである。すべては信仰から、そして、すべては信仰へであるという。

『切なる招き』「神の怒りは行為にか信仰にか」より

神の怒り

ローマの信徒への手紙一章一八節―三二節
昭和三二（一九五七）年三月二四日　長野教会説教

（雪の雅：根子岳）

それ神の怒りは不義をもて真理を阻む人の諸々の不虔と不義とに対して天より顕る。（ローマ書一・一八）

真理というのはキリスト・イエスによって人類に顕《あらわ》された神の救いの恩恵である。この事実に対して眼を閉じている不虔と不義に対し、冒涜《ぼうとく》的な態度を忍ぶ事ができない様な語調をもって続け様《ざま》に天譴《てんけん》を叫ぶのである。直前に「我は福音を恥とせず……」と、信仰のみによって義とされる告白は遂に神の怒りの叫びを挙げざるを得なかったのである。行為によっては救われない。従って、イエス・キリストを信じる信仰に救い出し給うた。それはイエスにおける神の憐み、恩寵である。徹底的に信仰である。神の真実に拠《よ》り所を持つ信仰、その信仰から信仰への永遠の継続、それが救われた事で、人間的な功績、功徳など、そんな無力な下らぬものにあるのではない。その神を我らに啓示されたイエスの救いの福音を罵《ののし》り非難する、祖国ファリサイの人間の義、人間の道徳、それと共に智を誇るギリシャの普遍的妥当だという真理とに対する怒りがパウロをして恰《あたか》も天より下される神の審判の怒りの叫びの如く迸《ほとばし》り出るのである。

この箇所を読む時、私たちはファリサイ中のファリサイ、かつての律法主義のサウロの回心を頭に置かなければならない。キリストに出会わない前にはファリサイと等しく伝統を誇り、極めて素朴な神（ヤーウェ）を民族の慣習のままに、自己を敬虔なる者と肯定し、神を知り神を信じる者だとして得意になっている空虚《からっぽ》な律法主義を誇って、眼の醒める事を知らなかったサウロがイエス・キリストにおいて初めて神の愛に触れ、神を見、神に赦されて、ここに本当に神の実体に触れたのである。空虚《からっぽ》な律法主義と言うより、まず彼らは神を口にし神信仰だと自己を肯定していて実は神を知らないものであった。素朴な神観念の自分の過去の恥ずべき状態から救い出し給うたこのイエス・キリストの十字架の救いを見て見ぬ振りをし、聞きて聞かぬ振りをしているばかりでなく、この福音にケチをつける祖国の人達（ローマ書三・五―八参照）に対して吐き出す様なパウロ自身の怒りを我らは感じるのである。そして、そのパウロの感情は同様に理性万能のギリシャ人にも向けられているのである。

救いがイエス・キリストによる神の憐み（慈悲）にあるならば、選民ユダヤや異教（ギリシャ）等の人間自己のまた民族の伝統とか特権とか、あるいはその智恵とか真理に、救われる何らの望みも期待も存在はしないのである。神の憐みは既得の智恵や功績といったもの、人間の特殊な長所を所有している事を認識する所に立つのではない。神のこの慈悲を受け入れ、これを信じてその祝福を受けようと念願してやまない願いと祈りとを持つ砕けた心にある。

この神の怒りというのは人間界の復讐心の様な憎悪の感情では勿論ない。善《よ》き父が悪しき我が子をどこまでも救い出そうとする追求の切迫した心に外ならない。それと共に、神の憐みは人間の善《よ》き事の故に来るのではなく、人間の悪を憐んでこれから救い出す為の罪の赦しであり、この慈悲にすがる者の上に神の祝福が在るのである。

然れど我らがなお罪人たりし時、キリスト我らの為に死に給いしによりて、神は我らに対する愛をあらわし給えり。（ローマ書五・八）

神の恩恵はイエスの十字架の死に極まっているのである。このイエスにおける神の真理に対し、パウロがその不虔と不義を極度に曝《さ》らして冒涜の限りを尽している時に、神はイエスの十字架において罪の赦しという慈悲を顕し給い、ダマスコ途上で彼が回心した事実を念頭に置いて、比較的困難なこの箇所を読む事が必要であろう。

一九節の「神について知り得べき事は彼ら（ユダヤ人にもギリシャ人にも、すべて人類万民）に顕著なればなり」は、次の二〇節「それ神の見るべからざる永遠の能力《ちから》と神性とは造られたる物（自然）により世の創《はじめ》より悟り得て明らかに見るべければ、彼ら言い遁れる術なし」に続けて考えられる事は天地の万有の構造、その運行、生物界の自然法、さらには人間の精神界の驚異的神秘等は正に創造の神を暗示する。ここに人間に秘められ隠された神の神秘という大問題があるのである。「神の見るべからざる永遠の能力《ちから》と神性」に少し重点をおいて考えるならば、神の存在が永遠に人間に隠されていればこそ、永遠に人類の大問題であるその事がまた神の存在を暗示するのでないか。それだから、人類は昔も今も神を求め、あるいは、神の代用物さえ探し求めて止む時はない。ギリシャの哲人は万有の根元的絶対者を求めてイデヤと命名し、ソクラテスは「神を知るは智恵の始め」と言っている。しかし、神と人間とは存在のレベルが違う、懸隔《けんかく》が大き過ぎる。隠された神性を低い人間性の思索もしくはモラル的な行為で解決しようとする所に誤りがある。ファリサイ人は律法の義（人間の義）や人間の道徳善を遂行できると言う人間自己の主張、すなわち、自己誇張に捕えられ、ギリシャ人は人間の知性を謳歌して叡智に誇る自己に捕えられて、この何《いず》れもが神を知ると自得しているが、実は神を知らないのである。神の意志を行うぞと考えるところに神に対する無智が在り、知性によって神を理解すると言う事がすなわち神に対して全く無知なる事を暴露している。何故か、神は知られない存在であるから。

　人は誰でもまず自己自身に（虚栄心に）捕えられて神から遠ざかり神を見失うのである。創世記の記録を取って考えるならば、神の像に似せて造られ善悪を知る叡知的存在だとの神の聖約を特異の資格の如く考えるや神との距離は遠ざかるに至ったのであろう。ここに無神論への傾向が人間アダムに固有するようになるのである。一体イエス・キリストなき神認識は神と言ってもそれは神でなく、人間自身の観想の産物で、言わば人間自身の影に過ぎない。人間の頭で造った神の偽物である。造り主なる神は人間には隠された神である。神は人間によって造られる存在ではない。人間の頭で神を観想するところにすでに窮極には人間自身を神に祭り上げる偶像化の第一歩が蔵《ぞう》されているのであろう。かかる神は結局我ら人間と同一レベルの存在で、高くも深くもまた偉大でもない。毒にも薬にもならない遊戯の対象であって礼拝を捧げるべき何物でもない。これは正に無神の状態である。律法主義のファリサイの神ヤーウェ礼拝は、キリスト無き時代の神崇拝であるから本当の神礼拝ではないと言わねばならない。異邦（ギリシャ）のイデヤあるいは絶対なる神と同様であって、このいずれも無神論たらざるを得ない。ただし、旧約における真正の預言者の預言に係る神はイエス・キリストを預言しているが故、本当の神への方向を示しているものである事は言うまでもないが。

然《しか》るに、パウロにとって祖国の人と同時に異邦人も既《すで》にこの神の啓示者なるイエスの十字架の福音を眼で見もしくは耳で聴いたのである。しかも、このイエスとその十字架の福音を誹謗《ひぼう》し拒否し迫害を加えて顧みる事をしないのである。

従って、パウロは「真理を阻《こば》む人の不虔と不義とに対して天より顕わる」（一八節）と叫ぶのである。この真理というのはイエス・キリストとその十字架の罪の赦しの事である。神の真理は悉くイエスという人格に結集して示されている。これをパウロもまた我々も真理というのである。このイエスに出会って、彼が過去に考えていたヤーウェ神は完全に破れてしまった。神の命に忠実であったはずの彼自身の人間義を打ち砕いて、そこにイエス・キリストにおいて恩寵の神として本当の姿を現わされた。

それと同時に、律法、道徳、知恵に誇るエゴイストな醜塊《しゅうかい》をパウロ自身に見出したのである。この人間を丸裸にして愛の聖意を顕わすイエス・キリストの十字架の福音に盲目であるばかりでなく、これを罵りこれを毀《こぼ》たんとする輩《やから》に向って神の怒りは厳しい審判として天より下ると叫ばざるを得ない。これは当時の事柄だけではなく現代こそ正にパウロのこの天譴《てんけん》の叫びに値するものであろう。すなわち、理性万能、科学万能の上に人間のモラルを加えて、良知を説き友愛と寛容、人道を説くその御本尊は肉とエゴの塊である。パウロもかつてはこのエゴの塊の人間の義、人間の智恵、人間の道徳信奉者であった。このパウロが彼らを批判して「自ら智しと称えて愚となり、朽つる事なき神の栄光を変えて、朽つべき人及び禽獣、匍《ほ》う物に似た像となす」と反撃を加えるのである。全くパウロの言う通りである。禽獣《とりけもの》、匍《ほ》う物に似たる形となすは偶像崇拝だ。それよりもさらに甚《はなは》だしきは、イエスによる赦罪の対象であるより外のものでない人間のエゴや虚栄心の塊であるその人間を偶像にして神の座に据えて悟らないのである。神の栄光というのはパウロに言わせるならば旧い時代の祭政といった王権的な人間力を加味して考える様な、そんな下らないものではなく、「神と等しくある事を固く保たんとは思わず反って己《おのれ》を空しうし、僕《しもべ》のかたちをとりて人の如くなれり。すでに人の状《さま》にて現われ、己《おのれ》を卑うして死に至るまで、十字架の死に至るまで従い給えり」（フィリピ書二・六―八）に表わされているイエス、すなわち、罪人の友であり、罪人の為にほとんどすべての人に賤《いや》しめられ罵《ののし》られて、あらゆる憎悪と反感の中に十字架の酷刑《こっけい》に身を晒《さら》して贖罪を完うして神の聖意を、ありのままに啓示したイエス・キリストとその十字架である。これが生ける神、人間の礼拝を捧げるべき神の栄光である。然《しか》るに、この栄光を代えて人間自らを偶像として、神の座につけて反省する所がないのである。エゴでありつつ自分はエゴでないと思い込んで自分を非エゴと言い、神の座に自分が力みかえって居座り譲ろうとしない。そういう彼らをあきれた者達だとパウロは浩嘆《こうたん》するのである。現代人の状況を見よう。

この混乱と混濁《こんだく》、唯物論と観念論、資本主義と社会主義、帝国主義と民主主義等、イデオロギーとして頭の上面《うわつら》で区別をしているが、実際の社会状勢、特に国際状勢の何処《どこ》にそんな鮮かな区別があろうか。混乱であり正に混濁である。資本主義も社会主義も、唯物論もドイツの観念論も、帝国主義と階級なき平等の民主主義も全く混交混濁の何物でもない。民主主義を叫びつつ、自己の為にはあらゆる帝国主義を露出して恐れる事がない。平等共産を叫んで何処《どこ》に平等があるか。階級を打破する暴力によってさらに武力を背景とする一大資本階級が何を意味するかに眼が醒めない。

パウロは「この故に、神は彼らをその心の欲にまかせて、互いにその身を辱しむる汚穢《おあい》に付し給えり」と言っている。水爆で脅し合う状は正に恥を知らない人間のエゴの醜体ではないか。「互いにその身を辱しむる汚穢に付し給えり」とは、造物主を置いて被造物なる人間自身を神とする傲慢無恥の罪の結果を指すのである。

神に離反するその罪の結果を人間が自ら刈り取らねばならないままに放置される状態、これこそが神の怒りが天より現わるとの意味である。さらに、「これによりて神は彼らを恥ずべき慾に付《わた》し給えりすなわち……」（ローマ書一・二六―二七）と言って、法律という圧力をもって辛うじて社会の国際間の秩序を保たなければならない人間の状態に触れ、遂に、

また神を心に存《と》むるを善《よ》しとせざれば、神もその邪曲《よこしま》なる心のままに為《なす》まじき事をするに任《ま》かせ給えり。

（ローマ書一・二八）

と、実にやむなくして神はその無神に固まり切った人間の肉とエゴの収穫のままに放置されて、人間社会は諸々の不義、悪、慳貪《むさぼり》、悪意にて満つる者、嫉妬、殺意、紛争、詭計《たばかり》……というあらゆる悪、すなわち、誰もが行う様な下降的な傾向を暴露するのである。現に、人々がかかる悪の行動を取らないのは保身のエゴが社会の批判と法律の圧力を恐れそれからエゴを護らんとするからであって、この事実においてギリシャ人とユダヤ人も聖者も君子も私たち小人も何ら区別がないのであろう。

しかし、臆面もなく自己の自国のエゴイズムをあらわに出して恥じないのは国際状況において最もよく暴露されている。太平洋における水爆実験取り止めの訴えに耳をかさない者も、平和攻勢に出でつつ無警告に自国の領土で同じ事を繰り返している国も勿論であると共に、水爆禁止を叫び訴える民族でさえも、自己の尊厳の立場を守って他に威信を失わぬようにせざるを得ない立場に立てば、やはり同一な事をしなければならない人間界の事実を顧みたならば、神を忘れ去って科学文化万能を続けて止まないならば、正に「神の怒りは不義をもて真理（キリスト）を阻む人の諸々の不虔と不義とに対して天より顕《あら》われる」であろう事は疑う余地はないのである。

律法の外なる神の義

しかし、キリストの十字架は不変の態度で私たちに語り続けています。「我を信ぜよ、そのままの姿でよろしい」と、立派に清く正しくなって我の前に立たなければならないとは言われていない。パウロはこの救い主イエスの十字架を信じて救われ、本当の義を許された事を告白して、

「然るに今や律法の外に神の義顕われたり、……」（ローマ書三・二一↓）と言っています。

私たちが躓こうが躓くまいが、イエスは正に律法（モラルも）の終りとなられたのであります（ローマ書一〇・四）。ガラテヤ書とローマ書には「人の救わるる事、本当の義人たらんには、イエスとその十字架を信じるのみ」とあり、律法やモラルを行う事ではない事を証している書簡であります。

『切なる招き』「驚くべき提言」より

心の清きもの

（小霧の戸隠中社）

マタイによる福音書五章八節

昭和三二（一九五七）年五月一九日　長野教会説教

幸福なるかな、心の清き者。その人は神を見ん。　（マタイ伝五・八）

心の清きの清きは聖きに通ずる。それでは、果して人間界にかかる聖き者が存在し得るかという問いを出して、「幸福なるかな、心の清き者」においてイエスが何を意味しているのかを尋ねようとするのが本講壇の目的である。

第一に考えられることは「心の清き者」とは父なる神の御心に叶う者との意に解して間違えはないということである。そして、それは直ちにイエスの御心に叶うことを意味する。ただ、「父なる神に叶うものであるイエス」と言うよりもイエスの中に神が生きていると言うべきであろう。

問題は、このイエスの御心に叶う実体が果して我々の中に可能であり得るであろうか、また将来あり得るであろうか、かかる状態が我らの所有としてあり得ると考えるその考えが果して良いことであるだろうか、ということである。前講で触れたように、人間の歴史の中に聖（神聖）なる事柄や人物があり得たのかの問題に対して、残念ながら我らキリスト者は「在り得なかった」と答えないわけにはいかない。否々神の救済史の中にすら在り得たと主張することはできないのである。この事実は過去に然りし如く、現在然るのみでなく未来に続く状態であろう。

人たりしイエスは我ら人類の救い主であり、父神に対して子たる神の実質を持たれる聖なる聖人の存在、二度と地上に繰り返さない聖き存在である。イエスの言われた「心の清き者」が絶対的な意味ならば、たとえ信仰による者と雖《いえど》も人間としては在り得ないことはかく宣べられた救い主イエスの無比なる神聖者たることによって明瞭である。では、イエス御自身の宣せられる心の清（聖）き者とは如何なることを意味するであろうか。そこで、イザヤ書六章を参照することにする。そこでは神聖なる神の前に立つ人間の態度に関係する問題であるということが書かれている。イザヤ書六章一節から七節迄読んで下さい。

……禍なるかな我ほろびなん我は荒れたる唇の民の中にすみて穢《けが》れたるくちびるの者なるにわが眼は万軍の主（ヤーウェ）にまします王を見まつればなり……（五節）

イザヤが神聖な神を幻の中に見た時にこの告白が生れた。この時、セラフィムが来りて熱炭を彼の汚れた唇に触れて「汝の悪は除かれ汝の罪は清められたり」（七節）と宣言したとある。彼の眼は聖なる神を見て自分の汚れたる現実に眼が醒めた。しかし、この現実を自分ではどうすることもできないという告白が腸を破って迸《ほとばし》り出たのである。唇はイザヤの実体の汚れを意味する表徴の言葉である。イザヤの実体はその腸のことである。イエスも「人に入るものは汚《け》がさない、口から出るものが悪いのだ。人間の心程悪いものはない」と迄ファリサイに向って極言されている。聖なる全能の神の前に立っては畏怖を持たないではいられない。イザヤはこの時迄自己の弱小、罪なる人間であることを知らなかった。聖なる万軍のヤハウェに触れた時彼の眠れる意識は目覚めて、自分は唇に代表される悪しき存在であることを知り、「我は亡びなん、禍いなるかな我は汚れたる唇の民の一人であるのに万軍のヤハウェを見た」と告白せざるを得なかったのである。この告白に対して、彼の唇の悪は焼き尽くされ、「汝の悪は除かれ、汝の罪は赦されたり」との声を聴いたのである。この清めの問題は、イザヤ自身の側の神に対する捧げ物も律法的行為も道徳的善行など全く無関係で、セラフィムを通して、神の側からの一方的なグレース――それはイエスの贖罪を預言する罪の赦し――によるのである。

新約聖書のローマ書七章二四節はこのイザヤの箇所に照応する様である。

噫われ悩める人なるかな、この死の体より我を救わんものは誰ぞ。我らの主イエス・キリストに頼《よ》りて神に感謝す、……

ここの「この死の体より我を救わんものは誰ぞ」は正にイザヤの「禍いなるかな我ほろびなん我はけがれたる……民なるに万軍のヤハウェを見たり」と事情を等しくする。パウロは「我悩める人なるかな、この死の体より我を救わんものは誰であるのか」と、パウロの方から神を求めたのではない。彼はイエスに触れ、イエスに出会って目覚めて、噫われ悩める人なるかな、この死の体より我を救うものは在るか、然り、それは我らの主、イエス・キリストだと告白することができたのである。そして、実はこの告白（悔い改め）によってイエスの御心に叶うパウロたることが許されたのであり、「功なくして神の恩恵によりイエス・キリストにある贖罪によりて義とせらるるなり」と我らに対して神の義を訴えることができるのである。悪しき者、汚れたる者、罪人たる者が神の無条件的な恩恵によって罪贖われて義を与えられることは、預言時代の旧約イザヤの召命の場合と新約パウロの召命の場合と全く好一対をなす。しかし、好一対ではあるが全き同一事ではない。何故ならば、イザヤの場合は神の人類の救済史の預言の線上に在って救い主イエスを指示しているに留まるが、新約パウロの場合は神の救済史の完成であり、従って、終末の意味をもち、新しい歴史の創始者であるそのイエスに出会った事実に立っての告白だからである。来るべき恩恵の救いの事実を経験した事件の告白である。イザヤの場合は幻の中に神の前に立ったのであるが、パウロ（新約）の場合には救いの神の実体に触れたのである。だから、新約の世紀にはセラフィム等という介在物を要しない。直接にイエスにおいて、直ちにパーソナルな生ける父なる神に出会うのである。

このイエス・キリストにおいて、旧約の神の人類救済は、ただ単に、選民ユダヤの限界を破って人類救済という神の御意が明瞭にされたばかりでなく、救いは救われる一人一人の直接な経験（事実）として登場することが旧約に比べて非常に強く的確である。特にこれを代表するものはパウロの召命である。その律法の義への執心と、キリスト者への迫害、ダマスコ途上のイエスとの邂逅、彼の悔い改めに関する告白、これらは皆キリストの福音による悔い改めの原型である。イエスによる救いは客観的な人類の経験である。
この「悔い改め」のできる状態こそが「心の清き者」の意であると私は確信するのである。実はこれ以外には人間界に心の聖きものはあり得ないと信じられる。パウロは「神の仁慈汝を悔い改めに導くを知らずして、その仁慈と忍耐と寛容との豊かなるを軽んずるか」（ローマ書二・四）と訴えている。パウロのこの告白は他に向って訴える言葉であるが、その中核にはパウロ自身の悔い改めの告白がある。私は神のイエス・キリストに於ける長い救済史上において過去、現在、未来を貫く一線上の進行の中に、この告白を持つ以外に聖なる者の存在の可能性を考えられない。私のかかる告白に対して、或いはイエスの内住というような論議を持って抗議する者もあるかとも思う。しかし、私はこの抗議の言葉を紊《みだ》りに饒舌することこそが「清き心」でない証拠であると反問するだけに留めて、イエスの言われる「心の清き者」とはイエスに面して悔い改めのできるようなその心の事であると断言しておくに止める。そしてその状態は正に神を見ている状態であると。

鳴呼　ユダよ

もし、ユダにペテロの如く「外に出て痛く泣けり」（ルカ伝二二・六二）の悔い改めへの涙があったならば、彼はこの時ユダヤ当局に走らず、イエスの下に走ったであろう。ユダは自分の罪をのみ見て、恩恵を見る眼を持たなかった。「恩寵は最大の罪よりも大なり」との一事に触れることをしなかった。ユダはすでに不信に傾き、神の言を憎むようになっていた。少なくとも、神の言に養われることはなかった。三年の間イエスと共にするもイエスを助け主と仰ぐことはできなかった。もし、ユダがイエスの真のパーソンに一寸でも触れていたらばと、我らは可哀想に思う。

『切なる招き』「反逆（ペテロとユダ）」より

世界の縮図――失楽園

創世記三章からミルトンの有名な詩、失楽園が生れました。創世記のアダムとエバの禁断を犯して智恵の樹の実を食べて楽園を追われた三章の記録は誠に美しい物語であります。しかし、現代はこれを詩想の産物であり幻であり夢物語であるとし、美しい詩的な物語には相違ないが現代のこの激しい合理的機械的な現実には凡そ無縁のものであると考え、本質的な問題について少しも考えないようであります。創世記の物語を私も実話だと言い切る勇気はありません。しかし、実際に人間が罪における現実の状態を明確に指摘している事を見逃がさぬようにしたい。他の如何なる文書がこれ程に徹底して疑う事も反問する事もできない様な人間の現実の姿を描いていると言えるでしょうか。特にキリストが救い主として来たという人類救済のポイントからすれば、失楽園の物語は救われねばならない我々人間の個人的な、そして社会的な事態を見事に描き出しているのです。家庭内に、隣近所との関係、巷間《こうかん》の問題、社会的には失業問題、闘争、選挙問題、日本の政治も米ソの政治も、現代の国際間の争いは悉く失楽園の様相そのままでありましょう。個人的な縮図から国際的社会にまで拡大されるエゴイズムの混乱の源を的確に指摘しているのが創世記失楽園でありましょう。

天国と言えば何処《どこ》か特殊な空間、高い天上、美しい夢の国が想像されますが、そんな天国こそ空想であります。天国はこの混迷の世の中にキリストと共に来る社会でありましょう。神を離れた我々人間にとっては失楽園物語は、失楽園が我々の行きつくべき最後の運命ではなく、希望に輝く他の世期（時代）を指し示している希望の方向を語っていましょう。それは本当の人間の価値、本当の活きた生命、新しい世界を示しているのです。

『切なる招き』「失楽園を読んで」より

安息日

ヨハネによる福音書五章一節―一八節
昭和三二（一九五七）年六月二日　長野教会説教

（火鉢に鉄瓶）

イエス言い給う「起きよ、床を取りあげて歩め」この人ただちに癒え、床を取りあげて歩めり。その日は安息日に当りたれば……

（ヨハネ伝五章八―一〇）

本日は、安息日に病者を癒したイエスの憐みに対してユダヤ主義に固まっている律法主義者の非難と害心に対するイエスの権威ある言《ことば》を学ぼうというのです。

全文を通読してまず感じられる事は、イエスと病者との間に起った事件、すなわち「起きよ、床を取りあげて歩め」の愛の聖なる救いの力であります。次にこの驚くべき愛の能力が問題にならず、ただ「安息日に床を取りあげるは宜しからず」とのみ伝統と律法の形式だけを考えているユダヤ人とそのユダヤ主義であります。「安息日に床を取りあげて歩め」と言った奴は誰だと意気まき、宮の中で病を癒してくれた方はイエスであると告げるや、激昂して「何故安息日だというに、かかる事をするのか」と詰め寄ったユダヤ主義者達の態度であります。パウロはかかるユダヤ人をローマ書二章で痛烈に責めています。今日は主として安息日問題に関係して考えます。

ルカ伝一八章九節から一四節までは神の人間評価が明快にわかるのであります。イエスにおいては、ファリサイのユダヤ主義は自分の罪人なることを痛感する税吏よりも遥かに下等なものであることが理解されましょう。それだけではなく、ルカ伝一三章一節から五節までを見ると、イエスにおいては、他人が犯した罪の結果蒙った禍《わざわい》を冷酷に難詰することを極力排斥されていることがわかりましょう。すなわち、「かのガリラヤ人はかかる事に遭いたる故に、凡《すべ》てのガリラヤ人に勝りて罪の負い目のある者なりしと思うか。われ汝らに告ぐ、然らず、汝らも悔い改めずば皆かくの如く亡ぶべし……」というこれらの聖句を見ただけでも、この章の安息日問題を持ち出した連中の如何《いか》なる者であるかが知られると共にイエスがこれに答えられた言の深意を窺う事ができましょう。

ファリサイをもって代表させるユダヤ主義（ユダヤ宗教）、すなわち、ヤーウェ神を知り律法によってその神の御心を知ると自認しているファリサイ共（伝統と律法を持つことを誇りとし、律法を形式的に守るそのことが神の御心に叶う事だと思い上っている者達）が、律法の中でも最も重要だと考えている安息日にそれを破った宗教的改革者の頭目を黙過することのできないのは正に当然のことであります。しかし、実際は彼らファリサイは、律法に対し形式的に、礼拝に、祈りに、祭物に極めて敬虔な態度を取ってはいるが、律法の精神からはすべて無関係な形骸だけを執り行うだけで、しかも、そのことを最高唯一の特権だと思い上って他を非難するに急であります。律法や道徳を口にする者は大体形式に止まり、この形式主義者はまた必ず自己の独善に陥って、他を非難するのであります。真に律法や道徳を追求する程の者は、追求すればする程に、律法道徳から遠い自分であることを知って他を非難することはできないでありましょう。

イエスはファリサイ達の「安息日を破ったのか」という詰問に「わが父は今にいたるまで働き給う、我もまた働くなり」とのみ答えられています。これは実はユダヤ人が最高なる律法の権威に対してイエス御自身がさらに高い絶対の権威者であることを意味するのであります。ということは律法に対して権威を持っているからであります。律法など破ってもかまわないと言うのではありません。マルコ伝を参照すると、

安息日は人の為に設けられて、人は安息日のために設けられず。されば人の子は安息日にも主たるなり。

（マルコ伝二・二七―二八）

安息日に善をなすと悪をなすと、生命を救うと殺すといずれかよき。（マルコ伝三・四）

と言われています。イエスは安息日を破るのではない。安息日を生かすのです。今「この場合黙視することのできない急場の救い、同情の行動を安息日だからと黙過する冷酷な、あるいは道徳や理屈に係わっている者

こそ神の設けられた安息日を破る者であり、それこそ律法の粕《かす》を甜めて得意になっている偽善者の最たるものでありましょう。イエスは言われるようである、「お前達が絶対に厳守しなければならないと固執する安息日に、善をなし愛の行動に動く事は神の御心であるよ」と。

イエスは勿論旧約そのものに対して対立をしてはおられない。イエスこそ神の救済史上の窮極の一点に立つ存在であり、旧約の一切はこの一点を指示し、神の救済史はイエスを目指して進行して来ているのです。旧約は新約の母体ではあるが、イエスを考えずしては旧約のすべては無意味であり空虚なものである。神の救済の完成者としての唯一の存在であります。しかし、かかるイエスであるからこそ、神の恩恵による救済に不必要な、否妨げになる事物に対しては明確な区別をされることはまた当然のことであると言うべきか、あるいは、旧約（律法）に対して絶対的な権威の立場を取られたと見るべきか、イエスは「わが父は今にいたるまで働き給う。我もまた働くなり」と言われるのである。況《いわ》んや旧約が儀式的な気むずかしい命令形の形骸に堕する時、これを排除されるのはまた当然のことであろう。イエスは他の箇所でイザヤの言葉を取って言われる。

この民は口唇にて我を敬う、されど、その心は我に遠ざかる。ただ徒《いたずら》に我を拝む、人の訓戒を教えとし教えて、

（マルコ伝七・六）

今や子らファリサイ人は、酒杯と盆との外を潔くす、然れど汝らの内は貪慾と悪とにて満つるなり……

（ルカ伝十一・三九―四〇）

禍害《わざわい》なるかな、偽善なる学者、ファリサイ人よ、汝らは酒杯と皿との外を潔くす、されど内は貪慾と放縦とにて満つるなり。盲目なるファリサイ人よ、汝まず酒杯の内を潔めよ、さらば外も潔くなるべし。禍害なるかな、偽善なる学者、ファリサイ人よ、汝らは白く塗りたる墓に似たり、外は美しく見ゆれども内は死人の骨とさまざまの穢れとにて満つ……

（マタイ伝二三・二五―二七）

ここに注意すべきはイエスは旧約律法に対して絶対の権威を持っておられるということであります。従って、律法に対して主たるのであります。律法そのものは神の人間に対する御意志であるが故にこれを排除されるのではないが、この律法を人間の努力で行なって人間自ら義たらんとするその心こそが神のグレースの救いに対して妨げとなる時、律法は排除されなければならず、道徳もまた同様であります。だから、「我は律法預言者を毀つ為に来れりと思うな。却って全うするなり」と言われるのです。実は排除でなく律法道徳を取り去った空白へ神のアガペ・愛を交替させるのです。神の恩寵を。

試みに、ルカ伝一〇章二五節から三七節迄を通読して下さい。ある教法師（ヨハネ伝三章のニコデモを思い出させる人物）の「永遠の生命を嗣ぐ為に何を為すべきか」という問いによる問答であります。ここに第一、二の誡命が出ており「わが隣とは誰なるか」との質問に対して、イエスはこの教法師（ファリサイ）達が邪教の徒として排斥しているサマリヤ人へ同情する態度を取り上げています。この場合ユダヤ人にとっては「我隣」は親近感のある同族人でしょう。ところが、イエスは彼らが異邦人として極端に忌み嫌っているサマリヤ人の例話を出しています。律法を特権として誇り異邦を非難する律法主義は明瞭に排除しなければならない。かかる律法主義を排除して、その代わりに隣人愛をもってするのがすべての人を救うイエスの救いであります。このイエスの愛の要求はあらゆる律法的な戒めを遙かに超えるものであります。この愛には限度がありません。「己の如く汝の隣人を」愛するのです。己の如くにであります。これは汝の敵を愛せよと同様に愛の仕方には限度はなく寧ろ無限の深さと言えましょう。我ら人間にとっては。ペトロが、「他人が自分に罪を犯した時、幾度まで許すべきでしょうか、七度でよいでしょうか」と尋ねた時イエスは七度を七十倍せよと答えられています。これは限度がなく許せとの事であります。イエスによって求められる愛は枠にはめることはできません。合理的な規範に入れることはできません。かかる時かくせよと物差しで示すべきものでなくまた示されるものではありません。これを枠の中に入れようとする時、愛の本質を失ってしまいます。これこれこの時に、これだけのことをせよという条目はそれこそ修身科の御説法であり、律法・道徳の制約であって愛ではありません。愛は救わねばならない者に出会ったその時に、父なる神の私たちに求められ、私たちが取らねばならない処理決断であります。それだから、イエス・キリストは愛についてはパラブル（たとえ話）や例話の形を取られるだけで特別な規範を与えることを控え目にされています。それは倫理や律法の規定によるものでなく「今この時」という切羽詰った問題であります。右か左か、イエスかノーかの問題であります。終末的の意味を持ちます。助けてやるべきかあるいは捨ておくかの問題であって、手を差し伸べて御旨《みむね》に叶い、黙過して神の怒りに触れる問題でありましょう。道徳や律法で愛を実行するぞという態度をとる時、それは愛ではありません。この「己の如く」の隣人愛こそ、もし言うことを許されるならば、キリスト教倫理のすべてを包含するものであります。キリスト教倫理とは言っても、近時流行のようにキリスト教倫理などの言葉を乱発してよいのかどうかは疑問ではありますが。そして、さらに注意すべきは、イエスが訴えられる愛の誡命は必ず神の前に立たしめられる終末的なイエスかノーの決断をなすべき「今」であるということであります。かくして、「己の如く汝の隣を愛せよ」の誡命は正に我らを信仰に招くイエスの言「時は満てり、神の国は近づけり、汝ら悔い改めて福音を信ぜよ」とのメッセージと同一であり、終末的な「今この時」にイエスかノーかの問題であるのであります。

　イエス・キリストに面して、ユダヤ主義者達は彼らの神だと誇っている神の本当の姿に出会うのであります。イエスの愛の言をかけられて彼らは彼らの神の権威に面するのであります。かくして、彼らが守るという律法の安息日は破れてしまうのです。その権威がイエス・キリストであります。イエスはこの彼らの旧い律法主義を完全に排除されるのです。そして、善という型や規範という枠を超えて「己の如く汝の隣を愛せよ」と宣せられるのです。しかし、我々はこの「己の如く」と言うイエスの宣言、イエスのオリジナルな新しい宣言を本当に私たちに生かすものとして片時も忘れてはなりません。それは「我汝らを愛せし如く汝らも互いになお愛せよ」（ヨハネ伝一五・一二）であります。これを忘れて隣人愛の誡命《いましめ》だけに止まるならば私たちも、もしかしたら、彼らファリサイのユダヤ主義に陥ってしまうかもしれないのです。

律法がなくては、道徳によらなくては社会秩序は保てないということは、社会生活において一応その通りであるから、律法道徳の無力を補って、この世を壊滅に到らしめない為に律法という厳しい制裁を設けられるのであります。このこともまた神の支配の中にあるでしょう。律法はイエスによる神の救いに到る迄社会を人間を保持する神の摂理であります。律法も道徳もそして法律の制裁も決して旧い人間（エゴイスト）を変えてはくれません。イエスは律法を排除して旧い人の中に新しい生命を創造するのです。それは律法の空白に神の愛を充填する事に外なりません。第四福音書記者ヨハネは言っています。「律法はモーセより来り、恩恵と真理とはイエス・キリストによりて来れるなり」（一・一七）と。

聖書を読む態度　①

聖書は万人の書だといわれています。……このイエス・キリストのありのままの姿を書き、読む人達がこの聖書においてイエスを知りイエスに出会う、その意味で万人の書であります。しかも、このイエスは救いの業を完全に成し遂げて招いておられます。「我に来れ」（マルコ伝一・一七）と。イエスが我々万人、一人一人に訴えておられることは「私においでなさい」の招きの一語に尽きます。……（聖書は）個人的な幸福、平安を求める宗教書でもありません。高い人生観を教える書でもありません。イエスが私たち人間に「我に来れ」と招き給う救いの書であります。その救いはイエス・キリストがその十字架に完成されて招いているメッセージの記録であります。だから、聖書は求める心、すなわち信仰の心、それは救われたい念願、結局「救いの事実」を受けようとの心を持って読まなければならないのです。

『切なる招き』「聖書を読む態度」より

聖書を読む態度　②

ニュートンの引力発見の事実をみましょう。勿論、これは学理の発見であって信仰のそれとは異なっています。しかし、宇宙的真理の中核を突くところは正に我らが聖書を読む態度に大きな示唆を与えると思います。多くの林檎《りんご》が多くの馬鹿者の頭を叩いた。しかし、唯一人のニュートンのみ、一個の林檎の落下の事実によって天体宇宙の原理を発見するに到った。恰《あたか》もニュートンはこの現象を包囲する無数の複雑極まる雑事傍系に捉われず、自分を地球の外に置き宇宙の立場に立って林檎の落下の法則を既成の原理として捉えた。ニュートンの頭から考え出すことによって発見したのでなく、宇宙に隠されている真理を、既成の事実として捉えた点が聖書によって発見すべき既成の救いの真理発見に彷彿としています。

事実の発見……それは、即、人間の事態の発見であります。その事態とはパウロと同様な告白を持つべき人間の事態であります。また、それと同時に、イエス・キリストとその十字架の贖罪と復活を確かに与えられたいとの求道の熱心さ、体当たりの態度が必要です。

この体当りの態度として、自分一個で聖書を読むに止まらず、必ず、イエスを頭とするエクレシヤにおいて礼拝を献げることは更に大事なことであります。

『切なる招き』「聖書を読む態度」より

（ぬるでの紅葉）

わが父は今にいたるまで働き給う、我もまた働くなり

ヨハネによる福音書五章一六節―二九節

昭和三二（一九五七）年七月七日　長野教会説教

ここにユダヤ人かかる事を安息日になすとて、イエスを責めたれば、イエス答え給う「わが父は今にいたるまで働き給う、我もまた働くなり」此に由りて、ユダヤ人いよいよイエスを殺さんと思う。それは安息日を破るのみならず、神を我が父といいて、己を神と等しき者になし給いし故なり。

（ヨハネ伝五・一六―一八）

聖日問題（ヨハネ伝五・一七）から、このテキストに続けられる。これはすなわち救いのミッションの声明である。イエスが神の委託のメッセンジャーで、それが世の救い主たることであり、それが啓示者であり、それがイエスにおける神の自顕である。

この神とイエスとの関係から「誠に誠に汝らに告ぐ、我が言をききて我を遣し給いし者を信じる人は永遠の生命をもち、かつ審判に至らず死より生命に移れるなり」（二四節）があり得る。二五節は二四節の註釈ともみられる、すなわち、「死にし人、神の子の声を聴く時来らん、今既に来れり、而《しか》して聞く人は活きるべし」（二五節）は神の国の現在を示している。神の子イエスの救いのミッションこそ第四福音書の目的である（二〇・三一参照）。従って、イエスのこのミッションの根底をなすものは一九節であろう。そこには、「子は父のなし給う事を見て行う外は自ら何事をも為し得ず、父のなし給うことは子もまた同じく為すなり」とあります。

このイエスの聖なる御自覚、すなわち、実質なるイエスから、神の能力としての奇跡的な無比なる能力（二六節参照）が生れると思われる。この御自覚の事実こそは父なる神の啓示者としてのイエスの秘奥である。父なる神を知るの知識と父神の子を愛する愛、この二つの自覚（事実）こそ誠に「福音は神の能力だ」とパウロをして叫ばしめる秘密であろう。「神を知るの知識」と私はここで言うが、しかしそれは私たち人間が観想したり思索したりする知識の如きものではなく救い主イエスの父と子との一体たる関係におけるイエスの内的生命である。このイエスの「神を知る」はユダヤ人の宗数という律法主義とは異なり、また異邦文明のギリシャ人の理性的知識の思索や洞察とも異なるものである。前者は現代で言う道徳であり、後者は今の流行語の良識あるいは叡智という人間万能のそれである。この二つは聖書の立場から何《いず》れも本当の神に対して全く無智なる態度を示すものである。

　イエスの神を知るということは、イエスの思索、究明の結果というのではなく、直接に神に接触し、神の御意志とその御業に参加し得給う子たる神の能力に関する聖なる御自覚に根拠を持つのである。それは同時に、子なるイエスに対する父の愛をまともに受けておられる、聖なるメッセンジャーの御自覚である。この神聖なるイエスの御自覚こそキリスト教の福音の秘義であって、徹底的に人格的（パーソナル）なことである。人なるイエスの考えや想像的産物ではなく、何故と問うことのできないイエスに秘められた事実であって、我ら人間にとっては唯イエスに出会うことの一事によってのみ「然り」と応答できる問題である。「子は父のなし給うことを見て行う外《ほか》自ら何事をも為し得ない」ことこそがイエス・キリストのミッション（使命）の独自性であり、神の子としての神聖性である。それこそ、父神に対してのイエスの自由であって、忠誠である。「キリスト教の自由」というのは、このイエスに連なる事によって、信じる者にも許されることを約束されている自由であろう。イエスは「父の事を見て為すより外為し得ない」ということは、私たち人間の考える「不能」と言う消極的な意味ではない。非常に積極的である。神の御意に従うより外なき方であるが故に、神の御意志を満喫して完成し得る驚くべき、奇跡的な、無比なる自由意志の能力をイエスは持ち給うのである。

　そういうわけで、私たちは、「キリストの中に秘められた神」「キリストが神の啓示」「キリストの中に神が生きている」「キリストの愛こそ神の愛だ」と言うことができるのである。このように、イエスに対して考えることは神に対する人間の告白であり、それが信仰である。人は唯イエスに出会ってのみこの告白が可能である。

　イエスに真向い立つ時、何人も「生命にか、裁きにか」、「生か死にか」の危機（終末）に立つ。そのことを第四福音書は明確に示している。それが神の国の現在である。信じて永遠の生命を持ち、拒否して旧い生命(死)の状態に放置される。永遠の生命ということはこの肉の現世が永久に続くと考える愚をやめようではないか、「信じるその事」が、すなわち、永遠の生命だと本福音書はいとも明快に教えているではないか。

本福音書記者ヨハネはこの永遠の生命ということを、ラザロの復活に係わりなく、またイエス御自身の復活の事実にすら係わりなく、それを超えて、「現在」の事実として訴えている(ヨハネ伝十一・二四—二五)。

信じる者は裁かれず、信ぜぬ者は既に裁かれたり。(三・一八)

ここに第四福音書が力点を置くばかりでなく、実際の事実としてイエス御自身の父神のミッション遂行はユダヤの伝統のメシヤ(救い主)を遙かに超えたものである。時間と空間を超え、万民に、そして過去も現在も未来も貫き、神の人類救済の聖意の歴史における生ける現実として、イエスとその十字架の業がイエスを人の光、人の生命として提供しているではないか。

このイエス・キリストを洞察し描写するのが本福音書の中心テーマである。だから、救い主イエスはダビデと等しい平面を遙かに引き離して、同時にベツレヘムの神秘的降誕に係わらずに受肉化身(インカーネーション)の真理を根源的な神の救いの秘義として訴えるのである。「未だ神を見し者なし、唯父の懐に居ます独り子の神のみこれを現わし給えり」と。

《原注》このようにイエスに対して告白するのは、キリスト教信仰は、神秘的に特殊な人達でなければ持てないといったものではなく、何人にも、如何《いか》なる合理論者にも、あるいは懐疑論者にも訴えられるものであると信じるからである。……極めて少数な、特殊な者のみにというなら、それは存在の価値を持たない。

五千人のパンの奇跡

ヨハネによる福音書六章全部
昭和三二（一九五七）年八月四日　長野教会説教

（早春の飯綱山）

一　ヨハネ伝六章一節―五一節

誠に誠に汝等に告ぐ、モーセは天よりのパンを汝等に与えしにあらず、されど我が父は天よりの真のパンを与え給う。神のパンは天より下りて生命を世に与うるものなり。
（ヨハネ伝六・三二―三三）

爰《ここ》にユダヤ人ら、イエスの「われは天より降《くだ》りしパンなり」と言い給いしにより、呟《つぶや》きて言う「これはヨセフの子イエスならずや、我らはその父母を知る。何《なん》ぞ今『われは天より降《くだ》れり』と言うか」
（ヨハネ伝六・四一―四二）

我は天より降りし生けるパンなり、人このパンを食わば永遠に生くべし。我が与うるパンは我が肉なり。世の生命の為にこれを与えん。
（ヨハネ伝六・五一）

五千人にパンを与えた記事と共通な箇所はマタイ伝、マルコ伝、ルカ伝にも記録されている。しかし、ヨハネ伝はこの奇跡をイエス・キリストの天より下れる永遠の生命のシンボルとして取り扱っているのである。従って、本章の主題は二六節以下のイエスの言に在るであろう。ここで注意することは、多くの註釈書は四章の次に六章、六章の次に五章七章の順序を取る。この観点で、六章の冒頭一節から二節「大なる群衆これに従う、これは病みたる者に行い給える徴を見し故なり」に照応する四章後半を読んで下さい。

水を葡萄《ぶどう》酒に化し、病者を癒し、またここに五千人にパンを与えたといういわゆる奇跡によって、群集は熱狂して遂に「イエスを捕えて王となさんとする」狂気じみた昂奮《こうふん》状態になった。イエスにとって誠に苦々しき至りである。すでに二節にあるように、「大なる群衆これに従う」ことすら嫌われて「イエス山に登りて、そこに座してユダヤ人の過越を過さんとし給うた」のに、さらに彼を捕えて王となさんとする勢いは到底耐えられないことであったろう。狂信、妄信、迷信以外に動けない大衆の宗教心、これを避けるために「復《また》独り山に遁《のが》れ給う」のである。大群集の狂信のみでなく、イエスの直弟子さえも、群集と調子を合わせるように昂奮状態に入って始末におえない幼稚な妄信状態であった。群集の狂信よりも弟子達がイエスの目的とする救いに対して非常に疎い状態に全く愛想が尽きそうな位であったろう。イエスは、それで、独り山に遁れて容易に弟子達の所へ帰って来られないのである（一七節参照）。そういうわけで、弟子達は船に乗って海を渡ってカファルナウムに往かんとしたのである。その頃、漸《しばら》くイエスは独り山より下り給うて弟子達の舟からなるべく離れた岸辺の辺を歩いて来られたらしい。舟上の弟子達は正に水の上を歩いておられたと見たであろう。イエス・キリストは左様な手品師ではあるまい。私はイエスをかかる手品師に見たくないのである。そんな奇跡を騒ぐよりも、六〇節以下を見て六七節において、イエスは十二弟子に言い給うた「汝らも去らんとするか」の浩嘆の言を発せられた弟子達の低い低いイエスに対する信頼の状態を問題としたい程である。

さて、この「王となさんとする」にある、「王」とは、いわゆる旧約の預言からきたメシアであって、ダビデのような王者たる政治的メシアである。イエスはそんな救い主ではない。今更繰返すことをやめよう。

さて、二五節以下のイエスの言に行こう。「ラビ何故ここに来り給いしか」の狂信者達の質問に対して、

誠に誠に汝らに告ぐ、汝らが我を尋ぬるは徴を見し故ならで、パンを食いて飽きたる故なり。朽つる糧のためならで、永遠の生命にまで至る糧の為に働け。これは人の子の汝らに与えんとするものなり。……

（二六節―二七節）

と言われる。大多数の信仰なるものは大方、こんな幼稚素朴というよりも低級な生物的、犬猫が人を慕うといった風情な程度か。新興宗教なるものは悉くかかる程度以外に出られない。それが彼らの見た「徴《しるし》」である。彼らはイエスの意味する徴（サイン）を知らないのである。瓢箪《ひょうたん》から駒の飛び出すようなことによって喜び騒

ぎ狂うのである。五千人の群集に食を与えたという「徴」とは天より下れる生命のパンであることの示唆でありサインであるのだ。それがイエス・キリストの救いである。勿論、人間は霊的存在でありつつ他面肉的存在である。日用の衣食住の問題は必須の問題である。イエスもそのことには十二分に同情を持たれるからこそ、五千人にパンを与え給うた奇跡的伝承が在り得る。そのことはマタイ伝六章三一節から三四節までを読めば解る。「まず神の国と、その義を求めよ」と言われる。このためにイエスは救い主として来臨された。すなわち、天より下れる生命のパン、永遠の生命を与えんため。それはすでに、イエス御自身の啓示される父なる神を信じよとの招きの主イエスである。人間は如何《いか》なる場合にも衣食の事を最後的の目的とすべきではないのである。

われ等神の業を行わん為に何をなすべきか。（六・二八）

またしてもかかる愚問が飛び出す。これは三章のニコデモの出した質問である（三章参照）。この質問に対してヨハネ伝によるイエスは実に明快に、胸のすく程明快に答えられる。今日も然りと答えられている。

神の業はその遣わし給える者を信じる是《これ》なり。（六・二九）

イエスこそ神の印綬《いんじゅ》であり徴であり啓示そのものである。イエスの中に生ける愛なる神を我らは見る。神はイエスの中に生きてい給うと言ってもよいのである。イエスの奇跡によって知るべきことでなくイエスその人が奇跡であり、出会って知るべく、救わるべき天上からの糧である。救われるために人間我らの側に特別な労苦や働きを要しない。このイエスを信じることだけで生命に与り救われるのだ。否々、福音書記者は言っている。信じて然《しか》して永遠の生命を得るのでなく、信じるそのことが永遠の生命だとさえいっているのである。然《しか》るにまたしても愚問である。

さらば我らが見て汝を信ぜん為に、何の徴をなすか、何を行うか。（六・三〇）

実にあきれかえらざるを得ない浅薄皮相な彼らである。しかし、「宗教は必要だ」と叫ぶ現代人の大方はかかる浅瀬に宗教を求めている。現代の日本の新興宗教は悉くこんなところに止まる。キリストの福音はかかる自分一人だけの平安とか安心立命だの、さらに低級なお家繁昌、幸運を目あてにした極端なエゴイズムとは月とスッポンの相違である。かかる宗教は宗教とは名のみで、人間の極度なエゴイズムが単に宗教という他力本願の形を取って表われるだけだと断言しても誤りではあるまい。

イエスそのものが救いであるのに、彼らはどこまでもそのイエス・キリストを手品師同様に瓢箪《ひょうたん》から駒の出る奇跡を行わせようとする。イエスそのものが本当の奇跡である。この奇跡なる聖なる人格に接して我らは生ける神に出会うのである。イエスの見る眼は人生の求める窮極の徴（奇跡）であるのだ。案の定、イエスは「ただ汝らに神を愛することなきを知る」（五・四三）と慨嘆された。ところが、彼らは言う。

我らの先祖は荒野にてマナを食《くら》えり。（六・三一）

荒野は何処《どこ》か、彼らがモーセに引率されて迫害のエジプトを脱出して転々として遊牧、流離の苦難な旅を続けている時のユダヤの南部辺《あた》りの曝野《ばくや》かあるいはエジプト、またはアラビヤ地方に続く辺《あた》りのことであろう。この伝統に固執して前方を見る眼のない彼らの質問に対し、イエスは言い給うた。

誠に誠に汝らに告ぐ、モーセは天よりのパンを汝らに与えしにあらず、されど我が父は天よりの真のパンを与え給う。神のパンは天より下りて生命を世に与うるものなり。（六・三二―三三）

モーセによって与えられたものは肉のパンだ。それ以上のものではない。彼らは祖先にモーセを持てることを誇り、モーセにより与えられた律法を無上の特権として齧《かじ》り付いている。パン（物質的繁栄）も律法（神の命令）も人間のモラルも人間に対して決して不死の真理を与えるものでない。地より生ずるものは如何《いか》に大きく立派に見えるものでも、それは毛頭不死癒渇《ママ》を与えてはくれない。ただ天より下るパンすなわちイエス・キリストのみが永遠の生命の主で在り給う。モーセによって神の律法を与えられて、ヤハウェの神に誠忠《せいちゅう》を尽くすといきまき、高振り誇り、選民の特権意識に塊まり切ったが故に、彼らは最早《もはや》ヤハウェの神から離れてしまっている。その神離反から神へ呼び戻すためにイエスが来り給うた。それが天より下れる生命のパンである。

主よ、そのパンを常に与えよ（六・三四）

常に与えよと、「常に」とは振っている。強慾の限りである。現時の買いだめか。四章のサマリアの女の「主よ、わが渇くことなく、またここに汲みに来ぬために、その水を我に与えよ」（四・一五）という要求を思い起させる。徹頭徹尾、物である。世界は文化的に非常に高度のレベルに進化し高度な繁栄を獲得したようであるが、神の像に似せて造られた人間の集団社会の体《てい》たらくは何というべきか。特に国際状勢においてこの惨《みじ》めな状態を曝露して恥を持たない。依然として弱肉強食より一歩も出てはいない。弱肉強食を露骨には表わさぬし、また如何《いか》にも真剣に平和を求めている。しかし、結局は自己の利害に関係しないという限界の中だけで、和《なご》やかに話し合い、協議はするものの人間個人個人のエゴ（肉）が民族的集団となって他の集団と真向う時、民族的エゴイズムがやはり弱肉強食の生物的闘争本能として陰に動いている。もうわかり切ったかかる引例はやめよう。ただ憂えることは我が日本の為政者達が自分達のことは棚に上げて置いて愛国心が失せた、道義心がないといって教育に愛国心という叫ぶ修身科を設定してナショナリズム強化へ一歩踏み出そうとすることである。しかし、これは独り日本のみのことでなく何処《どこ》の国家も民族も同様に、結局、弱肉強食の生存競争という生物的進化の一線を離れ得ない状態、これが神の像に似せて造られた神の聖愛の支配から離れている必然的人間の姿である。現代においてこそ、我らはイエス来臨の救いの真義に徹し、そしてこの福音こそ平和を目標として進むべき永遠のただ一つの道と確信するのである。

われは天より降《くだ》りしパンなり。（六・四一）

遂にイエスはあからさまに霊の糧、救いのメシア、神の御子なることを示される。豚に真珠の感なき能《あた》わざる状態であるが。直《じき》に彼らはその正体を曝露した。

これはヨセフの子イエスならずや、我らはその父母を知る。何ぞ今「われは天より降《くだ》れり」というか。

（六・四二）

とうとう動きのとれない躓《つまず》きにきた。しかし、福音に対して大多数の躓きはここに在る。宗教の必要を唱えつつ人間の考え、人間の思想以上に頭を向けようとしないのである。己《おのれ》の腹を神とする以外のことは性来の人間には不可能である。その不可能を打ち砕くためにイエスは来り給うた。「彼は大工ヨセフの貧児上りではないか、何処《どこ》にダビデのような栄光の輝きを持っているというのだ」と。

寒縷《かんる》に包まれて馬槽の中に孤々の声を上げ、最も恥ずべき十字架に御自身詛《のろ》われ給うて我らの背信の罪を救われた悲惨なイエスに対して、今日《こんにち》でも「彼は一個の人間に過ぎない」と一笑に付し、人間救済の真理は普遍妥当な真理、理性を搾り上げ、結晶させた叡智にこそあれと考える。あるいはイエスの潔き愛の道に驚き「偉大なる哉、このイエスや、聖きかなその愛や」と浩嘆の叫びを発する人はあっても次の一線を越えることをしない。

パウロは流石《さすが》に能《よ》くいった。「それ十字架の言《ことば》は亡ぶる者には愚かなれども……」（コリント前一・一八）と、世に平和を来らすものは人間の良識と人間の倫理的努力と考え込み、非時間的、非人格的概念こそ人間を人間たらしめる真理と思い上がっている人間には正に福音は躓きの石であろう。トルストイすらキリスト教は山上の垂訓だけで足りると言ったとか、言わなかったとか。フランスのルナンはイエスの伝記を美しい言葉を連ねて書いた。しかし、それは一九五七年前に生れた一個のイエスという稀れに見る人物の伝記に過ぎない。救い主ではないのである。従って、ルナンもトルストイも愛を説き、イエスについて愛を学ぶ。彼らにとって、イエスは偉大な先生に過ぎない。しかし、悲しいかな、イエスを大先生、大教育者、稀有《けう》な愛の君といったところで、とうてい人間の力ではイエスその人の聖い愛の一片鱗にも与ることはできない。依然として人は性来の人情的情緒的な安っぽい愛に終始しているのみである。イエスはかかる愛に終始して道徳を考え、人間の至善至美を抽象化した愛のお説法より一歩も出ない偽りうそつきなることを我々人間に知らしめて、「私に愛がない」と大きく嘆かせ、大きく悔い改めさせて「主よ私を救って下さい」と泣いて叫び告白させるために「救い主」として来り給うたのである。それが「天より来る生命のパン」である。イエスはさらに一歩を進めて、我らキリスト者にとっての現実の問題として、この天より降りしパンの意味に触れて言われる。

我は天より降りし生けるパンなり、人このパンを食わば永遠に生くべし。我が与うるパンは我が肉なり。世の生命の為にこれを与えん。(六・五一)

そして、

人の子の肉を食わず、その血を飲まずば、汝らに生命なし。(六・五三)

と続けられる。ここに到って彼らは完全に躓き、イエスの弟子達も危く躓くところに立った。

二　ヨハネ伝六章五二節―末節まで

五一節、「我は天より降りし生けるパンなり、人このパンを食わば永遠に活くべし。我が与うるパンは我肉なり、世の生命のためにこれを与えん」のイエスの言は遂に彼ら大衆をしてイエスと離絶する端緒となった。イエスの言はイエスのありのまま、すなわち、救い主を顕わすのである。しかし、神を離れたままのアダム族は、イエスという人格を救い主（神と等しきもの）と認めることはできないのである。この躓きは当然のことである。右のようなイエスの言によって彼らの中に問題が起ってあれこれ争う様《さま》に対して、イエスは五三節から五八節の教示をなされた。記者ヨハネの主観的な記事であろう。すなわち、記者は、五千人にパンを与えたことをイエス御自身の最後の晩餐の意義に結びつけて、それをイエス御自身の言として記録する。しかし、私は聖餐式を生み出したのはルカ福音書の記事をそのまま受け入れて「記念としてこれを行え」（ルカ伝二二・一九）を取る。パウロもルカ伝の記録に従っている。コリント前書十一章二四節から二五節まではこのルカとパウロの認識の意義は、聖餐式はイエス・キリストの十字架の贖罪の救いの業を覚えて記念して忘れるなの意味である。従って、ここからは、聖餐のパンが直接にキリストの肉、葡萄酒が直接にキリストの血に化して信じる者にその効果を表わすといった彼の化体説は生れない筈である。私もイエスが記念として行えと言われたので、このヨハネ福音書記者の記録のごとくに「人の子の肉を食わず、その血を飲まずば汝らに生命なし……イエス・キリストの肉と血を食い飲まなければ救われない」と字句通りに受取ることはできない。本福音書の記者は、光といい生命といい生命の清水と言うごとくイエスの言、業を救い主イエスとその業のシンボルとして用いているところから判断し、彼の化体説の出てくるような意味でこのように記録したものではあるまいと私は信じる。しかし、すでに教会は立派に発生し進歩していたその教会の礼拝の行事の重要な一事である聖餐に関係して、それをイエス御自身の言として記録したことは、記者ヨハネの主観的なことだと思うのである。

もし、またイエスがこの福音書にあるように言われたとしても、イエス御自身の真意はルカ伝に記録されたごとく「記念としてこれを行え」であると私は信じる。次へ進もう。

こは甚《はなはだ》しき言なるかな、誰か能《よ》く聴き得べき（六・六〇）

これは、イエスの言われたこの言《ことば》は理解できないとの意味でなく、「倒底聴くに堪《た》えない言葉」であるとの強い反発の意味である。弟子達までこれを聴いて呟《つぶ》やいた。それで、イエスは特に弟子達に向って「この事は汝らを躓かせるか。さらば人の子のもと居りし所に昇るを見ば如何《いかん》」（六一節）と御自身の復活の予告をされて、その時に到って汝らはわかるであろうと言われる。さらに、

活かすものは霊なり、肉は益する所なし、わが汝らに語りし言は霊なり、生命なり……（六・六三）

と言われた。すでに三章ニコデモの状《さま》と同じ言、「肉と霊」を比較して教えられる。大きくとって「霊」を信仰と考え「肉」を神を信じない人間の肉も心も一括した努力、営みを言うのである。

ここで注意すべきことは、記者ヨハネにとってイエスの言はその業と等しく、言そのものがイエスの救い主・神の子たるを自顕するものとみていることである。しかし、これは誇張でも強調すらでもなく、イエスその人が光であり生命であるように、その片言隻語《へんげんせきご》たりともすべて聖なる救いを完全に顕わすことを我らも承認し信じるのである。

しかし、彼らは（弟子の仲間さえも）イエスを去ってまたイエスと共に歩まなかった（六六節）。そこでイエスは十二弟子に「汝らも去らんとするか」と痛い尋問をされるのである。そして、六章最後の部分で、ペトロのフィリポ・カイサリアでの告白の繰り返しが在り、イエス御自身を売る弟子のユダに呼ばわるのである。

信仰は十字架の躓きを克服すること

コリントの信徒への手紙一　一章一八節―二一節

昭和三二（一九五七）年九月（日付不詳）片丘聖書会

（若草山よりの風景）

それ十字架の言は亡ぶ者には愚かなれど、救わるる我らには神の力なり。録《しる》して「われ知者の智恵をほろぼし、賢き者の賢きを空《むな》しゅうせん」とあればなり。（コリント前書一・一八—一九）

私たちの信仰すなわち福音の信仰は、イエス・キリストの招きに応ずることであります。それはイエスをキリストと告白することであります（マタイ伝一六・一六）。イエスの招きに応ずるためには、イエスはキリストだと告白することが必要であります。それは、すなわち、ナザレの大工の子として生まれた我らと全く等しい人間イエスの十字架の死は我らの罪を負い我らの罪を贖い給うたのであって、人間以上の神の子イエスであるという信仰の告白であります。ナザレのイエスは救い主（神の子）で、神と等しい存在だとするのでありまず。ところが神を離れている我ら人間には愚かなことであり躓きであります。

人道主義

神を離れた人間は何人も己の知恵と力（意志）の決断で何でも可能だと考えるのであります。すなわち、理性万能、倫理的努力（道徳や律法）万能の考えで固まるのであります。大雑把に言ってこれを人道主義といいます。現代精神というのがこの人道主義であります。エゴイストである人間の腹《はら》から、善意だ友愛だの良識だのという働きを生み出して平和を来らせようとしても平和で在り得ない今の世界状勢は、正に人道主義の無力を暴露していましょう。

旧約の中で最も麗しくかつ深刻な人道主義的な実例を採るならば苦難の僕ヨブでありましょう。ヨブは誠に神に対して正しい義なる人であると言えましょうか。神についてよく知っていたものとの意識をもち、この神の前にその試練に耐え忍んだ誠実な人物と言えましょう。誰がみてもヨブこそは神に喜ばれこそすれ苦しませられる人物ではないと考えられます。しかし、神の立場から（すなわちイエス・キリストの立場からは）はヨブは神に対して知っているどころか寧ろ無知なる存在であり、真の神に関する知識を持たず、従って、悔い改めということがなかったのであります。彼の神に関する知識も神の前に義人たる努力も煎じつめると「自分が、自分が」の長い連続の苦しい生涯であったのであります。ヨブは神によって新しく造り変えられなければならない存在であったのであります。

信仰は悔い改めに立ちます。ヨブは神を去った旧いアダムに属する人間でありました。人間は完全に無知であり、無力であり、神こそが知恵であり能力であり万能であるという実体を知らなかったのであります。我神を知り、かつ、これに忠実であり得る者だとの意識をもっている限り、神の助けは人間には来ないのであります。しかし、遂に最後の追い詰められる時がきました。すなわち、自分の無知なる事実に眼が醒める時が来たのであります。その時ヨブは、

私はあなたの事を耳で聞いていましたが、今は私の目であなたを拝見いたします。

（ヨブ記四二・五―六）《口語訳》

と告白することができました。そして彼の苦悶は去ったのであります。

この目で見るというのは体験であり信仰的認識であります。今まで神を知っていたと思いこんでいたことこそ神に対する無知の暴露であって誠に恥ずかしく申し分けがない。それだから「私は自ら恨み、ちり灰の中で悔います」と悔い改めの告白ができました。

新約聖書の神認識（悔い改め）

新約聖書における神認識（悔い改め）の最も鮮明な告白の箇所の一つとして取り上げられるのはローマ書三

章二一節であります。「然るに今や律法の外に神の義は顕れたり」であります。これは律法に対してのみでなく人道主義を全面的に否定する神の言であります。ヨブは今まで神に対して自分の神観と努力で、神を知り、神に近づき、神を喜ばすと自分が終始一貫して先手、先手を打って、神の御手を拒否していました。究極においてヨブは、神を知り、神は遂にヨブを助けその苦難から救い出したということは、イエスをキリストと告白するまでの準備的「影」に過ぎないのでありましょう。イエスをキリストとして見る経験こそは新約イエスの時に到らなければ在り得ないのであります。イエスに出会ってのみ、真の神の実体を知るのであります。人間が神を知り、神を考え、神を信じることはできない、それであるから、「律法の外に神の義が顕われた」（啓示）のであります。神が先手を打って人間がその後に退くのでなければなりません。この「神を知る」ということは人間自身の知識の問題でなく信仰の認識であって経験として与えられるのであります。限りなき神の慈悲の前に打ち砕かれる悔い改めによる認識であります。それこそは先に述べた、イエスはキリストだとの告白を意味します。人間は神に対して完全に閉ざされた無知なる状態（罪）であるから、イエスが神とこの人間との仲保者として来られたのであり、そして、そのイエスが十字架の贖罪者としての神聖者キリストであるのです。変な表現でありますが、ナザレのイエスという一個の人格に、人なるイエスと神なるキリストという二重の人格を見るのであります。わかり易いためにかく言うのでありますが、これは分離して言えることではなく二つにして一つなる人格的事実であります。史的事実なるナザレのイエスと超歴史的――初めよりありし所の――キリスト、この二つの人格は分けて考えられない一人の救い主イエス・キリストの絶対的人格に統一されているのであります。

ナザレのイエスでありつつ、キリストの人格の絶対性とその業（十字架）の絶対性を示しているのです。この事実を受け入れることが困難であり、これが躓きであります。イエスが十字架についたから我らの救い主であるのではなく、絶対なる神の子が十字架につかれ給うたからイエスは救い主であるのであります。仲保者イエスとは、イエスを通して神を見るのではなく、イエスにおいてイエスの中に生ける神を見るのであります。イエスを通して神に出会うのではなく、イエスに出会うことが神に出会うことであるのです。

「我に来れ」はイエス御自身の招きであり、それこそ神の愛の招きであります。このイエスから眼を外して神という命題は全く空虚であります。イエスが救いの業をなしたから救い主であるのではなく、イエスこそ永遠な神の言の受肉なるが故に救い主であります。さて、表題の問題「十字架の躓きを克服することが私たちの信仰である」に帰ります。十字架の言の愚かと躓きの根本理由はイエスがこの世の一人一人のために十字架にかかり給うたという点にあるのではなく、イエスはキリストだとの告白が困難だというところにあるのです。すなわち、ナザレのイエスという唯一個の人格は神の子イエスだと認識することが困難であるということに原因すると思われます。未だ、この世は、世の人はアダムの属でありますが、しかし、この信じることのできないナザレのイエスに出会った時、私たちはその聖き愛に打たれ眼が醒めて自分が無知と無力（罪の状態）に目覚めて悔い改めという体験を得て、イエスはキリストだと告白することは間違えないのであります。

このことは「放蕩息子の譬」にも表われています。ルカ伝一五章の弟の蕩児は父を知り尽したつもりで流離の身となっていました。しかし、愈々窮して父に帰ってきて、限りなき父の愛を知って眼が醒めて泣いたでしょう。この時、初めて彼は父の如何《いか》なるものであるかを知ったのであります。そして心の中にヨブの晩年の悔い改めの告白ができたのでしょう。これと比べて、父を知り父の言うことを日々行っていると「自分が、自分が」に固まり続けている兄の方は正にヨブ式のエゴイズムの枠の中の苦悶を続けていた状態に彷彿《ほうふつ》たるものでありましょう。人は何人もイエスはキリストだとの認識をすることはできません。「神は愛なり」との事実を毛厘も違わずに顕わすイエスの絶対なる奇跡的人格とこの絶対性の十字架を眼を醒まして見ることが悔い改めであり、十字架の言の躓きから救われることであります。

イエスの御自顕の言　①

ヨハネ伝一二章四四節―五〇節に移りましょう。

これはイエスの御自顕の言であります。よく読んで理解できる箇所と思うばかりでなく新約聖書全巻を貫くものはこの「キリスト論」であって、「キリストは如何なる方であるか」がそれであります。四四節からは「父と我とは一体なり」との簡単な事実を註釈に示しています。「我を信じる者は我を信じるに非ず、我を遣し給いし者を信じ、……」と。使徒信条に「我は天地の創造主大能の父なる神を信ず。我はその独り子イエス・キリストを信ず」と二段に分けて示されているが、実は、父神とイエス・キリストとは切り離せない二にして一、一にして二、これに聖霊を加えて三位一体の神と言う如くであります。神を知り、神を見るということは神の人間に対する恩寵の目的（御意志）は厘毛も洩らすことなくイエスにおいて顕わされていることを第一条件として取り上げなければ意味をなさないのであります。イエスの内に父と子との霊交が存在するのです。この霊の交わりにおいてイエスは完全に神と一体たるのであります。

『切なる招き』「イザヤの預言とイエスの御自顕の言」より

切なる招き

（秋の野ぶどう）

マルコによる福音書一四章三四節―三六節

昭和三二（一九五七）年一二月　長野教会歳末礼拝説教

「わが心いたく憂いて死ぬばかりなり、汝らここに留りて眼を覚《さま》しおれ」少し進みゆきて、地に平伏し、若しも得べくば此の時の己より過ぎゆかんことを祈りて言い給う『アバ父よ、父には能《あた》わぬ事なし、この酒杯を我より取り去り給え。されど我意のままを成さんとに非ず、御意《みこころ》のままを成し給え。』

（マルコ伝一四・三四―三六）

「万物は神の御手に成るもの」これは創造の原理であり、万物生成の原理である。これだけでも造り主なる神の存在を否定することはできない。無から有を造ることは神の外にあり得ない。かく言うことはあるいは宗教哲学的な表現に傾いていて、知的、合理的の思索に近いかもしれない。しかし、生物進化の最後の段階において人間の創造があったとの論拠は理屈として排斥できない創造の世界に一歩踏み込んだ、信仰の領域ではないだろうか。人間（人の世）は創造主を無視して、自ら万能の神の座にあぐらをかいているけれども、造物主（神）は厳然として存在しているのである。その証拠に、旧約の時代を経て新約のイエス・キリストに完成され、さらに新しい世紀、永遠の希望への救いの歴史として続けられるイエス・キリストにおける神の救済史の中軸をなす福音の切なる招き（seriouse call）、そして人生の他の反面に於いては、原子時代も人工衛星時代も断じて人間の世界に平和をもたらさないという事実。このイエスの切なる（厳粛な）招きと、救われなければならないという人間の現実を対比して考えるならば正に人類救済という神の救いへの招き（切なる招き）は永遠の希望として人類のあらん限り続けられるであろう。すなわち、このこともまた、キリストによる神の存在を否定することはできない証拠である。

クリスマスはこの神の人類救済のメッセージである。それは神の招きだ。人間は自己（セルフ）というエゴの故にこの切なる招きに耳をかさず、逃避を続けて亡びの道を走る。この状態をイエスはルカ伝一四章一五節

―二四節に警告されている。この箇所は盛大な夕餐の招きである。ということはいうまでもなく「神との永遠の交わり」に招く光栄ある招宴であり聖約でもある。永遠への招きは未来を意味するよりも「現在、今すぐに」を意味していることは明らかである。この招きに応じる時、個人個人にとって生命の変革が起るばかりでなく、現在危機をはらんでいる世界（人類）の前途に明るい希望を持たしめる不変不動の人生への方向転換をなさしめるのである。現実に「今」、この招致に応じる個人個人に永遠なるヒューマニティ〔真の人道主義＝愛（平和）〕の希望に生きることを許される。人間が他の生物と異なるところは常に前方に向うというところにある。先を見通して歩むことだ。それは希望に生きることである。二度の世界戦争を迎え原子時代に足を踏み込み、今や人工衛星時代に入ったと気が狂ったように得意になりあるいは驚いてはいるが、現実はそれどころではなく、人間独自によるヒューマニティーの極限、限界に立っているのではないか。この限界を越えたらば人類は破滅をきたすとの警告を叫びつつ、しかもこの極点に立ちてなお脚下の深淵に眼を止めることのできない状態こそが死の状態だと聖書は教えている。ローマ書を読んで七章に至るとパウロの告白、そしてそれは全人類を代表する深刻な告白、「人間が生きているというそれ事態が罪だ」と叫ぶ声を聴くのである。原語では罪と言う語は「的外れ」との意だとのこと、神を離れて、自分が、自分がと力み返っている状態こそ正に的外れの罪である。

旧約預言の時代から神は人類に対してこの罪の状態を指摘して混乱の原因を説き、神を神とすべき訴えの連続の長年月を経て、遂に時は満ちて、イエス・キリストの神の国建設とそれへの切なる福音の招きが来たのである。このイエスの切なる招きは人間の真理に対するインスピレーションに向って訴えるのである。合理性を超えた心奥に向って「我は道なり真理なり生命なり」と訴える。人間の理性による真理は、絶対者あるいは超越者もしくは万有の原理と言う。しかし、それは人間の理性の哲学的思索に止まる。然《しか》るに、イエスが真理と言われる時、その真理とはイエスにおける生ける神の愛であることを指示《さししめ》す。それは「神は愛なり」との言語への抽象化でなく「来りてこの人を見よ」という具体的な事実（reality）である。人間の頭の中の考えの問題

ではない。ここにこの通り、生ける人格的の愛を見よ、その愛の切なる厳粛なる招きに応えよ、と。この招き
は誠に厳粛であり、むしろ甚《はなは》だ悲痛なものである。ベツレヘムの馬槽の中に寒褸《かんる》に包まれた嬰声《えいせい》の叫び。すで
にこのクリスマスの情景はイエス御自身が救い主としての受くべき深刻な十字架を予想せしむるに充分であろ
う。
再び神の大招宴《しょうえん》に帰ろう。ルカ伝のこの招きの譬は、勿輪、一般の人達を含めているが特に神の民だと自負しているユダヤ人に集中されてはいないか。ユダヤ人とは、神に選ばれた神の民であり、神に対して伝統的な正当性を保つ者、神の律法を忠実に守る神信仰を自負する民族を意味する。その最たるをファリサイ派と言う。しかし、この自負と独善こそが、彼らの崇める神というその神を代表するイエス・キリストの愛の前に立って、このイエスを逃避するのである。ただ単に逃避するばかりでなく、この彼らこそ却って「我らこそ神の民として正統性を持つもの、この正統性を破らんとするこのイエスは何だ」と拒否し排除するのである。しかし、悲しいかな、この神の招宴は単にユダヤ人に対するものとして、我らキリスト者は傍観していられないことである。実はこのイエスの招宴に対する彼らの態度は暗にキリスト者に対する警告であるのではなかろうか。むしろこの場合、洗礼を受けた、教会にも行く、聖書も知っている、聖餐も度を重ねて受けるというキリスト者そのものに警告する招きの言として受け取らねばならないと私は思うのである。聖書読みも、礼拝出席も、聖餐式に列するも、献金を怠らないことも、敬虔な態度も誠に結構なことである。しかし、これだけの眼に見える行動だけに留まって自負し、イエスの招きの永遠なる平和を望む心、神の国を前途に望む、希望・不死不滅の希望に生きるのでなかったならば教会行も単なるクラブ遊びと何処《どこ》に異なるところがあろうか。永遠の生命に生きるとは、死後の復活とか死線を越えての自分（私）の生命などを私は言っているのではない。死線の彼方のことを私たちは考えているのでなく、このイエスの招きに応える、それがすなわち永遠の命に連なることである。少なくとも祈りの度に、礼拝毎に常に新しく信仰の告白を続けて怠ることがないならばこれは正に

与えられた永遠の希望を生き続けるものであるであろう。

さて再び題目の serious call（深刻な招き）に立ち返ろう。私たちはイエス・キリストの片言隻語にもその一挙一投足にもこの「切なる招き」をみる。しかし、その最高点は主の受難であり、その十字架である。

「わが心いたく憂いて死ぬばかりなり、汝らここに留りて眼を覚《さま》しおれ」……「アバ父よ、父には能《あた》わぬ事なし、この酒杯を我より取り去り給え。されど我意のままを成さんとに非ず、御意《みこころ》のままを成し給え。」

（マルコ伝一四・三四―三六）

勿論、この御言葉の後半に当たる「されど我意のままを成さんとに非ず、御意《みこころ》のままを成し給え」こそ最大の問題であって、イエスにおいてこの一点を外れることはあり得ない。それにしてもその苦悶、その弱さは驚くべきものである。しかし、我らはこのゲッセマネの弱さを人間性の弱さだと納得してはならないであろう。イエスはキリスト（神の子）、救い主として立たれている。イエスは人と成り給うた人間イエスであるけれども、このイエスは神聖なる救いのメッセンジャーだとの一面を忘れてはならない。イエスが人となり救われるべき罪人の間に現れたことは父の圧倒的な命令によるものではなくイエス御自身の自主的な応答であって、かくして地上三〇年の間片時《かたとき》もこの聖なる使命から離れた何物もなかった。「狐は穴あり、空の鳥はねぐらあり、されど人の子（救い主）は枕するに所なし」といわれる通り、一般人間の考え望む家庭の生活など毛頭問題にされず、ひたすらに「行きて汝らが見聞きする所をヨハネに告げよ……盲人は見、跛者《あしなえ》はあゆみ……およそ我に躓かぬものは幸福なり」（マタイ十一・一―六）といわれる通り、貧しきもの罪人の友として過ごされる以外の如何《いか》なることをも考えられなかったこの救い主イエス・キリストのゲッセマネの苦悶の祈りである。イエスの「わが心いたく憂いて死ぬばかりなり」の叫びは我らの感知できる人情的な情緒からの叫びでは断じてあり得ない。それは正にかくの如きイエス・キリストの最後的な救済完成の頂点に立たれて、父神の審判（恐ろしい神の詛い）は代贖者として余りにも重く厳しくあって、もしかしたら、このままでは我が使命、救いの愛の業はあるいは如何《いか》に成るのであるかとの、救済の成否に対する父神を信頼する心に介入してくるサタンの恐ろしい懐疑のそれではなかったろうか。

実に、人類救済の成否はこの時イエスの自由意志選択の危機にかかっている思いを私は感じるのである。しかし、血の汗を流す祈りの中に、遂に罪を犯さなかった忠誠に私たちは真に厳《おごそ》かに深刻な神の招きを感じないだろうか。かくして、十字架上に「父よ彼らを赦し給え、その為すところを知らざればなり」と祈り、最後に「我が神、我が神何ぞ我を捨て給うや」の叫びで、このイエスはかく在りつつも贖罪者として神の裁きの苦痛を満喫しなければならなかった。

ベツレヘムのクリスマスは我らにとっては歓喜の音信であるが、神においてはゲッセマネ、十字架上の苦難、すなわち serious call（厳粛な招き）である。

次に、神と人との隔たりについて述べよう。

福音以外の他のあらゆる宗教もしくは真理も救いを考え救いを説くところはキリスト教と等しいと言える。しかし、我らの主イエスの神観念（しばらくこの言葉を用いる）は神と人間との隔りが非常に大きい。むしろ無限大とも言えるかも知れない。あらゆる他の宗教は神との合一融合とか、見神論や神の内住といって、ともすれば神と人との距離が非常に接近している。イエスの福音の救いにおいてはこの距離は無限大である。人間のあらゆる思いにも努力にも救わるべき何物も全く存在していない地獄の底に蠢《うごめ》く状態が正に人間の偽れない姿である。イエスは弟子達に向って「人全世界を得とも、その生命を失はば何の益あらんや」（マルコ伝八・三六）と警告されている。人間は、神を離れ、神に敵対し、神を否定して、モラルを口にしつつエゴイスト以外の何物でもない、かかる人間をなおかつ「人全世界を得とも、その生命を失はば何の益あらんや」と招く神の御意志、その愛をこの言に見る。反対に、ここのイエスの言を手離しに人間の人格尊厳を言っていると考えることは大きな誤りであり、馬鹿気た妄想であろう。これは罪人たる我らエゴの塊《かたまり》なる人間を神から見た神の人間評価である。神を離れたままなる人間、その人格の実質を言われているのではないのである。ルカ伝一五章の蕩児《とうじ》に対する父の心から見る時の評価である。一匹の迷える羊を他の健《すこや》かな九十九匹に勝って愛しみ追求してやまない「深刻な、切なる招き」のイエス・キリストが私たちの現実の生命をいとおしみ給う御意《みこころ》、それがこの「人全世界を……」である。

この切なる招きは必然的に、「我は正しきものを招かんとにあらず、罪人を招かんとて来れり」と言われる。その通り、正に罪人の中に来り、その友となって、罪の赦しを宣言されるのである。人間の尊厳をはき違えている律法主義のユダヤ人に処刑され、人間の思い、その思索で神に到達せんと等しく人間の尊厳をはき違えているギリシャ人の躓であり愚である事実の根本原因はこの神に対する考えの相違にある。ユダヤ人の神は、道徳的な正しい者のみを見て罪人を罰せずにはおかない神である。この伝統を受けて「我らこそ正統な神の僕《しもべ》」と自負する彼らの前で、現に彼らが罪人と目する遊女や、あばずれ女を友といたわり、ファリサイに向って「我汝に告ぐ、この女の多くの罪は赦されたり。その愛すること大なればなり。赦される事の少なき者は、その愛する事もまた少なし」と批判されるイエスを何としても承知することはできないのである。彼らもギリシャ人も現代のインテリも、義人が批判されて罪人が赦されるなどは神の威信に係わり宗教の真偽に係わる問題として承知することはできないであろう。かかる人間を神にまで招くためにかかる人間の悪意の手に掛って罪を負いて十字架に死に給うた。切なるイエス・キリストにおける神の招きかな。

願わくは、私たちキリスト者こそファリサイ人に対する神の招宴に係わる比喩と同様な警告を聴く心の態度を持ちたいものである。神の招宴は愛なる神との交わりの座であり、具体的には現にこの小さい羊の群の教会の礼拝と交わりではあるまいか。もう一度ルカ伝一四章一五節から二四節まで味読しよう。人間の尊卑は実質として人間性にあるのではなくて、神の子イエスの贖罪の十字架の関係において見なければならないであろう。

預言者ヨハネとイエスの違い

イエスはユダヤ人であったが、この人間に対しては完全に第三者の立場で在られた。それで、御自身は我々の様な自我的な陰影は毛頭持たれない存在であった事を想像する事ができる。このイエスはかく罪なる人間に対して第三者たる立場でありつつ、痛切に彼らの罪を自分のものの様に感じ受けられた事は想像に難《かた》くはない。だから、ヨハネに同調し、ヨハネを受けて立ち給うたにしても、メシアたる内容に到っては祭政一致の救国的で偏狭な、民族意識の過剰な伝統を引き継がれたのではないのは明らかである。その事実を「時は満てり神の国は近づけり、汝ら悔い改めて福音を信ぜよ」で窺う事ができるであろう。一寸このイエスの招きの言はヨハネの野の警告に似ている様であるが、全く違うのである。イエスの言は「福音を信ぜよ」と言われる。悦びの音信を信じなさいである。ヨハネはイエスと同じ様に悔い改めの必要を叫んで招かれているが、内容は全く異なっている。ヨハネの悔い改めは、神の選民として相応《ふさわ》しい行動をとれ、律法を正しく行えとの意味である事は疑う余地はない。マタイ伝三章八節には「悔い改めに適《ふさ》わしき果を結べ」と警告し以下恐ろしい神の審判を告げている。ヨハネは「行動に義人たる実を示せ」が警告の主調であって「信ぜよ」は見られない。然るにイエスは警告でなく招きである。悔い改めと言ってもヨハネのそれとは質的に異なる。ヨハネの悔い改めは行為である。義人としての相応しい行為である。イエスは、人間に律法モラルを純粋に行う事ができない人間エゴの本質を知られ、それから愛の救済である。「悔い改めて福音を信ぜよ」である。パウロの「人は心に信じて口に言い表して救われる」（ローマ書一〇・一〇）と言うのはこのイエスの言を伝えている。

『切なる招き』「待望のメシアとイエス」より

人間の人間評価と
神の人間評価

マタイによる福音書一六章二六節

昭和三三（一九五八）年五月三〇日　上田車坂教会

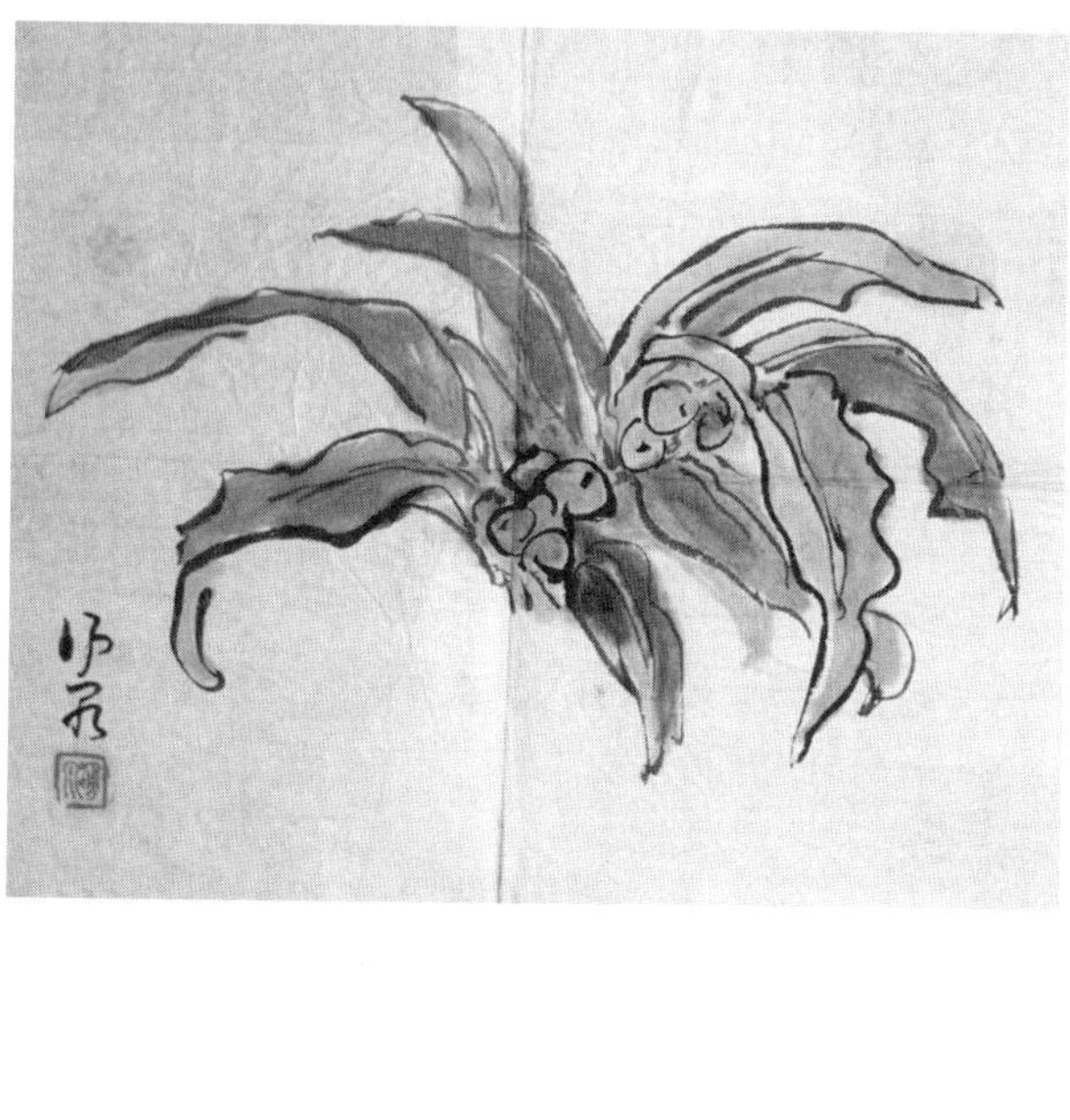

（おもと）

人、全世界を贏《もう》くとも、己が生命を損せば何の益あらん。（マタイ伝一六・二六）

人間の尊厳を示すイエスの言《ことば》であってルカ伝九章、マルコ伝八章にもこの言《ことば》があります。人間は万物の霊長だとの考えは随分古い時代からあった様であります。この人間が貴い事は全く問題なく、世俗的に常識的に考えても問題がない程、自明の事であります。しかし、その尊貴の理由を上げるとしたならば、他の生物と比較する事によるので、「他の生物に道徳感がないが人間にはそれがある。他の生物と異なる主要な点は、人間は道徳的生物である」と言えるでしょう。この考えは多分東洋的で儒教精神から出たものでありましょう。分析的理論を持たず総括的に、いきなり頭下しに尊厳を主張します。天台道士杉浦重剛氏の倫理学には冒頭にこの断定があります。如何《いか》にも大ざっぱの様な断定ではあるが、ギリシャ思想から近代のドイツの唯心的観念論と一致するのであり、同時に科学文化の源泉の様に考えられている生物進化論のそれにも一致するのでありましょう。やかましく言えば、人間は真善美といった真理の探究の主体的な存在であって、他の生物には全くそれがなく、機械的本能のままに動くのであります。あるいは自由意志、これは道徳的存在の源泉をなすものですが、今ここで取り上げて論ずるまでもないが、この意志の自由、意志的に活動のできる事が無上の栄光とされます。しかし、この自由意志を持って真と善と美に動く生物である人間は叡智的存在であって、すなわち、他生物にない善悪の識別、美醜の区別、真偽の識別の力である理性をもった生物だと言うのであります。そうするとこの理性と意志の関係を考えなければならないが、平俗な常識に従うならば、理性が識別選択する善悪、美醜、真偽に従って善を求めて悪を克服し、美を求めて醜を避け、真理を求めて偽を排除する意志決断の可能なる生物だと言う結論になります。かかる思索的の理屈はともかくとして、聖書は創世記の冒頭から人間の貴い所以《ゆえん》を書いています。尊貴だという言葉は用いていないが生物創造の最後の段階において神御自身の像に似せて造られたとあるその事であります。これは人間のあらゆる名論卓説を超えた重い磐石《ばんじゃく》の提言でありましょう。この言葉はあたかも近代科学の粋《すい》とも言うべき進化論をも指示《さししめ》し包括する言葉でありましょう。曰《いわ》く「人間は宇宙の創造から生物の発生を経て、その生物進化の最高点、つまり、最後の段階に於て生れ出た生物である」と。

しかし、人間が人間自身だけで万物の霊長だと言うのは実は余りに独善的でおかしな事でありましょう。他の生物にとっては甚《はなは》だありがたからざる次第と言わねばならないかも知れん。他生物と対比して超越を見る場合に倫理的存在とか真善美的存在といった事が、ただそれへの可能性だけで実質的にはそれ自体に実現性を持っていないとなると、トンダ抗議が猫や犬、豚や蛞蝓《なめくじ》からあるいは蟻や蜜蜂から、猿やゴリラから出ないとも限りません。他の生物にも（彼らの意識と、意志選択の決断からは外れているけれども、しかしなおかつ）、彼らとしての真善実の感覚的選択と追求を、彼ら生態において、私たちは想像する事ができるのであります。その事を人間は本能だと一言に言い下してしまいます。私は今、かかる事を笑い話だけの事として言うのではありません。もし人間に可能性だけあってその実現性の実質を持ち合せていない事が事実であると仮定すれば、実は可能性喪失と言わねばなりますまい。かくして、猫、犬、蟻、蜜蜂等から始めて他の生物を見る時、人間が見下す彼らの本能的行動が整然として一糸乱れず季と時に一分の狂いなく精密機械の様であるのに比べて、真善美追求という素晴らしい可能性を持っている人間界の個人個人を始めとしてその集団たる社会自体が混迷の巷《ちまた》である事実を考えると、我々人間の尊厳の価値が問われているのではないでしょうか。

そうであるならば、イエスの言われた「人全世界を贏《もう》くともその生命を失わば何の益あらんや」との人間の尊厳は如何《いか》なる根拠に立つのであろうか。「そんな問いは無用である。イエス（神）の言だから文句を言うな」と言うならば少し乱暴な言種《いいぐさ》と思うのです。このイエスの言は人間の可能性を挽回する救い主（神）の人間評価であるからであります。

神の像に似せて造られたという事は創物主の御意志に適《かな》う立場を取るべき存在を意味しましょう。可能性でなくて、それへの実質を持っているとするならば、それこそ機械であり他の生物の本能以外のものではありますまい。真善美への可能性、倫理への可能性があるという事が、生物進化論では最終段階であり、聖書の示す所では生物否万物創造の最後の段階での「神の像」という事であります。それで、ヘンリー・ドラモンドは英国の有名な生物学者でありかつ伝道までしたキリスト者でありますが、その晩年に『人間上進論』という有名な著書を残しました。この著書では進化論を前半に叙《じょ》し、後半に到って人間の上進論を叙《じょ》しています。それによると、進化の真理は神の創造の中の最後の段階に人間が造られ、ここに形体的には完成されて、次に来るべきは人間の上進（進化論）論であります。それは愛の進化論であります。彼は、魚族の様な極めて低い生物にも愛の萌芽《めばえ》というべきものがあるとしています。すなわち、産卵の際、何千何万という程の卵を産み他の魚族の食餌《しょくじ》の危険から種属保存を最少限度に止める本能的な行動、この卵群を見守る為にオス魚が番をしているといった本能性の中に愛の萌芽を仄《ほの》かながら認め、さらに昆虫類鳥類から哺乳類に論を進めて愛の発展向上を説き、最後に人類に及びその哺乳から教育に到り、この人類の進化は愛の上進であり、その目標とする所はイエス・キリストの愛だと結論しています。

さて前に戻りまして、神によって造られた原始人間アダムは、神の禁断を犯して、その与えられた可能性を喪失してしまったのでありましょう。ここに救い難い人間の祖先が出来上ったのであります。救われるべき可能性を失ったのであります。一言すれば善への可能性を失ったと見なければなりますまい。善への可能性は、その本質において、神に立ち返るべき可能性喪失であります。神に背を向けて走る傾向が固疾《こしつ》となり、人間の性《さが》となってしまったものですが、それはエゴイズムという自我のみの塊、それは著しく神を忌避《きひ》し、「我」を追求し、我に独善し、我を神とする所まで行きついてしまうのです。

かかる御《ぎょ》し難き人間に対して、イエスはなお「人全世界を贏《もう》くともその生命を失わば何の益あらんや」と招かれるのであります。全くイエスの前、神の前には何の価値なき存在、唾《つば》を吐きかけて捨て去るべきものでありますが、この失われた人間に対してイエス・キリストの評価は「人全世界を贏《もう》くともその生命を失わば何の益あらんや」であります。否すでに失った状態であります。ここで、パウロの人間観をローマ書七章によって見ましょう。

我《われ》ら律法は霊なるものと知る、されど我は肉なるものにて罪の下《した》に売られたり。（一四節）

これは正に神の律法に対する可能性すら失った状態であります。罪の下に売り渡されたもの、完全に可能性の喪失状態であります。さらに可能性喪失に対する強い言葉は「我欲するところはこれを為さず、反って憎むところはこれを為す」（一五節）であります、「これを為す」の為すは、実は、これを意欲し積極的に肉において悦んでなすことを意味します。これに対して「我《わ》が欲する所、我《わ》が憎む所」というのは善悪正邪の識別を意味しましょう。識別はするけれども、その為すべき事は為さず、憎む所をなす状態はあたかもギリシャ式の思索による真理、至善という知的の善に対して決断の喪失であります。可能の存在として造られたけれども、その可能性を失った状態でありましょう、さらに「これを行うは我にあらず、我が中に宿る罪なり。我は我が中、すなわち我が肉の中に善の宿らぬを知る、善を欲する事我にあれど、これを行う事なければなり」（一七節―一八節）とあります。「我が中に宿る罪」、実はそれこそが人間「我」の本質であり性《さが》であります。パウロはこれを肉と言います。すなわち肉（我）の中には「善の宿らぬを知る」と告白します。完全に善に対して喪失の状態を告白しています。人は言うかも知れない、パウロもキリスト者も人間を悲観的に見過ぎている、と。だが、決して然《しか》らずとパウロも我々も答えます。この前の説教でも一寸触れたのだが、ルターの言葉で「すべての人間にはあるレベルの一線までは善を行なう事ができる性を持っている」と言った言葉であります。その事は人間は道徳、道徳とやかましく言うけれども、自我を離れない条件において善の様な行動がとれるとの意味であり、一皮むいた裏の意味は悉《ことごと》く利己的、名の為、信用の為、誉れのため、人に非難されないため等々であります。義務といい責任と言う事も等しくエゴに立ち、エゴの追求でないものは全くありません。そこでパウロは「噫《ああ》我悩める人なるかな、この死の体より我を救わんものは誰ぞや」と呻くのであります。絶望、悶絶《もんぜつ》の叫びであります。救われない「汚穢《おあい》に充ちたこの我」であります。かかる私たちに対して「人全世界を……その生命を失わば何の益あらんや」と人間を評価し給うているのであります。だから、パウロもこの苦悶の叫びに答えるものとして主イエスを見上げるのです。「我らの主イエス・キリストに頼《よ》りて神に感謝す」と。人間の可能性を失った最も中心的な事は神を離れて、立ち返る可能性を失った事であります。この可能性を失ってしまったので、木を刻み、土をこねてデク（偶像）を作るのです。人間の思索、人間進歩において神を見、神にまで至らんと期待します。これは最も大きな自己崇拝であります。かかる状態から神への可能性、すべての善への可能性を人間に取り戻す為にキリスト来り給いて、かくの如く崩壊し去った人間を愛《いと》おしみて評価されるのであります。それればかりではなく、イエス御自身の驚くべき卑下《ひげ》屈辱によって人間に神の光を映写する可能性を与え給うのであります。聖書には「神と等しくある事を堅く保たんと思わず、反って己《おのれ》を空しうし僕《しもべ》のかたちを取りて人の如くなれり、すでに人の状にて現われ、己《おのれ》を卑うして死に至るまで、十字架の死に至るまで従い給えり」とあります。このイエスの招きに関係を持つ時に、私たちにおいては、真の人間の尊貴を経験する事ができます。それは信仰という神へ立ち返る可能性が生かされ、キリストにおいて神の像としての新生の道への希望を持って歩む事ができるのであります。すでに繰り返して述べた様に、神なき人間のままでは人間尊厳に何らの実質を持たないものであります。かかる者を捨てられずに招き給い、神（イエス）の十字架の招きというイエス御自身の人間評価に立たないで人間の尊厳を言う事は空虚《くうきょ》な考えでありましょう。

しかし、この可能性への復帰も、人間の実質の変化ではなくキリストの愛、神の恩寵に照らされその光を受けるその恵みに与るという変化以外ではありません。それは肉のままに、エゴのままに、罪人のままに救い出されて新生に与るのであります。実質的な変化は恩寵を受ける可能の状態であって、これによって新生生活も可能とされているのであります。ただ、神から離れればその実質はあり得ないのです。義を自ら行い、清潔に精進して救われるのではなく、信じて信じる事のみで新しい生命に歩むのであると同様に、これはキリスト者も、地上の生を終わるまで、神の子イエスに在ってその愛に居るという条件は寸時も離れられないのであろう。かかる救いを信仰のみによる救いというのであります。神が人間の目標《めあて》であります。信仰が人間の何かの目的の為にといった人間の行為の方便になるとき、それはキリストの福音ではありません。肉なるものである自我一点張りのものでありつつ、霊なるもの、すなわち、自我ならざる隣人愛のもとにという逆説がキリストの福音によって現実となるのであります。

実質を持たないなら信仰などなくて結構ではないかと反問があるかも知れません。如何《いか》にも外見、その動きにおいても信不信の間に区別できる様な標準は見えないかも知れません。しかし、現実の生活において不信のものと信仰者との生活の内部には全く違った状態を見ないわけにはいかないのです。一見昨日と今と何も起らなかった様に見えるキリスト信仰には正に何事か起っているのであります。新しい力、新しい方向という方向転換が起っています。福音の力というのはこれであります。パウロはガラテヤ書二章二〇節で言っています。「我キリストと共に十字架につけられたり、最早《もはや》我生くるに非ず、キリスト我に在りて生くるなり。今我肉体に在りて生くるは、我を愛し我が為に己《おの》が身を捨て給いし神の子を信じる信仰によりて生くるなり」であります。外から見た限り、パウロは依然として昨日のパウロでありますが、内において大変化が起っています。今までは肉（自我）の努力、己《おのれ》の義、すべて「私が」に生きていたのが、今は、その「私」はイエスと共に十字架に釘づけられて死同様であり、今ではこのイエスの贖罪の愛のままに生きているという変化です。エゴの塊り、如何《いかん》ともできない頑固なエゴが打ち砕かれてイエスの愛に占領された自分という変化が起っているのです。現実の対他的事実について考えるならば今までは律法の義を遂行する事に努力しつつも、実は肉（エゴ）の以外の何物でもなく、神の御意《みこころ》に対しても「私が」の誉を求める以外の存在ではなかったのが、キリストに召されての今は、このエゴ（肉の我）はキリストの十字架に打ち砕かれ、エゴ自体のその自分も完全にエゴを否定し、他愛（隣人愛）に動く存在となっているのであります。他愛の実質は誠に未熟なものではあっても、鋭く自我愛の動行を否定し否定されつつ他愛に動く動向は先の他愛に動向しつつも実質は自己愛に外ならない動向とは天地の相違でしょう。前には「我隣人を愛し得る」という「自己の愛」を肯定して他愛の行動を取って居たが、実は、それはエゴの皮だけのものであり、極めて消極的な道徳的処作にしか過ぎなかったのであります。ところが、今は自己を否定され、否定しつつ、かくの如き偽れない人間観の告白に立って他愛に動向するのです。従って、その心的状態は正に非常にダイナミックな積極的なものであると言わなければなりません。ここに可能性を失ったアダムから、可能性の復帰という新生命があると思います。それは信仰による救いであり、御霊の助けと言うより外はありますまい。

イエスの御自顕の言 ②

イエス・キリストに在るという信仰一本の恩寵の救い、新生の一路は全く私たちの思索の外にある問題ではないか。奇跡的人格であるイエスとはこの神秘なイエスの事です。それはイエスに対し私たちが瞑想して神秘となす心理的な神秘ではなく、人間の如何なる思考型にもあてはまらないイエスの奇跡的存在の歴史的事件で、同時に歴史を貫く、歴史を超えた事件をここで仮りに神秘的なイエスというのです。聖書に示されているこのキリスト論を作り話や迷妄と考えることは絶対不可能である。空想的迷妄であるのではなく、人間の作為やその思想の問題であるのではなく、このイエスのパーソンにおいて私たち人間に啓示されている事実そのものであります。それは私たちに唯信仰の一事のみによって知る事を許される神の恩寵というより外ありません。

『切なる招き』「イザヤの預言とイエスの御自顕の言」より

私たちの立処《たちどころ》
（教会は何に立つか）

マタイによる福音書一六章一三節―一九節
昭和三三（一九五八）年九月（日付不詳）　長野教会説教

（山並み）

「汝はペトロなり、我この磐の上に我教会を建てん、……」　（マタイ伝一六・一八）

この岩とは「汝はキリスト生ける神の子なり」と言うペトロの告白であります。キリストという言葉は旧約のメシヤで救い主であります。人間の救いは人間自身には在り得ないのであり、神を完全に代表するイエスの外にないのであります。それだから、「キリストは生ける神の子」なのであります。

さて、この「汝はペトロなり、我この岩の上に我教会を立てん」はペトロの告白に対するイエスの宣言であります。このイエスの宣言が元となって教会が生れたのであります。イエスが十二弟子を選んだ事も「二、三人我が名によって集まる所には我もその中に居るなり」と言われた事も神の国を建てる為であります。それが教会でありましょう。だから、教会はこのペトロの告白を基礎としています。

しかし、お互いに自分の入信の初期においてはここまで考えが及んだ者はほとんどないでしょう。私自身は「信仰の遍歴[1]」に在る様に非常に低く、かつ鈍い動機からでありました。誰もが病気から逃れようとか幸福になりたいとかまたは自分の過失や罪の苦痛から救い出されたいとかいう狭い自己的な動機から入信するのでありましょう。しかし、ルターの言った言葉の様に「聖書の中には大きな流れがあって聖書を学ぶ人をこの世と違った新しい世界に運ぶ」のでありまして、入信の動機は初めの中は幼稚で低くあっても結局はペトロのこの告白に到達し、また実際到達される事を要求されています。この要求をイエスは「沖に出で漁《すなど》れ」という言でも言われています。

信仰とは単に教会で説くところ、教会の規則あるいは聖書の教える所に従う事ではありません。ペトロの告白「汝はキリスト生ける神の子だ」というその「汝」、すなわち、イエスに従うのであって、教会や聖書ではないのです。また聖書は福音信仰にとって大事なものではあるのですが、ただ、それはこのイエスを示す器であり物であり、それへの手続きに外なりません。教会と聖書もそれ自体、何ら救いの能力《ちから》を持ってはいないのであります。その背後にある能力《ちから》によって働かされるに過ぎない器であります。教会には人間が集まって交わりを持っているけれどもキリストから独立しては存在できません。教会としての独自の権威が在ると考える時、それは偶像崇拝を強いる誤りを犯します。教会で説く聖書の言葉も講壇も、真の神の言なるイエス（聖霊）に動かされての事であって、神なる人イエスを離れて教会に権威も、従って、救う能力《ちから》もありません。説く人も聴く人も実は聖霊に動かされて初めて聖書を学び説きかつ聴く事ができると考えるべきであると思います。

かくして、今まで人間は自由意志的存在だとか、あらゆるものが信じられなくとも最後まで信じられるものは「自分のこの心」といった自己過信であったのが、イエスに出会って自分の眼が醒めて、自分は極めて不完全、脆弱《ぜいじゃく》なもの、汚れ易いもの所《どころ》か汚れ切っている者、罪人であったと告白して、このイエスによって罪を赦された事を信じるのであります。この状態はマタイ伝八章冒頭にある重い皮膚病から癒やされた事を想起させます。神癒という言葉を聖書や教会の言葉として許されるならば、この霊への快復、精神的な治癒を本質とすべきであると私は考えます。神を離れている人間の罪の状態こそが不治の難病であります。人間を全人として考える時、この神の治癒によらなくては誰一人として健康な者ではあり得ないのです。スポーツができるとか、自分は病《や》んだ事がないとか肉体的な無病だけで健康だというのは真人間としての標準からは許されない評価だと言わなければならないでしょう。

この時、私たちは初めて「汝はキリスト、生ける神の子だ」との告白に到ったのであって健全な信仰を与えられた事になります。

そして、次に起る問題は、なぜ私たちは救われる為に「イエスを信じなければならないか」という事であります。この問いは、信仰と言うならば直接に神様を信じたらよいではないか、との意味の問いであります。

如何《いか》にも私たちの頭脳で万物創造の造り主なる神の存在を考える事は可能であるばかりでなく、誠に容易であります。天地間の万物の妙、その現象の奇、その自然法別の済々たる秩序から目的論的な宇宙観や人生観から神の存在を問題にする事はできます。しかし、この神は救って下さる神、すなわち、「生ける神」ではありません。第一、イエス抜きの神と言うのは人間の頭だけで考えるだけの思索であって空虚《からっぽ》な概念であります。神は人間に知られない存在でありましょう。なぜならば造り主なる神は被造物の中には存在しないからであります。

たとえ、胸の中で神は存在する、神を見たといった見神気分を持つ感傷は随分起り得るとしても、それは心理的な事であって、神秘主義的信仰でセンチメンタルな感傷的な人間の感情だけの小波であります。または熱狂的、マジック的で、ヒステリックな信仰、これもあれも五十歩百歩であって病的な心理作用であります。これは、世間でよく聖霊に満たされたなどと言いますが、トンダ間違えであります。福音信仰とは非常な隔りに在ります。

神はイエスを通して私たちの為に語り教え為し給う神であります。イエスによってのみ人に知られ、人に示し、人を招く神であります。その事はイエス・キリストに出会って初めて理解できる事であります。かく言うとも、私たちは神とイエスという二つの神を信じるという事を意味する事ではありません。父なる神、子なるイエスという二つの神を別々に信じることではありません。私は今私たちの信じる主体としての立場を言っています。神信仰という事は、イエスの愛に応え、神は生ける神だと告白するのですが、それはイエスの中に生ける神を見るからであります。「神がイエスにおいて生きている」事を知る事であります。このイエスに絶体の信頼を傾ける事であります。二つの神が私たちの前に在るのではない。神を信じるとはイエス一人を信頼する事であります。それで、一度イエスを信じたから、最早《もはや》イエスなしで間に合う事を意味しているわけではなく、また、イエスなしで神が在るとは言えないし、言ってはならないのです。これがルターによって聖書に復帰した改革派の福音信仰であります。三位一体の告白はよいとしても、イエス抜きにしては聖霊も神も空虚《からっぽ》です。これが、信仰はイエスを信じる事であるという理由であり、イエスを信じなければならないという理由であります。この事をイエスは次のように言われています。

……我を見しものは父を見しなり……、（ヨハネ伝一四・九）

従って、このペトロの告白を私たちに許すものはペトロを正系だと主張するローマの教会ではありません。ましてや、教会が造った制度でもありません。僧侶でもなく祭司と称する者にあるのでもなく、監督にも法王にもありません。私たちの新教においても同様であります。宣教師にも牧師にもありません。第一、教会そのものにこの権威はありません。教会は真にイエス・キリストのメッセージの器としてあるのであって、教会自体が権威の立場に立つ事は断じて許さるべきでなく、そんな誤りを犯すならば教会の自滅であります。この事は同時にペトロにもパウロにも当てはまる事です。「汝はペトロ（岩）なり、我この岩の上に我教会を建てる」とイエスが言われたのはペトロという一個の人間を指しているのでなく、人間のこの告白を指しているのです。そして、この告白は、人の実体と救いの神を啓示されるイエスを外にしては、私たちに与えられる所は何処《どこ》にもないのです。恩寵とは結局この事を言うのであります。

では、一体、教会とはどういう場所でありましょうか。それは、イエスをキリスト、生ける神の子だと告白を共にする群であります。また、この告白を共にする交わりそのものが、すなわち、神の救いの福音を教会の外（この世）に宣べ伝える新しい場所（世界）であります。この事を証拠立てるイエスの言があります。「二《に》三人《さん》我名によりて集まる所には我も亦《また》その中に在るなり」（マタイ伝一八・二〇）であります。教会はこの世の真只中に在って、イエスによって招かれ罪赦されて、イエスによる神の愛に連なる新人の団体であると言えましょう。それは、民主主義社会が民主主義というイズム（主義）を、マルクス主義はマルクスという唯物論のイデオロギーを中心とする様なイズムやイデオロギーの組織の力で強行される社会とは似てもつかぬもの、またナチスという独裁者の支配下に息を殺して小さくなっている様な社会でもありません。集まる一人一人の心の奥に愛に眼醒め愛に動く新しい人間の社会（国）であります。

彼らカトリック教会が監督とか法王とかいった人間が作った制度の中に神の位《くらい》を独占する様な危険を冒して、救いの力を自己（教会）が持っていると錯覚するならば最早《もはや》教会では在り得ないのであります。教会はかかる力を持ったものとして世に対するのでなく、イエスはキリスト、生ける神の子である事の証人であれば足りるのであります。この託された限界を破る時、悪魔に変るのであります。昔の使徒達はただキリストの証人としての意味において使徒であったのであります。宗教改革の事業はこの器としての「告白」という本当のものを取り戻す為にローマに対して戦かったのであります。勿論、細部に渡っては旧教にも多くの美点もありましょうし、プロテスタントだからとて無過失ではあり得ません。しかし、キリスト教信仰の中核、否キリスト教そのものというべき支点は新旧の比較を絶したものと私は思うのです。かくして、私たちのプロテスタント教会は神の国への門番であります。従って、自分を義とする傲《おご》れる者には門を閉ざし、罪を悔いる者には門を開くのであります。何も教会が天門を開閉するのではないけれども、頭の高い者には閉ざされ、頭の低い者には開かれた門、それが教会であります。この意を忘れないでペトロの告白に答えられたイエスの言を味わって下さい。

【編注】

（1）説教集『汝尚一つを欠く』に収録されている小原牧師の回心までの信仰の軌跡（遍歴）を印《しる》した文のことである。そして、それは昭和三〇年の『福音と世界』（三、四月号）に掲載された。

家庭教育とキリスト教

マタイによる福音書六章一九節―二四節

昭和三四年八月二六日夜

柏原（現信濃村）教会落成記念集会に於ける講演

（またたびの紅葉）

今から百年以上前に英国にジョン・ラスキンという立派な紳士がいた。巨万の富を持った商人の一人息子である。五、六歳頃に母親の厳しい指導の下で聖書（新約聖書）を暗記する位に読んだ。両親は彼に牧師になるよう望んでいたのである。十四歳の頃、病弱な彼を暖地に静養させようとの温い親の愛の下で、彼は両親に伴われて南仏からイタリアに行った事がある。スイスの国境にかかり、峠の上からアルプス連峰を見たその時から、牧師に成る希望はこの雄大荘厳な山容の美に吹き飛ばされてしまった。成長するに従ってこの自然美（勿論芸術に関係をもつが）が彼の心のすべてを占領してしまった。何も牧師でなければ人心を高め清める事はできない筈はない。自分はこの自然美、これで人心を養う途の為に努力するとの堅い決心を持つ様になった。父も母も頻りに牧師志願を起こさせ様と心を砕くけれどもこの一事に関しては彼は遂に親の言う事を聞かなかった。ここに高等学校の生徒諸君も見えているが、このラスキンという素晴しい人物の多くの著書の中に『胡麻と百合』というのがある。岩波文庫に訳されている。彼が、大学において美学の講義をし美に関する著述を続けていたのだが、晩年に近い頃には、それだけに満足せず遂に自費を投じて私立の学校を経営する様になった。それは、頭がよくても貧乏で修学できない者とか、特に芸術的天分を持って貧困な家庭に生い立った子等の為の学校である。しかし勿論、富裕者の子弟も希望によって入学を許して貧富半々といった所であろうと想像される。さて、この『胡麻と百合』の中には、預かった生徒の母親達からラスキン宛に郵送された手紙の内容に触れた一節が載っている。

ラスキンは、母親達の手紙の大多数は自分の子供が立派な邸宅を持って立派な暮しのできる人になる様な教育を希望している事を、悲しんでいるのであった。民主社会としては世界で最も進んだと言われる英国人であっても人間であれば、自分の子供の成績の良い悪いが最大の問題であって友達に負けるな負けるなと焦る親としてのエゴイズムは我々日本人と同様に持っているばかりでなく、親自身が虚栄心から自分の子供が立派な暮しのできる立派な玄関のついた家に住める人といった立身出世式の軽薄な考えも持っている所は、丁度日本の母親達が自分の子供の体力も能力も考えずに一流の上級学校へ入れたがる焦りに母親の虚栄心を丸出しにする所と共通している。しかし、さすがは英国である。ラスキンと殆んど同時代に起こった或る出来事が『トム・ブラウンの学校時代』という本の中に書かれ、英国の特徴が表わされている。それは主人公トムの父親の話であり、その彼の言葉が面白いのである。トムが小学校六年を終えてラグビー中学に入学する時の事である。この中学というのはパブリックスクールの事で日本の現在の中学と高等学校を一緒にしたものの様であって英国にはラグビー校の外にイートン校とかハロウ校とか皆で四つ程ある。父親は、尋常科六年を出たばかりの愛児トムを一寸恐ろしいラグビー中学に入れるのが気がかりで、学校まで送って行こうと考えて当時のガタ馬車でトムを送って行った。しかし車中で考えた事は、子供の事は子供に考えさせ自主的に子供に処置させるに越した事はない、何時迄も親が出しゃばるのは却《かえ》って子供の将来によくない。学校迄送る事はやめだと心を決めて途中の停留所で別れてトム一人で行かせたのである。その時の父親がトムに言った言葉はラスキンの手元に来た母親達の手紙とは全く違ったものであった。以下、その時の父親とトムとの応答を取り上げて見る。

父親は「トム、お前一体何の為にラグビー中学へ行くのであるか……それより私は何の為にお前をラグビーなどへ入れたのか……」と話し出す。トムは突然の父親の問いに驚いて何と答えてよいか返事ができず、父親の顔を見つめるだけである。父親はトムの返事を催促する様にトムの顔を見つめている。実は、トム自身はラグビー（スポーツ）をやる事が目あてであったが、父親の鋭い質問にラグビー選手になる為と言えなかったのであろう。父親は続けて言う。「やがてお前もラテン語やギリシャ語を学び、それ等の原書をかかえて大手を振って歩くであろう。又文学とか法律とかいった学問に進んで議論を交わす時が来るだろう。それもよかろう。お前の好みに従ってどんな勉強をしても勝手である。しかし、私はお前を唯それだけの事でラグビー中学へ入れたのではない。お前も唯それだけの目的で入学したのではない筈だ……」。それを聴いてトムはますます困惑するだけである。父親は語を強めて言った。

「英国人になる為だ、英国の紳士になる事である」

ここで紳士という意味は単に教養あるとか、立派な人と言う意味ではない。自主的に英国の一市民として正しく愛他的の行動のとれる一人の人間という意味である。学者になりたければ、それもよかろう。医者になりたければそれもよかろう。軍人に或は政治家に、それもよろしかろう。商人もよいし月給取りもよろしい。しかし、お前はそれよりも本当の英国人、一市民でなければならないのだと言うのである。トムの父親の考えは、トムが立身出世式に、いわゆる、偉い人間になる事を願っているのではない。一人の人間として自主的に対人関係において対社会国家人として健全な人間になれよというのである。さらに父親は続けて言う、

(馬車の中で)父親は「しかし、私の知っている所ではラグビーにはなお非常に悪い風習がある。上級生の悪い連中が組を組んで下級生や、成績の良い者などをいじめたり、自分達の仲間に引き込んで学校の精神に反する様な事をする風習である。しかし、トムよ『勇気を持ちなさい』。自分が正しいと信じた事は言い、かつ、行ない得る勇気を。如何にいじめられても彼等の悪に引き込まれず、断乎として跳ね返す勇気を持ちなさい。第二に、何人に対しても『誠を語りなさい』。もう一つ、それは『涙のある人間になれ』である。これだけだ。外に私の言う事はない。常にお前の帰省するのを待っている母上に対して恥かしい事を言ったり、したりする様な青年になってはいけないよ」と諭した。これがトムを新しく上級学校に送る父親の最後の言葉であった。トムは「母」という言葉で小さい胸は一杯になった。母親の代りに父親の眼を凝視しつつ堅く父親の手を握りしめて、「父上大丈夫です。屹度《きっと》私は父上の言われる立派な英国の紳士になります」と答えるのであった。

トムの眼には豆粒の様な涙がある。彼の父親は「よし、私はお前のその言葉を信じる」と一言いって、馬車

から飛び下りてさっさと行ってしまう。トムは車上から父親の後姿の見えなくなる迄眺めていたであろう。父親は心の中では後髪を引かれる思いであったが、急ぎ足で歩いて行ってしまった。

考え深いトムの父母の様な親は、この頃英国には可成り多くあったであろうか。ラスキンの前の言葉と考え合せて「自由と規律を尊ぶ」英国には、考え深い親達は大体自分の子供に対してこの様に考えていたと思われるのである。この考えは誠に本当の民主教育をする家庭といわねばならない。この英国の社会生活は愈々向上して現在の社会では最も民主的だといわれる所まで来ている。たとえば英国の少年は世界で一番立派だといわれる様に、混雑する電車や汽車の中、バスの中で老人などに席をゆずる、という風習があると言われている。しかし、それは幼い頃から車中で母親からその様に躾《しつ》けられていると言うのである。この事実は民主主義というスローガンやイズムで、その様に社会が発達したと考える事はできない。もっと外に深い理由がなければならない。それは、つまり、英国社会が、キリスト教によって、自然にその様に長い間訓練されたのであるという根本的な理由を見落してはならない。欧州の何れの国もその社会生活に於てはキリスト教の影響が遠い昔から在った事を疑う余地はないのであるが、教会生活が一般日常の社会に及ぼしたという点になると何人も英国の社会を指摘するであろう程に、キリスト教が教育的訓練を最も大きく与えたと見られるのである。

翻《ひるがえ》って我が日本の家庭教育もしくは親子の関係を顧みると、戦前は長い封建的風習に固められて我子の教育は親の考え通りに子供に服従させてそれを親の美徳として来た。如何にも服従は美徳である。しかし、この場合は自主的でなければ立派な服従とは言えない。本当の服従を求める事が民主教育である。戦後の今は家庭も学校も民主的な人間、市民的な育成という事が叫ばれる昨今である。敗戦によって現在の民主教育が実施される事になったが、しかし悲しいかな、立派な市民を養成しようとする学校の先生も、保護者も、子供と同じようにエゴイストであるという事において昔と今と少しも変ってはいないのである。イズムやスローガンでそう考え、そのように誰もが思い願う事であるけれども、人間の心や本質が少しも変っていないのである。

先日も新聞で、松本市に県下の母親大会があってその話し合いの項目として、一、子供を幸福に、二、皆が幸福に、三、社会を明るく、というのを見た。私も一度、この様な母親大会の助言者として出席した事がある。子供を幸福にするという事の本質的な問題が全く不明であり、あいまいであり、「皆が幸福」とは何の事か、互いに助け合うといった事だろうか、或は社会を明るくする考えとかその様な方法といった事に関係するのであろうか。社会を明るくする為と言ったからとて、やれ三つの歌、やれリクレーション、やれ伊那節、やれ中野音頭といって、そこから幸福とか明るい社会が生れて来るのであるのか。思いつきや話し合いの考えから「よりよい考え」は出て来る。必ず出て来る。しかし、その考えの出るグループも出す一人一人も依然として自分の事となれば熱中するけれども自分の利害、名誉に関係のない事は口だけの事、頭だけの事で一歩も前進できないでいる。勿論、日常の生活上の工夫とか技術的な面には進歩はある。既に目に見る様に生活の面においてこの進歩、発展、改良を見る事ができる。しかし悲しいかな、人間の生活の根源、すなわち、人間そのものの根底や本質は少しも変らないのである。第一、学校の先生、また家の親の心がエゴイストである事は全く変らないのである。ここに、どうしても人間そのもの、先生も保護者も心が変らなければならない。エゴイズムである人間そのものが変らなければならない。

この時、キリスト教の言う福音（喜びの音信）が登場するのである。「人を教えるものは自分が神から教えられるを要す」ということであります。大使徒パウロはローマ書二章に之に通じる言葉を述べています。これは、人の親となり師となる者にとっては、永遠に生きた真理である。

話が大分長くなったので一飛びに飛んでしまうが、イエス・キリストが救い主である事を知ってこそ、人間がそっくり変るのである。これを新生というのであるが、先生の考えが変り、親の考えが変る。もっと突っ込んで言えば愛というもの、その性質が変るのである。いわゆる愛情という、自然性（エゴ）の愛が救主イエスの愛に結びついて変化するのである。親の愛について、アウグスティヌスという人物とその母親モニカの例を見てみたい。

アウグスティヌスは四世紀から五世紀にかけての初期キリスト教界最大の司教と言われるようになった人物であったが、若い頃は修辞学の教師をしていた。母モニカは敬虔なカトリック信徒であった。ところが、彼の青年時代は、母親の願いその熱い祈りにもかかわらず、誠にただれ切った生活の連続の上に、さらに母親の心を痛めたマニ教という邪教に心を奪われて母親をして絶望せしめる迄に到ったのである。しかし、キリストを信じる母モニカは、絶望的な溜息をつきながらも、自分の祈りの聞かれる時は吃度《きっと》来るであろうという仄《ほの》かな望みを失なわず、長い間我子の正しい信仰（キリスト）に立ち返る様に日夜連続の祈りの生活であった。遂にモニカの祈りが天朝に届いてアウグスティヌスがマニ教を捨て、ただれ切った生活に終止符を打ってキリスト教を信じて洗礼を受けたのである。母モニカの喜びは想像に難くない。その後、間もなき頃に、アウグスティヌスはアフリカに暫く帰らなければならない事になり母親にも同行を勧めたが母親は愛児の願いであるにもかかわらず、母親は愛児の願いの為に何年も愛し子のために祈りの生活を続けたローマの地を離れる事はできなかった。母子三人の中で彼女はきっぱり断わって、「私はお前の為に泣いて祈ったこのローマを去る事はできない」と言って動かない。地中海に面した旅舎に滞在していたのであるが、船の出帆する前夜でしょうか、母親は持病の発作で倒れたのである。

アウグスティヌス等が母親を慰め励まして頻りに「大丈夫だ気を取り直して丈夫になってくれ」と言うのであるが、母モニカの言葉は（アウグスティヌスに対して）「お前が神の憐みによって私の長い間の祈りは遂に聴かれた。最早、私にはこの世に生きる望みはなくなってしまった」と言い、さらにモニカは切れ切れに言葉を続けて、「私の死後のことをかれこれ心配するに及ばない。しかし、唯一つお願いがある。それはお前達が何処へ行っていても常にキリストの前に私の名を覚えて下さい。唯これだけ、外に何も言い置くことはない」と言うのであった。これが母モニカの最後の言葉であった。

さて、このモニカの息子に対する愛は現代的に言うならば一個の市民（平民）であろう。英才とか偉人、君子というのではなく神の民としての一個の市民であろう。マタイ伝六章一九節から二四節に「汝の宝のある所には、汝の心もあるべし。身の燈火は目なり。この故に汝の目正しくば全身明るからん。然れど、汝の目悪しくば全身暗からん……」という勧告がある。勿論、これは弟子達一人一人に向っての教えであるが、しかし、ここにこのテキストを取って母子、親子の関係にして考える事もできるでしょう。子供は親の宝である。失礼な言葉かも知れないが皆様にとっても我子以上に大事なものは他にあるのでしょうか。皆さんにとって、「汝の宝を天に積め」は皆さんの子供が悪い虫等によって損われない者に成る事を願うことではないでしょうか。「身の燈火は目なり、故に目正しくば云々」を親子の関係に考えれば、目が親（母）であり身（全身）は子供に考えられる。目は即ち親が子に対する念願であり、教育の方向であり、目当てである。家庭教育は方法にあるのでもなく、又教育するぞという意識からでもなく、家庭の生活そのものからでありましょう。子供の教育は結局親自身の問題であります。親（母）の子に対する考え、即ち、親の子に対する愛の如何という事に落ち着きます。この親の愛が昔の立身出世式でなく他人と共に、社会人として善いウソのない役に立つ人間（市民）に、自分の利害、自分の名利のみに固まらない人間（民主的市民）にと心の髄から考える祈り（愛）を持つという事が一番大事だという事であります。しかし、悲しいかな、既に初めに言った様に私たち人間は本当に心の髄からエゴイスト（自我）であります。ここにキリスト教（福音）が登場するのであります。その事は手っ取り早く直ぐに理解されないかも知れないが、教会において聖書に親しみ、キリスト・イエスを知る様になれば、第一に、キリストの救いというものに与り、そして、子供に対する健全な正しい、朽《く》ちない、不動、永遠な念願（祈り）に生かされ、子供は、その健全な母親の愛の中に、相互の信頼の中において、人生出立の根元的で基礎的な生育をする事ができるのであります。人を教える者は又自ら神より教えられるべきでありましょう。神、それはイエス・キリストであります。

【編注】この説教題は柏原教会より指定されたものである。

神の国（性質）について

マルコによる福音書四章二六節―二九節
昭和三五（一九六〇）年六月（日付不詳）長野教会説教

（朝露を浴びる花）

また言い給う「神の国は、或る人、種を蒔くが如し、日夜起臥するほどに、種はえ出でて育てども、その故を知らず、地は自《おの》ずから実を結ぶものにして、初には苗、つぎに穂。ついに穂の中に充ち足れる穀となる。実、熟すれば直ちに鎌を入る、収穫時の到れるなり」

（マルコ伝四・二六―二九）

神の国はどんな国か？　それは他人事ではなく、また、私たち人間の議論では理解のつかない国である。しかし、聖書は極めて簡単に「神の国は人間を救う為に存在する国だ、神の支配する国の事だ」と言い切るのである。キリストの十字架、罪の赦し、キリストによる復活と新生等々、神によって処理されるこれらの救いに関して根本的なポイントを窮極に搾ると、救いは神の国への一点に搾られるのである。だから、マルコ伝にはイエス・キリストの救いのメッセージとして「時は満てり神の国は近づけり。汝等悔い改めて福音を信ぜよ」（マルコ伝一・一五）とイエス御自身の言を冒頭に掲げてある。

神の国は神の支配する国であり、この世は人間が人間を支配する国であるから、両者は対立して互いに譲らない。だから神の国の人となる為には、人間に「この世から神の国へ」という決断が必要になる。この右か左かという人生の方向を全く転換しなければならない立場に私たちが置かれるから私たちはイエス・キリストのメッセージ（福音）は「終末」だというのである。私たちは信仰は意志的だというが、それは人間にとって信じるか、信じないかの何《いず》れにか決断するより外に選択の道はない場所に立たせられるからである。キリストの招きを受けるか受けないか、受けて救われ拒否して裁かれるかという危機に立つ事を終末だと言うのである。ただし、裁かれるからとて地獄という特殊な場所があって、そこへキリストによって投げ込まれるといった様な事を信じた時代は過ぎ去って、信じて旧い昏迷《こんめい》の状態から新しい光の世界に生き帰り、信じなくて旧態依然たる状態に取り残されるという意味である。この状態は聖書は「信じる者は裁かれず、信じない者はすで裁かれたり」（ヨハネ伝三・一八）、と教えている。

だから、神の国に救い入れられる為には、この世の事にこの世の物心に強い関心を持ったままではその関心事が邪魔になって入れないのであり、自分自身がこの世の思いに一杯になっている私たちであるからその邪魔物を払いのけなければならない。従って、イエス・キリストが来り給うて「我に来れ」、そのままの姿でよろしい、お前自身の行為、動行が悪いだの、お前の品性、教養、人格ができていないなどを心配しないで、「そのままで来なさい」と招くのである。この招きの言葉は私たちの意志を要求される言葉であって、新旧を決定する人生の危機に立つからキリストは終末であると私たちは言うのである。如何《いか》にも、終末は旧き人に終りを告げて新人に立ち上がる終止符である。だから、イエスの神の国は終末であるのだ。

私たち人間のあらゆる考え、学問教養、最高最善最深なる精神的な美しきものを動員し結集して数え挙げても神の国とはならない、否その代用にも役立たない。たとえ人間が人間であることの本質的のものとされている倫理道徳を理想として追求しても神の国ではあり得ないし、神の国の代用たる価値すらも克《か》ち取る事もできない。神の国は終末だという事は超自然、超歴史を意味して、この前には有無を言わせず諾否《だくひ》の二つしかない事を意味するのである。人間の考えや努力は如何《いか》に高く大きくとも絶対永遠の価値を持たない暫定のもの、過ぎ行くものであり、これを相対というのである。

冒頭のマルコ伝四章のイエスの譬に帰るが、まず第一に注意しなければならない事は種が生え出るも、成長するも、実を結ぶ事も、自然の法則すなわち生物学的の進化論の立場を取って理解してはならないという事である。勿論、イエスの心に生きている父なる神は万物の造り主なる神であるが故に、「地はおのずから実を結ぶもので……」と種の生育を述べられているのであるが、ここでは、その様な自然発生を言うのが目的ではなく、「神の国は地に種を蒔くが如し」で言われていることは、蒔いた人間が、日夜起き伏しているが、知らぬ間にその種が生え育つ様に、神の国は全く人間に関係なく神の力（奇跡）によるのであって、寸毛も人間のお手伝いを要しないという事である。それのみでなく、マタイ伝一三章二四節から三〇節には麦と共に毒麦も生えたとの不満をいう僕《しもべ》に対して、主人は「両《ふた》つながら収穫まで育つにまかせよ」と言われて神の価値は人間の働きによるものでなく、神の力のみによるのである事を言い聞かしているのである。

如何《いか》に立派に巧者《こうしゃ》に組織された社会も国際連合的な機構も神の国の代用にならないのみでなく「汝尚一つを欠く」と、優しいけれども深刻なイエスの警告の下に在るのである。この神の招きは「我を信ぜよ」の一言であり、パウロは「人の義とされるのは信仰のみ。信仰から信仰へ」と叫び訴える。私たち神を離れた人間に向って意志の動向を揺さぶるのが神の国へのイエスの招きである。

神の国は神の愛の働きのみで、それは奇跡であると言わねばならない。人間の合理主義を退りぞけて、ただ「信ぜよ、然《しか》らば」というのである。問題は私たち人間はとにかく「この世」の方向に向うという功利的、自己的の強い傾向を持っていることである。だから、キリストにおいて、神は私たちの仕事や行為に対してでなく大きく「廻れ右」を呼びかけて「そのままで宜《よろ》しい」と憐み給う。だから、私たちは自分の可能不可能の思案に右顧左晒《うこさべん》する事なく思い切って廻れ右をして神（イエス）に直面しなければならない。マルコ伝一章一五節の「悔い改め」とはこの回心の意味の外のものではない。しかし、その回心も実は私たちに対するキリストの愛の働きであって奇跡（ミラクル）といわねばならない。私たちの力ではない。意志の決断もキリストの愛の働きがあっての事であろう。話は少し逸れますが、キリスト者は選ばれた者だと言われている。また、信仰は意志的だというけれども、だからといって信仰も悔い改めも人間の方の決意だと考えるのは大間違えである。キリストの招きに「応」と答えるその心のドア（扉）を開いてくれたのはキリストの愛である。招きも心を開く事も神の恵みによるのである。選ばれた者を昔から聖徒・聖者と言い慣らされて来ているが、しかし、聖者という本当の意味は立派な聖人君子だとの意味ではない。選ばれて神の義を与えられた者、すなわち、聖人君子でないけれど、心の方向を人間から神に向ける事だけで聖者として神は私たちを遇《ぐう》してくれるとの意味である。

かくして、神の国は人間の考えや努力で建設する事も発展させる事もまたこれを守る事も破る事も絶対にできない。ただ人間は、神の国は近づいた、ここに来たと言い得るだけである。神の国のすべては超自然であり超歴史的である。強《し》いて言えば私たちは素直にこの招きを受けるだけである。神の国の比喩をイエスは外の所でからし種やパン種に譬えて教えられているが、それも矢張神の国自体の能力《ちから》をいうのであって人間の働きではないと言われている。すなわち、その働きが奇跡というのだ。奇跡（ミラクル）を瓢箪から駒の飛び出す様な事と考えるのは馬鹿げた事であり、それはマジック狂信、もしくは妄信というべきものだ。

然《しか》らば、神の国には何が起るのであるか、如何《いか》なる徴が現われるかという事は、ユダヤ人の大事な問題として弟子達までが重ね重ね質問したのである。勿論、イエス御自身彼らと民族を共にし時代を共にして居られた故に神の裁きの日といった事も考えられ、彼らと等しく待望のメシアという事も考えられたばかりでなく一応はその様な理解を持たれたと想像される。現に、イエスは「人の子」という語をメシアの言葉に代えて使われ、かつ御自身の事を意味されて、この人の子の到来と共に審判が伴うという事も暫時の間言われた事がある様に福音書には記されている。神の子が現われて天に栄光が輝き、地に死人は甦り、悪しき者は裁かれるという考えは特に晩年時代のユダヤ人の待望の黙示的な信仰観であった。イエスもこの祖国人一般の持っていた待望の恐るべき終末に全く無関係ではあり得なかったであろう。

しかし、ここに私たちが注意しなければならない一事を見落してはならない。それはイエスの終末観には地獄の裁きや念の入った天上の栄光という事は触れられていないという一事である。イエスの終末観には神託の様な秘教的な未来観や終末観は加味されていないのである。イエスにおいては人間の神秘的想像から生れるお託宣的な終末的未来観は徹底的に排除されている事を我々はイエスの言、その人格、その業において見なければならないのである。イエスはこの様な黙示的な未来観から来る「神の国は何時《いっ》来るか、如何《いか》なる徴で」といった信仰姿勢に対しては厳しく警戒されている。すなわち、ルカ伝一七章二〇節から二一節において、神の国の何時《いつ》来るべきかをファリサイ人に問われし時、イエス答えて、「神の国は見ゆべき状《さま》にて来らず。また『見よ、ここにあり』『あそこに在り』と人々言わざるべし。見よ神の国は汝等の中にあるなり」と言われている。同じ章の三三節から三五節には、

「おおよそ己《おの》が生命を全うせんとする者はこれを失ない、失なう者はこれを保つべし。我汝等に告ぐ、その夜ふたりの男一つの寝台に居らんに、一人は取られ、一人は遺《のこ》されん。二人の女ともに臼《うす》ひき居らんに、一人は取られ、一人は遺されん」と言われたとある。

また一七章二二節から二五節には、

汝等人の子の日を見んと思う日来らん、然れど見る事を得じ。その時人々汝等に「見よあそこに、見よここに」と言わん、然れど往くな従うな。電光の天のかなたより閃《ひらめ》きて、天のこなたに輝く如く、人の子もその日には然《しか》あるべし。然れど人の子は先《ま》づ多くの苦難を受け、かつ今の代《よ》（世）に棄てらるべきなり。

と宣《せん》せられている。この言の中に「人の子」はイエス御自身を意味され、終末の意義はそのイエスが捨てられる一点に救いの頂点がある事を味読しなければならない。さらに、同じルカの二二章一四節から二〇節まで読んでイエスの十字架の死を考えるならば、一切の疑問は押しつぶされ解消されて、イエスの招き給う神の国は当時のユダヤ人の考えているドラマチックな事件に在るものでない事を洞察しなければならない。人間の想像から生れる時の「徴《しるし》」だの「地獄」という事にイエス御自身は少しも興味を持ち給わない事、神の国は、イエスにおける無限の神の聖愛の招き（ミラクル）であって人間界のすべてを超越した事件、すなわち、超歴史的神の恩寵が、歴史の中に、イエス・キリストによって建てられた事が明らかであり、私たちはただ、この招きにイエスかノーかの終末の一点に立つ事を知らねばならない。この事実はイエスが私たちに示されている主

の祈りによって愈々《いよいよ》明らかである。キリスト教は祈りの宗教だとも言われるその祈りのお手本である主の祈りには「天にましますわれらの父よ、願くは、御名の崇《あが》められん事を。御国の来らん事を。御意《みこころ》の天になる如く地にもならん事を」と神の栄光を讃えかつ祈って、次に「我らの日用の糧を今日も与え給え。我らに罪を犯す者を我らの赦した如くに、我らの罪をも赦し給え。我らを試みに遇《あ》わせず、悪より救い出したまえ」（マタイ伝六・九―一三）、とある。この祈りの何処《どこ》に私たちは敵対民族を予想して、それに対する天よりの審判を期待する民族的独善の黙示的終末観を探す事ができようか。

この講壇の終りに当って、もう一つ注意すべき事に気がつくのである。それは、マタイ伝一〇章五節、同じくマタイ伝一九章二八節から二九節にある弟子の派遣[1]の事である（マルコ伝、ルカ伝等は省略して）。この派遣の記録の中に在る「異邦の道《みち》に行くな」、「イスラエルの失なわれた羊に行け」（マタイ伝一〇・六）とある事と一九章の終りにある十二の座位に座して十二支族を裁かせるとの言である。しかし、これらの記録について私たちはこの記事には早期教会の希望が反映したものであろう事を考える必要はないだろうか。何としても主イエスに関する限り、御自身が「裁く救い主」であるなど毛頭考えられないからである。しかし、同時にこれらの記録によって早期教会の史的記録は、イエス御自身の宣教がイスラエル民族に限定され、イエス御自身が宣教の主体であったということの確かな史的根拠になっているのである。選民としてのユダヤ民族に宣教が限定されていたが、教会創始から相当に年代を経過した原始教会の末期に近づき、深刻な迫害下において異邦伝道が始められたのであろう事はパウロ書簡で理解されるのである。これらの事はギリシャ人がキリスト教会に仲間入りを希望する者に対して母教会では割礼を強いた事でもわかるであろう。この事はガラテヤ書二章一節から二節を熟読玩味すれば首肯《うなず》ける事である。イエス御自身は全人類の救済の為に来られた。しかし、その手ほどきとして神の選民として特殊に選ばれた民族から手をつけられたのである。このイエスの神の国建設の聖意を継承して、ペンテコステを出発として教会に福音を生かした早期の弟子達は能く神の聖意を万世に生かす偉大な業に与り得たのである。しかし、旧いユダヤ主義の伝統の臭味から抜け切れない点があったであろう彼らは、イエスの聖意を完全に知る事のできないのはまたやむを得ない事であろう。イエスは全人類救済の使命を持っておられた事はガリラヤ伝道の民族的限界の中にこそ洞察された筈である。然《しか》るに、彼らは何時も割礼を問題とする小天地に独善的民族エゴイズムを抜け切っていなかったのか。

【編注】（1）原文では「選択」とあったが意味不明なので「派遣」にした。しかし、一九章の方と整合性がとれないという疑問は残る。

神の国の到来

然らば、その神の国はどんな様にして来るのかまた何時来るのかの質問に対しては、

「神の国は見ゆべき状《さま》にて来らず。また見よ、ここにあり、あそこに在りと人々言わざるべし。見よ神の国は汝等の中に在るなり」

と言われている。……平和ならざる我等がキリストを信じる事によって心の髄《ずい》が変化して平和を愛好するものに生れ変る事を意味しているので、具体的な証として天上天下真に平和の国はキリストを頭とする主の体なる教会の交わりの中に存在すると言う事ができよう。すなわち、神の国はユダヤ人が考え待ち望んでいた様に異邦人を裁く地獄の審判と共に来るのでなく、イエスの名があがめられ信ぜられる事だけで各自が神の国のメンバーになるのであり、そのことが信仰する事で現在するという内なる心の問題であり、未来に待つ事でなく現在の問題であるのである。

『遺稿集上』「神の国は何時来るか」より

弟子達への告別の言《ことば》

ヨハネによる福音書一六章七節―十一節
昭和三六（一九六一）年（月日不詳）長野教会説教

（眠り）

されど、われ実《まこと》を汝らに告ぐ、わが去るは汝らの益なり。我去らずば助け主汝らに来らじ、我ゆかば之を汝らに遣わさん。

（ヨハネ伝一六・七）

イエスが受難を前にしての神の国を宣べ伝えるべき使信者たる弟子達への告別の辞である。「今我は遣《つか》わしたる者に行く」とのイエスの言の真意を解するまでに至っていない弟子達には、この告知は誠に一大ショックであったろう。ガリラヤ伝道の開始以来、日を重ねるに従って彼らを取りまく周囲、特にその官権、宗教的権威者の誤解が積もり積もって反感から悪意にと進んで来る時に、「我を遣わし給う者に行く」との突然な、余りにも突然なイエスの言は何と応《こた》えてよいか弟子達は不安不明の恐怖(おそれ)に圧倒されたであろう。ヨハネ伝によると、イエスは屡々《しばしば》「我を遣し給いし者に行く」との事をファリサイ人に告げているが、弟子達に告げたのは一三章三一節から三五節が最初ではないだろうか。そこには「汝等は我が往く所に来ること能《あた》わずとファリサイ人に言いし如く汝等にも然《しか》言うなり」とあって、さらに「我汝等を愛せし如く、汝等も互に相《あい》愛せよ」と新しき愛の戒《いまし》めを与えている。この言によってペトロとの例の有名な問答が起った。三六節から三八節を参照されん事を。しかし、「イエスの往く」は弟子達も、一六章の一三節から一五節等を見ればわかるように、重ね重ね聞いてはいたのだが、イエスの十字架の死に関連して深刻に考える事もできず、従って、「先生が行く所へ私たちが行けない事はない筈ではありませんか。私は何としてもお供をして参ります」と力み返る事のできる状態のものであった。弟子達は周囲の険悪な状態から先生を危害から守る為に身命を抛《なげ》うってもといった程度にしか考えられない状態であったと思われる。然《しか》るに一六章の「我を遣わし給いし者に行く」は、弟子達に後事をゆだねる最後の告別の辞である。師の受けるべき苦難はまた弟子の受けるべきものである。倒底人間の意志決断などで受け止められる種類の迫害や苦難ではない。この受難の出来事に躓かないようにする為のイエス今生《こんじょう》の遺言である。弟子達はイエスの言の意味がわからなかったので、それだけに、不安と驚怖《きょうふ》が大きかったであろう事も想像される。この弟子を慰め励ます言こそが「されど、我実《まこと》を汝等に告ぐ、わが去るは汝等の益なり。我去らずば助主《たすけぬし》なんぢらに来らじ……」であったのである。以下一六章の終りまでは、助け主、すなわち、聖霊に関係して諭される。記者ヨハネのこの場の記述を正しく受け取る為に、私たちは「我実《まこと》を汝等に告ぐ、わが去るは汝等の益なり。我去らずば聖霊は汝等に来ない」という表現に特に注意を要するのである。一三章の三三節から三五節において、イエスは「若子《わくご》よ我なおしばらく汝等と共にあり、汝等は我を尋ねん、然《しか》れど我かつてユダヤ人に『なんじらは我が往く所に来ること能《あた》わず』と言いし如く今、汝等にも然《しか》言うなり。我新しき戒《いまし》めを汝等に与う、汝等相愛《あい》すべし、わが汝等を愛せし如く汝等も相愛《あい》すべし。互に相愛《あい》する事をせばこれによりて人みな汝等の我が弟子たるを知らん」と言い給う。

しかし、果して誰がイエスの愛の如き愛に生きる事ができるであろうか。人間の愛情を、どんなに向上させて考えて見た所でエゴが本質的塊である。その事は勿論イエスは御存じの事だ。それにもかゝわらず、ここで「我汝等を愛せし如く汝等互に相愛《あい》せよ。その事によってお前達は神の国の使者としての事実を内と外とに明示する事ができる」と言われた。このイエスの言外には、正に本講壇のテキストである一六章に記されている助け主（聖霊、超歴史的イエス）が彼らに働く事を暗々裡《あんあんり》に謳《うた》われての言であると想像する事ができよう。

さて、この辺で聖霊について考える。このテキストの示す様に、地上のイエスが去って天上のイエスが弟子達（すべてのキリスト者）にも来るというのである。歴史的イエスが、もと居られた所に帰られて改めて聖霊（キリストの御霊）が信じる者に働くという事である。聖書で理解すれば、人となって有限の世界に我ら人類の贖罪という罪の赦しを完遂《かんすい》されて父に帰り、そこから歴史を超越してこの福音の救いに招き助けを与える永遠に生き給うキリスト、それが聖霊だというに等しいのである。ただの一度だけ歴史の中に成し遂げた救い主イエスの業は永遠にこれを信じる者に対して不変の救いなのである、それは聖霊によってであると言うのである。聖霊と言えば何か不思議な作用が私たちの中に加えられるとか、起こると考えられる言葉であるが、それは、信仰ではないとまで批判する事は控えるとしても、断じて健全なキリスト信仰とは言えないのだ。聖霊の降下は私たち人間の神学論的思索や我らの宗教的な心理的な神秘と言うようなものではない事を記者ヨハネは考えていたのではないか。第四福音書記者を神秘主義者だと言う者もある様であるが、もしヨハネに神秘主義の言葉を呈するならば、神話的、あるいは幻惑的な不健全な意味のそれであってはならないと私は信じる。「神人《ひと》となった」という受肉（インカネーション）が奇跡であり神秘である。この場合は、私は奇跡と神秘とを同質に考えて、人間の合理、理性の知解の中の事ではなく神から、神のみによる能力《ちから》であり業であると考えるのが適切であると考える。恩寵が奇跡である。神秘という言葉を「不思議な」と解するは誤りである。「不思議」を、即《そく》、非合理な事と考えるのはセッカチな結論である。如何《いか》にも信仰は理性的合理的のものではない。しかし、それは人間の如何《いか》なる働きも入らない神の一方的な愛の業で、人間の理性を超えた事実なのである。「非合理だ」との言葉は人間の理性によるものでなく、人間の理性では理解できない事実を言う事は確かである。しかし、その非合理だと言う事を「ムチャだ」という現代的意味を持つものではない事に注意しなければならない。信仰は理性に反し理性を敵視するものではない。理性を超えて信じられる確かな証拠がなくして、すべてを信じる事はできない。キリストの救いにおいては、キリストに出会って「否」は無いのである。私たちがキリストが救い主だというそのキリストの歴史的事実が信仰への確かな証である。だから、非合理という事をキリストの福音に押しつけてはならない。むしろ、キリストにおいては極めて合理的な事、神の救済に相応しい事実である。パウロは言う「神のおのれを愛する者の為に備え給いし事は、眼未だ見ず、耳未だ聞かず、人の心未だ思わざりし所なり」（コリント前二・九）がこの事であろう。

奇跡という事も同様に考えるべきである。手品師の様にお化《ば》けといった様な幻影的の事ではないのである。神秘の条《じょう》で考えた様に恩寵が、すなわち、奇跡である。神の聖意に叶わない者に、神が一方的に罪を贖い赦すという神の愛、それが奇跡である。人間がこの救いの業に全くお手伝いをする余地なき、驚くべき神の愛、その業それが奇跡であろう。新約聖書の各所に記録されている奇跡的なパラブルなどに躓く前にイエス・キリストの救いの業が奇跡であり、キリスト御自身の降下が一大奇跡である事を考えてイエスの真相に触れるならば不可解な奇跡といった小さい部分は氷解するであろう。否、却ってその不可能な奇跡的記録によって今までよりも一層キリストの御意志に近づく事は確かであろう。聖書旧新約六十六巻は神の人類救済の奇跡の記録であるからだ。重ねて言う、聖書の奇跡を私たちが考える場合に、それは「神の力が人間に加えられるというイエスの人格、その言、その業を一括する恩寵の事実」を意味すると。

少し長くなって助け主・聖霊問題が途切れた感じであるが、テキストの助け主、聖霊もやはり神秘や奇跡の理解と同質に考えるべきであろう。すでに述べた様に、聖霊降下という事は神学的思索に係る問題ではなく、また、神秘主義的（通俗的な意味で）、心理的気分といった何か変った一種の心理作用が中に起るといった馬鹿気た事でもない。勿論、宗教生活の中にはその様な事が時々はその人の性によってあり得るであろうが、それはここで考える健全な意味での助け主ではない。我らがキリスト降誕から千九百六十年を過ぎた今日、なおイエスはキリスト（救い主）だと信受するその事がすなわち聖霊の助けであるのである。今ここに在まさぬ主イエスに祈りを捧げ感謝を捧げる事はすなわち聖霊の助けであろう。さらに具体的には、パウロのローマ書七章によって我らもその質においてはパウロと同様の告白を現に今持っている、それは私たち自分の方からの何物でもなく、ただイエス・キリストにおいてのみできる事を意味し、このイエスの救いの業は千九百年程前の歴史的事件であった、その出来事が今なお我らに生かされているという事実である。これは、生けるキリスト、すなわち、聖霊の働きというのである。ヨハネの記録においては聖霊という事は生ける真理（キリスト）に対してイエスの贖罪以来永遠に新しいインサイト（洞察）によるとの意味が暗示されていると思う。聖霊の力というものはパウロがコリント前書一章一八節で言う「神の力」の事であって、それは客観的にここにありあそこにありと私たちの五感によって知る事もできないし、気分的に考える事はすでに述べた様に極めて不健全な事であり、さらには人間の感情や気持で知る事実でもなく、福音を信じる事によって私たちの心の中に何事か起る、すなわち、変化が起るという事実を聖霊の働きというのであろう。元来、自己を神とする人間が、キリストの救いによって、心の貧しい者になり悔い改めが起る事実は総括的に聖霊の働きと言うべきであろう。しかも、イエス御自身が弟子達を励ます為に、その別離の言として、如上《じょじょう》の事実を誠に鮮かに疑う事のできない事実として遺された。それは、従って、永遠に主イエスを信じる者への励ましの勧告、生きている勧告なのである。

「かれ来らん時、世をして罪につき、義につき、審判につき、過《あやま》てる事を認めしめん」(八節)と言われている事である。罪につきてとは世の考えるような罪でなく、神を忘れ、神を顧みない状態、すなわち、諸々の悪が生れるあのアダムの楽園の木の実を食べた状態、つまり不信の状態であり、義につきてとは、ファリサイの如く「自分が義を行うぞ」という傲慢は打ち砕かれて、義は神から与えられるもの(ローマ書三・二一↓)を意味し、審判《さばき》につきてとは、この世の権力者のみでなくこの世の人に働く内外の悪が(罪が)亡ぼされる事を意味するであろう。信じる者は裁かれず、信じない者はすでに裁かれたりとの人生の価値の完全な転倒であろう。私たちは薄信の者ではあるが、しかし、イエスがバプテスマのヨハネを評価して「誠に汝等に告ぐ、女の生みたる者の内、バプテスマのヨハネより大なる者は起らざりき。然《しか》れど天国にて小さき者も、彼よりは大なり」というマタイ伝十一章十一節の状《さま》を見るのであるが、バプテスマのヨハネは神の国の先駆者と言われて悔い改めを説いて「斧は早や木の根に置かる……」と恐れの警告を叫ぶのに対し、私たちは「時は満てり、神の国は近づけり。汝等悔い改めて福音を信ぜよ」に従属する者である事実。この価値の転倒せる評価を私たち自身のものとして持つ事実に感謝して生きる現実の事実である。すなわち、助け主は直接に感じる事も知る事もできないものであって、神の力が我らの内に変化を起す事、証明する事はできないが経験として何事かが起った事を知る、これが信仰による神の子イエスの賜物であり聖霊だと聖書は教えている。

キリスト者の戦いについて

マタイによる福音書一五章一節―二〇節

昭和三六（一九六一）年六月一八日　長野教会説教（速記聴写）

（かたくりの花）

斯くて群衆を呼び寄せて言い給う「聴きて悟れ。口に入るものは人を汚さず、然れど口より出づるものは、これ人を汚すなり」

（マタイ伝一五・一〇―十一）

ここはモーセによって神から与えられた律法をどうして弟子達が守らないかと、ファリサイ人がキリストを非難しているところでしょう。

この律法というものは、人間がだんだん利口になって来て組織立って来ると、始めは簡単なものが複雑で細かいものになって来たり、またどんぐりの背比べの人間があっちからこっちから注文してやっかいで非常に煩瑣なうるさいものになってしまう。実際、キリストの時代には律法というものは非常にうるさいものになっていたということを我々は頭に入れておかなければならない。

食事の時に手を洗う、これは衛生的に考えて結構なことであって決して悪いことではないが、キリストはただそういう型にはまった生活はあまりやられない。鼻をかんだ手で物を食っていいということをキリストは考えていない。洗うべき時には洗うが、人を型に入れるということは大嫌いだ。キリストの権威というのは合理的に秩序を立て、一貫した理屈を述べるというようなことではないんだ。あの時はこうしようああ言おう等とあらかじめ用意なんかする必要はない。直接神の言を何の仲介をも要せず語り給うた。勿論、キリストに旧約やイザヤの影響はあったと思うが、その旧約の拘束は受けてはおられない。いわんや、ご自分で型にはまったことはなさらない。事に当って、その時に何人《なにびと》もこれ以上の態度をとることができないという方法がスーッとできる。それを権威と言うのだ。キリストは神から直接だ。いいですか。直接にキリストはその息吹も呼吸も、その行動もその言うところも一挙一投足も、平凡な生活も直接神につながっているものである。ここにキリストの権威がある。全く無比なる人格である。

これは旧約を決してバカにしているんではない。そういうことに縛られない、もっとそれより高い、モーセよりダビデより上のものである。本能的に出て来るキリストの言の直接性、ここに私たちは生まれながらにして一個の奇跡的イエス・キリストを見るのである。私にも聖書に書いてあることをそのまま受け入れられないものがあるが、このキリストの直接性、キリストの言は本当に神の言である。キリストは神の人だ。神聖なる方である。神の子というより外仕方がないということだけは、一点の疑いも持たない。私にとって、これはぐらつかない。

さて、マタイ伝一五章一節はファリサイ人達がキリストの弟子が食事の時に手を洗わないで、伝統・伝承を守らなかったという理由で「それはお前が悪いからだ」とキリストをなじった。それに対して、キリストは、四節と五節で、お前たちはモーセから来た律法を重んじると言いながら父母《ちちはは》に向かって「私たちの父母《ふぼ》として負うものは神に捧げ物をしたから父母《ちちはは》には何もしないぞよ」と言って平気でいる。そんな親不孝な態度を取って神の本当の精神を空《むな》しくしているではないか。却っていましめを犯しているではないか、と彼等に反論している。そして、キリストは八節から十一節までを諭されたが、弟子達もその意味がとれず、なおキリストに質問したので一八節で「口より出づるものは心より出づ、その心より悪しき念いづ……」と、悪事は人間の心から出て来るんだと答えておられる。それで、この問題を取って私はここで「キリスト者の戦い」というものはどういうものかということを考えてみたいと思うのです。

「人間の語る言葉は人を害する、それは人間の心から出て来るからである」というキリストのこの言を聞いて誰もが考えることは「キリストの言うことは余りに甚だしい言葉ではないか、人間というものは善悪を知って善の力で悪を克服しようとしているではないか」ということであろう。ところが、ここでキリストは「人間の思いは悪い」と一方的に言っておられるのである。これはキリストが人間のロジックで計画的に言われたものではない。ここでこのように言われたのはこのファリサイにはこのように言われることが最もよい事であったから言われたのである。

マタイ伝九章一〇節から一三節までと、今言った「人の口より出づるものは人を損う」ということは結局同じことを言っているのであります。キリストは「我憐みを好みて、いけにえを好まず」と言われたのは、お前たちは礼拝々々と言って敬虔な態度をしたり立派なものを捧げ物としているが、お前たちは心の内で鼻をうごめかし得意になっているではないか、自分で特権階級だと思っていい気になって本当の神を持たない状態である。変な意識を持って難しい律法をやたらに作ってそれを形でだけやって、自分は善い人間だと思っているではないか、と暗にほのめかしてのことでありましょう。これはもう鼻持ちがならない。教会も教会人も気をつけなければ始終そういうような危険を冒す恐れがあるんだ。そういうファリサイに対してキリストがここで言われたことは「人の心より悪しき思いが出る」である。最も適切に言われている。それは結局どういうことかというと、この時分の人達はモーセの与えた律法を守って義をたて神に喜ばれる人間になろうとして一生懸命であったからである。キリストに出会った者には、人間の心から悪しきものが出るということは無条件に受け取れるが、普通の人の心はそのような状態になっていない、むしろそれを聞いて反感を持ってくる。

だからキリストはある意味においてはファリサイ人に対してサジを投げていたんだ。（しかし、そのファリサイの中でもパウロのような者はいきなりキリストは捉まえてしまうのである。）

恩寵に対する不感症。神の恩寵に対して不感症の立場が宗教的立場で現れた時にこれをファリサイという。この世に倣《なら》うなとパウロの言っている本当の意味は、間違って行動してはいけないぞ、正しい行ないをしなければならないぞということではなく、私たちの善悪の背景にある根本問題を言っているのである。

人間は自分の善をもって悪を克服しようという姿勢・態度がこの世では一番大事と考えているが、しかし、これこそ恩寵に対して無感覚な状態なのである、神の恵みに対してのマヒ状態である。その心から悪が生まれ出て来るのである。エゴという肉の思いの悪が生まれ出て来るのである。現代人はこの悪をも克服して善の方へ持っていくことができると考えている。イエス・キリストの言われたことは無理のようであるがそうではない。それに気付かないことが無感覚というのであります。この恩寵に対して無感覚な状態になってはいけないぞ、とローマ書一二章でパウロが我々に勧告している。この世の考えで見て、この世の型に鋳込まれてはいけないとキリストは言っている。ヨハネ第一書五章四節から五節には「世に勝つ者は誰ぞイエスを神の子と信じる者にあらずや」とある。人間の心から悪しきものが出るということの意味は人間が対社会、対人関係において道徳生活において一番いけないことはエゴイズムだということである。自分勝手の人間がどうして自分の力で悪を克服することができようか。できる筈がないではないか。キリストの恩寵に対して不感症的立場を取っているファリサイは自分をいいものと祭上げてしまって、いけないものは何でも外から来ると思っている。反対に、キリスト者はそうではなくして、総ての戦いは自分の中になくてはならないと考える。総て内から外から苦難が来る、誘惑が来るのです。しかし、誘惑に負けるということはこっちが負けるということだ。こっちがしっかりしていれば如何《いか》なる誘惑が来てもよい、それは自分の責任であると考えるのはキリスト者である。キリスト者である我々の戦いは自分の心の中の戦い、自分のエゴに負けぬためである。これは自分の力ではできない。キリスト者は自分の力を知り、それをどうすることもできないということを、キリストにおいて知っている。骨髄に徹して知っている。そこで、我々はこの我々の東天にそびえる富士山よりも高く、何千尋の海の探さにも増して深いキリストの愛に喜びを持ちたいものである。そこに始めて、世に勝った勝利は我らの信仰なりとイエス・キリストにまかせてこれに信頼した時に生じるんです。いいですか、やっぱりここでもキリストが言っていることは、人間の罪、神を離れていい気になっている人間の罪の状態であります。

キリストは自己否定なぞということをちっとも言っていない。また我々もそういう言葉をやたら使ってはいけない。抽象観念で言ってはいけない。自己否定、自己放棄ということを哲学や神学で言っていることを聞くが、私はそういうことを言うことが「いや」になった。私も前には盛んに言ったことがあったが「いや」になった。自己否定などということは人間の観念的なものである。直接神を我等に示して下さった人格につながらなければならない。それは今も生きて我等に働きたもうその聖霊である。そういう風に考えて、キリスト者としての喜びを福音という言葉で新しく考えたいと思います。

福音について私はローマ書一二章を見ようとしてカルヴァンの注訳書に面白いことを言っているのを見た。そこには、「ギリシャ思想というものはすばらしい人間の歩むべき方向を与えてくれた。しかし、それには根底がない。ローマ法王党の信仰もそれによく似ている。ローマ法王の旧教はあれこそ異端に近づくとも決して福音に近づいてはいません、とアウグスティヌスが言った」とあった。最も福音的な神学者であったカルヴァンがそういうことを言っている。カトリックが異端に近づくとも決して我々の考えているようなプロテスタントには近づかないと言っている。アウグスティヌスにはそういうことを言う資格がある。ローマ法王に、マニ教に迷っていた時におっかさん（母親）が泣いて泣いて祈ったわけである。そのアウグスティヌスがプラトンを読んで非常に喜んで、それに飛び付いていった。それは思想的だがキリスト教に似たところがあったわけで、それがきっかけになってマニ教を捨ててキリスト教に入った、そういう経歴を持っている。哲学者としても人格の美しいことにおいても世界唯一人のアウグスティヌスの言う言葉である。私たちも恵みに敏感にさせられたことに対して、喜びを持たなければならないということである。しかし、私たちは信仰を持ったからとて完全なる人間になりはしない。キリストは我等に完全な人間になれなぞということは言ってはいない。生まれ変わって方向を変えなさいといわれる。実際このキリストの恩寵に関係をもって我等の方向は変わっている。徹底してこれを受けて、真面目に受けて、この方向に手を引かれて行くのである。

《原注》右は講壇速記のそのままを整理されたものです。……でしょう。……である式に口語の調子外れは私の講壇のそのままで、私としては、であります、でしょう調にするのがよいと思うが、ここは速記そのままを貴んで。

クリスマスから学ぶ

我々はクリスマスだと言って喜んで騒いでいるが、その当時の様子はどうだったのでしょう。やがて正妻になるべきお母さんのマリヤ、その夫は貧乏大工である。その時マリヤは臨月になっていたんですが戸籍登録をしなければならなかった。ベツレヘムは小さな寒村だがその地の中心地になっていたのでそこで戸籍登録が行なわれた。そこへ行くには一、二泊はしなければならない。戸籍登録だからそこへは主人が一人で行けばいいのでマリヤは行かなくてもよかったのであるが、ヨセフはマリヤを連れて行きたかった。臨月であるがマリヤは非常に素直だから夫の言葉に従ってロバに乗って出かけた。行ってみたらその寒村の小さな宿屋はいっぱいということで泊めてくれなかった。ところが、悪いことにロバに乗って一日中揺られて旅をしたせいか、急に産気をもようして、居ても立ってもいられない。産婦は棺桶に片足を入れているくらいなものだと言われているが、安産ができるかどうかというその危急の時、部屋をわけてくれる人もない。仕方なく馬小屋へ行って、苦しんで馬槽の中に初児を産んだ。それがイエス・キリストだ、温い産湯もありはしない。お湯どころか水すらもない。冬ですがそこには子供をつつんでくれる布きれもない。風呂敷みたいなものでくるんでいたんでしょう。私たちは温い湯でぽっぽっと産湯を使うでしょう。それがない。冷たい汚い馬槽の中で呱々の声をあげたのがイエス・キリストであります。その時に如何に寒村の中であったとしてもこの危急を助けてくれる者がいないのか。みんな見て見ぬふりをしていたんだ。そこに集まって酒を呑みながら馬槽のうちで産児が泣いていたなど酒の肴の笑い話にしたかも知れない。呪われるべきベツレヘムよ。何とみじめな冷淡な者達なのだ。死ぬか生きるかと困惑しているマリヤ、どうしたらよいかとうろうろしている夫ヨセフ、弱々しく泣いているその赤児を誰も見てくれない。こういう世の中に対してキリストの言は本当に「凡ての口がふさがれ、全世界が神の裁きに服するためである」(ローマ書三・一九)。《口語訳》

しかし、イエス・キリストの啓示する神というものは、裁きの神ではない。救いの神である。この世に救いの愛をもたらしたのはイエス・キリストである。そのイエス・キリストの前に立った時には、人間の口はふさがれるのであります。人間の良心が本当に生きかえる。眼が醒めるのです。良心の自己反省というものが始めて生まれてくる。唯反省だ反省だなんと言ってもとんでもないことだ。本当に良心が目覚めて反省が行なわれるのです。それを凡ての口ふさがり、神の裁きに服するためだということができるでしょう。

そこで考えることは本当に孤独無縁、死ぬか生きるかというマリヤの苦しみの最中《さなか》に、その子供の成長も覚束ないうちに、その赤ん坊が馬槽のうちであげた弧々の声のもとに集まっていた者達に対して我々は、「呪われたベツレヘムよ、呪われた者達よ」と憤りを感ずるが一歩しりぞいて考えてみると、私たちがもしその場に居合わせたとしたら、果してどうだったでしょう。財布をたたいて産婦を助けたかどうですかね。今は我々はキリストの如何なるお方かを知っているから、ベツレヘムの光景に憤りを感ずるが、その当時のユダヤ人だったらどうですかね。決してそこに集まっていた人達より善い人間であったとは言えないのでしょう。当時、彼等以上のことはやらなかったと思う。このことを本当に考えた時に、凡ての口がふさがって、神の前に全世界が服するということがわかると思うのです。キリストの前に立った時に初めて、凡ての者の口がふさがるということを私は思うのです。その馬槽のうちに弧々の声をあげて母を呼んだその声が、全世界を変えてしまった。それは実に驚くべき、歴史的事件であったという事を我々は考えなければならない。

『遺稿集上』「《凡ての口ふさがる》権威の一語」より

キリストにおける「善き行為」について

（ある風景）

マタイによる福音書十一章二八節
コリントの信徒への手紙二　五章四節
昭和三七（一九六二）年六月二四日　長野教会説教

すべて労する者、重荷を負う者、われに来れ、われ汝らを休ません。

（マタイ伝十一・二八）

神の声を聞くという時は、自分の心持ちが静かに深く、自分のどういう者であるかということを考えなければ聴くことはできない。イエス・キリストが山や野原へ行って祈ったところにあるが、イエスは神と相対して語ったわけではない。キリストにある敬虔な心には、神が宿っているのだ。そこで神の声を聞くことができるんです。我々もそういうことができるでしょう。神の声を聞く者は、自分の深い心だ。聖書の一ページでも読んだ人は、自分が善行をやるぞ。自分には善を行なう力があるなんということは考えられない。その時にキリストはその心に宿ってくれる。そして、「よろしい。我に来れ」と招いて下さる。今日はその善行《よきおこない》ということについて考えて見たいと思う。

これはルターが始終言ったことですが「人が救われるのは信仰による」と。これはパウロと同じことを言っている。しかし、それはパウロやルターばかりでなく、イエス・キリストが善行をやれと勧めているところは一つもない。

マタイ伝五章一七節は、「我律法また預言者をこぼつために来れりと思うな。こぼたんとて来らず、反って成就せんためなり」とあるが、律法に従って善行をすることをバカにしたんではないですよ。キリストの救いの目的は、結局は、人間がエゴ（自我）の心を捨てて、善き行ないをすることにあったのですが、善き行ないは律法や道徳によってはできない、信仰だ。それで「我に来れ」とキリストは言って居られるのです。聖書のどこを見ても善き行ないを勧めたことは記録されてない。山上の垂訓がこの聖句に続いて書いてあるが一三節を見ればそのことがよくわかる。「お前達は地の塩だぞ世の光だぞ。だからお前達の生活を神に立ち返るようにしなさいよ」というのであって、善き行ないを説いているのではないんだ。善き行ないと信仰を離してキリスト者が考えてはいけない。キリスト者は信仰第一、信仰を離れて善き行ないはあり得ない。善き行ないを考える前に、自分の信仰を省みなければならない、信仰と行ないを別々に考えるから卒業したキリスト者に落ちてしまうんだ。残念だ。

最近同信の人の中に善き行ないをしなければならないということを考えている人の多いことを見るが、私は善き行ないをバカにしてはいないんだよ。私たちは善き行ないに対して、世界の道徳家の考えるような甘いものではなく、もっと高い厳しい評価をするんだ。だから善き行ないは容易なことではない。本当の無私なる行ないはできるものではない。しかし、人間としては善き行ないは大変大切だ。だが果して人はそれができるか。これは道徳や教育でもできないものである。そこで、キリストの十字架の赦しがなければならない。それだから、キリストに来て助けを求めるのであります。そういうことを出発に考えなければ福音はわからない。

そのことについて、ルターのことによって考えてみたい。ルターは自分で義を行なおうとする者に盛んに迫害された。善き行ないを説いているローマの法王党に迫害され破門された。そのルターの一番問題にしたことは、「信仰を持たない人はより多く善き行ないに努力をしなければならないか」であった。これは神学者としてルター自身の心の中の問題でもあった。そう詰問された時どう返事をしてよいかと苦心したらしい。そしてその答えとして「いくら善き行ないをしようと努力しても、人間には善き行ないはできない」と答え、「善き行ないをしようと考える前に、お前たちが自分で善き行ないができると思っているそのお前の心が打ち砕かれなければ駄目ではないか」と言っている。

自分で善き行ないができると思っていることは迷妄ではないか。それに対する可能性ということを考える人があったらどうですね。それは信仰者と言えるのか。迷いだ。その迷妄が砕かれなければ善行は生まれない。その迷いを砕かれた結果はどうなるか。本当に自分が心の中から肉とエゴで駄目だということがわかったら、その時、人に悔い改めが起り神の喜びに入るのだ。

トルストイがキリスト教は山上の垂訓だけでよいと言ったというがそれは馬鹿げた話だ。山上の垂訓は、信じる者に「地の塩、世の光だ」という勧告であって、善行の勧めであるより神の国の民としての喜びの勧めで、生活の可能性を示し、律法道徳に縛ることではない。ルターはさらに、「その善き行ないをするという前に、まずその自分の考えが打ち砕かれなければならない。その結果としてキリスト者は感謝し、告白し、懺悔がある。それがキリスト者としての最も善き行ないである」と言っている。そうではないですかね。この罪人が義人とされている。罪人だがしかし、同時にキリストによって義人である。この喜びを感謝するということがキリスト者の善き行ないのすべてであるということができる。キリスト者に善きことがあったとしたらすべてそこから出て来るものである。

信仰と善き行ないを分けて別々に考えてはいけない。そんな善き行ない等というものはキリスト者にはない筈だ。それを世間の人やキリスト教を卒業した者達は目くそほどの慈善をしたと言って、それを得意がって公言している。情けないことである。善き行ないをしようと考える結果はそうなってしまうより外はない。

善き行ないが果してできるかできないかということをよく考えてみたらいいな。神があるかないかなんということも、キリストは神と共に生きた人で、その魂の中は神でいっぱいであった。そうして、我々に対して一厘一毛も求めることなく、我々を救うということで十字架にかかった。その外に何が必要だ。哲学的な変なことを考える必要はない。キリストを見よ。キリストと同じように静かになって、神の前に自分の心を投げ出し感謝した時に、その時に始めて、自分には善い行ないができるというような心持ちが打ち砕かれて、善き行ないが為しうるような「可能性と熱意」と力が生まれて来る。自分には駄目だ。助けて下さいという心と、これを進んでやらなければならないという熱意がでて来る。その時にルターの言った次の言葉が真理となる。「傲慢なる聖者よりも、罪が贖われた出しゃばらない罪人の方がうんと尊い」。こういうパラドックスは真理である。自分は施《ほどこ》しをする。自分は奉仕をする。箸《はし》の上げ下ろしにお恵みだ、お恵みだと言っている聖者よりも、罪に嘆く、赦された罪人なる義人の方が大事だということがわかるでしょう。我々は罪人であると同時に、義人であるということを本当に考えなければならない。「罪はお前の主人公ではないぞ。私がお前たちの主人公だよ」とキリストは言ってくださる。「お前たちを憐れむ神の愛であるぞ。苦しむな、悲しむな」と言ってくださる。我々聖書を読む者の悲しみは、自分がエゴのかたまりであって、キリストの御心に叶うことができないということが一番のものでしょう。この緊張が良心の苦しみですよ。人間の苦しみは、食うこと、着ることなどもあるが、本当の苦しみというものは、自分の良心の苦しみである。そういう良心の苦しみがあったとき、キリストは何とその人に言うかというと「罪の告白をしなさい。自分がいけないということを告白しなさい」とそれきりである。罪に悩む者は罪の告白をしなさい。その時にお前は罪赦されたりということを知るではないか。そのときに良心の平安がここに生まれて来るんだ。これは理屈ではない。物語りではない。我々のハートを通して、日々新たに実験する事実である。このように私たちは考えなければならない。善行ということを考えても、その善行を自分の力でやったと心で思う。その結果として、高ぶりの心を持たない者は一人もない。そればかりでなく人間には無私なる善行はない。いいかえれば、一般に善行という善行は善行ではない。偽善行だ。善き行ないを考えると、善き行ないを積み重ねて人格を形成しようとしている。それはつまるところよいレコードを造ることだ。ルターはこのような人間を一番嫌っていた。キリスト者の中にはちょっとしたことで、自分は善行していると、心ひそかに得意がっている人が随分ありはしないか、アカメーンだ、善行はもっと他にある。信仰と善行と切りはなして考えるのが大きな問題である。善行は信仰の中のものだ。それを自分の力でと考えることは一番いけないことである。人はまた善行をしたから今度何か良いことがあるという風に応報を考える。そんなことは善行ではない。無私なる善行、それは愛である。

そこでマタイ伝十一章二八節を見ると「凡て労する者、重荷を負う者我に来れ、我汝らを休ません」とある。キリスト者の本当の重荷というのは何ですかね。なるほど貧乏や病気も苦しいだろう。だが、その他に苦しみはないのでしょうか。人間の苦しみは本当には良心の苦しみではないですかね。そのことを言っているんです。

コリント後書五章四節には、「我らこの幕屋にありて重荷を負える如くに嘆く……」とある。私たちは篤い信仰を持つということも奉仕するということも実際考えたら駄目だ。我々はこの幕屋にあって良心の苦しみを持っているんだ。しかし、私はこれを脱ごうとはしない。脱ごうとしても脱げないんだ。脱がないでその上に着るとパウロは言う。何を着るのですか。キリストを。

そして、この良心の苦しみという問題はなくなるのではないが、常に正しい意味で喜びを持って解決されてしまう。自分の力でその苦しみを取ろうとしても取れない。キリストをよく目をあけて見る。落ち着いて聖書のこの句を読んでみなさい。喜びが満ちて、そうして再び奮い上がって立つことができる。この外に心の救いがどっかにありますかね。外のどこにもない。

フィリピ書二章五節から七節を見よう。そこには、「汝等キリスト・イエスの心を心とせよ。すなわち彼は神の貌《すがた》にて居給いしが、神と等しくあることを固く保たんとは思わず、反って己を空しうし僕の貌をとりて人の如くなれり」とある。キリストは我らのような罪人の形をとって来られた。罪人でない者が罪人と同じ感覚をもって感じられ、最後まで耐えしのんで十字架につけられた。この時、イエス・キリストは独自でやられたのではないですよ。神に信頼してやられたのだ。神によって本当に弱い人になったんだ。キリストは神と等しくあることを固く保たんとは思わず、一点の罪もないすばらしい強い者が、我ら人間の罪人の内にて最後まで勝ち給うたのだ。これは神の御旨である。弱い人となったんだ。人間と同じ誘惑を受ける弱い者となられたのであるが神の方向に心を向けたまま動かされなかったから罪を犯すことがなかった。そうして十字架上に神の栄光を輝かせられたのであります。この心を心としてですよ。

それでは、私たちはどうすればよいか。私たちはキリストを見ればよい。神を知ることはできないがその間に立ってくださったキリストを見ればよいのであります。悲しいときに自分の力で克服するんではないんだ。キリストはどういう解決を与えてくださるか。私たちは甲、乙、丙、丁各々違ったものを持っているでしょう。

だからキリストはその人に適合した解決を与えてくださる、我々は善行をしなければならないというようなことは考えなくてもよい。それはできないんだ。だからキリストは善行のすすめより、そのままでよろしい、私に来なさいと招かれるのである。

キリスト者は善行をキリストと離して考えてはだめだということを再びここではっきりする必要があるのです。

シュヴァイツァーを読んで　①

私は（肉体の復活について）しっかりした立場を取りたいと思って、シュヴァイツァーのものを取り寄せて読んでみた。そのシュヴァイツァーの著書『歴史的なキリストの問題』には十人ばかりの過去半世紀の間のドイツの有名な神学者、現代の神学者の神学所論を述べて批判している。それ等は皆、キリストの歴史的根拠はどうかということを論じている。シュヴァイツァーは「その人達が次々とだんだん受けついで書いているのを読んでみたが、それにはどこにも私に証をしてくれ、私の信仰を助けてくれる何ものもなかった」と述べて、そうしてしまいに彼は謙遜な態度をもって「神学者のものを神学的に考えて見て、ここに私の考えを書く」と言って結論としてでなく、批判的に読破した結論として「現代の神学者が本当に現代的に理解させようとしていることは、人間の理解によって証拠立てようということであって、それは自然に合理的に考えない訳にはいかない。理性の承知するような歴史的根拠を摸索することになってしまう。それでは信仰の破滅だ」と述べている。……

『遺稿集上』「シュヴァイツァーの著書、読後の所感」より

シュヴァイツァーを読んで ②

全くそこに人間界を超越したものがある。

シュヴァイツァーはやたらに神、神という言葉を使っていない。そこに余程現代的のものがあると思います。キリストは神の国を打ち立てられた。それを肯定している。そうして神の国は人間相互の平和を教えた。それが十字架である。キリストはそれをなすために十字架にかかりたもうた。

もし歴史的に証拠を求めると言ったら、キリスト教に好意をもっていても、それは結局キリスト教を否定するという結果になる。それは神学ということはできるでしょうが、それは人間の考えた巧みなデザインでキリストに装束をつけることでは、我等の心にスピリチュアル（霊的）な力、スピリチャル・パワーを与えてはくれない。この現代において、我々のここに（小原先生胸をたたいて《速記者の注》）影響を与えてはくれない。そういう合理主義的なキリストでは影響を与えてくれまい。近代の神学者達のこういう批判的な探求には、イエスは眼もくれず御自身の道を歩んでいってしまう。人間の合理性からは全くの他者である。

『遺稿集上』「シュヴァイツァーの著書、読後の所感」より

イエス・キリストの復活

ルカによる福音書二四章一節―十二節
昭和三七（一九六二）年四月二二日　長野教会説教

（旭山）

彼は此処に在さず、甦えり給えり。尚ガリラヤに居給えるとき、如何に語り給いしかを思い出でよ。即ち、「人の子は必ず罪ある人の手に付され、十字架につけられ、かつ三日目に甦るべしと言い給えり」

（ルカ伝二四・六―七）

主題は主の復活、イエス・キリストの復活である。聖書の示すところによる肉体のキリストの復活、すなわち、マグダラのマリヤやペトロに現われたり、エマオ途上に現われ、ガリラヤで多くの弟子達と食を共にしたとあるが、その復活という本当の意味は何か。その意味をはっきりとつかまなければならないと思うわけです。これは私には実は苦手だ。お前は本当に肉体のキリストの復活を信じるか、と問い詰められた時、私は信じるという良心的な勇気はない。もし牧師が苦もなく平気で今の時代においてこの聖書の通りに、史的事実という根拠だといってそれを信じるというならば、私はその牧師の良心を疑う。私にはそれは、苦手である。如何《いかん》となれば主の復活（肉の体）が史的事実たることを証明することは全く不可能であるから。しかし、キリストの十字架の罪の贖いは一点の疑うことのできない歴史上の救いの事実である。今は実存主義の時代というが、私たちの実際の生活において、罪の赦しの救いは史的事実として私たちに認められることである。福音を語るということにおいては私も始終苦しんでいるんだ。私の講壇が難しいと皆さんが言うが、私はここに立って自分の告白を皆さんにしているのですよ。世間の人達はバルトがこう言った、内村鑑三はこうだと言うが、それが何だ、そういう借り物では私の良心が許さない。私はそういう意味で主の復活の真意を皆さんと一緒に考えたいと思うのです。

「罪の赦し」、そのために主は十字架にかかられた。そのことはこの頃二回も続けてお話をした。勿論十字架は主の受難の頂点であるが、しかし、その十字架の最後の苦悶の叫び「我が神、我が神何《なん》ぞ我を捨て給うか」の御言を忘れては十字架も意味は軽くなる。キリストの呼吸、鼓動となっていた神の御意志。その御意志に従って我ら罪人を絶対に捨てられない父神の御心をまともに現わしたのがキリストの十字架である。それを受難と言う。しかし、私は受難の面をキリストの十字架だけで見てはいけないと思う。「我が神、我が神……」との詩篇二二篇に基づくキリストの深刻な苦しみを、我々は本当に考えなければならないと思うのです。神と離れることのできないキリストが、神に遮断されたその苦しさは我々が勝手に想像してはいけない。我々は慎んだ心で、それを味わうより外ない。これが主の受難の真義でしょう。これは、我らの罪が赦されているという事である。キリストは我らを救うために窮極に至り受難を覚悟して十字架につかれたのでありますが、しかし、神の裁き、神に捨てられた苦難は、この時まで予知されなかった恐怖《おそれ》の驚きの目覚めから湧き出た叫びであったのです。十字架は救い主の覚悟の上のこと、しかし、神の子がその神に捨てられるとは。この十字架の叫びで、主は私たちの救いのために御自身が裁かれたのです。科学の力も、人間形成の苦心もどうにもならない。どうしてもこの人間を救うには、神の子キリストが我らの罪を自ら負って神の前に立つより外なかった。これに私たちが出会って、本当に謙《へりくだ》った時に感謝を献げることができる。これは疑うところがない。これは疑えない私たちの現実である。しかし、キリストの肉体の復活を信じるということは容易ではない。死して葬られ、腐爛の一歩手前で、死ぬ前の姿に復活した、と聖書に示されている。そういうことはあったかなあと受けるけれども、しかし、その問題は心の奥には未解決の問題としてもやもやしている。事実としての歴史的証拠を求めるのが人間である。しかし、そのことは合理的に解決するということではない。否《いや》合理よりもっともっと確かな史的事実によって私たちは十字架を受けている。キリスト教は理性的ではないというが、それは合理を否定することではない。常識を否定することではない。その合理よりもっと信じる根拠がなければ、それは信じることができない。キリストの十字架こそ本当に信じられる歴史的事実である。けれども、復活のことは容易《たやす》く信じることは困難である。どうすればよいか、問題はそれだ。世界一流の神学者達がイエスの肉体の復活があった、なかったと賛否両論で史的事実の有無について論争しているが解決されない。今後も永遠に解決されないでしょう。これは解決ができない問題である。『福音と世界』の最近のものに二人の方のこの問題についての応答が掲げられてあったが私は笑い出してしまった。なぜか、どんな神学者も、イエスの肉体の復活を史的根拠に立って証明することは全く不可能なことであるから。私たちはこの論争の禍中に巻き込まれてしまって罪の赦しの信仰が稀薄にならないよう警戒する必要があろう。あるいは、そういう肉体の復活ということを、やすやすと信じている人もあると思う。それはそれでよい。しかし、私たち大多数にとって、この認識は正直の所はなはだ不透明である。だから、私たちとして、イエスの復活の本当の意義を捉まえようとするのである。

神と等しくあることを堅く保たんと思わず、僕《しもべ》の形を取って十字架にかけられた。第四福音書記者には、「言は肉体となって我らの内に宿りたまえり、我らその栄光を見たり、実に父の独り子《ひと》の栄光にして恩恵と真理にて満てり」と記されている。受肉、すなわち、肉体となって人間になったということはヨハネ伝においてはっきり我らに示されている。そして、十字架にかかって「我が神、我が神何《なん》ぞ我を捨てたもうか」との叫びをあげられた。十字架はキリストには覚悟の上であったが「我が神、我が神……」という神に捨てられた叫びは、イエスの神の裁きの実感の叫びであって、イエスの受難の真髄ではないか。そこをしっかり頭に入れておかなければこれからの私の話がわからなくなってしまう。

そこで私はこういうことを思う。この受難の叫びを十字架上にあげられた救い主の来臨の目的は何であったか。神が人となったということ、言が肉体となったというキリストの目的は何ですか。我々を善《よ》き行ないのできる人間にするためですか。ノー。善き行ないは、善き行ないをしようとする人間の努力ではできないのです。それでは何時までも罪の内にいるのみである。善き行ないは信仰のみによることだ。神の恵みをただ受けるという信の一事を受けることだ。それはどういうことか。神に帰るということでしょう。イエス・キリスト来臨の目的は神を離れた私たちを神に帰らせるためであったのです。それが救いだ。神から離れていることが人間の罪だ。それがすべての混乱のもとだ。その根本を正さなければならない。神を捨てていい気になっている人間を救うためである。人間を神へ立ち返らすこと。それがキリストの目的の総てである。人間自《みずか》ら神に帰る性向を持たない。人間が神様になっているのだ。この私たちの罪をイエスが負い、裁かれて、我らに罪の赦しという救いが与えられている。キリストの御聖意は私たち人間を救うため。それが受難の業である。だから、復活と罪の赦しと十字架を別々に論じることはバカげたことである。キリストがこの世に来られた目的は贖罪の中に包括されているのです。

ここで我々が飛躍して考えなければならないことは、十字架上の「我が神、我が神何《なん》ぞ我を捨てたもうか」という神に捨てられた叫びである。しかし、自分の苦難において、それを全うした時にキリストは必然的に神の独《ひと》り子の立場に帰るでしょう。今ルターの言葉を思い出しました。ルターは悪意をもって「汝はイエスの肉体の復活を信じるか」と聞かれた時、「キリストは今も生きて在《おわ》す」と応えたというエピソードを。

そこでローマ書の六書一節から見ていきます。

「罪につきて死にたる我らは、いかでそのうちに生きんや」と、信仰は不思議にそういう力を与えられる。およそ旧い我はキリスト・イエスに会うバプテスマを受けることで死んだ。今日洗礼を受ける人も、旧い皆さんは死ぬでしょう。本当だよ。その死ぬということは我々のハートの、心のズイ（髄）のズイの方向が変わることである。今までの世俗的なことや、エゴの傾向の心が向きをかえる。今までの自己的な自分の性向を否定して反対の方に向いたことだ。そして生涯その方向に歩くことだ。完成ではありませんよ。完成なんということを考えるのは傲慢だ。人格の完成なんということは信仰の立場からは傲慢至極だ。そういうことがわかったら、この方向を取らなければならない。神の恵みによってこの方向を取らされたのである。これは事実だろう。罪の赦しを受けているでしょう。これが悔い改めであり、新生である。これが私たちの復活だよ。

四節には「我らはパプテスマによりて、彼と共に葬られ、その死にあわせられたり。これキリスト父の栄光によりて死人の内よりよみがえらせられ給いし如く、我らも新しき生命に歩まんためなり」とあります。はっきりみんなそういう風に覚悟をしなさい。我らの信仰は吹けば舞っていくような信仰だが、よろしい。質においてはパウロ、ルターと同じである。我らは罪の赦しにあずかって新生した者であると、はっきり考えなさい。「……古き人、キリストと共に十字架につけられたるは、罪の体滅びて、こののち罪に仕えざらんためなるを」(六節)。これ以上はあと長く説明する必要がない。

そこでキリストの言を考えて、十字架につけられたキリストの目的は、死も復活も一体である。その目的はただ我らを新生させるため。新生(復活)、それは神に帰ることである。それ以外の何ものでもない。そうしてキリストの復活を見直すと、もはやそこには肉体で復活したか、しないかなど空しい議論に混迷することは全くないのである。

キリストは私たちを救う目的のために捨てられたんだ。神が捨て給うたその神に帰ることは当然のことであろう。これが天に在すキリストである。そして、神と共なるキリストは今も神の御言として救いの福音を通して生きて在す。この復活は、すなわち、私たちの復活(新生)の典型である。再三ながら、もう一度十字架上の苦悶の叫びを暗示する。その復活の真義を見ようではないか。人間はこれ以上を知ることは許されていない。

十字架と復活は一体なり

さて、もしイエスが十字架だけで終りを遂げたとすればどうであろうか。我らはこの驚くべき奇跡的なパーソン(人格)を取り巻いて唯《ただ》、驚き畏縮すべき非惨な卑下、屈辱の死、キリストが牛馬が屠殺されるのと等しく屠られて断末魔の悲鳴を上げて抹殺された事を見なければならないのである。イエスの父神に対する信頼も、人類を憐む聖愛も、あの御言の能力も、その御自覚も、すべてイエスに係わる一切は一種の戯画であり、恥曝しのドラマとして残るのみである。それと共にイエスがその為に来臨された父なる神、絶対的な愛の権威に在す神は消え去ってしまう。宇宙は、世界は人間界は巨大無限な空虚、否々極めて馬鹿げて愚鈍な空洞となって残るのみである。……

イエスの十字架の贖罪と復活は絶対に離しては考えられない事件である。十字架があったから復活があり、復活があるから十字架があり得るのである。そして、神の創造からアダムの神離反。（アダムの事は神話でよろしい。しかし、神なき人間性を代表する元祖として見る時、凡《およ》そどんな名論を持って来てもアダムの唯一本の禁断を破って楽園を追われたという神話程、的確に人間性を捉《とら》えたものは見付からないであろう。）この神を去った人間性アダムにイスラエル民族の発展、預言の旧約時代、そして、キリストにおけるその預言と待望とその完成という、人類歴史に対する愛の一貫せる階調を見ずやと主張する。

終末終末と言われるが私は終末の中核的なものをイエス・キリストの来臨とその十字架と復活において見るのである。神の国の完成は未だし、だから、なおさら終末を考える事ができるけれども、その終末の中核はイエス・キリストではないか。創造主の神の愛の業のあるべき最終的な充足、完成（神の国）がイエス・キリストである。この意味で私は受難の礼拝で終末はイエスにおいてすでに来た事を主張した。

イエスの復活の証

次に、直接にイエスの復活の証として取り上げられるものは何か。それは教会の生起であり、教会が二千年の今までの発展継続したこの二つの歴史的事件である。イエスが捕われるや弟子達は雲煙霧散《うんえんむさん》の状態で息を殺して屏息《へいそく》してしまった。ペトロは捕われて行くイエスの後を遠くから見送って来たものの、冷《れい》熱《ねつ》常なきペトロ輩が何程の覚悟があろう。そこに居た女性に詰問されてイエスを拒否する意気地なしである。人間を代表するペトロや弟子達は全く話にならない。ヘボイ存在である。十字架に架《か》かり給うに際しては僅かにイエスの生みの母マリア、マグダラのマリア等数人の婦人のみであって、弟子達は恐らく俄《にわか》に姿を出さなかったのであろう。もしその場の近くに来たとしても、人眼を忍んで遠くから我らが他人の葬式の行列を垣間見て泣く位な程度以上のものではない。彼らは「先生は逝ってしまった。やられてしまった、磔《はりつけ》にされて死んでしまった」と無限の哀愁より外のものを持ち得なかった。こんな連中から何が期待でき様。然《しか》るに驚くべし、イエス死後数日を経ずして人類史上における一大運動が起った。この打ちのめされて無力なる少数の弟子達の間からである。この意気地なき彼らは何物の威圧の前にも恐れを覚えない生命《いのち》がけの一大運動の主動者となった。それが教会の生起である。……彼らが携えて世に向ったものは「主は甦り給えり」という歴史的事件の報道である。疑い得ざる主の死よりの復活という驚くべき事件の報道である。彼らは復活のイエスに接して、十字架の敗死（恥死）は勝利であり、神の栄光である事を知った。彼らは「イエス我らと共にあり」の確信を得て何物をも恐れざる勇者に変化した。この一大変化は死人から甦ったというイエスの事実と等しく驚くべき変化であって、彼ら人間の中から起り得る変化ではなく、主は甦れりの事実と信仰に発するものである事を疑わんとして疑えないものである。生前のイエスの言《ことば》の数々、殊に、最後の晩餐席上で遺された聖餐、ゲッセマネの御祈り、あるいは「汝等わが受くべきバプテスマを受け得るか」という問い等から弟子達の虚栄心で天国の右左に座することのウルサイ質問に対する主の詰問まで、それからそれと想起して、十字架上の敗北は勝利の栄光の中に見るべき罪の贖いであった救いの事実に眼が醒めたのである。

　しかも、この頃すでに祭司長、長老等の民族の指導者達は、彼らの烈しい運動を恐れて、相集まり議を凝らして多くの兵卒共を集めて沢山の金銭を与えて、四方八方に「その弟子等夜来りて、我らの眠れる間に彼（イエスの死体）を盗めり」とのデマを撒き散らしめたのである。しかし、これ等の当局の苦心にかかわらず、イエス復活の報道の力を打ち消すには一般の人達の心は余りに良心的であった。様々なる誹謗と悪罵の宣伝があった事は想像に難くない。当時の事情にもかかわらず主の復活の事件は教会の生起とその発達と共に、悪意ある指導者階級のデマで人心を支配する事はできなかった事を証明しているのである。

以上二篇『汝尚一つを欠く』「イエスの復活」より

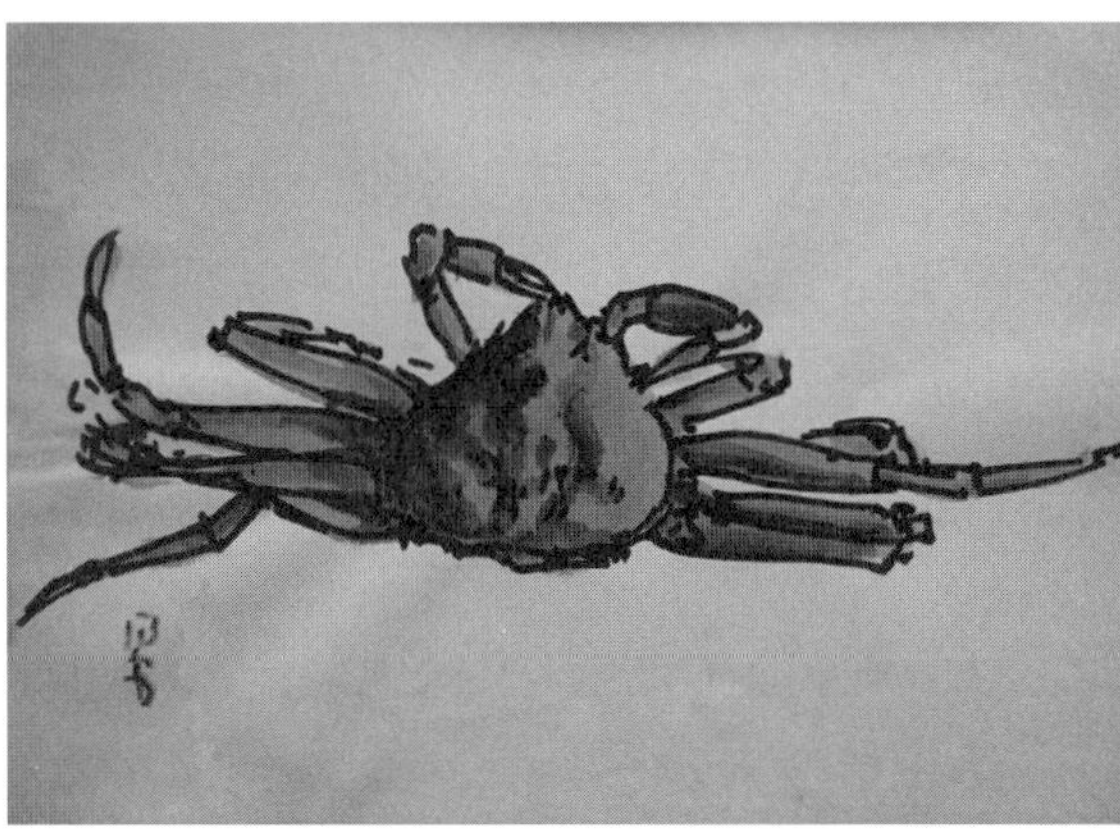

（かに）

イエスの言々句々《げんげんくく》は キリストを啓示す

マルコによる福音書一章二一節―二八節

昭和三八（一九六三）年五月一九日　長野教会説教　（速記聴写）

人々その教えにおどろきあえり。それ学者の如くならず、権威ある者のごとく教え給うゆえなり。

（マルコ伝一・二二）

今日はまた改めてイエス・キリストの言《ことば》と言っていいですか、教訓といっては山上の垂訓みたいに、お説法みたいになってしまうが、その教訓もあるし、その片言隻語、一語々々教訓的に言わないにしても、説教やイエス・キリストが弟子達あるいはファリサイの人達に向かっていう言、その言に権威があるということを、私が今までのキリストの言と言ってきたことをひとつにまとめて、結論的に考えてみたいと思います。

これはマルコ伝にもルカ伝にもありますが、冒頭で読みましたマルコ伝一章二二節から二八節を見てみましょう。こういう表現の仕方は字句の表面だけのもので意味が不十分ですね。学者ファリサイ人というのは旧約における預言者だとか、旧約におけるアブラハム以降の人達が言い伝えて来た伝統を註釈したり解釈するそれだけですね。それでは我々キリスト者にはつまらないことだ。古典の解釈では我々には役に立たない。学者の如くならず権威ある者の如くということに注目して探らなければならない。未だ我々の考えからいえばマルコの解釈は幼稚であるということは言い過ぎかも知れないが、その権威ということに我々はもっと集中して考えなければならないと思うのです。なぜそういうことを考えたかというと、私自身の問題だが、この頃の『福音と世界』に総ての教会の一致ということが書かれている。これは「教会主義の内にもいろいろなものがあるが、これが独善的にならないで、教会が一致しなければならない」ということを言っている。それからキリスト者と政治という問題に触れているわけです。

しかし、我々キリスト者の福音を信じるということは、そんなことは第二、第三の問題なんだ。我々は聖書を読んで聖書の訴えているキリストを、もっとしっかり今の時代のまなこをもって、見ようではないか。一体私から言ったら教団というものは行き過ぎたんだ。教会が第一だといってもそれは駄目だ。福音的行き方をとっている我々は、それと一致することはできない。政治的なものや平和運動のものとの一致ができますか。またヘーゲルのような神秘的なものやスピノザのような知的なものとも一緒にはなれないでしょう。それで私たちはこういうことを考えるわけだ。立派な神学者達が多くいるが、その神学者というものは一体どういうところから来ているかということを考えなければならない。それは教会というものが出来て教会の伝統や使徒信条を守るために出来たものなのです。

バルトは「一言一句も聖書から離れてはいけない」という立場を取っているが、「いや、それでは困る。理性で判断するというのではないが理性では受け入れられないものがある。罪の赦しということは問題なく受けるが、もっとそれを受け易い状態にしなければならないのではないか」という問題と二つある。皆さんはどっちへつきますか。バルトの言う行き方も尊敬するものであるが、その枠にしてしまうと、聖書無謬説といわねばならぬ。しかし、バルト白身はこの無謬説は取らない。無謬説は「聖書に書いてあることは何でもかんでも本当にあったことであるとするのは間違えはないんだ」と言う。その根拠は神の言だからというのか。しかし、聖書は人間の書いたものだ、誤りは毛厘もないというならば一寸と待ってくれよと言いたくなる。どっちを取るですか。私は神学を重んじるんだが、キリストは神学を我々に教えはしないですよ。神学というものは教会というものが形をなして来た時にファリサイや異教の徒に反発するために弁証的意味において発達したものである。だから、教会がなかったら神学は発達しないものである。その教会の起りはキリストである。だから、なぜもっとキリストが本当に我々に訴えているものを研究しないんですか。教会が先ではないんだ。イエス・キリストというものを第一義とするという考えがなければいけないんだよ。神学は教会の僕《しもべ》でなければならない。それが先に飛び出してはいけないんだ。キリストの一言一句はそんなものとは関係がないんだ。

キリストの一言一句はどこから出て来るか。借りものか。

キリストが引用している例は旧約の預言者の言っていることだ。イザヤ書の五三章、これはキリストが苦難の道を取るのに決意された大きな助けになっていることを私は疑わない。しかし、この言葉が一度キリストによって告知される時これは全く独特なものである。無比なるものである。天上天下、キリストの前にも後にも、誰れにも言うことはできない。我々の心の中に貫いて入って来るものだ。そのキリストを見なければならないということを私は考えるわけだ。例をあげればいくらでもあるが、本当にキリストの十字架において我々の罪が贖われたのか、ということについても、三福音書にも、ヨハネ伝にも書いてあるが、それは書いた記者の主観が混じって書いてあると思われるが、ヨハネ伝を見てどうですかね。私はむしろマタイ伝、マルコ伝、ルカ伝すらも、立派に私たちにその精神を示してくれていると思っている。キリストの内的精神を代表する神の子、イエス・キリストの本当の精神を教えてくれる。

神の精神は必ず行なわれるものである。神の御心は必ずなされる。それと同じように、キリストの御心は必ず行なわれるということである。言行一致だなんというヤボッくさい言い方をすることはバチの当ることだと思う。キリストはこういう風に言ったら世に受け入れられるだろうとか、文学的にうまいことを言って、人の心を自分の方に引き寄せるなんということは、絶対に考えてはいない。「空の鳥を見よ、蒔かず、刈らず、然《しか》れども……」と実に美しいものだか、キリストの言を文学的に見てはいけない。装飾的な言葉を使って、我々を招くなんということは、キリストはちっとも考えはしない。キリストの語るところは端的直截であって、その時に最も適した言である。彼の本当に充実している救い主という御自覚でいっぱいになっているところから出る思想は、人間なんか考えることのできない、深い神聖なる、計り知るべからざるものである。これは人間の思想ではない。救うということでいっぱいになっていて、それをキリストの心の中から、それを聞く者の心に直接に働き、魂を揺り動かすものである。キリストの言それ自体が証《あかし》である。自明の生ける真理を語っているわけだ。真理それ自体が、誰でも聞く耳を持った者には、ハレルヤと言わせる力をもっている。論議の余地なんか無いんだよ。論議の余地のある神学は教会が発達してからできたものである。それ以前のものを考えなければならない。なぜこんなことを考えるかというと、私は自分の信仰を養うために告白するんだ。私たちが素直に受け取れることは、イエス・キリストの言ったこと、聖書に載せられたイエスの言ということは、あとで書き加えたものもあるかも知れないが、大部分はそれがキリストの御聖意だということを疑うことがありますか。放蕩息子の話、山上の垂訓等や「天地はうせん。されどわが言は過ぎ行くことなし」とか「我律法または預言者をこぼつために来れりと思うか……」など、悉く、キリストの言ったという言は一点の疑いもなく我々の心に素直に入るでしょう。これはイエス・キリスト、救い主の本当の心の中をそのまま照らし出してくれる。キリストの言は透明なものもある。この言を通してのみキリストを知ることができる。いいですか。いいですか。ここで私は、このキリストの言った言《ことば》というものがキリストの救いということの受け入れられる一番のポイントだと、強調したいのです。処女降誕等のことは困難でひっかかるが、キリストの聖意を見よ。それは彼の心によって語られたもので、本当に「来れ」といって招いておられるということは、素直に我々の心に入るではないか。そういう意味で、私はキリストの言を学者やファリサイのような者ではなく権威ある者の如く語りたまえりと取るのである。

その権威はどこから来るかということは、――およそ、イエス・キリストの語るところは後になって生まれる神学を超えた自明の真理である。――その言自体が証しているのです。そうでしょう。いにしえの人はこういうことを言った。己《おのれ》に敵する者は復讐してもいいと言っているが、私はお前たちに言う。その隣人を愛さなければならないということ。欲の深いエゴイズムの人間であるが、聞く耳を開いたならイエスの言は一点の理屈なしに真理である。人の心の幸福は神学的な論議というものを超越してあるということは自明の理である。

ヨハネ伝一四章五節から一四節を見ると、そこでは、我々はどうしても父を示してもらいたいんだよ、とフィリポは次のように言っている、「主よ父を我らに示し給え、然《しか》らば足れり」と。これは神学的表現のところである。「私は父と共にある」ということ、イエスが神を啓示する啓示の宗教であるということ、神の方から御言をもって、恵みをもって、我々を招くということ、そして、イエスが仲介に立って、神というものはここにあるということを示しているわけだ。

その啓示という言葉は神学的に大事なことであり、私はそれを控えめに言っているのでありますが、「キリストの内に神は生きている」という言《ことば》で言っています。神の使命に燃えているキリストの聖なる自覚を私は常にそこから見ている。神ということよりも、イエス・キリストの聖なる自覚を見る。

この自覚をもって、神から赦された救いの方途《ほうと》に対してキリストの言は、何も考えることもなく、技術も、手練手管もいらない。そのままそっくり神の言でよいのである。神の啓示してくれるのがキリストの言である。教訓である。それはやがて十字架の罪の赦しにまで至るものである。

そのちっとも疑うところのないイエス・キリストの言々句々の中で、完璧に極めて単純にこうだという言がある。それは、弟子達を招く時に言われた、「我に従い来れ」という言である。私がもしその時にいたら、何とも言わないで従っただろうと思う。理屈を差し挟まないで。

それで、私はここにキリストの語らいということを担《かつ》ぎ出したんです。言行一致だなんということはキリストにおいては全く間違った形容である。野暮な言い表し方である。救い主のその考えがイデアなのである。

キリストのこの御聖意というものが本能的に我々に訴えて来る。神学的の論理さえも超越したものがイエス・キリストの言である。それは救い主としてのキリストが我々人間に対する恩寵の叫びなのである。

高倉先生がユニーク、「無比なる」という言葉をよく使われたが、イエスの言われた言は全く人類の内のどこにも見られない。ただ、イエス・キリストにのみである。そのイエス・キリストの御心を本当にそのまま訴えられたものがイエス・キリストの説教である。言である。イエスの言は即《すなわ》ちキリストなることを示す言である。

イエスは神と等しくあることを、かたく保たんとは思わず、僕《しもべ》の形を取って……。その私たちの内に来たナザレの人間イエスの口を通して出て来る言は救い主キリストを我々に啓示するポイントである。

それでイエスの語る言は言々句々如何《いか》に不用意に言われたような言であっても、イエスの口から出た言は、それがキリストであることを表わしている。それが神の子である。ダ・ビンチが描いたような神があって、イエス・キリストを生んだわけではないんです。

私たちはここにはっきり足を踏まえて前進しなければならない。五千人にパンを食わせたか、湖の上をキリストが本当に歩いたかなといって神学者達が困っている。大神学者達がそういうことを言っているがバカなことをいうことはよせよ。そんなことを検討する前に、イエス・キリストの言に聞かなくてはいけない。イエス・キリストの一言一句が本当に人間を救うという神の聖なる御心をここにはっきりと示してくれる。それがキリストの言である。この聖書にある言は何等の疑いを持たずに、私たちが承認しているものである。このことをここに改めて思って、ぐらつかない、如何《いか》なる時代が来ようとも、しっかりしたものを持たなければならない。そういう意味で私はイエス・キリストの語らいということを出したのであります。

アガペとエロスの区別

エロス（人間の愛）はプラトンから出た言葉と思う。ギリシャ思想の生んだ最高の人生の珠玉の如きものと考えられるものである。……余談に亙《わた》るが、このアガペ（神の愛）とエロスについてはイエスは鮮かに区別されていたものと信じる。初代教会によって記録された福音書がこの事実を示しているのである。然し、神の愛も、人間の愛も、人間においては人間自身の愛（エロス）をアガペを知る手がかりとして、それに接近し、それを洞察せんとして、結局人間自身の内観が多分に加味されて神の愛と人の愛が混合するという厄介な事件が起こってしまった。中世紀に至る頃は、このアガペとエロスが全く混合して手のつけられぬ様になった。この過ちを明快に切開して区別したのが宗教改革者ルターであった。この改革が、すなわち、私たちのプロテスタントであろう。

『遺稿集上』「神の愛と人間の愛について」より

無視されたイザヤの預言

勿論、イエスの苦難の僕の業は旧約（イザヤ）の背景がなければ理解できない事であるが、然し、この苦難の僕が人類の救いであるという預言はイエス・キリストにおいて全く独自無比なものとなっている事である。その事はイザヤの様な素晴しい預言にもかかわらず、メシア待望に狂気の様に叫んでいる彼等後代のユダヤ人にイザヤが殆んど問題として取り上げられなかった事で知られる。イザヤの預言はインスピレーションに依るものであっただろうが、然し誰も想像のつかない苦難の救いは、結局ダビデの裔という預言の本質が人間の血統といった所に捕われている伝統一点張に固くなってしまった彼らには、躓きであるより外ない。イエスの人格的愛の救済などに思い及ぶ者は一人もなかったであろう。イザヤが来るべき苦難の僕を指しているにもかかわらず、この苦難の僕がイエスという一個の人格を通して実現するという事に特別の注意を払わない程に律法と民族伝統という型にはまっていたのである。イエスの愛に出会ってこそイエスの救い主としての人格の事実に驚く事ができるのであって、これ以外にイエスの愛が神の力である事を知る方途はない。そのイエスこそ本当に無比なる方、奇跡的人格と言わねばならない。この苦難の僕という表現は新約聖書、否、新約旧約全聖書を理解する支点である。

『遺稿集上』「神の愛の挑戦」より

（山間の景色）

キリストの再臨問題について

マルコによる福音書一三章二四―二七節

昭和三八（一九六三）年六月九日　長野教会説教（速記聴写）

その時その患難ののち、日は暗く、月は光を発《はな》たず。星は空より落ち、天にある万象、震い動かん。
（マルコ伝一三・二四—二五）

一

マルコ伝一三章二四節からは、再臨のことについて言っているのでありますが、そこを聖書の本文をしっかり見て、それはどういう意味を持つかということを学びたいと思います。

無教会の人達程聖書のことをしっかり見ている者はないが、それでも再臨があるといっている。皆さんはあると信じますか。自分自身の問題として、またこの教会の問題として、はっきりとしたぐらつかないものを持ちたいと思います。

「荒す悪《にく》むべき者の立つべからざる所に立つを見ば……」（マルコ伝一三・一四）にある「荒す悪《にく》むべき者」とは、ローマ皇帝やヒットラーのように、彼一箇の勢力を落さないために何でもやろうとする下劣《げれつ》な者のことである。この時が終わりの日だ。それは世の終わりであって審判が来ると言うのである。

昔は最後の日には審判が来ると思っていた。そうして地獄へ行く者と、天国へ行く者とはっきりすると思っていた。その時に「日は暗く、月は光を放たず、星は空よりおち、天にある万象ふるい動かん……」という出来事があると考えられていた。これがその時代のキリスト教の姿ですよ。

しかし、その時が何時来るかは、天にある使い達も知らず、子も知らずとある。「心しておれ、何時来るか、わからんぞ、夜盗人《ぬすびと》のように、こっそりとやって来る。このことはただ父のみ知りたもうことである。この終末、裁きの日は何時来るかわからないから眼を醒ましておれ。祈りを怠らないで信仰を捨てないで、しっかりやっていなさい」と言っている。

そこでこの再臨の問題を聖書から読み取らなければならないが非常にめんどうな問題だ。そこに終わりの日には月が落ちる、太陽が暗くなる、地震が起きるとあるが、皆さんはそれをそのまま信じますか。これは宗教的なイメージである。詩である。書いた記者も、この通りの事実があると思って書いたとは思えない。

宗教というものは夢を持たなければできない。月が落ち、太陽が暗くなる……。そうしてそこに人の子が大きな栄光を持って下って来る。いいではないですか。これは本当に人間の西か東か選択を誤ったものに対する裁きという形をもってやって来る、終末を意味するのであります。信仰は終末である。これを考えなければならない。ヨハネ伝の三章一六節から「それ神は、その独《ひと》り子を給う程に世を愛したまえり……。彼を信じる者は裁かれず、信ぜぬ者はすでに裁かれたり……」。終末ということは絶対永遠ということだ。一度《ひとたび》そのことがあればそれは永遠だということである。終末とは絶対ということですよ。人間の世界には絶対というものは一つもない。どんなことでもだめだ。如何《いか》に科学者や技術者が力《りき》んでみても、人間思索やその真理は絶対ではない。永遠に生きてゆくものではない。永遠の生命を持っていない。哲学等でもいろいろ言っているが、それは立派なものではあるが結局永遠なるものではない。そういうことを考えて、これを読まなければならない。

聖書を見ると、ここは怪しいようなことも書いてあるが、これは詩の表現であって、この時代の宗教の精神を最もよく表わしている。私たちがこの時代に居って、このことを書くとしたら、このようなことをこのような形容詞をもって書いたでしょう。これは個人々々の問題であって、また全人類に対する言葉でもある。

ここにある「月が落ちる」とか、「星が光を放たず」というようなことを不思議がってはいけない。当然なことである。その最後ということを表わすには、最も適切な表現である。詩篇や旧約を見ると、みんなこれきりではないか。このイメージのないところに、人間はないんだよ。これをいけないといって、はじき出す必要はちっともないんだ。それを一つ頭に入れておいて、これからのことを考えてもらいたい。

再臨ということを今でも未だ信じている人達もある。それが何時来るか、どんな様子で来るか、ここにみんな書いてある。何時来るか、それは神の子も知らない。盗人のようにこっそり来るから、信仰者は注意していろというのであります。その再臨ということについて、皆さんと、はっきりした考えを持ちたい。原始キリスト教は始めっから迫害々々である。祖国の人すらも、ローマ帝国からまでも排斥された。聖書はキリストの徒の苦難の歴史書である。迫害史である。こういう迫害の時に、この良きおとずれを守るために、如何《いか》に使徒達は耐えたことか。当時の使徒達はキリストの約束はこのように必ず来ると信じていたんだ。そうして直《じき》に来ると思っていた。そして自分達に迫害を加えている者を、大きな力をもってやって来て裁くと思っていた。しかし、それはなかなか来ない。神学者達もてんで思い思いのことを言っているが、次第にそれも声をひそめて来た。今日ではキリストの再臨ということも消えてしまった感がある。

フィリピ書二章六節以下十一節までに、「すなわち、彼は神の貌《かたち》にて居給いしが神と等しくあることを固く保たんとは思わず……。栄光を父なる神に帰せんためなり」とあるように、キリストのこの世に来り給うたクリスマスということはただ一度だけでよいんだ。二度あっては駄目。キリストの再臨なんということを考えることはこのクリスマスの意味を端へ寄せることである。キリストが一度《ひとたび》来られて、十字架について我々の罪を赦すということがただ一度だけあったのであります。それは絶対である。永遠である。そうではないですか。それが終末だ。信じる者は裁かれず、信じない者はすでに裁かれたり。これが終末ではないか。キリストが来られて全世界の年号は紀元元年と変わった。旧《ふる》い時代は終った。新しい時代は来た。エゴイズムの塊《かたまり》の人間がヒューマニズムを説いている。その時代は過ぎ去った。信じた者は裁かれず、信じない者はすでに裁かれたり。そこを考えなければならない。実に単純だ。諾否《だくひ》の問題である。「時は満てり、神の国は近づけり、汝等悔い改めて福音を信ぜよ」。昔来た。しかし、今ここにも来た。未来もまたそうであろう。これが絶対ということである。これがキリスト教である。何の必要があってキリストがまたポカリとやって来るか。あのクリスマスだけで絶対だ。あれがキリスト教の本当のシンボルである。クリスマスを祝うということは、本当にキリスト者の精神を動かす根底である。それきりでよい。そこにしっかり立たなければならない。再臨がないということを私は言っているのではない。パウロも言っているように、キリスト者という者は義ならざる者が義とされた。完全にイエス・キリストによって義とされたんだ。ローマ書三章二一節には「然《しか》るに今や律法の外に神の義はあらわれたり。総て信じる者に与えたもう神の義である。これには何等の差別がない」とある。人間が良い人間だとか悪い人間だとかギリシャ人だからとか、日本人だからとの区別はない。信じるか、信じないかの問題である。我々は聖書本文によって義人とされている。そうして、今のマルコ伝の終りの日のことを考えて見ればよい。我々はキリストの前に出た時に義人である。しかし、同時に義人ではない。我々の現実の生活を見た時に、「救われた、しかし、未だ救いは全くない」。この二つの間にいい意味において神につける緊張の生活を続けていく者が教会人である。出来上って、いい気なって幸福だ幸福だといって、たらふくうまいものを食べて万歳をしている。そんなものが幸福ではないですよ。人間の幸福とは、そんなものではないですよ。罪赦された。本当にそれを告白する。しかし、だめだ。祈って待ち望む。その中間に緊張の精神を続けてゆく者がキリスト者である。ローマ書八章二四節には「我等は望みによって救われたり」とあり、希望を失なわないのがキリスト者である。キリスト者は常に希望に生きている者である。

今から一九六三年前にちゃんと来ている。それを信じている者は平安を与えられる。イエスは言われる「それは世の与うる平安とは違うぞよ。わが与うるものは世の与うる如きものならず」と。それが終末である。完全なる義、しかし、未だ未だ我々の救いは不完全である。イエスにおいてイエスを仰いだ時に「よろしい。汝の罪赦されたり」との御声を聞く。しかし、我々人間の周辺を見た時に、自分の心を見た時にまだまだだめだ。このパラドックス（逆説）に救い出された者、これがキリスト者のまた教会の考える健全なる希望に生きる状態である。もう一度皆さんはマルコ伝一三章のところを家へ帰ってこの意味を考えて読んで下さい。

クリスマス。あれはお祝いの何のというものではないんだ。一面感謝を持って、悦《よろこ》ぶ。それと同時に深刻に自分のことを告白して、キリストを見る。自分のことばかり見ていてはだめだ。キリストを見つめながら、待望の生活を続けていく我々である。だから、この原子時代に再臨を問題にしている神学者達は本当に聖書を味読していないといっても、言い過ぎではないと思うのです。

二[1]

この前はキリストの再臨ということをお話したのですが、それをもう一度補足する必要がある。「汝ら人の子の全能者の右に座し、天の雲の中にありて来るを見ん」（マルコ伝一四・六二）とありますが、それはどういう目的のためにキリストが言われたのか。そのキリストの言を聖書の本文について読んでみたいと思います。

この前の再臨ということは否定しない。再臨ということを言いたかったら、再臨といってもよい。しかし、昔のような歴史的事件として来るのではないということを言ったのでありますが、歴史的事件としてのキリストの再臨ということは考える事がおかしい。クリスマスだけでよい。それで充分だ。

クリスマスということはキリストが救い主としてこの世に来られたことであって、それは一度である。それで充分である。もし再臨ということを強いていうならばクリスマスの内に総て包まれていることであって、ことさらにそれをいうことは間違っている。

もし歴史的な事件として再臨ということを言うならばクリスマスは意味をなさない。キリストが一度この世に来たということとそれで人類の救いは完成したので一度だけでよい。そうして十字架につかれて……。そして復活された。それきりでよい。何も外のことは要らない。彼は十字架の救いを全うして天上の人となって、時間や歴史を超越した形において、常に来たもう。そういう意味における再臨、聖霊の助けはある。その間に緊張した関係において始終待ち望む。我々は望みによって救われた。十字架によって本当に私たちの罪は救われた。しかし、私たちの姿を見た時に義人たるようなところがあるか、未《いま》だしである。キリストによって赦すべからざる罪は赦されたんだ。これがパラドックス（逆説）だ。その中間にキリスト者のライフというものがあるんだということをこの前にお話したのであります。我等は望みによって救われたとしたら、そして我らは忍耐をもってこれを待たんということは、つまり、我々は義人とされたのであるが、しかし、それはイエス・キリストの立場から宣告されたのであって、我々の立場から見た時にはそれは未だしであるということなのです。そういうパラドックス、それを考えたのであります。

本日はキリストの再臨について書いてあるヨハネ伝一二章二七節の聖書の本文によってその言わんとされた目的について考えてみたいと思います。(ここのところは行を変えて書き出すべきところだ。聖書を訳す時には、聖書の本文について自分が告白するような立場を忘れないようにして書かなければならない。[2])

ヨハネ伝一二章には、「今わが心さわぐ……。今この世の裁きは来れり」(二七―三一節)とあります。これは終末ですよ。この世の裁きが来たということである。ここで旧い時代から新しい時代へと全く変わってしまう。それは目に見える形ではない。キリストは我等の心の中を変えたもう。しかし、私たちは食物をとらなければならないし、うまいものも食べたい、我等の生活はちっとも自然人と変わっていない。今までのキリスト教会というものが余りにこの世を否定し過ぎている。これが教会の一番の誤りであると思う。この神によって造られた人間性を否定する必要はちっともない。どこにもない。あんまりこの世この世といって旧い考えでこの世を否定していたんだ。聖書の本文を本当に理解していなかったんだ。それで、キリスト者は日本人でありながら、日本人でないような考えを持たなければならないように考えた。バカげたことはよしてくれたまえ。中ぶらりんのコスモポリタンのようになれよなんとは新約聖書の本文はちっとも言ってはいない。キリスト教というものは、もっとでかい自由なものだということ。

高倉先生はよく危機の神学ということを言っておられたが、新約聖書の福音のおとずれは全く世に入れられない。いつでも危機に立っている。キリストはクリスマスの時から人に捨てられ顧みられなかった。救うべき対象に捨てられているんだ。人間という者は自分の力で何でもできるぞと言う。前進々々といって自分の力で何でもできると思っている。人間は理性というものを与えられているけれども、それはエゴイズムと一緒になって堕落している。人間の行動はみんなそうではないですか。科学の力は驚く程進んで来た。ソ連では女性の宇宙飛行士が出て来たでしょう。すばらしい進歩だな。これらはみんな人間のやることではあるけれども、それは駄目。結局だめ。それだけでは人間は正しい方向へは決していかない。こんなことを今更私がここに言う必要はない、東西の争いを見ればよくわかるでしょう。米ソの間は何時まで行ってもシーソーゲームである。そういうものに対しても私たちはキリスト教の必要というものを考えているわけです。

キリストは再臨という言葉についてどういう教えのために言われたか、聖書で見てみましょう。イエスは「シモン、シモン、見よサタン汝等を麦の如く篩《ふる》わんとて、請い得たり。されど我汝のためにその信仰の失せぬように祈りたり、汝立ち返りてのち兄弟たち堅うせよ」（ルカ伝二二・三二）と言われた。つまり、お前達は悪魔にかっぱらわれるぞ。されど我汝のために祈る……、と言われている。また、「今夜お前達は躓《つまず》く」とも言われている。弟子達の目から見れば、極悪非道の者のように十字架につけられたキリストの姿は敗北である。これを見て弟子達が躓くということはわかっている。しかし、新しい時代は来ようとしている。それが勝利なのであります。我等を救うメッセージは眼前に迫っている。

キリストは十字架につけられてしまう。しかし、それは本当の目的ではない。この福音を伝えるべき彼らが、今これからしっかり意志的決断をして、信仰に対するはっきりしたものを持たなければならない。

「お前たちはこの福音を伝えるべき大きな務めを持っているのである。心を開いて信仰に決断せよ。しかし、シモンよ、お前は牢屋《ひとや》にまでも行かんと覚悟せりと言っているがお前は今夜は躓くぞよ」とキリストは彼らの躓くことはわかっていたが、「立ち返ってのちに、兄弟達を堅くしなければならないよ」と言われた。だが、これをペトロ自身の力でやるという意味ではなく、キリストが助けて下さることを約束されての言である。

この言の内にはキリストの慰めと励ましがある。「きっと躓くであろう」と言われたが、しかし、空《から》になってしまわないという意味が含まれていると私は思うのです。この言が一番の目的である。彼らは主が十字架にかけられたのを見て敗北と思うのが金曜日、そして勝利の象徴であるイースターを一日おいて迎えるのである。

そこでペトロは背《そむ》いてしまったが、あとで外に出ていたく泣いた。その泣いたペトロの涙が非常に尊い。と んだことをしたと、ペトロは自分のエゴイズムに泣いた。先生が牢屋に行けと言ったら私は行きます。もし死ねと言われたら……。と先生のためならどんなことでもと言った言葉の乾かない内に、私はあんな人とは関係がないと言ってしまった。エゴイズムである。ペトロも肉で固まっている。エゴの他何でもない。人間はみんなそうである。そのペトロが変わってしまった。これはペトロに例をとるばかりでなく自分達のことを考えてみても、我々の信仰は実に稀薄なものであるが、我らはキリスト教を信じたという時から変わって来ている。我らの実生活を見れば恥かしいものであるが、我らの心の中に潜んでいる思想とイメージ、ものに対する価値判断は全く違っているでしょう。我らの実態は粗末なものであるが信仰ということを知的に見た時に、我等が心の中で経験するものは全く違っている。天野貞祐が『婦人の友』の七月号に書いているが、それとは全く違っている。読んでごらんなさい。何とみじめな言葉でしょう。目には見えないが変わっている。信仰というものの本質はここにある。

ペトロはエゴの塊であるが本当に変わってしまった。それはイエス・キリストの救いによる。私たちは毎年クリスマスを祝ったり告白したりするが、キリストがこの世の人となって現れましたという、それが総てである。再びキリストが来るという必要はなくなった。

それで、私たちは再臨説の解決を見たのでありますが、ただ、我等の信仰のにぶくなった時や、キリストの姿が見えなくなって、こんなことで信仰がいいかと思う時がある。そういう心の中にキリストが再臨することがある。その意味での再臨はあるのです。

彼らの魂の中に植えつけられた信仰が生き返って来る。これは私たちの経験ばかりでなくルター、カルヴァン、ツヴィングリーのような潔い人と言われているような人も同じ経験を持っている。再臨は近い。始終ある。再臨という言葉を私たちは始終使うものではないが再臨というものでしょうね。これは悔い改めの連続のことである。

今日は再臨というものをキリストがどういう目的で弟子達に言われたかを考えてみた。福音は何時でも危機である。よほどしっかりしなければならない。しかし、それも自分の力では駄目だ。「胸を開け」。イエス・キリストの裁きの日、彼らの躓きを救う為にキリストが「われ汝らの為に祈りたり」と言っておられる。再臨は一度で沢山である。クリスマスである。しかし、私たちは心の中には始終再臨を待つ心持ちで生きているんだということですね。

【編注】

(1) この「二」の部分は説教「キリストの教示の目的」で、連続説教となっている。

(2) 新共同訳では段落を変えて訳されている。

人の生命のポイント

さて、一歩退いて私たちの個人の人生について考えよう。科学の際限なき進歩、そのテクニックの恐ろしい発展は如何にもこの半世紀といわず十年二十年の中に於て私たちの日常生活の上に隔世の驚きを与えている。そして、将来も与えて行くであろう。然し、この科学と技術の栄光も、唯一人の人間の魂、ハート(心)を捕える事はできない。人の生命のポイント、支点は心であろう。心こそは神の形に似せて造られた人の生命のポイントである。

『遺稿集上』「人生の支点」より

パスカルの信仰告白

ヨハネによる福音書一四章六節―七節
昭和三九（一九六四）年二月一六日　長野教会説教（録音聴写）

（涛声）

イエス彼に言い給う「私は道なり、真理なり、生命なり、我によらでは、誰にても父の御許《みもと》にいたる者なし。汝らもし我を知りたらば我が父を知りしならん。今より汝らこれを知る、既にこれを見たり」

（ヨハネ伝一四・六―七）

今日《きょう》はパスカルの話です。かつて、私が戸隠で講演したとき、「アダムの堕落とイエス・キリストの救い、この二つを両極として、《神一人の外に善き者はなし》は軸であり、それを貫く言葉である」と書き記したことを記憶するが、私は最近また、そのことと関連して、パスカルの『パンセ』を出して読んでみました。ここで、パスカルは、逆説で、我々は救われるという弁証的な証言を断片的に書き連ねている。今からちょうど二百年ほど前、十七世紀の半ばに生きていた人であるが、その信仰は実に自由で大きくて巾が広い。「本当の信仰」という意味で、非常に大事なその信仰に関する部分を、今日は皆さんと一緒に読んでいくことにしたい。

パスカルはお父さんが税務に関する裁判長で、三歳の時に母を失なっている。学歴は殆んど何もなく父が彼を教えている。十三歳のとき、独力で幾何学をはじめ、十六歳のとき、幾何学の公理を発表して当時の数学者を本当に驚かしたというわけである。今の学校の理科の時間ではパスカルの原理ということでも知られているようですが、十七歳のときに、有名な牧師の説教を聞いたり、その教会へ行ったりして回心、すなわち、悔い改めをしてキリスト教を信じたわけです。デカルトといえば知らない人のないくらい有名な大思想家ですが、その頃ドイツのデカルトの訪問を受けたのです。それで、彼の名が如何にすばらしいものであったかがわかるわけです。その後、社交界に入り社交生活をおこない、一六五四年には三十一歳で二度目の回心をしています。その時に某修道院が是非自分の修道院へ来て話をしてもらいたいというわけでもって、修道院の客員としてそこへ行き、時々キリストの救いの問題を話したことがあるというような経歴です。彼はゼスイット(1)をひどく攻撃した論文を書いています。このことから、彼の信仰というものが漠然とわかるわけです。今日、有名であるのは『パンセ』、即ち冥想録といってよいのか、とにかくいろいろな時に思い起こして書き記したものを、断片的ではあるが、友人などがあしたものにまとめあげたもので、そこには理性のことだとか、思想のこと、あるいは「本当の宗教」という題で書かれたもの、キリスト者としての信仰告白など、そこには、深い信仰や豊かな思想をうかがうことができる。そして私は、『パンセ』を読むとき、実に明るい、本当にすばらしい純粋そのものの人間を想像するわけです。

「人間は自然のうちで最も弱い一茎の葦に過ぎない」とは、皆さんがよく知っている言葉であるが「人間は葦だと、弱い者だと、しかし、この弱い葦は宇宙を考える葦だ」と、こう言って、暗に偉大だといっていながら、次に「この人間を押し潰すに武装したり、そういう力を用いる必要もなく、風の一吹きでもって、あるいは水の一滴でもって殺すことができる」と言う。さらに、「しかし、宇宙がこれを押し潰す時にも、人間は人間を殺すものよりも高貴な者である」と言うのである。ここらのところにも、弁証法的な神学が内に含まれていると考えることができる。その次に信仰に触れるところでは、「人間の偉大は、人間が自分をみじめな悲惨な者であるということを知る点において偉大である」と、これは特に説明しない方がいいと思う。パスカルがいかにキリスト教の本当のものを捉まえていたか、よく考えてみればわかる。人は自分で意識しなければ悲惨ではない。悲惨を知るとは、自分が悲惨な者だと知る人間内部の問題である。金がないとか、衣食住が足りないとかいうようなことの悲惨でなくて、信仰を持った立場で、自分の信仰が伸びていかないとか、自分が信仰に伴うような生活ができないとか、欠陥だらけの者だとか、いつでもキリストが彼の前にある言葉である。信仰なんかいらないという人は、大事なこと、人間の自分というものをちっとも意識してはいない。

(【編注】以下、『パンセ』からの抜粋が続くが、主題と一部の抜粋文のみ掲載)

（1）真の宗教について

「真の宗教は、人間の偉大と共にその悲惨を教えるものでなければ、本当の宗教と言うことはできない」「自己に対する尊厳と軽蔑、愛と憎しみ、そういうものに先ず導く、それをよく知らしめるものでなければ、本当の宗教ということはできない」「もし我々人間が、神との交わりに価するには余りにも取るに足らない者であるということを言わんとするならば、それだけ人間が偉大であるのでなければならない」

（2）恩寵は常に世に存するであろう

「恩寵は常に世に存するであろう。そうして自然もまた同時に存するのであろう。従って、恩寵はある意味で自然的であることを我々は考える」「人間には二種類ある。二種類しかない。一つは自己を罪人だと思っている義人、一つは自分は義人だと思っている罪人、これっきりしか人間はいない」

（3）イエス・キリストが教えたこと

「人間という者は自己自身を愛しているが、人間は奴隷であり、盲人であり、病人であり、不幸であり、罪人である」「イエス・キリストなしには、人間は悪徳と悲惨のうちに沈む他はない」「イエス・キリストと共にあるならば、人間は悪徳や悲惨からまぬがれる」「彼イエス・キリストのうちには凡ゆる徳、凡ゆる祝福がある。彼の外には、悪徳、悲惨、誤謬、暗黒、死、絶望があるばかりである」「イエス・キリストを証明するに、我々は幾多の預言者を持っている。そして、その預言はイエス・キリストにおいて成就された。十字架の贖いという贖罪は、歴史的に確かな、もう疑いを要しないところの事件である。だから、我々は彼において、彼によって神を知る。それ以外の如何なることによっても、神を知ることはできない」

(4) イエス・キリストは総てのものの目的であり、総てのものの向かうところの中心である

「総べてイエス・キリスト以外のものに神を求め、自然のうちに留まる人は、彼らを満足させる光を全然見出すことができないか、もしくは、仲保者なしに神を知り神に仕える手段を自分で作り出すかどっちかである。そこからして彼らは無神論に陥るか、又は理神論に陥るか、この二つはキリスト教がほとんど等しく嫌悪する問題である。イエス・キリストなしには、世界は存在しないであろう。なぜなら、その場合には世界は崩壊するか、もしくは地獄のようになるかもしれない」

(5) 律法と信仰

「かくして堕落と贖罪という二つの証拠が、宗教について無関心な生活をしている不信者と、キリスト教の和解しがたい敵であるユダヤ人とから引き出される」「神がある人々を盲目にし、他の人々を啓蒙しようとしたということを原理としない限り、神の御業は到底理解されない」

(【編注】ここで、再度本文に戻る。)

これはカルヴァンの予定説に触れている。神はキリストのうちに隠れているのであるから、神が隠れているということを説かない宗教は、いずれも本当の宗教ではない。ヨハネ伝の一章一八節では「未だ神を見し者なし、ただ父の懐裡《ふところ》にいます独り子の神のみ之を顕し給えり」と言っている。

これで、パスカルの抜粋は終わりましたが、神はイエスにおいて隠されていることを、一つみなさんと一緒に考えてみましょう。ヨハネ伝の一四章を読んでみるとよい。神はイエスのうちに隠れている。あるいは、隠されているは、同時に逆に、イエスのうちに神は生きているといってもいいでしょう。イエスの心持ちを、我

々の貧弱なる洞察のまなこ、信仰のまなこをもって洞察をしてみるとき、「イエスのうちに神が生きている。イエスは父と一体である」と言わざるを得ないが、この言葉は、ある神学者には冒涜と聞こえるかも知れない。けれども、今の時代には、神の子イエス・キリストを本当によく現実の問題として捉えなければならない。イエス・キリストのご自覚、そのうちに父なる神が生きている。ヨハネ伝一四章六節から十一節には、「イエスは彼に言われた。『私は道であり、真理であり、命である。誰でも私によらないでは、父のみもとに行くことはできない。もしあなたがたが私を知っていたならば、私の父をも知ったであろう。しかし、今は父を知っており、またすでに父を見たのである。』フィリポはイエスに言った、『主よ、私たちに父を示して下さい。そうして下されば、私たちは満足します。』イエスは彼に言われた、『フィリポよ、こんなに長くあなたがたと一緒にいるのに、私がわかっていないのか。私を見た者は、父を見たのである。どうして、私たちに父を示して欲しいと言うのか。私が父におり、父が私におられることをあなたは信じないのか。私があなたがたに話している言は、自分から話しているのではない。父が私の内におられて、御業をなさっているのである。私が父におり、父が私におられることを信じなさい。もしそれが信じられないならば、業そのものによって信じなさい。』」とある。静かな雷の子と言われる一面を持ちながら、一人静かに瞑目して、キリストの使徒として仕えていたあのヨハネが、一つの事件として見えるようなイエス・キリストの伝記的なものを書くのではなく、それからは全く離れて、イエス・キリストの内的生活を、これぐらいうまく生き生きと描写したものは外にはないと思うのです。だから英国のドッドなどは現代的な意味において、ヨハネ伝、あるいはパウロを大いに紹介する努力を払っているわけです。我と父と一体である。そのイエス・キリストの聖なる自覚を考えてください。何も疑う余地はない。イエス・キリストは父なる神の内にいる。その逆にイエス・キリストの中に父なる神が生きている。このことは、私は三年も四年も前から始終言っているわけである。生き生きとしたキリストの心の中の事件である。だから、ヨルダン河のバプテスマも野の誘惑もあったに相違ない。総べてのそういうものを見たとき、本当にイエス・キリストは人を救う力を自覚されている。現代のキリスト教を生かすには、父と子とは一体であるという聖なる自覚を我々が覗くところに立たなければならない。キリストのうちに神は生きているということは、これは知的な神秘主義ではなく、イエス・キリストというものはここに在りとするところから出て来る救いの招きの御言、御業である。例えば、マタイ伝十一章の十一節「誠に汝らに告ぐ、女の産みたる者のうち、バプテスマのヨハネより大いなる者は起らざりき。されど天国にて小さき者も、彼よりは大なり」との言は、イエス・キリストより外からは出ない。断じてイエス・キリストの御心の言である。そうすればマルコ伝の一章の一五節「時は満てり、神の国は近づけり、汝ら悔改めて福音を信ぜよ」など、聖書のどの箇所を見ても、いっぱいそれがある。我々は、イエス・キリストという生けるキリストを捉まえていかなければいけない。

【編注】（1）イエズス会のこと。イグナテウス・デ・ロヨラによって一五四〇年に創設された男子修道会。ロヨラの思想は当時かなりの影響力をもったのであった。

本当の奇跡とは

さて、新約聖書の奇跡を私たち自身が捉えるに当って最も大事なポイントは何か。すでに考えて来た事であるが奇跡物語の表面に心を奪われてその根底に横たわるものの事実、すなわち、私たちの魂に影響を与えるイエスの十字架と「罪の赦し」という中核に触れる事を忘れてはならないのであります。救い主イエスの神の国への招きの愛から眼を外してはならない。すなわち、私たち自身の新しい生命の方向が創造された事を私たちが経験する事でありましょう。これがキリスト教の奇跡を知る事であります。従って、奇跡という事は神学的な考察やそれらの宣言から生れるものではなく私たちのライフ（生命）に働く神の言の能力の影響の事実を見た場合に、それを奇跡と私たちは言うのであります。

『遺稿集上』「再三ながら聖書の奇跡について」より

儀文は殺し霊は生かす

倫理・モラル・道徳は心の問題であり、形に表われる行為はこの心の自由な積極的な願いから出るのであって、決して自己の誉れとかいった「何々の為」という消極的のものでなく、また自由な意志的行動でなくてはならないということは勿論であるが、人間の意志こそが克服できない恐ろしい傾向を持つもの、その傾向こそ性来の人間の性であって、それは、すなわち、エゴイズムでありこれを聖書は罪の状態だと言うのである。そのようなセルフィッシュな人間が道徳的に立派な行動に、謙遜を心掛けて努力したとしても、自己を善しとする誇りが基調をなすことはやむを得ない次第である。道徳に努力を重ねるなら重ねるそれだけ、「自分は」という意識が嵩じるのである。然るにキリスト教倫理の立場そのものは、キリストが律法道徳の終りであり、人間自身の智恵と力では実際に真の義を完遂する事ができない故に、キリストの慈悲による恩寵の救いがあり、それに信頼する以上、自らを高しとする事はできないのである。これがキリスト教倫理の特色である。だから、福音は常に「儀文は殺し霊は生かす」と訴えるのである。儀文は昔の「律法」で今のモラルであろう。霊は「信仰」とここでは理解しておく。

ギリシャの思想の系列を汲む至善への追求も、中世カトリックの清潔への修道僧の営みも現代民主主義ヒューマニティ（人道主義）もその平和追求の努力もキリストの前に立てば「樹は其の実に依って知らる。悪しき樹は善き実を結ぶ事ができない」と、致命的宣言を受けなければならない。近代ヒューマニズムを本当に生かすものはキリストの福音であろう。

『遺稿集上』「基督教倫理と道徳」より

暴君よりの解放

ローマの信徒への手紙五章八節以下
昭和三九（一九六四）年四月二六日　長野教会説教（録音聴写）

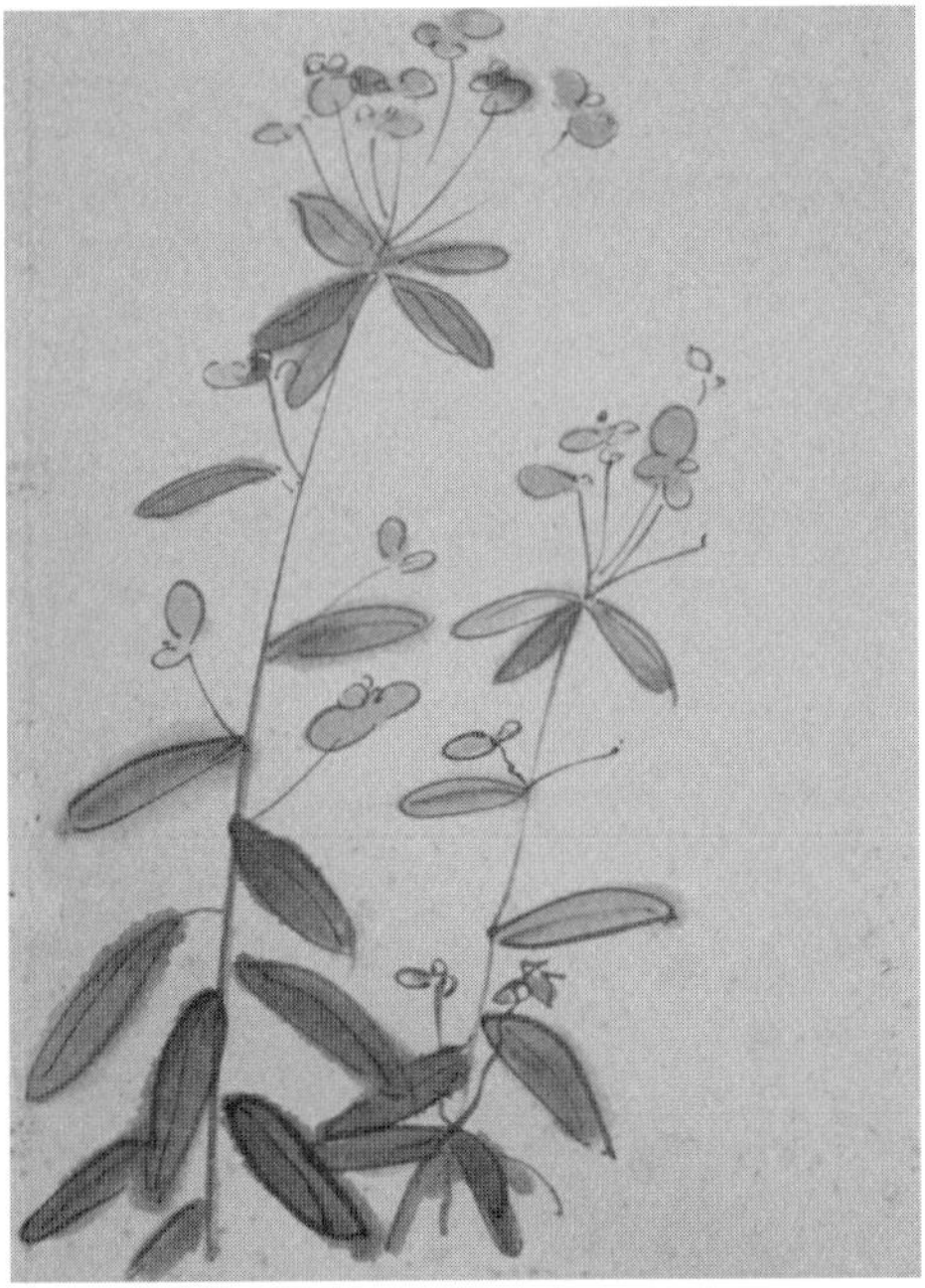

（秋の野草）

然れど我らがなお罪人たりし時、キリスト我らのために死に給いしに由りて、神は我らに対する愛を表わし給えり。

（ローマ書五・八）

今日の題は面白い題ですが「暴君よりの解放」です。キリストの救いのメッセージは、このメッセージに耳を傾ける者を暴君から解放する。これが本当の自由です。自由といえば、ルターが『キリスト者の自由』で細かく書いているが、あれほど難しく考える必要はないと私は思うのです。本当にキリストに任《まか》せて、もうそれで楽な気持ちでいていい、それが本当の自由というもので、キリスト自身はただ我々に「我に来れ」「我を信ぜよ」と言っているだけです。このキリストというものを我々が受け入れると、我々はあらゆる暴君から解放される。暴君とは現代の言葉でいったらいわゆる倫理道徳である。キリストによって道徳をやるとか、自分の力でもって律法を全うするという考えから解かれる。そのとき、本当に心の内にキリストを喜ぶ心が起こって来る。

ローマ書五章、ここにすばらしい言葉がある。パウロのキリスト観――パウロの考える神というものはどういうものか――である。五章の八節には「しかし、まだ罪人であった時、私たちのためにキリストが死んで下さったことによって、神は私たちに対する愛を示されたのである」とある。みんなお互いに利益になることや、少しばかり善いことをやれば得意になるけれども、一歩退いてよく考えてみれば罪の中にいる。パウロは、内なる人にいけないものがある、罪があるとする。人間という者は、内なる人と外なる人の区別はできないが、分かり易いために、その精神的な意味において、内なる人と表現するが、その一番根本にエゴイズムがある。それ自体は悪くない。自分を愛するという心持ちがなかったら、人間はここに生きていることはできない。人間が生物として、他の生物の内の一番優れた人間として生きているということは、他の生物に比べて非常に強く、しつっこく自分を愛している結果で、これが生きるということである。しかし、人間は他の生物と違ってそれっきりではいけない。ことに言語をもって、思想をもって、あるいは情感をもって他の人と交わらなければいけない。その時にどうしても罪が出て来るわけだ。自分の都合、自分のためならばどんなにでも本気になってやるけれども、他人のことに本当に打ちこんでやれない。ちょっとそこを我々はお互いに悲しむがいいのだ。小さく、一軒の家のことを考えても、自分の愛する夫婦の間でも、ちょっと考えれば本当に愛するようだが、本当に自分のごとく愛することができるかどうか。ところが、キリストは、己《おのれ》のごとく人を愛するどころではなく、「汝の敵を愛せよ」と言うのである。我々のどこにキリストが期待する愛があるだろうか。しかし、我々は「汝の敵を愛せよ」というところに本当に純粋な愛という方向を見ることができたのである。汝の敵をも愛するというこの一点に立たなければ、己《おのれ》のごとく隣人を愛するでは未だいけないのである。本当の愛は、キリストに敵する者を、神に敵する者を赦している。この愛を喜ぶ。この愛の救いの君を喜ぶということが我々の信仰である。キリストの招きの言を喜ぶか、これを拒否するか。その間に我々が立たせられている。自分の心を開いて、キリストの精神を我々の内に迎え入れ、キリストの言うがままに、本当に任せて、全く楽な気持ちになるということが、一番適切な我々の考えでなければいけない。己《おのれ》が善をなすとか、義をなすとかということは少しも心配しないでいいという気持ち、これが信仰である。五章の十一節を見て下さい。「それればかりでなく、私たちは、今や和解を得させて下さった私たちの主イエス・キリストによって、神を喜ぶのである」とある。我々にはいろいろな喜びがあるが、結局、我々の一番の本質的な喜びというのは、神を喜び、キリストを喜ぶということである。キリスト教に始めて入る時には、自分という人間はいけないから、この人間を善くしてもらうために、あるいは平安を得るためにキリスト教を信じる。始めはそれでいいのである。しかし、いつまでもそんな考えではいけない。我が喜びはイエス・キリスト、これっきりである。世界万般《せかいばんぱん》の喜びは一切ここから来るのだ。キリストの言を聞くを喜ぶ。キリストを喜ぶ、これが本当の信仰である。皆さんがここへ集まって始終来るのは、深い浅いはあるけれども、みんな同じ目的を持って喜んでここに集まってくると考えることができる。教会は難しいことを言って、堅くなって聞くところではない。本当に打ち解けて、水くさい考えがなくて、ここへ来て、言いたいことを言い、話したいことは話し、喜んで交わって帰っていく。一週間に一度でも、それができたならば、これは我々の人生の行き方が、キリストの方向に運ばれていることと我々は考えることができる。

律法の面から考えてみましょう。キリストは我を信じよ、信じさえすればいいんだ、と言う。また、だからといってお前達は誤って考えて、律法や預言者を悪く言い、それを拒否するために来たと思ってはいけないぞ。かえって律法を全うするなり。律法を全うするには、律法にかじりついていてはだめなんだと、キリストは言われる。すなわち、倫理道徳にかじりついていては、人間は決して倫理道徳に一歩も踏み込むことはできない。神に対して我々の立つ立場は、神であるから、曲ったことをしてはいけない、悪を行なってはいけないのであるが、それを人間ができないから、キリストの救いの言に、我々は耳を傾けて聴いて、本当にそれを喜ぶのである。無論、喜ぶ前には、キリストに出会った時に、本当に自分はだめだということを正直に告白しなければならない。ただ、それで告白したからといって直ぐに立派な人間になるとか、立派な行動ができるかと言うとそうはいかない。けれども、少なくとも本当にこのキリストを喜ぶということ、それが悔い改めというものの健全な歩みであると、私はこう考えているのです。

ここではこのローマ書五章の八節以下で「喜ぶということ」、「キリストを喜ぶということ」、そこのところへ主眼点をおいて皆さんの頭に入れてもらう。「わが神、わが神、何《なん》ぞ我を捨てたまうや」、こう言って、あの苦しい叫びをあげて十字架にかかったということ、あれはイエス・キリストの本当に絶大なる決心である。人間を救うには、あの神の子、イエス・キリストがあれだけの決心を持たなければいけなかったのである。キリストの十字架はそういうものである。にもかかわらず神学者や現代の多くの人達が、ただやすやすと受け入れることはよいとしても、いい気になって卒業してしまっていてはいけないのである。理屈が多く、自分達の問題を持たな過ぎる。楽にすらすらと信じたという立場は、私には賛成できない。私としての苦しみはそこにあるわけである。パウロにしても、ルターにしても、彼らがキリストを受けたその時の苦しみというものを、我々も一緒にあずかって、味わってみなければいけないことと私は考えているからです。直に何でも「それはキリストを信じろ」と安っぽく考えてはいけない。信仰というものは知である。認識という言葉を使えば間違うが、本当にキリストというものは、我々の救い主である。これより他にないということを認めることである。キリスト・イエスの招きというものは、神の招きで絶対であると。絶対であるということは終末である。キリストを喜ぶか拒否するか、この二者択一。それは、私、小原福治、皆さん銘々にとってだけでなく、万天下の人類に対して間違えのない一大事であり、最後的な問題、中心的な問題である。だから、そこに権威がある。

権威と同じ形をとって、我々に、かくあれ、そうしてはいけない、なすべし、なすべからずという問題を提供するのは、昔においては律法であり、ギリシャから来た道徳である。誰にもどんな場合にも、どんな境遇にも、己《おのれ》のごとく汝の隣人を愛さなければいけない。もっと一歩進んでいけば、「敵をも愛せよ」である。ということは、どうしても人間としての正しい方向を取ろうとする人には、その考えをもってもらわなければならないからである。しかし、それはできない。それができないから、キリストはそれができるように信仰を我々に与えた。「我に来れ」と。それっきりである。他に何もいらない。一切、「我にまかせよ。信頼せよ」とキリストは言われる。キリストの喜ぶような方向を歩めということである。だから山上の垂訓などは生き生きとして我々に迫って来る。イエス・キリストの言には、少しもおどしや威嚇的なものはない。そのことをパウロは言っています。我々が罪人であった時に、我々を赦して贖《あがな》ってくれたと。いやいやそれだけではない。我々が敵であった時に、この我々を救ってくれたと。これはパウロの本当の告白である。彼はキリストを、本当に憎むべきものとして、敵としてこれを迫害していた。その真最中に召された。無論、これはただそう簡単に考えてはならない。ダマスコ途上のあの出来事が、直ちにローマ書を書きガラテヤ書を書いたパウロに結びついたと考えてはいけないのである。フィリピ書を書き、ガラテヤ書を書き、ローマ書、コロサイ書を書くに至るまで、パウロもある期間本当に心の中の戦いや、キリストに対する心の中の理解というものを深めた結果である。しかし、あれは、新しく生まれ変わる出発である。それはとにかくとして、キリストはパウロを召すに、いや我々を召すに少しも威嚇的なところがない。キリスト教の信仰はそうである。だから私はいくら肉親のものでも、誰でも、自分の腹の中では、これは聖書を読んでもらった方がいいということを考えていても、断じて人に押しつけることをしない。押しつけるということは、ますますキリストをいやなものにしてしまう。安売りはいけない。キリストの招きは恐れの招きでなくて、恩寵の招きである。だから「信じない者はすでに裁かれたり」ということが在るのである。

ヨハネ伝の三章の一六節を出して下さい。「それ神は、その独《ひと》り子を賜うほどに世を愛し給えり」と言われている。愛し給えりである。一人残らず世にある者を。罪人を。「凡て彼を信じる者の亡びずして、永遠の生命を得んためなり」であります。続く一七節には、「神その子を世に遣わしたまえるは、世を裁かん為にあらず、彼によりて世の救われん為なり」とあり、一八節には「彼を信じる者は裁かれず」とあります。彼を信じる者は裁かれずということは、パウロや弟子達の考えから言ったら、終りの日に彼を信じる者は裁かれないということであり、また、「信ぜぬ者はすでに裁かれたり」は将来の問題ではなく、裁かれるということは信ぜぬこと、それが裁かれた状態であるということであります。ここから、我々はパウロはファリサイ人であった事を念頭に置いて考えていく。ファリサイ人は絶対にキリストを信じることはできない。あの律法の枠の内に囚《とら》われた者が、そうして自分のやっているうわっ面だけの正義に懲《こ》りかたまっている者が、どうしてキリストを入れることができようか。ところが、パウロだけは違う。パウロが救われたということは、パウロの内に救われないファリサイ的なものがあるけれど、迫害のうちに彼の隠れていた一面がキリストを見出したのである。幻《まぼろし》の内に。心の本当の幻、この幻は我々の空想する幻とは違う。パウロは小さい時からファリサイに生まれていた。

身分もあるし、富もあるし、学問もある。小さい時から本当に厳しいファリサイの神信仰というもの、ああいう儀式というものを良心的に徹底的にやらなければということでやってきたのである。そうして、キリストを迫害するようになってからは、どこへ行っても自分はヤハウェ神の僕であることに誇りを持ち、ギリシャの理屈をいうところの者を冷やかに見ながら、堂々として彼は威張っていた。その一番の望みは律法の先生になることで、ガマリエルのところに弟子入りをしている。この頑《かたく》なパウロが、全くキリストの前に降服して、このキリストのためには何でもいい、何でも厭《いと》わずにやることができるというふうに自分を投げ出してしまったのである。これは、キリストの命令に打たれたのではなく、イエス・キリストの真実に打たれたのである。神の真実、外《ほか》の言葉でいえば神の愛、神の憐みであるが、それを自分で悟ったわけである。それをヨハネ伝三章の一六節以下には、キリストの真実・神の真実を拒否して、将来ではなく、信じないということそのことが地獄であるというのである。

さて、このパウロのローマ書五章八節以下の註釈であるが、パウロが神の義を与えられたのは信仰によって自分の道徳的感情だとか、感じ方だとか、思想だとか、主義主張というようなものが非常に優れていたからではない。パウロは救われて、キリスト者の自由を与えられて、律法を全うする方向をとったまでのことである。この救いに関する一事において、パウロの意志や感情は何も入ってはいない。このような救いのために、イエス・キリストが十字架にかかったということは、非常に驚くべき神の子の決断である。従って、キリストを信じるという者は、神の義を着せられた者である。義を与えられる故に堅くなる必要は少しもない。ただ、キリストを喜び、そのままに信じる、受ける。どうかそういう方向に私の生活も歩かせてくださいと祈り、そして歩かせてくれる。こういう気持ちである。堅っ苦しくなく大きくて自由な、本当に任せきった、行ないということについて心配しない、これが新しい人間である。義や善行についてはキリストに任せてしまえ。そうして、キリストが私の内にきっと善き業をなしたまうと確信している。我々もキリストに倣《なら》って、責任や義務という言葉すらも使うことを嫌って、進んでキリストの「我律法や預言者をこぼつためではなく……」の方向をとらしてくださいという、キリストを喜ぶ祈りがここに生まれて来るわけである。

世の中のいろいろな問題について、我々は冷静に考え、我々のグループというものを中心として、この世の中を改革するということを祈る立場をとらなければならないと思う。我々は忙しがって善行をやるなんということは考えないで、ストップして、止まって、よく考え、キリストの声を聴く。このキリストの言を聴くという態度が一番大事なことである。ストップして、止まって、自分がキリストを照準としてキリストの前に我々が鎮まるという、静かに深く考えていくということを考えなければいけない。しかし、最近教会では、倫理道徳をしっかりしなければいけないというキリスト教の倫理がかつぎ出されている。山上の垂訓をやはり我々の倫理としてかつぎ出すはいいのだけれども、キリスト者はイエス・キリストに対して信仰の心を開いたからうんぬんという方は断じてできない。とかく、キリストを良く知っていれば、堅っ苦しい緊張した、病的なとり傲慢な考えを持ちやすい。こいつは一番いけないことである。私の未だ若い時分にギリシャ思想がはやり、人格的価値ということが言われた。我々キリスト者の倫理道徳に対する考え方とか、そういうことをやろうと思うことが人格的価値だと言い切ることができたならば、私の中のエゴイズムの塊、肉の塊はどうなるのであろうか。なくならないばかりか、それを押さえつける何ものもありはしない。キリストはこのような人間の腹の中にいる暴君を本当にたたいてくれる。キリストを喜ぶという心持ちは、人間の善とか、行ないとか、生活という本質的な問題について、自分で力《りき》むことではない。ヨハネ伝三章の三節に「人新たに生まれずば、神の国を見ること能《あた》わず」とある。新しく生まれたということである。人間の革命である。信仰の結果として、人間の革命が人間の内に起こってきたわけである。その態度に対して、キリストから、「お前達は罪が赦された」「お前達はもう罪がないんだ」「お前達は裁かれない」という宣告を受けるわけだ。イエス・キリストの宣告は、この罪なる者に、かつてのパウロのようにキリストに敵した者に「汝の罪は赦されたり」と言う。それは人間の考えではない、人間の妄想でもない、キリストの宣言である。そこに私たちが本当に謙《へりくだ》った心の、本当のいい意味における、貧しき人間として立つことができる。心の貧しき者は最も富める者である。これがために、我々はキリストの十字架というものを、キリスト御自身の深刻なる決断だと思うのである。贖《あがな》いがなければ、人間が永久に人間の生きるポイントにおいて復活することはできない。核兵器の騒ぎや争いはどうあろうとも、本当の人間の革命は、イエス・キリストの言において、我々の心の内に起こると言う。それが「時は満てり、神の国は近づけり。汝ら悔い改めて福音を信ぜよ」である。

律法の彼方に、神の義顕れたり

パウロが、当時のことのみでなく現代に対しても人間のこの世の状勢の混乱を指摘し、神の怒り（審判）の下にあると断じて、人間の行動ではなく神の恩恵（慈悲）によって義人たらしめると主張するのがこの『律法の外に神の義顕れたり』である。ここは全聖書を通じての最高のポイントで、これは正に、創世記のアダム・エバの堕罪に対応する神の救いの完成に外ならない。すなわち、人間万能、理性万能に対する神の愛の招きがキリスト教である。神の御意志を「自分が」行うというパリサイ主義・道徳家・理性万能・科学万能で何事も解決し得るとして、際限なく人間の発展向上にのぼせ上っている人間至上主義に対し福音は今日も「理性よ汝は悟らなければならない」と叫び、神の律法を遂行することが神信仰だと誤まり固まっているソウロや良識・友愛を叫ぶ現代人をも等しく「サウロ、サウロ何ぞ我を迫害するか」と招き給う恩寵の叫びが「律法の外なる神の義」である。

『切なる招き』「律法の彼方なるもの」より

たとえ話とパウロ

ところが、更に面白いのがマタイ伝一三章、ここに至って、全く私はパウロの告白を見るような気がします。一三章四四節、天国のたとえだ。「天国は畑に隠れた宝の如し」であります。ごみや、腐ったようなものや、いろんなものと一緒にあり、石ころなどと一緒の汚いような所に、「人見出さばこれを隠しおきて、喜びゆき、有てる物をことごとく売りて、之を買うなり」というようなものであり、何にも代えられない貴いものであります。自分が今まで価値のあるものだと思っていたものが、無価値になってしまうと言っています。その前に出れば、みんな売り払っても、それをどうしても取るという面白い譬ですね。神の恵みというものはどこへ来るかわからないですね。パウロを考えてみると、彼はフィリピ書にあるが、自分が律法の大先生になる。律法というものを非常に愛して自分が義人たらんとして、又義人であるという意識を持って、真剣にやったんです。そこへ、キリストというものが出て来て、神の恵みによってのみ救われるという問題が出てきたから、そんなバカげたことはありはしないと言って、非常に憤《いきどお》って、キリストの徒を迫害したでしょう。迫害の真最中に、神の国の使徒になったのです。そうして、今まで最もうれしく思い、自分で誇って喜んでいたものを、全く三文の価値もなく、幣履《へいり》の如くこれを捨てて、「ただイエス・キリストを知ることのうれしさのために、総てのものを損なりと思えり」となったのです。知ったことでみんな損したけれども、すべてを芥の如く思えりと彼は言っています。文語訳の聖書には「これを糞土の如く」とあります。これは実に面白いと思います。

『遺稿集上』「神の国のたとえ話」より

本当の悲しみ

詩編三二編
昭和三九（一九六四）年十一月　長野教会説教（録音聴写）

（西岳）

その咎《とが》をゆるされ、その罪をおおわれし者は幸いなり、不義を主に負わせられざる者、心に偽りなき者は、さいわいなり。我言いあらわさざりし時は、終日《ひねもす》悲しみ叫びたるが故に、わが骨ふるび衰えたり。汝のみ手は夜も昼も、わが上にありて重し、わが身の潤いは変わりて、夏の日照りの如くなれり。かくて我、汝の御前にわが罪をあらわし、わが不義をおおわざりき。……

（詩編三二編一―四）

本当の悲しみとは、憂うつで無益な煩悶、いわゆる、英語でいうメランコリーではありません。本当の悲しみとは人間の悔い改めを意味します。この悔い改めということは、イエス・キリストの力によらなければ、私たちには生れません。人間の自然な宗教心を母胎にした宗教、いわゆる自然宗教には、この悔い改めということがありません。宗教といえば、広い意味ではキリスト教も宗教といえるでしょう。だがキリスト教だけはやはり他《ほか》の宗教とは一緒にならないものなのです。

一般的な意味での宗教とは、人間自身の宗教心の上に成り立っているものです。修養によって、自分自身の良心の上に平安を得るということ、それはやはり自然宗教であるのです。神秘主義とか、安心論とか言われていることも、結局は人間の知恵であり、人間の宗教心の産物なのです。世界の宗教は、どんなに高等な宗教であっても、キリスト教以外は、みんな自然宗教です。神も仏も人間の知恵によって造られたものなのです。正直にいえば、それらは、諦めとか、ある種の虚無的な観念です。人間の造った神は生きていません。それは静的なものです。積極性、すなわち、ダイナミックな力をもっていません。だが、キリスト教は違います。それらのものを一蹴してしまうのがキリスト教です。そういう意味でキリスト教は宗教一般には含まれないものです。キリスト教＝福音は、神から来ています。神の方から人間に啓示されているものです。人間は逆立ちして、七転八倒しても、彼自身では全き平安を得ることはできない。人間が造った神はそのためには何の役にも立たない。啓示された神、上からきた神、イエス・キリストにおいて私たちが目で見ることができるような、手で触《さわ》ることができるような、生きている神と関係をもつことによってのみ、私たちは平安を得ることができる。そういうことをよく考えて、ここで「本当の悲しみ」ということを言っているのですが、今、司会者が選んで読んでくれた詩篇三二篇は、その悲しみであるわけです。そこをもう一度読んで下さい。この悲しみ、これが、すなわち、悔い改めです。ここでちょっと注意しておきたいことを言うと、悔い改めということは何もキリスト教によらなくてもできるではないかと考える人もいるかもしれないが、それは大きな考え違いだということです。人間の自然性の悲しみは、どんな高等な悲しみであってもそれは悔い改めではない、それは煩悶だ、英語でいうメランコリーだ、治らない病気だ。本当の意味の悔い改めということは、例えばマルコ伝一章一五節に示されています。そこには、「時は満てり、神の国は近づけり、汝ら悔い改めて福音を信ぜよ」とあります。私たちは、人間的な考えから、悔い改めと言いますが、それは本当の悔い改めではない、キリスト教の先駆者と言われたバプテスマのヨハネが説いた悔い改め、それを聞いてバプテスマを受けた人びともそれで悔い改めができたのではない。本当の悔い改めとは、私たちがキリストに出会うことによってキリストから与えられるものです。私が細かいことを言わなくてもいい、コリント後書七章一〇節を見てください。

実は、今日の講壇になぜこの題目を選んだかというと、今日は我々の同信の友であった、単に同信の友だったというだけではなく、信仰ということを別にしても、やはり親しい兄弟だったといえる滝沢万治郎君の納骨の日であり、この聖句は滝沢君が非常に好んだものだったからです。

「それ神にしたがう憂いは、悔いなきの救いを得るの悔い改めを生じ、世の憂いは死を生ず」

世の憂い、自分だけの憂いは、いくら真剣でも自分を助けることはできない。それは本質的に死以外の何でもない、そういう意味ですね。このことはここで私がいろいろ説明するよりも、みなさん自身が自分の問題として、この聖句をインサイト（洞察）して、自分の告白としなければいけません。聖書のたとえ一句でも、毎日、自分ひとりで自分自身の問題として読まなければいけません。忙しい人はどんなに忙しく働いてもいい、だが、一日に三十分でも、自分の心の中を見て考える時間をもたなかったら、人生はつまらないものです。ただ忙しくバタバタと生きて、他人に賞賛されたり、死んでから勲章や表彰状が追いかけてきたって、そんな人生は何ですか。話が横道に逸れましたがね。「時は満てり、神の国は近づけり、汝等悔い改めて福音を信ぜよ」という聖句ですが、キリストがこの語句のとおり言われたかどうかということは問題にしなくてもいいことです。大切なことは、このようなことは、天下でただ聖書の中だけに言われているということです。そして、この聖書を誰が書いたにしても、この句の聖意はどこから出て来たか、ということです。むろん旧約を母胎にしているにしても、過ちだらけの十二使徒の誰からも出て来ない。あるいは十二使徒以外の、最後の晩さんをした家主の息子のマルコがこれを書いたにしても、そのマルコからも出て来ない。この聖句の精神はイエス・キリスト以外の誰からも出て来ません。モーセからも出て来ない、エレミヤからも、イザヤからも出て来ない。ただイエス・キリストからのみ出て来ます。その事実をつかみ得たら、みなさんは聖書をしっかり掴《つか》んだのです。そのときに聖書が自分のものに、自分の告白になるのです。そういう聖書の読みかたを、一日に三十分でいいから、自分ひとりで考えなければだめですね。みんな風船玉みたいに、考えることも、することも水の泡のようになってしまって……。いくら自分の罪を悲しんでも、その悲しみはいくら良心的なものであっても、それは自分を改めることができない。ただイエス・キリストのみがこの自分の救い主だというその告白、それを回心というのです。悔い改めということはそのままイエス・キリストを信じるということです。そのことを信仰あるいは回心、新しく造り変えられるというのです。「人新たに生まれずば、神の国を見ること能わず」と、イエスはニコデモに対して言われたが、そのとおりです。いくらジタバタしたって、キリストによって新しく造り変えられるのでなければ、自分では何もできません。

イエスこそキリストであるということ、そのことこそがこの新約聖書、また旧約聖書を通じて、ただ一本の柱なのです。他には何もありません。聖書六六巻の内容を言葉にして言えば、「ナザレのイエスは神の子である。生ける神の子である」ということです。私たちには神はわからない。その神が霊として、イエス・キリストの内に生きておられるということ、だから、キリストの言は「天地は過ぎ行かん、されどわが言は過ぎ行くことなし」ということができます。キリストの言の内に神がいつも生きているのです。生きているということは、人を生かすということです。

本当の悲しみ、メランコリーでもなく、憂うつ病でもなく、生理的な、心理的な神秘主義でもなく、哲学でいう自己追求のようなことではなく、本当に自分はいけないという悲しみ、それは高倉先生が言われているように、その悲しみ自体を包みおおうような大きな喜びであるのです。そういう意味で、福音は悲観論ではなくて、非常に楽天主義的であると言えます。

本当の悲しみは、新しい人間になるただ一つの条件だと言えます。新しくなるという事は「人新《あら》たに生まれずば神の国に入ること能わず」と言われている回心のことです。その回心にはキリストにある本当の悲しみが前提になるのです。人間の自然性の悲しみは、いくら切実であっても、自分を新しくしません。それは死に至らせるだけです。死に至ると言っても、それは首を吊って死ぬような形の死を考えなくてもいいので、現実に生きていても、それはやはり死であるのです。何か事があると、人の心は挫《くじ》けてしまうではありませんか。本当に新しくされているか、いないか、悲しみが本当にキリストにある悲しみであるか、そうでないかということは、こういうことであります。新しくされるということは、イエス・キリストにあって、ダイナミックな、積極的な生命をもつということです。悲しみにつぶされてしまわないで、悲しみからいつも新しい芽が生まれて来るのです。死に至る悲しみというのは、それが良心的な悲しみであっても、そのように新しくはなれない、いつも同じことの繰り返しです。そのように解釈しておいていいでしょう。だが、この新しく、ダイナミックになるということは、それを悔い改めということができるのです。それはキリストにあって自分自身への本当の悲しみが前提にならなければならないのです。そのことを詩篇三二篇はよく謳《うた》っています。

ところで、この悔い改めということは、一生に一度あれば、それでいいのではありません。そのところが聖書の真理はおもしろい。回心が深くなればなるほど、自分はいけないという悲しみもますます増して来るのです。パウロはそのことを逆に「罪の増すところには、恵みもいや増す」と言っているのです。パウロの言葉を、だからいくら罪を犯してもいいなどという意味に解釈したら、それは聖書の真理がわかっていないのです。私たちは罪ということがわからないでいる。だが、キリストの光に照らされて、自分の罪がわかって来るに従って、その罪をおおうような、もっと大きな恵みが私たちを取り巻いていることもわかり、私たちはかえって楽天的に感謝と喜びの生活を送ることができるという意味です。そのことがわかると私たちは非常に積極的になれる。その恵みこそ私たちを新しく生まれ変わらせる力です。平安を得るということは、ただ消極的に静かに安心していることではないのです。イエスは「わが平安を汝らに与う」（ヨハネ伝一四・二七）、と言い、そして「わが与うるは世の与うるごとくならず」と言われているでしょう。あなたがたに与える平安は、この世が与えるような平安ではないというのです。

メランコリーな悲しみ、人間的な考えからの悔い改めをけなすのではないが、気をつけなければならないことは、自分をいけないと思い、そう思ったことで自分が謙《へりくだ》ったような気持になり、自分がいけないことがわかったからといって、人生に対して、あるいは人生観一般に対して否定的態度をとることで、自分が他人よりすぐれた生きかたをしているような考え違いをすることです。それは謙ったようで、かえって傲慢であるのです。謙ったような言いかたをしても、それは自己賞賛をしているのです。それはやはり虚栄心です。クリスチャンですら虚栄心をもつのです。他人の幸福を見聞きして、それを喜ぶこともあるけれど、やはりそれを妬《ねた》ましく思うような気持は、よくよく気をつけないと、この年をした小原福治にさえあるのです。だめではないか、そんなことでは。何のために聖書を読むのか。聖書はそういう虚栄心を摘みとるために読むのです。ちょうど畑の雑草を摘むように、ひとときも休まず福音を聞かなければ、すぐ虚栄心が芽を出します。一週間、ひと月休んだらもう手のほどこしようがなくなります。ブルンナーは、私たちが福音に生きることはちょうど庭の雑草をむしるようでなければならない、と言っています。といっても何も始終労働するように苦しむことではありません。福音を聞いても忘れてしまうことがある。いや忘れてしまっている時間のほうが多い、ここで講壇をしていても、私自身なっていない、それでも、私は福音を棄てる気持にはならない、だが、それでよろしい、とキリストは言ってくださるのです。そこで、元に戻りますが、人間は虚栄心で固《かた》まっている。だが、自分はそのことがわかっているからいい、自分自身について、人間について、人生について、誤りがわかっているからいいというように、一種のメランコリーな、憂うつ的な考えかたをして、満足しているなら、それは大きな間違えです。なぜなら、それは悔い改めではないからです。この一点をよく注意しなければならないと思います。自分自身を哲学的に、合理主義的に思索して、自分の欠点を見るということは、人間としては進歩です。だが、キリストを欠いたら、それは本当の悔い改めではない、それは人間のメランコリーな主観に終ってしまいます。だから、良心的だといわれるような生活すらも、キリストを欠いたときには意味をなさないということなのです。そのことを死というのです。この世の憂いは死に至るということは、そういう意味に解釈されるべきです。だが、神による憂いは本当にダイナミックな生命を与える。イエスをキリストとして受け入れることから私たちは百八十度の転回ができます。それでは、それで完全な人間になれるかというと、そうではない、私たちはやはり不完全であり、それで結構なのです。そんなことを言うと、東京の偉い先生方は私を悪魔だと叱るかもしれない。だが、私は遠慮なく言います。そんなに難しく考えることはない、キリストを見よ、キリストを。キリストが私たちに話すときは、あの人に話すときはどう言おうか裁判で問われたらどう答えようかなどと、少しも準備してはいませんよ。しかも、それぞれの時に、もっとも真実な言葉がその口から出てきます。キリスト自身がそのことを言われているではありませんか。あなたがたは迫害されたり、責められて困ったようなときに、何を言い、何を弁解しようと心配しないがいい、言うべきことはそのときに授けられる、と。キリストは道徳教育をやろうとプログラムを作って準備したりしてはいませんよ。キリストには、イデオロギーも、組織もいらない、ただ裸になった魂だけが必要なのです。キリストには何の用意もない、そのことをキリストの自由というのです。私たちもキリストを受け入れたら、キリストと同じ自由をもたなければいけません。だから、私は道徳教育などナンセンスだと言っているのです。もし道徳教育をやろうと思うなら、お母さんが、子供がまだ乳をはなれず、まだ何も知らないうちから、子供の自由を痛めないように、お母さんが中心になって毎日の生活を平凡に過ごす以外に方法はない。いやしくも他人に迷惑をかけてはならないという気持をお母さんが胸の中にもっていたら、子供がその気持をもつのです。子供に教えるのではない。今の世の母親に子供を教える器量がありますか。自分自身がその気持をもっていたら、その平凡な日常生活を子供と共にするだけで、本当の道徳教育ができるのです。本当の道徳教育とは品性を造ることです。「忍耐は錬達を生ず」とある。錬達とは品性、性格と同意です。幼ない時から他人に迷惑かけないような性格を作っておけば、それが成長してその子の大きな道徳になるのです。親自身がそういう考えをもっていれば、子供に教えなくてもいいのです。必ず、その母親を中心にした家庭の子供は、よほど天災のような間違えでもない限り、狂ってこないのです。長い間聖書を読み学校の先生をしている諸君が、そのくらいのことがわからなければだめですよ。文部省の通達どおりの道徳教育をしたら、それで道徳的な子供ができるなんて思ったら、大間違えです。道徳の理論だけは教えることはできるでしょう。だが人間にとって道徳とは生活です。覚えるだけではいけない、道徳とは教条にすべきことではない、生活です。そのことをすぐ引っ繰り返して「それみろ、人の救われるのは行ないによる」なんてバカなことを言ってはいけない。行ないの土台が信仰です。悔い改めです。横道へ入りすぎて、私も疲れてしまってはいけないが。

ローマ書五章を開いてください。いくども繰り返して読む個所だが、またいくど繰り返して読んでもいい聖句です。三節から読みます。「然《しか》のみならず患難をも喜ぶ、そは患難は忍耐を生じ、忍耐は錬達を生じ、錬達は希望を生ずと知ればなり、希望は恥《はじ》を来らせず、我らに賜いたる聖霊によりて神の愛、我らの心に注げばなり。」

これを読んでわかるように、イエス・キリストの愛が、みなさんの心臓の血液へ一滴入っているのですよ。本当に入っているのですよ。たくさんでなくていい、神の血が、神の愛が、人間的な情愛を潔くするために、イエス・キリストの宝血が一滴、私たちの心臓へ入っている、そのことを書いているのです。神の愛が私たちにクリスチャンとしての可能な生活の方向をとらせてくれるのです。その方向へ私たちは生活を続けていくのです。クリスチャンは百歳まで生きても、二百歳まで生きても完全にはなれません。完全なのは神だけです。「我に倣《なら》え」とキリストは言われているではありませんか。いくら倣《なら》っても私たちはキリストにはなれない。私たちの生活は千紫万紅にそれぞれ不完全で固まっている。だが、キリストはそのことを問題にされない。不完全なままで私たちがどういう姿勢をとるかを問題にされるのです。

例えば「己の如く隣人を愛せよ」ということは難しいことだと思うでしょう。だが、キリストはたとえ話で示されているのです。敵であるサマリヤ人を本当の隣人だと言っているあのたとえ話にはどういう意味があるのでしょう。サマリヤ人が盗賊に襲われて死に瀕しているところへ、牧師が通りかかった。キリスト教の牧師ではないが、当時のいわゆる牧師です。彼はそこを通りかかり、他に誰もいないのですから、何をおいても、自分としてできるだけのことをして、そのサマリヤ人を助けなければならなかったのです。金を持っていないにしても、人を呼んで来るとか、背負って行くとか、自分の着物を貸すとか、できるだけのことを尽くさなければいけなかったのです。それなのに遠回りをして避けて行ったではありませんか。また同じような先生が通りかかったが、やはり遠回りをして避けて行ったではありませんか。クリスチャンがそんなことではいけないとキリストは言っておられるのです。クリスチャンだけでなく、人は自分が直接その人を看るべき立場にあったら、できるだけのことをしなければならないという意味です。「己の如く隣人を愛せよ」とは、誰にも彼にも自分と同じように分け合え、というような意味ではないのです。ここに困っている人がおり、困り方にもいろいろあるが、その人に自分が直接出会ったら、自分がその人にできるだけのことをしないで、誰がしますか。隣人愛とは、そういう意味にも考えなければいけません。そうでなく、隣人愛ということを、観念的に、どの限界までやればいいかというふうに考えたら、解決がつかなくなってしまう。隣人愛の意味をはっきりつかんでください。他人が困ったり苦しんだりしているとき、自分が彼を救うべき立場にあったら、できるだけのことを全力を注いでやらなければいけない。私たちが社会人である理由と義務もこの隣人愛だけではありませんか。これを忘れて、社会的にどんな華やかな功名に生きても、賞賛を受けても、そこに真実はない。真実なのは隣人愛だけです。それさえあればどんな功名も賞賛もいらない。こういう覚悟を銘々がもたなければいけない。

聖書に向かう私たちの気持は未熟で結構です。キリストは喜んでその私たちの心臓へ宝血を一滴注がれる。二滴も三滴も欲ばらなくてよろしい。それで私たちの姿勢が決まります。それからは生涯を通じて、雑草を摘むように、常にキリストの力に頼って、新しくされていく方向へ生きるのです。それが信仰ということですが、その信仰さえ不完全で、恥ずかしくて誰にも見せられないようなものだが、しかし、キリストはこれを喜んで受け入れたもう。私たちの悔い改めは大体そのくらいのものです。しかし、この一人の悔い改めのために、天においで喜びがあると、キリストは言っておられるではありませんか。九十九匹の健やかな羊をおいて、迷った一匹の羊を尋ねていき、捜し出して喜んで抱いて帰るように、悔い改めた一人のために全天に喜びがあると、キリストが言っておられるでしょう。こういうことを言った人、こういう愛の持ち主が、今まで他にありましたか。どこにもない、オンリー・ワン、キリストにおいてのみ、私たちはその愛を知るのです。それは神と等しい存在です。いや、そのキリストの内に神が生きている、だからキリストの言だけでも、真剣に受け入れるなら、私たちの心へ熱い鉄の棒をつきこむように、私たちを生かしてくださる。キリストはその言と共にいつも生きています。神の言は永遠に生きています。私はこれを奇跡というのです。私たちの自然の人間性は、自分を賞賛し、自分を弁護し、自分で得意になり、他人をけなしながら、自分の虚栄に流されていく。しかし、キリストに出会ったときに、それは引っ繰り返ってしまう。新しい光のなかで、そういうエゴイズムに固ったいけない自分が見えるようになり、何もかも新しくなってしまう。こういう状態を奇跡というのです。他に奇跡などというものはありません。私たちの内に神秘主義的な変な気持が起きるような、そんな生理学的あるいは心理学的なことではなく、キリストとの出会いによる悔い改め、それが奇跡です。その他の悲しみは、良心的な悲しみであっても、哲学的な悲しみであっても、それらはセルフィッシュです。自己愛です。自分をいたわっているだけです。だが、キリストを見て、悔い改めたときは、「時は満てり。神の国は近づけり。汝ら悔い改めて福音を信ぜよ」との聖意に生きるのです。

小原牧師訴える

そこにはイエス・キリストの言が今もなお生きているからです。それを聖書は他の言葉で、奥義で示すとか、或《あるい》は聖霊によって働いて示すとか言っています。こういうことは言ってはいけないが、言えば余りにも勇気を必要とするのですが、聖霊ということはわからないんだ。聖霊ということはわかりますか。聖書がキリストの聖霊だとか、キリストの霊が生きているとか、生きているキリストだとか言います。生きているキリストということは、キリストの心のうちに神が生きているということです。キリストの心と神とは一体である。神の内にキリストが生きている。キリストの心の内に神が生きている。私は合理的に言っているのではないのです。信仰の立場から言っているのです。これを批難する言葉はないのです。しかし、今まで、キリストというものを知るのに、こういう言葉で言った者は、私の外《ほか》にはないと思う。そういうことは私はどうでもいいのではない。私は本当にそう思うんです。書いたものを見てもはっきりそう言えます。私のこの「父とキリストとの考え」、キリストと神とは一緒だということはヨハネ伝の一四章に記されています。キリストの胸中に、本当に常に刻々、父なる神が生きていた。外の言葉で逆さに言えば、神のうちにキリストが生きているのであるとこう言います。こういう言葉はキリストというものを、救い主という立派な、聖なる人間というものを表現する一番いい言葉で、今日においてこれ程にいい言葉はないと思うのです。これは哲学的な表現ではなくて、宗教的な意味においてです。日本の神学者たちは、それをどうしてもう少し言わないかと思うわけです。このように言うことは、或は今の時代から見れば非常に大胆なことです。勇気がいる表現かも知れないが、私はそれより外ないと思うのです。そういう意味において聖書は死んだものです。紙とインクで刷ったものだが、それはキリストのことを書いてある。そのキリストの招く言が、今現に生きているということですね。今生きているということの証拠は、始終私はここで言っているんです。それ以外に私は言わないのです。

『遺稿集上』「神の国のたとえ話」より

（最終説教）

イエスはキリストだ

エレミヤ書三一章三一節
昭和三九（一九六四）年十二月二〇日　長野教会クリスマス説教
（録音聴写）

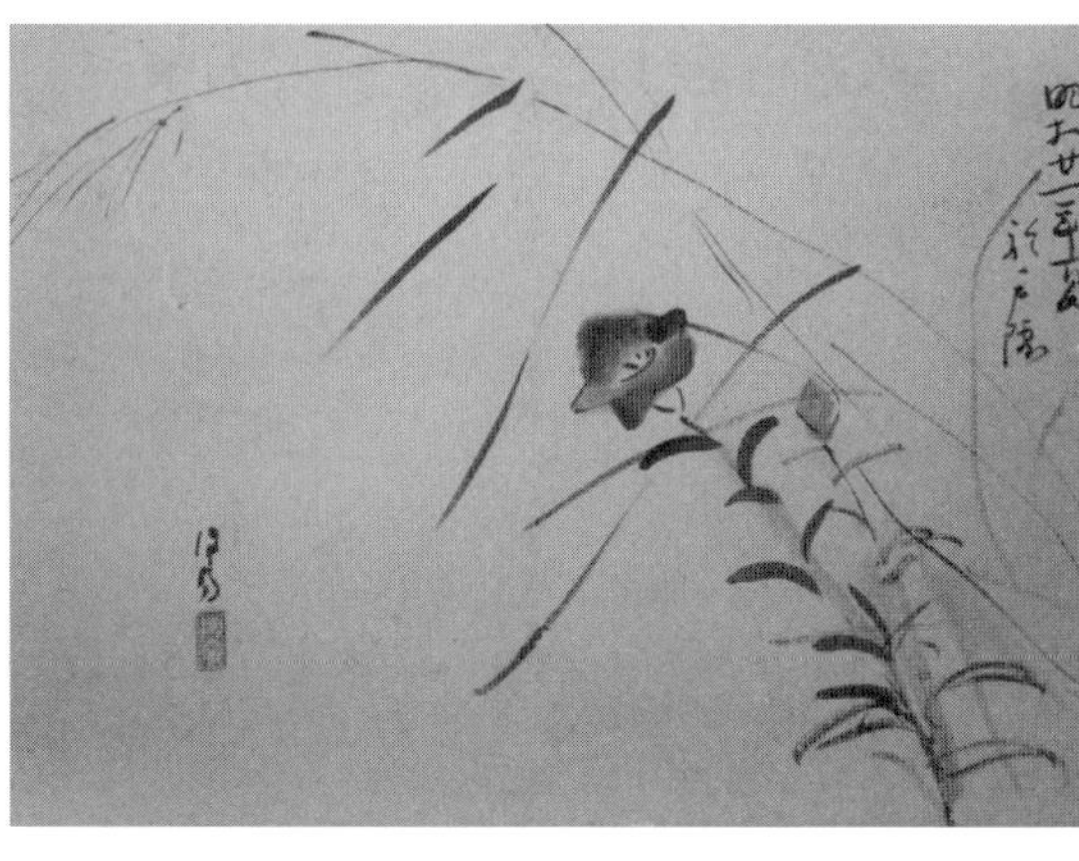

（桔梗）

主は言われる。見よ、私がイスラエルの家とユダの家とに新しい契約をたてる日が来る。

（エレミヤ書三一・三一）

きょうの講壇ですが、クリスマスのテキストとしてエレミヤ書をとったということは珍しいことです。あまりないんですがね。エレミヤとイザヤ、この二つを特に取ったということは、ひとつは、私が今の日本の教会の先に立ってやっている神学者や、牧師たちの語らいが非常に不完全至極であるということを始終思っていたわけで、そこを明確にしたいと思ったからです。新約は旧約を母体としているということを言いながら、もうすこし総合して、はっきりと具体的に我々につかませるという勇気を持っていない。それに非常に不満を感じたのです。さらに、最近ある信徒の方から、ヨーロッパに行って来た時に、私への土産にとアムステルダムで買ってこられたレンブラントのいい画帳を頂いた。そのレンブラントの写真もはじめのところに悲しい顔をしたエレミヤを描いた絵がある。その絵はエルサレムが滅びた時のエレミヤの悲しみを描いたものである。それから私がエレミヤについて前に読んだドッドの本を五、六冊読み、ブルンナーがエレミヤに関する所感を述べたものと、神学の大家の『預言者エレミヤ』を一生懸命読んだり、総合して考えて、旧約を母体としたということを本当に証拠立てた見解に達したわけです。そういうことがこの日本にあまりなかったことを残念に思ったわけです。そこでこの機会にごく短く三〇分ばかりの間にその問題を出そうとして、そこで一番やっかいなエレミヤを出したわけです。

さて、新約聖書が旧約を母体としている一番大事な問題をとり上げている人は大勢いるが、大勢いちいち名を挙げてはうるさくていけないから、エレミヤと第一イザヤ（イザヤ書の四〇章まで、四一章から第二イザヤ、第一イザヤと違うという説があるが、それはよくわからないが）について考えてみたいわけです。

第一イザヤの第六章のところに残れる者ということが書いてある。残れる者というふうには書いてないが、ここに大きな土台があって、そこに生えた大きな根がある。そこから、その土台から根を持ち上げる者が、ごく少数者であるということだ。クリスチャンは少数者でいいんだ。数なんか考えて教会をやっていたのでは、今の日本の満天下の教会の主任者みたいでだめです。数はともあれ、株《かぶ》から出る芽、それは極めて少数の者である。しかし、それが、信仰は勿論のこと、この世というもの、この世というものを支えていく政治は必要でしょう。政治は人間のやることだ。人間が自分を忘れて真剣にやらなければならない。人間が全力を注いでやることをキリストは決して排しはしない。けれども、それきりではだめです。その背景をもったものがキリストを頭とした交わりであり、そして、人生の最も窮極的な、常に現実を生かすところのものはイエス・キリストにおける神であります。今の若い人なんか殊に気をつけなければいけない。何でもできるような顔をしてはだめだ。人間の力や努力が良ければ良い程あぶない。なぜなら、エゴイズムの虚栄心の塊が一層いい仕事をやり、人間の力、人間の精力でやれば必ずその力をもって神に挑《いど》んで来るんだ。それは何の価値もない。何の価値もない人間なるが故に、価値の証拠をあげる必要がないんだ。価値のない証拠をあげる必要がない虚栄心の塊、エゴイズムの塊。どんなに親切をやっても、何をやっても何の三文の価値もない。イエス・キリストは言っているでしょう。ファリサイ人が律法の内で何が一番いいかと尋ねている時にキリストが言っているでしょう。心を尽くし、精神を尽くし、誠実を尽くし、まことの神を尊重すること一つである。これが第一、第二もこれに等しい。己《おのれ》の如く汝の隣人を愛せよ、これっきりだ。律法はこれっきりだとキリストは、はっきり言っています。いくつも並べる必要がないのです。神その次に己《おのれ》の如くその隣人を愛せよということだ。この二つきりだ。あとはいらない。キリストがはっきり言っている。人間に最も簡潔にして徹底した道をキリストは教えて下さる。これが本当の律法だ。旧約聖書の申命記を見なさい。ヨシュアの時に、バビロンに虜になっていて、帰ってきた残れる少数者の者が守る。いよいよ紀元前七百年頃に北方のサマリヤは滅びている。それから約一世紀たたない六二一年に今度は南の方のユダヤのエルサレムが滅びてしまった。そのエルサレムの滅びた時に、エレミヤは、若い一五、一六歳で祭司の子として、祭司であった。ところがこの時分には、祭司の子であるから祭司を尊び、祭司という者が教会の制度だとか教会の統一に携わるべきだとかいうような考えがあった。これは人間の力だ。それは信仰ではない。旧約の最初には、我々が、今プロスタントが考えているような本当の信仰はなかった。けれども、祭司は祭司で、それで一番いいと思っていた。その祭司が、今度こういうふうに国が滅びたからして、本当に今度は生ける信仰におけるエルサレムを建てなければならないというわけで、帰ってきた少数者が祭司、従って、教会の統一制度というものを改革しようとしてこしらえたものが申命記である。申命記の精神とモーセによってできたところの出エジプト記における律法《おきて》とは違います。それは祭司のためのものだ。教会の制度のためのものだ。そんなものはキリストには用がない。けれども悲しいかな、エレミヤは祭司の子として生まれた。この申命記は、いわゆる改革だ。それにには関係は持たなかったが、若い時にはそれに大いに好意を持っていた。ところがだんだんやって来ていて、これはだめだということになってしまった。そのことがエレミヤ書の三一章三一節からのところに書いてあるでしょう。「主は言われる。見よ、私がイスラエルの家とユダの家とに新しい契約を立てる日が来る」。「来る」ですよ。未だ来ていないんですよ。「この契約は私が彼らの先祖をその手を取ってエジプトの地から導き出した日に立てたようなものではない」とちゃんと書いてあります。そういうものではない。そして、「私は彼らの夫であったのだが、彼らはその私の契約を破ったと主は言われる。しかし、それらの日の後に私がイスラエルの家に立てる契約はこれである」と書いてあります。そしてまた、「すなわち私は、私の律法を彼らの内におき」（三三節）とあります。「彼らの内」ですよ、原理化した腸《はらわた》の一番奥だ。形ではない。ナショナリズムや選民というような統一じゃあない。それは上面《うわつら》のことだ。内です。人間の心の中を変えてしまう、人間の心の中を転化してしまう。エレミヤの言っていることはこれだ。一番大切な問題だ。その心に印《しる》すと書いてある。私の掟《おきて》を彼らの内におき、その心に印すと。これが人間の改造です。新しい新生が本当にあるわけだ。他のものはだめ。人間の力では上面《うわつら》だ、儀式だ、制度だ、だめ。人間の本当の道徳的精神を変えてしまう、回転させてしまう、そこですよ。そして心に印すと書いてある。「私は彼らの神なり、彼らは私の民となる」とこう言われた。エレミヤはこの年を取った晩年になって本当に祭司となれた。祭司くさい時にはエレミヤはだめだ。祭司でなくて本当の預言者になった時にエレミヤは偉いんだ。祭司をしている時にはエレミヤはくだらないものだ。今もそうです。

　現在のキリスト教はいけないと言って考えることは祭司的な事ばかり考えている。教会をどう組織したらいいのかと言って手前《てまえ》の事ばっかりで、神のことはそっちのけだ。しかし、ナショナリズム、愛国心だとか、国を愛する心だとか、国の統一ということは政治という面に関して、人間には絶対に必要なんだ。だが、これはまた一面において窮極のものではない。本当に人間を生かすものではないんだよ、気をつけなければ、人間を化かすものではあるんだけれども。しかし、この人間が生きている以上は民族的の意味においても、政治というものはどうしてもやらなければならない。政治は人間のやることだ。人間の文化の仕事である。政策も然《しか》り、制度も然《しか》り、第一義的の大事なものではないけれども、エレミヤは最後まで、ここは新約聖書のパウロやヨハネ伝のようにはっきりと、律法《おきて》を奴隷の軛《くびき》だと言っているんだ。ということは本当にパウロが奴隷の軛《くびき》といってバカにしたのではないですよ。イエス・キリストの交わりにおける神の国の交わりという一番大事な問題にとっては、全く滓《かす》のようなものであるけれども、しかし、人生における、この世というものと、この世の文化というものは大事であるから、この文化というものを進めてゆくには政治というものは大事だ。それは人間がやらなければならない、そういう意味において。しかし、このエレミヤはだんだん眼が醒めて来て本当にエレミヤという、立派なイザヤと相立《あい》って、旧約の一番大事な預言者となった頃には、全くエレミヤは孤独の悲しみの人であった。だれも相手にしない。それどころか教会関係のものや、祭司は彼を迫害したんだ。そして、全国民もこぞって彼を迫害している。エレミヤは迫害された。レンブラントの絵はね、そのエレミヤの悲しみの顔をよく描いている。現実の意味においては大事だ、政治は必要でしょう。これは人間がやらなければいけない。晩年にはそうなってきた。その時にはじめてエレミヤという者は迫害されて、殺されるような目にあって、とうとうしまいには迫害で牢獄へぶちこまれて、悲惨な生涯を終えた。年齢は比較的若くして参ってしまったが、しかし、本当にイエス・キリストというものを預言した者は、この二人、残れる者と言った第一イザヤと、本当に僕《しもべ》となって、イエス・キリストのことを預言した大預言者第二イザヤでありますが、それと全く同じ意味において、違った面から悲しみの人としてイエス・キリストを預言したのがエレミヤであると私は考えるわけであります。ヨシュアの時の宗教改革は申命記を読めばわかる。もう私は読むに耐えられない。くだらない煩瑣なことを始めからずっと祭司のために書いたものだ。それを端へ寄せやしないけれどもエレミヤはだめだとこれを見てしまった。しまいには、はっきりと言った。そこでエレミヤは、本当の信仰は教会というような制度や、そういうきまった儀式だとかそういうものにはないと、はっきり言っちまった。そんなものは神話である、信仰は個人ひとりひとりの心の中、これが本当のキリスト教の信仰だよ。創価学会が金をもらったり出したりして大きな政治力を作るようなものではないんだよ。そんなものはどうでもいいんだ。我々はそれを批判する必要もないが、そんなことにくよくよする必要もない。我々は少数者でいいんだ。ひとりひとり、そのひとりの交わりをイエスを頭にしてやること。これは始終私が言うことだが、これは非常に不完全至極だが、しかし、キリストはそれを喜んでいる。キリストは非常に喜ばれる。父なる神も然《しか》り。ナザレのイエスが救い主である。ナザレのイエスが、大工の子が救い主である。我々はこれを考える時に、ベツレヘムであああいうふうに生れた、こういうふうに生れたと言うが、そんなことはどうでもいい、そんなことは！　一番大切なことは、ナザレの大工の子が、ナザレのイエスが救い主だということだ。それをはっきり捉《つか》まえなさい。我々の祝うところは、それでなければならない。クリスマスでみんなが祝うように、イエスが馬槽《うまぶね》の中で取りあげられたか、取りあげられないか、そんなことは知らないが、ナザレのイエスがキリストだということは、これは間違えがない。救い主だということははっきりと捉まえなくてはならない。

そこで私が面白いと思うことはこういうことですよ。エレミヤはこういうことを言っている。政治は必要だ。従って、教会という形の存在するのも必要だし、祭司という者も悪いことではないが、そういう中で我々がクリスチャンであるというふうに考えてはいけない。それが本当の信仰だとエレミヤは考えてはいないのです。本当の信仰は、我々ひとりひとりの心の内に生れるものだということをはっきりさせたいわけです。エレミヤがそう言ったために、祭司や国民が本当にエレミヤを憎んだ。もう憎らしくて憎らしくてこれをどうしてもすりつぶそうとして、とうとう彼はその迫害のために始終牢獄の生活をした。これがエレミヤだ。これがイザヤと相俟《あいま》って大事な存在であるということ。なぜですかそれは。それをねレベレーション（啓示）というんだ。それを啓示と言うんだ。本当の信仰は、神の方から人間の方へ手を出して交わりを求めてきた。人間が逃げている、その逃げている人間の方へ、神の方から手を出して捕えて下さる。それが本当の信仰だ。本当の信仰というものは全世界のどこへ行ってみても、人間の思慮から生れるものではない。新興宗教も人間の作ったものである。人間の歴史を超えた、しかも、それがイエス・キリストという歴史的人物として来たのです。これが聖書でいう歴史観です。いいですか、その歴史の上に根底を持った時に、人間の文化も、歴史というものも初めて意味を持つものです。心の内に。なぜです。それがレベレーション、神の方から、ということです。ヨハネ伝の一章九節から読みます。「もろもろの人を照らすまことの光ありて、世にきたれり……、ただ父のふところにいますひとり子の神のみこれをあらわし給えり」（ヨハネ伝一・九―一八）。これがクリスマスの意味です。そうしてね、もう一度ヨハネ伝一四章一節から読んでみると、「なんじら心を騒がすな、神を信じ、また我を信ぜよ……、なんじらは我が往くところに至る道を知る」（ヨハネ伝一四・一―四）とあります。キリストの十字架について、第四福音書のヨハネはそのように書いている。これも最もいい行き方だ。罪の赦しということは、ただ赦されるという意味でなく、本当に新しく作り変えられたということを皆さん考えて下さい。

今洗礼を受けた方も、我々もです。本当に新しくされたということ、されつつあることを。それはキリストを頭《かしら》として交わること、それが窮極の我々の現在の信仰の行き方である。我々に与えられたバプテスマを生かすものはそれだけである。辛抱と忍耐をもって、礼拝的な精神が日曜毎だけでもいい。堅っ苦しいことは私は言いたくない。堅っ苦しくなく、もっと自由に、イエス・キリストの恵みにかなうように、なるようにされているんだ。自分の力ではない。イエス・キリストは我々を辛抱と忍耐によってそのキャラクターを造って下さる。性格は第二にできるものなのです。成るものです。それから司会者の読んだエレミヤ書三一章の三一節から三四節までとイザヤ書の五三章をよく噛んで読んでみて下さい。違った面から同じことを言っていて、イエス・キリストを預言しているということがよくはっきりわかる。

きょうはそういう意味で長くならないように、ナザレのイエスが我々の救い主だというクリスマスを、エレミヤをとって皆さんと一緒に考えてみました。

信仰はパラドックス

福音はこの世に在ってはかくも眼見ざるもの耳聞かざるもの、全く新しきものである。しかし、そうであるからこそ、我等を救う神の力である。この福音はパラドックス (contradiction) によってのみ受け取られる。神は自らを紹介しない。神は交渉し、弁明し、威嚇し又は約束もし給わない。「キリストの態度を見ればわかる」。ここに信仰が取り上げられる。

信仰は見えざるものに向う（ヘブル書十一・一参照）。

信じるという事は対象の知らざる事を意味するであろう。隠された事、それが信仰の唯一のチャンスであろう。信仰はパラドックスである。最も深く蔵された物程我等の感覚に撞着するものである。

『切なる招き』（七三―七四頁）より

（注……これは修養会講義からの特別断片、本稿三九四頁「逆接的神学」関連）

「断片」の題名と該当頁

「断片」の題名と該当頁

（注）題名は編者によるものである。

II 巻末資料

《目　次》

回心までの精神史（概略）

《目　次》

はじめに

解説の中でも触れますが、解説に先立ってこの精神史という小文を掲載しましたのは、当然のことではありますが、彼の回心が彼の説教の基盤になっているためであります。

さて、今までに、小原福治氏の生涯・業績を著わした評伝等（巻末資料、評伝・著作一覧を参照）はいくつかありました。中には回心について触れている評伝もあり、それぞれ優れたものでありますが、本稿は焦点を回心そのものに絞って、今までに取り上げられなかった出来事をクローズアップさせ、新文献をも取り入れて構成し直したものであります。そして、その構成につきましては、筆者は彼の日記から心証的な確信を得て記述したつもりです。ただ、日本プロテスタント史上希有な小原牧師の回心の実情を叙述できるのか、浅学な筆者には重荷の仕事ではありましたが、幸いにも貴重な文献が遺されていましたので、その過程の概略をほぼ捉えられたのではないかと考えています。

また、記述のことになりますが、本稿の雛形は日本基督教団出版部発行の季刊誌『説教黙想アレテイア』七九号に掲載された拙稿「牧会者のポートレート小原福治」であり、それに大幅に加筆したものであります。従って、概略の域を出ておらず、本稿の意図を鮮明にするために若干の解説風の文も混えざるを得ませんでしたが、ご了解頂きたいと思います。

尚、記述の視点を「注」の最後に「記述の視点」として付しましたのでご参照下さい。また、本文は「である調」で記述いたします。

（一）洗礼を受ける頃まで

小原福治は、明治一六年、長野県松本市の郊外、東筑摩郡島内村に、染物業を営む厳格な父（東弥）と素朴な母（たつ）の長男として生まれた。子供時代は北アルプスの麓の安曇野と、梓川を境にして、接する自然の中でのびのびと育った。小学校では文系科目と絵が得意であったが、理系科目は苦手であった。彼は、算数の時間には先生から当てられないように前の生徒の陰に隠れるようなこともあり、引っ込み思案であった。しかし、誠実な性格をも持ち合せていた。成績は上位で卒業したものの、中学へは進まず、染物業を営む父親の手伝いをすることとなった。そして、一七歳の時、その父親が亡くなり、続いて、父親亡き後家計を支えてきた姉も過労のため突然亡くなり、母と二人暮しになった時に、彼に変化が訪れたのである。少年小原は、自分の命を縮める何の非もない姉が何故死んでしまったのかという人生の理不尽さを強烈に感じ出し、それを契機にして、かなり上達していた染物の技術を捨てて、学問の世界へと向かったのである。一八歳の時であった。現在の松本商業学園の前身であった松本戊戌学校で苦学した後、短期間早稲田実業中学校で学んだが、学費が続かず信州へ戻り、伊那の小学校で代用教員をした。そして、そこで生徒の進学希望を達成させ、かつ、生徒から頼りにされる教員の有難さをも知るという貴重な体験をしたのである。二〇歳の時であった。この時には、すでにあの子供時代の引っ込み思案な性格は薄れ、自分の意志と良心に立つ生き方に自信を持つようになったことがはっきりと窺われる。しかし、日露戦争の余波で退職させられ、運動具を県下の学校に売り歩くというアルバイトもするようになる。その後、税務署のアルバイトをした後、明治三八年二二歳の時、佐久の野沢小学校で代用教員の職に就いた。そして、当地で出会った荻原左門[1]と勉学に励み二三歳の頃には高い英語力をつけ、英文学に非常な興味を抱き、イノック・アーデン、サイラス・マーナー等の悲惨な宿命の中での誠実な生き方を描いた作品に惹きつけられると同時に、T・ハーディの運命論的な作品を愛読していった。彼はその背後にキリスト教精神を感じとったのである。そして、二四歳の時上京して苦学した後、有名私立中学（順天中学）に入学したが、苦学の為に体を酷使し、肋膜炎を患い、帰郷せざるを得なくなった。

ところが、その帰郷の際に、中央線でなく遠回りの信越線に乗り佐久市で下車したことが運命を左右することになったのである。そこで、青年小原は当地の教員の強い希望により、臼田小学校で勤務しながら中学校（現在の高校）卒業資格を与える専門学校資格検定試験に向けて勉学することになった。そして、明治四四年二八歳の時、その専検試験に対し三度目の挑戦で、中学校（現在の高校）の優等生でさえ難しいと言われる程の優秀な成績で合格を果した。彼は涙が出るほどの喜びに浸ったのであるが、それと同時に、さらなる上級学校への挑戦という将来への希望に燃えるのであった。またその間、聖書に親しみ、そこから「懐かしさや温かさ」を与えられるという貴重な経験もした。当時、臼田は日本基督教会の伝道地であって、キリスト者が大勢いて彼らとの触れ合いもあったのである。けれども、肌が合わなかった為か、彼は教会へ行くことはなかった。

その後大正元年、郷里、東筑摩郡の和田、山形小学校へ転勤し、校長岡村千馬太(2)と出会い、人生の転機を迎えることになる。岡村校長は、当時の信州の初等教育界において人格教育を推進する東西南北会というグループの幹部の一人であった。また、彼はキリスト教徒ではなかったが、柏井園《えん》の人格に涙を流して惹かれる程キリスト教に理解を示した人物であった。その彼は代用教員であった小原に教員資格を取ることを勧めた。小原は、教員になろうとは思っていなかったが、ある意地をもってその教員資格試験を、音楽以外は、優秀な成績で合格を果した。その時に猛勉強したのが倫理学であり、高得点を得たのであるが、そこで学んだ井上哲次郎の衒学的な東洋倫理学に愛想をつかし、その反動もあり、彼は内村鑑三へと傾いていくのである。岡村校長は、内村鑑三に惹かれていた青年小原に植村正久等のキリスト教誌を紹介した。さらに、聖公会のキリスト教女性伝道者（牛山小仙）との結婚を勧めたのである。そして、大正二（一九一三）年、彼はその女性伝道者と結婚するのであるが、結婚式の最中《さなか》に入信の決意をする。またさらに、岡村校長は、親友であった日本基督教会の手塚縫蔵(3)を紹介した。手塚は小学校長であったが、東京神学社で高倉徳太郎と机を共にし、植村正久牧師に学んだ後、松本市で聖書集会を開いていた。この集会は七年後に松本教会（現在の松本東《ひがし》教会）になり、県下に二〇〇余名の教員信徒を送り出したのである（その内三〇名程が校長職に就き、行政が無視できなくなる程であった）。すでに正教員となっていた青年小原は、大正三年に松本市の小学校へ転任し、その聖書集会に参加するようになり、「イエス・キリストのみ」と訴える手塚校長の話に惹かれていくのである。

また、この時期に当時の青年教師達に力強い影響を与えた村松民次郎(4)のキリスト教的とも思える教育論に大きな影響を受けた。その村松は教員資格試験（倫理担当）の採点者をしていて、小原の答案に高い評価を与えたのであった。また、青年小原は、彼からも日本精神主義の影響を受け、皇国日本の臣民意識を後年まで持ち続けるのである。

そして、大正六（一九一七）年、三四歳の時、信州教育の中心校、信大付属長野小学校へ転勤した。この学校は信州大正デモクラシー運動[5]の渦中にあり、重要な人物達が集まっていた。東西南北会の中心人物の一人で人格主義教育の推進者斉藤節《みさお》（教頭）、キリスト者で実験心理学者杉崎瑢[6]（校長）、白樺派でロダン研究者一志茂樹[7]、西田哲学の長坂利郎[8]、アララギ派で白樺派の矢嶋麟太郎[9]、そして白樺派の田中嘉忠[10]等がいた。青年小原はこの頃にも汎神論的な懐疑を持ち続け、入信を迷っていた。実は、すでに夫人が属する聖公会の志願式を済ませていたのであるが、日本基督教会にしようかと迷っていたのである。その時、親友矢嶋麟太郎から誘いがあり、三五歳の時、日本的で自由な雰囲気に惹かれ、日本基督教会の植村正久牧師から洗礼を受ける決断をした。そして、その諮問式において、植村牧師から出された

「キリストはどこにおいでですか」という咄嗟《とっさ》の質問に対して、

切羽詰まった彼は反射的に

「此処《ここ》にいます[11]」

という自分でも驚くような告白をしたのであった。この出来事によって、青年小原は「(人生の）前途に向かって勇躍する希望に満たされた」のである。そして、その一年後、長野伝道教会で柏井園と初めて出会い、感激し、信仰のエネルギーを得、また、学校では杉崎⊠の信仰に触れ、彼の「生徒を自然に任せる教育法」に大きな影響を受けた。そして、当時なお上級学校を目指していた小原は、同僚からの進言を受け、内面的生命を重視する小学校教員に生涯をかけるという決断をしたのである。彼は次のように述べている。

小学校教員として晩年水を呑んで生きていくか、中等教員として通訳式の英語教員を選ぶか、考えに考えた末、その水を呑んで生きる事にきっぱり決心をした。

このことは、彼に精神的に狭い道を求める姿勢が生れたことを示すもので、彼の精神史上の大きな節目になったと見てよいであろう。ただ、青年小原の行動には起伏が激しいところがあり、柏井園に会って感激したわずか

二ヶ月後に、長野伝道教会の牧師の説教に不満を持ち、友人矢嶋と共に牧師排斥運動をしたのである。そして、その時、その問題の処理にあたったのが植村牧師であり、その処置の仕方に青年小原は感動し、彼は植村牧師に対して一層の信頼をするようになったという出来事があった。そしてまた、付属長野小学校での教生指導の一環である研修旅行では、内村鑑三と関係が深かった穂高の井口喜源治[12]の授業を参観し、感激の涙を流し、批評研究会では彼の人格教育の重要性を激高して訴えた。そのように、青年小原の精神性は曲折を経ながら次第に強靭なものになっていったのである。そして、それは師範学校生退学事件において発揮された。彼は教生を通じて関係をもつ師範学校の生徒数人に対する生徒指導の在り方に抗議し、徹夜で教授宅を説得して回り、一度は決定した一部の生徒の退学を撤回させてしまったのである。

(二) 精神的理想主義への道

そして、大正一〇（一九二一）年、三八歳の時、小原は郷里、東筑摩郡の波田小学校の教頭となり、翌年、島立小学校の校長となった。小原はこの地で再び手塚校長と一緒になったのである。また、手塚校長が説教する日本基督松本伝道教会では、長老五名の中の一人に選出され、手塚から時折説教を依頼された。このことは壮年小原にとって厳しい訓練となった。ところが、その礼拝に自分の学校の教員の半数近くが出席するようになり、彼はキリスト者として、どう教育に立ち向かうか深刻に悩み出した。そして、大正十一年一二月、松本伝道教会で植村正久の講演「信と信仰の区別」を聴き、その言外の意味を捉え、その解決の道を見出したのである。その喜びを、

「これ決して口伝え得べきものならず。胸次《きょうじ》歓喜に溢るるものあり、実に信仰なるかな。一切の懐疑去って光風斉明の思いあり。」

と、同僚に書き送っている。それは律法実践への挑戦とも言えるもので、「自分の根性を正す」と同時に「教員の心の成長を願う」という、自他共に巻き込んでいく熾烈なものであった。ここに、精神的理想主義が誕生したのである。実際、彼は形式に走る教員を叱り飛ばし、「理想とする教員のあり方」を、教員達に粘り強く説得して廻るという小原校長独特の精神性を発揮した。また、教員の窮状を助け、生徒達と喜んで遊んだ。そして、修学旅行でのある出来事が小原校長に大きな影響を与えたの

であった。それは、ある男子生徒が満員の列車の中で困っていた病弱の子とその母親に席を譲ってあげた出来事である。その出来事の後、病弱の子の母親から、次の二句を含む感謝の葉書が後日校長宛に届いたのである。

よきものを探し出しけり秋の山
一輪の花に誠の知られけれ

その母親は、生徒の素朴な態度に惹かれたのであった。そこで、小原校長は全校朝礼の時に、その葉書を読み上げ、当該学年の生徒達に向かって、深く首を垂れ感謝を表したのである。この出来事によって、小原校長の「善良な生徒養成」という教育観が造り上げられたのであった。また、信州教育を支配していた自由主義的な風潮を圧《お》し潰《つぶ》そうと目論まれた文部省の教育視察においては、近隣の校長・教頭等二〇〇人程が集まった集会で、文部省の視学官に対し修身教育批判もした。これは島内事件（大正一三年）と呼ばれ、文部省の修身教育を批判する信濃教育会と文部省との確執の中で、信濃教育会の教権擁護の画期的な事件として報道された。この時の議長は手塚縫蔵であり彼の評判は高まったが、その修身教育批判の先陣を切ったのは小原校長で、それに続いた彼の部下教員達の論陣に視学官は全く歯が立たず、視学官は信州教育の前に屈服したのである。このことは県内のみならず、文部省にまで波及した。その結果、彼の教育姿勢は学校に一体感を生み出すとともに、彼の名は雑誌『信濃教育』等を通じ県下に知れ渡っていった。小原校長には植村正久の「志」の精神が生きていたのである。

この頃、教員達で英語研究会を開いていたが、そのテキストはキリスト教に関係する自由主義的な傾向（W・ロウ等）の本であった。ギリシャ哲学を研究し、カント、フィヒテを読んだのもこの頃であったのであろう。ただ注目すべきことには、この頃、手塚校長は自分の学校の教員達と共に小原宅で祈祷会を開くなど、手塚は小原を信頼し、小原もそれに応えていたのであるが、彼は「然りといえども手塚の如く常に語るもまた如何か」と、手塚に対する説教批判とも取れる言葉を日記に遺しているのである。実は、この言葉は重大な意味を持っていた。両者のキリスト教に対する姿勢の違いを表わす発端を表わしていたからである。

ところが、大正一四（一九二五）年一月、植村正久牧師が急逝した。それによって、小原校長と手塚校長は共に大きな衝撃を受けた。彼等は植村牧師に全面的な信頼を置いていたのであった。意気消沈した手塚校長であるが、四ヶ月後には高倉徳太郎牧師を毎年松本教会に招くようになった。それで、修養会などを通じて小原校長は彼と面識をもち、指導を仰ぐようになるのである。

そして、昭和二（一九二七）年、小原は長野市加茂小学校へ転勤した。この転勤は当時県の人事に抗議して辞職していた手塚縫蔵を教育界に復帰させるために、教員仲間が県に要求して取られた処置であるが、小原校長は率先してその計画に乗ったのである。このことは、後の北の小原、南の手塚と言われた信州初等教育界の構図の端緒となったのである。小原校長が赴任した都市部の加茂小学校の生徒達は当初荒れていたが、彼は自分の教育姿勢で学校を立て直し、その後昭和四年六月に雑誌『信濃教育』に論文「教育者の矜持」を寄稿し、教育界に「生徒の品性の陶治《とうや》」にもっと情熱を持つよう訴えた。その内容は、吉田松陰や中江藤樹の精神を引き合いに出して教育者の熱意を鼓舞するなど、彼の精神的理想主義が躍動しているものであった。そして、その年の一〇月には、父親を思い出し、涙ながらに、「回想録」を執筆し、直後の大晦日には、高倉牧師から紹介されたフォーサイスの『祈りの精神』を読み、その中の一節に著わされた「受肉の事実」に驚きを抱いたのである。次の様に記されている。

「言葉肉体となりて吾等の中に宿れりといふ受肉の経験は、祈りに於いて多少うかがふ事ができる。実に然り『言葉は行』であるといふことは神に於ける受肉の印だ。Word becomes deed, Fresh. だ。えらい事である。」

小原は祈りは行為であるということをそのままに受け取ったのであろう。そして、この驚きは、まさに、精神的理想主義を左右する分岐点となったのであった。そして、これを機にして、小原福治のキリスト教に対する姿勢にある力が作用し始めたのである。

（三）精神的理想主義の確立と破綻

昭和五（一九三〇）年三月、長野市視学渡辺担平[13]は、長野市民が開設を心待ちにし、注目の的でもあった新設柳町小学校長に小原校長を抜擢した。小原校長に重責がのし掛かった。ところが、長野伝道教会も問題を抱えていた。教会は教勢が衰退すると同時に、小原を中心とする教員信徒達は、上田車坂教会（旧日基）と兼任する牧師の姿勢をめぐって対立し、教会とは別個に家庭礼拝を守るようになっていた。それを苦慮した高倉徳太郎牧師は、家庭礼拝組に「無牧でよし。やり給え」と命じ、教会の再建を図った。その後、金井為一郎牧師が来会し教会総会が開かれ、平信徒教会が誕生したのである。その時、高倉牧師は小原達に「できるだけの援助はする」と約束した。両者の間に信頼と責任とが通い合ったのである。しかし、このことで、小原は大規模な新設校と降りかかってきた教会運営という二重の責務を背負い込むことになった。

そして、昭和六（一九三一）年になり、小原校長は四八歳になるが、その年の六月、雑誌『信濃教育』に論文「教育と実生活」を発表した。彼は、その論文において、当時教育界に導入されつつあった職業教育等の実利的教育政策に対して、精神論をもって徹底して反論したのである。彼は、

「我等は経済生活を以て人間生活の実相とはせぬ。即ち精神を主とするものであって、……人間の魂の最奥なる処に潜める正義に対する意欲、これこそ真の本能で、此《この》本能が自己中心の所謂《いわゆる》本能との戦いを人間生活の実　相とするのである。」

と主張し、教育の目的は「真善美に対する愛の育成にある」として、普通教育を擁護したのである。この論文には、「絶対我」を説いたドイツの哲学者フィヒテが引き合いに出され、小原校長の精神論が絶頂期にあったのである。ところが、これに対して、手塚校長は、次の漢詩による手紙[14]を送り、小原校長の人間中心的姿勢に対して、厳しい批判をした。

北風声浙涯　江暗一沙鴎
君勿漫真事　仰天無限愁
（北風、浙涯に声し　江暗くして一沙鴎あり　君よ真事を漫《みだり》にするなかれ天を仰ぐ限りなき愁いに）

小原校長は、過去にも同じような批判を手塚校長から何度も受けていたが、この頃にはその真理性に気づくようになってきていたのであろう、教会では神中心的信仰（謙虚な心）を真剣に追い求めていた説教をしていた。その説教の一つにファリサイ人の話がある。彼はそれを説教手記として遺しているが、その最後を次の言葉で終えている。

我らに砕けたる魂をもがな真に敬虔なる魂をもがな卑《ひ》く謙《へりくだ》れる魂を与えよである。然らば足りなんである。

すなわち、彼の精神的理想主義は、その絶頂期において、矛盾を孕《はら》んだものになっていたのであるが、小原はその矛盾に気が付かなかったのである。ところが、その矛盾は柏井園が言うあの「不透明の苦痛」となり、次第に彼の心を苛《いら》立たせ、説教は重くのしかかり、すでに、不眠症と内耳炎が発症していたのであった。この時期は小原福治の信仰姿勢が人間中心主義から神中心主義へと移行する急激な過渡期に当たっていると見てよいであろう。また、この頃、不眠に加え、体調的に死ぬほどの苦しみ（太鼓の耳鳴りと、天地回転、上下転倒という目眩、頭皮を剝ぐような症状）が始まったのである。

　そして、療養のため、小原校長は同年八月四日から一三日まで休暇を取り、長野市の西方の山奥、戸隠山中で過ごした。その時、偶然にも、教育界を辞し郷里に帰ろうとして当地に来ていた渡辺担平と同宿した。お互いに畏敬の念を持ち合う両者は数日間一緒に過ごすことになった。そこで、小原は教育界で「力」を持っていた彼の虚心な姿、宇宙の真理[15]に頭を垂れる姿を眼前にし、自分の中で何かが崩れ出したのを感じたのである。

　またさらに、それによって今まで確かなものだと思ってきた「自分の心」には本当の力がなかったことを悟らされたのである。彼は、その清澄な思いを抱いて戸隠から下り、一〇日後の礼拝において、同僚信徒達と共に祈りを献げるのであった。次の様に日記に記している。

　「三ヶ月の療養の今日、主の台前に立って我が胸奥を剣し、裁かれ、赦され、感謝し告白し祈祷すべく我心は高潮に達す」と。

その祈りは同僚信徒達[16]の祈りと呼応したのである。彼はこの礼拝を「記念すべき礼拝」と呼んでいる。そして、その彼の心中にあるものは次第にはっきりと意識されたものとなっていき、その二日後、彼は自分の過去が無駄ではなかったのかとの思いに愕然とさせられたのであった。その過去とは、植村正久牧師の説教から、一切の懐疑が払拭され、志を抱いて邁進してきた一〇年間のことであった。その心中を彼は次の句をもって表わしている。

　徒《いたずら》に過ごして来にし我が身かな
　　御前に立ちて今ぞ泣くなり

　彼は、自分が今まで「勢いよく乗じて語る如き浅薄なる我《われ》」であったことを悟り、絶望に陥り、彼の心は道無き非合理の世界を彷徨することになった。だが、不思議なことに、「唯、主にすがるより前途を知らない」という心境は拭い去られることはなく、再生への思いは燃えるごとく続いていったのである。その最中、高倉牧師は小原校長の状況を知ったのであろうか、彼にルターの『ガラテヤ書注解』（黒崎訳）を送ってきた。それには、「君はガラテヤ書において講壇に立て」という言葉が添えられていた。これを読んだ小原は感激して礼拝説教に向かったのである。そして、『ガラテヤ書注解』の序文と概略を読み、「実に我意を得たり、然れどもそれを我が信仰内容として摂取せん為には祈りにおいて御霊を受けねばならぬ（アーメン）」と日記に記すのであった。

それでも、小原の猛り狂うかのような心中の葛藤が続くのである。自分の健康を心配してくれる柳町小学校の職員達に対して「教師各自がどうだ。どうして人は魂のことを問題にせぬか」と煩悶するのであった。これは以前から持ち続けていた煩悶であり、彼の心から消え去ってはいなかったのである。

(四) 回心

そして、その一ヶ月後の九月二〇日、再度療養のために、同じ病をもち、学校の同僚でもあった同じ教会の信徒塚田保平[17]と共に戸隠山中に滞在した。持参した本は聖書と『ガラテヤ書注解』、植村正久の『信仰と生活』、伊藤左千夫の歌集であった。そして、同僚の塚田と共に聖書を読み、祈り、語り、散策する日々を送った。そして、入山から五日目の二四日、小原は箇条書きにしておいた九項目の祈りを献げ、高倉牧師から送られてきたルターの『ガラテヤ書注解』を貪《むさぼ》るようにして読み始めた。そして、二章一六節の信仰義認の箇所に至った時に、心に衝撃を受けたのである。彼は次のように語っている。

私は一生懸命にルターの註解を貪り読んだ。パウロのペテロ糾弾に襟を正し、「人の義とせらるるは律法の行為に由らず、唯キリスト・イエスを信じる信仰によりて義とせられん為なり……」は突如私の心を打った。それは強く大きな『然り』である。自分の罪に対する深刻な認識により、「律法の行為で救われるというならば私は助からない。然り、この罪の身は唯イエスを信ずる信仰のみだ」という福音に直接突き当たった実験である。かくして註解を捨てて直接にパウロ書簡を繰り返して味読百篇する。単純なる福音の真理は私の心の中に透徹する。恩寵を知りかつそれに与《あずか》ったというこの私の悦びである。恩寵に打ち砕かれ貫ぬかれ、そして飛躍した驚きと喜びである。それはまさに新生の悦びである。罪認識や信仰のみによる救いということを、自分でも繰り返し語り叫んで知り尽していたように振る舞っていた今までの自分が恥ずかしく思われるほどの転機である。……

しかし、考えて見れば今までの過去を恥じる気持ちは動いたにしても、過去は無駄なことではなく、この飛躍への踏み切り台であったことには間違いはない。……「信仰より出でて信仰に」、「罪の増すところに恩恵も弥や増す」事実を獲得したのである。しかし、それはこの場合でも私の観想や主観的な心持ちではない。自己の罪、それに対するイエスの愛の業という争われない事実に対する認識と決断である。理性や主観に抗し超越し包括して、キリストとその十字架の愛の真理を厘毛の疑いを許さない事実として洞察したと言うこともできる。これが復活の経験である。しかし、かく長々しく言うべく、また言えるものでもなく、極めて単純に私の実験として飛躍したということにほかならない。不眠の苦痛など、このために克服して新たな気力を与えられて、新鮮な志を抱いて山を下ることができた。〈傍点筆者〉

（「信仰の遍歴」[18]より）

この回心の出来事は植村牧師の説教から人生の迷いの解決の道を見出し、律法実践へと向かった精神的理想主義がイエス・キリストの前に破綻するという小原福治自身の自己崩壊であったが、それは、同時に、自分を神に捧げるという救いの出来事でもあったのである。すなわち、それは自分の心に「律法に代わってキリストが入り込んで来た」事により、「罪の増すところに恩恵も弥や増す」事実を獲得したという出来事であったのである。彼はこれを復活の経験と呼んでいる。そして、彼は、「単純なる福音の真理が心に浸透した」というこの出来事によって、恩寵を知りかつ与った悦《よろこ》びに満たされたのであった。そして、彼はこの悦びを信徒達と頒《わか》ち合おうと戸隠山中から下山した。

そして、一〇ヶ月後、彼はこの回心の出来事を振り返り、説教で次の様に語っている。

……極端に云えば、その自己中心的自己保存の法則を最も巧妙に最も微妙に営むことが、即ち、最も道徳的であるという結論に到る。信仰の立場よりせば、即ち、最も上品な悪とも言うべきである。然るに此の表面なるユダヤ人の奥に一点の霊火によって、真と善と美に対して全心を傾倒して憧憬する霊的の我が隠れている。之、即ち、ユダヤ人である。而して、此の我が福音の光に照らされるや全幅の心胸（ハート）を開いて「我は罪人《つみびと》なり、御前に立つに適しからず、罪人なる我を助け給へと打砕かれて、顔を天に向ける叡智的霊なる我と化する。〈傍点筆者〉（「二つの我」[19]より）

この表現に潜む独特な美しさの中に、我々は、自らをユダヤ人と見なし、かつ、カント的精神をもって福音に立ち向って粉砕された小原福治という人物の凄まじくも透徹した精神と神の臨在を感じるのである。

以上で、回心の出来事についての記述は終了させていただく。

おわりに

このような小原牧師の精神史を見れば、彼の回心は日本のプロテスタント史上希有なものであることは誰しも認めるのではないでしょうか。さらに、彼の回心の状況はルターやバルトと匹敵するほど意味のあるものと筆者は考えるのですが、この回心の記述を含んだ彼の「信仰の遍歴」が昭和三〇年春に、雑誌『福音と世界』に公表されたにもかかわらず、回心そのものに対しては、文献上、何のコメントも見出せないのです。これは筆者には不思議なことに思えるのです。本稿でも触れた小塩力氏、福田正俊氏、中沢宣夫氏の三氏でさえも、回心について何も述べられてはいないのです。

過去のことはともかく、現在でも回心について論議されることはあまりないようですが、筆者は、加藤常昭氏が、『説教者カール・バルト』（三三頁）の中で、バルトの論文「キリスト教宣教の危急と約束」を重要視されているのに出会って、心が踊ったことを記憶しています。その論文は『ローマ書（講解）』執筆に至る経過、すなわち、回心を含む状況が描かれています。何時の時代においても、この問題は避けては通れないのですが、日本プロテスタント史上、律法から福音への回心の過程は小原牧師において最も顕著に表わされているのではないでしょうか。従って、筆者は、小原牧師の回心の事実を、彼の説教と共に、このまま風化させてはならないと考えるわけです。

それで、筆者のこの拙文は、小原牧師の回心そのものを対象にしたものとしては最初のものであって不十分ではありますが、今後、これを参考にして、若い求道者達がさらに研究されていくことを期待しているわけであります。

最後に、ここまでの執筆ができましたのは、長野教会の小原小ハル様の御協力と米窪みね様の励ましによるものでありました。感謝申し上げます。

また、執筆中に、小原牧師とバルトに関する重要な件で東北学院大学佐藤司郎教授にご教示いただきましたことを御礼申しあげます。

（文責）編者

【注】

（1）荻原左門　彼は英語に優れ、渡米して模範的苦学生として州の新聞にも掲載されたが、肺炎にかかり三〇歳で亡くなった。彼は小原と親交を結び、上京中にも小原に経済的な援護を続けたのであった。

（2）岡村千馬太　時流を見抜く識見に優れ、長野師範学校を卒業後、若くして校長に就任し、東西南北会という人格主義教育を推進する団体を立ち上げ、信州教育に新風を吹き込んだ人物。哲学者の阿部能成と親交があり、松本市の城山公園にある碑文は阿部能成が書いたものである。

（3）手塚縫蔵については、巻末資料の『刊行のことば』の出典および人物』を参照。

（4）村松民次郎　彼は小さい頃から天才・聖人と呼ばれた人物で、東京高等師範学校、国民英学会で勉学し、明治三七年長野高等小学校校長となる。特に、師範学校における学級主任として生徒に与えた感化は偉大なものがあったという。師範学校での苦労が重なり心臓病が重くなった後は雑誌『信濃教育』の編集主任となり、その重厚な人格と共に信州教育界の前途を指導した人物である。

（5）いわゆる大正デモクラシーから一〜二年遅れ信州で始まった教育から政治にまで及ぶ幅広い意味の文芸復興運動である。特に教育の分野では、中央との結びつきが深く、それに匹敵するような人物を輩出した。また、逆に信州から全国へと広まった運動もあり、活躍した人物もいた。詳細は『長野県の百年』一七九頁参照。

（6）杉崎瑢　神奈川県出身、東京高等師範学校国漢科から英文科に移り富士見町教会の植村牧師から指導された。その後渡米し、カリフォルニア大学で実験心理学者のストラットン博士の指導を受ける。付属長野小学校の主事になってからは教員達にデューイ等の本を講読させ、新教育の普及を図った。特にその実践である「特別学級」は小原国芳の絶賛を浴び他県にも知られた。晩年彼は自宅で聖書集会を開いた。そして、それは妻科教会（現在の信州教会の前身）に発展した。

（7）一志茂樹　若くして付属長野小学校の教員とな

り、ロダン研究を始め、高村光太郎と交流を持ち、信州白樺派の旗手の一人として活躍。その後、校長を歴任し松本教育会会長を務め、信濃史学会を設立し、終戦を機に教育会を退いた。

(8) 長坂利郎　信濃哲学会の幹部の一人、師範学校の校風退廃を達筆にて論難した事はよく知られている。官僚主義を嫌い自由主義的な教育理念を持っていた。キリスト教徒ではないが、小原とは考え方や気質が似ていて、一脈通じる所があった。

(9) 矢嶋麟太郎　付属長野小学校以後、生涯に渡る小原の無二の親友。小原と一緒に洗礼を受け、最後は中信の宗賀小学校長になる。唐木順三から、「私にとって師とする人物は矢嶋先生以外にはいない」と言われた人物である。

(10) 田中嘉忠　付属長野小学校では杉崎主事と連携した「特別学級」が注目され、昭和五二年玉川学園から「小原国芳」賞を贈られた。小原と共に洗礼を受け、昭和五年柳町小学校の教頭として小原校長から招かれた。その後、校長をしてから満州に渡り開拓団長になった。

(11) 小塩力は小原のこの告白を「著者の信仰の出発点として意味があるだけでなく、現在も、また将来も、著者を真に生かしめる神の大能の働きを映した事件として、全巻を貫いて、巻末の『信仰の遍歴』の各所に、照応するであろう」と述べている。

（昭和三二年頃の『福音と世界』掲載の一部）

(12) 井口喜源治　長野県穂高町に私塾研成義塾を開き、禁酒運動を進めた。内村鑑三も何度か訪れ、「日本のペスタロッチ」と評した人物である。

(13) 渡辺担平　明治末期、手塚縫蔵、岡村千馬太、松本深等と共に人格教育をもって信州教育刷新を図り、「東西南北会」を作り上げた幹部の一人。手塚、小原と親交を結んだ。手塚縫蔵を教育会に復帰させ、小原を加茂小学校へ転任させた原動力になったのは彼であった。校長を歴任し、教育界を退いてから故郷の麻績村の村長になり聖湖の水源を守り名村長と讃えられた。健脚を誇り北アルプスに何度も登り、大正一六年には秩父宮を扈従《こじゅう》して槍ヶ岳に登山した。

(14)『増補手塚縫蔵遺稿集』四〇三頁　意味は「北風が河口の岸壁に音をたてて吹きつけ、黄昏《たそがれ》の中に一羽の鴎が居る。君よ真理をやたらに口外してはいけないよ。私は無限の憂いをもって天を仰ぐよ」である。そして、手塚縫蔵は傍線部に「聖霊、惟言難きを以て祈り給ふもの也」という注をつけている。

(15) 小原が渡辺担平から何を学んだかは文献には明確に著わされていないが、「宇宙の無限は人知の外」を人生の柱としていた渡辺の生き方から「宇宙の真理」を感じ取ったのであると推測する。自分の経験から論理を組み立てる小原牧師の思考過程から十分考えられることである。従って、「断片」――聖書を読む態度②――にあるような記述になったと考える。

また、その日の記述に関しては、小原は「此の行、真に意義深きものになった」と一三日の日記に書き記してあるだけであり、渡辺にしても「あれは何しろ、何でもない心持ち、いい気持ちだ」と回顧しているに過ぎないのであるが、両者ともこのことを深く心に刻んでいたことは後の文献に表われている。

(16) この時の信徒達は、「松岡《弘》、滝澤《万次郎》、田中《嘉忠》、池田《健太郎》、小原（余）《＝本人》清水《藤井》、岡宮《志づ》、宮下、みちの十名なり」と日記に記されている（《 》は編注）。この時の説教者は松岡であり、彼のエフェソ書五章の感話に対して小原は「時と機につきて痛く吾心を打つ」と記している。記載された名前は実質九名で、その内八名は教員である。その教員達について、一部のみでそれも詳しくはないのでご批判を受けるかもしれないが、ごく簡単に触れさせていただく。

松岡弘は大正元年に小原と友好を結び、手塚校長による松本聖書研究会を立ち上げた一人で、昭和二〇年には首席視学官に就任し、教育界の戦後の大処理を行ない、自分も退職した。退職後は信濃教育会の会長として長年に渡り信州教育に尽くした人物。

滝澤万次郎は松岡と共に松本聖書研究会に出席し、戸倉小学校の首席訓導になり白樺派の事件で退職し、東京神学社に学び、小原校長退職に当っては、山王小学校長として重要な任務を負った人物。

田中嘉忠については注の(10)参照。

池田健太郎は教生時代に小原訓導の指導を受けたが、田中の後を継いで柳町小学校の教頭職に就いた。しかし、満州に渡って非業の死を遂げた。その時の様子は井出孫六著『終わりなき旅』（岩波書店）に記されている。

清水藤井は、後述するが、教会の婦人部として活躍した。また、小原校長の下で柳町教育の実践者として欠かせない人物であった。

(17) 塚田保平　島立小学校以来小原校長と共にし、小原牧師の右腕となって長野教会の中興を果すとともに、生涯教会の長老として重責を果した人物。小中学校長を歴任し、また、中学校長会会長として信州教育を担った人物でもある。

(18) なお、この文は昭和二九年雑誌『福音と世界』の三、四月号に渡って掲載されたものである。

(19) 昭和七年七月二九日の月刊誌『基督者』の第一面に掲載された小原の論文であるが、本来長野教会での説教であった。(本書に全文掲載)

尚、文中にある小学校とは現在のほぼ小中学校、中学とは現在のほぼ高校にあたるものであります。

(記述の視点)

本稿の視点は「回心」の項「信仰の遍歴」の中の傍点部「……過去は無駄なことではなく、この飛躍への踏み切り台であったことには間違いはない」にヒントを得ている。つまり、回心前が旧約の世界、回心後が新約の世界と理解し、この旧約から新約への過程を精神史として記述したのである。ということは、神の経綸は回心以前から現れているということを意味している。すなわち、旧約(律法)を否定しかつ肯定するという逆接が小原牧師の精神史の中に表われているという理解で歴史を見ているという視点である。

解説

《目 次》

はじめに

解説と言いましても、いわゆる学問的な見地からではなく、誰でもが考えつく素人的な見方で筆者が今まで学んできたことを整理して記述したに過ぎないものであることを、申し上げておきます。

(一) 編集に関して

まず、著作集第一巻として説教集を編みましたが、これが主軸と考えたからです。当初、三〇回に渡る修養会講話と『教育随想』、雑誌『信濃教育』の論文にある教育関係の文も含めようと考えましたが、内容が豊富なため一巻では無理と判断し、説教以外は次巻に収めることに致しました。また、四冊ある聖書講解は研究上欠かせない重要な文献ですが、これらの内容は説教等に反映されていると考え、今回の著作集には含めませんでした。

さて、この第一巻の構成ですが、小原福治の人物像は全国的に知られていない為に、経歴や人物についての記述が必要であり、年譜をはじめ、解説（本項）には人物像が表われるように記述しました。前項の「注」に記した関連人物の記述もその一つです。なお、説教の根幹をなした回心を知る必要があるため、拙文「回心までの精神史」を掲載致しました。説教については、記念すべき最初の二つの説教以外は年代順にし、掲載できなかった説教からは一部を「断片」として掲載しました。未掲載の説教がいくつか残ってしまいましたが、一応、小原牧師の説教内容を網羅できたと思っています。

次に、実際上の作業の事になりますが、小原牧師は文語訳聖書を好まれましたので、初期の説教は文語調で分かりづらく、難しい漢字も多く、それらを読み易くする必要がありました。小原牧師のことばの品格と語調の響きを損なわないよう最小限の手直しに努めたと思っています。この行程では『植村正久著作集』を編纂された大内三郎氏の手法（第七巻五一三頁）を参考にさせていただきました。また、説教八八篇からどれを選ぶかについては難航し、これがベストであるという自信は残念ながらないのですが、精一杯の判断で選択させて頂きました。

とにかく、十分な構成とは言えない部分もありますが、小原牧師の説教をこの現代に復活させるということが主眼であるため、多少の不備はお許し願うしかありません。それでも、回心後の最初の説教「二つの我」を掲載できたことは、画期的であると思っています。また、説教とは直接関係はしませんが、小原牧師の水墨画を説教タイトルの頁に掲載できたこともうれしい限りであります。

（二）説教について（以下は「である」調で記述）

まず彼の**説教への姿勢**から述べていくことにする。

彼は自らの説教について再三次のように言う。「教会の説教を私は講壇と言っていますが、それは他人にお説教する前に自分自身への言い聞かせであって、それは私自身の告白であります。……厳しい言葉も第一に自分に訴えることが先であります」と。ところが、その言葉は、信徒達の肺腑を貫き、半端なものではなかった。小原牧師と長年信仰を共にした信徒塚田保平はその姿を「舌端火を吐き怒号天を衝くの概があった」と言い表している。しかし、彼は小原牧師のその後の姿を見逃さず、「教会での講壇の後、各地での講演の後、帰宅されて独り省《かえり》みられては、はたの眼も耐えられぬ程悔やまれ、嘆かれ、心痛まれる、弱々しい人間小原の姿を時々見たものである」と述べている。塚田が見逃さなかった説教後の姿は貴重である。それと共に、その激しさの理由を私見に過ぎないが述べてみたい。

一つの理由は小原牧師の短気な性格によるものである、と言えるであろう。いつからその性格が表面に出るようになったかは正確なところはわからないが、少年期の物怖じするような性格から青年期の精悍《せいかん》な精神を経て、ある精神的理想主義が誕生した四〇歳頃にはかなり激しい性格を持ち合せるようになっていたことは確かである。次の理由は、あの激しさがぶつけられる場面が考えられる。いい加減な言動に対しては勿論のことであるが、信仰が否定された場合が目立つ。例えば「善い行ないをしなければいけない」という事に対しては激しく否定された。また、「俺が、俺がではだめだ！」という激しい言葉もエゴイズムは信仰を否定してしまうからであったとも考えられるのである。

晩年の説教は流石にその激しさの度合いは少なくなってきたが、その精神は衰えることはなく鋭い言葉は健在であった。最後の説教まで、信徒達に訴えるように語られた説教の中に、当時のキリスト教界に対する彼の嘆きは、大胆な言葉をもって、エレミヤの孤独と悲しみの如く、随所に表われてくる。ただ、冒頭でも触れたように彼の説教は告白であって、宣言ではなかった。「宣言」するのは神であって、人間は「告白」する立場にあることは説教の中で明らかに区別されている。

このような激しい告白の**説教の源泉**は、次項（神学）で触れるが、逆接的神学である。言い換えればイエス・キリストである。イエス・キリストを逆接（パラドックス）として捉えた所から彼の説教は生れたと筆者は理解している。そして、それは神の主権と信仰義認を二本の柱にしていると言ってよいであろう。それは、巻頭説教の『神一人の外に善き者なし』において明確に述べられている。そして、「人間が自ら義たらんとする意志そのものが神の恩寵を拒否する冒瀆であり、信仰こそが唯一の人間の善であり目的である」と、信仰義認を説いている。この二本の柱によって彼の説教は貫かれていると思われる。社会的なこと歴史的なこと、また聖書への言及に至っても、金太郎飴のようにどの説教をとっても逆接的神学からぶれてはいない。

さて、ここで彼の**説教の成立状況**を見てみよう。説教集三冊は昭和二七年から昭和三九年までの後期説教を年代順に収録されたものであり成立状況がはっきり分かる。しかし、昭和二六年まで（前期）の説教は主として講解説教であったと考えられるが、その成立状況を示す明確な文献は残されていない。そこで、『遺稿集下』にある日記や書簡等から概略化すると次のようになる。

昭和七年　秋　第一回「ヨハネ伝」講解説教開始
昭和八年五月　　←　ローマ書研究開始
昭和九年二月　第一回「ヨハネ伝」講解説教終了
昭和一〇年　（この後もヨハネ伝研究続く）
昭和一三年九月　「ガラテヤ書」講解説教開始
昭和一四年　←
昭和一五年八月　「ガラテヤ書」講解説教終了
　△第一回「マタイ伝」講解説教開始
　←
昭和一六年八月　第一回「マタイ伝」講解説教終了
昭和一七年四月　「ローマ書」第二回講解説教開始
昭和一八年五月　←『ガラテヤ書講解』出版
　六月　「ローマ書」第二回講解説教終了
昭和一九年
昭和二〇年　△第二回「マタイ伝」講解説教
昭和二一年
昭和二二年　△第二回「ヨハネ伝」講解説教
昭和二三年
昭和二四年
昭和二五年十一月　『聖書講解マタイ傳』出版
　一二月　『ロマ書・ガラテヤ書講解』出版
昭和二六年九月　『聖書講解ヨハネ傳』出版
昭和二七年七月

（注）△印は推測である。

これを見て意外なのは、講解説教をパウロ書簡からではなくヨハネ福音書から始めていることである。また、共観福音書を含めてパウロ書簡と交互に研究し、二〇年間も講解説教一筋で説教をしてきたことが見られる。

次に、**説教の流れと大方の特色**について触れておきたい。今見て来たように、前期（昭和七年から昭和二六年までの二〇年間）の頃は講解説教が主体であった。考えてみれば、この時期の説教は長い期間にもかかわらず、研究はほとんどされていない未開拓の分野である。そして、後期（昭和二七年から三九年までの一三年間）は説教集三冊にまとめられている。まず、最初の説教集『汝尚一つを欠く』（昭和二七年〜三〇年）が出版された時、福田正俊牧師、小塩力《つとむ》牧師、浅野順一牧師から絶賛の評を受けた（前二者については「刊行のことば」を参照）。その中で浅野牧師は特に教員への良書としてこれを推薦した。

その好評のためか、説教集千部（非売品）は、教員向けが主であったが、たちまち品切れとなったのである。この説教集は、小塩氏の評価にも表われているが、迫力をもって書かれている。それに比べ二冊目の説教集『切なる招き』（昭和三〇年～三三年）は、小原牧師本人の評によると、「（前書）よりすぐれたものと思えない」と同時に「（信仰が）幾分か前進している」ものとある。確かに『切なる招き』は迫力の面では劣る感じがするが、落ち着きと深みのあるものへと変化してきているように感じられる。そして、説教集『遺稿集上』（昭和三四年～三九年）は、速記や録音によって聴写された説教文もあり全体的に口語的で親しみ易い雰囲気をもち、その語り口は、信徒に訴えかけるという度合いがより強く感じられる。また、当時の有名な神学者や教団に対する批判の言葉が時折見られるようになってきているのも特徴の一つである。晩年には、彼自ら「人間には完成ということはないが、熟達の域に達するということはある」と語られていたが、そんな雰囲気を感じさせてくれる。

この一三年間での説教を読み通してみると、神学的思考には変化があることに気が付く。従って、それに注目してどのような変遷を辿ったのかを探るのも重要なことであると思われる。

さて、彼の**説教の内容**になるが、全体的に彼の説教の特徴の一つは、タイトルがあるにもかかわらず、いくつかの事項、例えば「イエス・キリスト」「信仰」「罪」等のテーマが絡み合うように登場し、主題から次々と関連テーマに移り広範囲に渡って述べていくものが少なくない。そこには或るパターンが繰り返し述べられてはいるが、その表現が変化し、他のパターンとも絡み合って、絶妙な味わいを醸し出しているのである。ただ、諸事項の絡み合いについて、小原牧師自ら「私は説教をバルトのように単元化しなければいけない」と言われていた。

彼の説教は基本的には教理的なものが多いが、それはほとんど聖書の本文に沿っているので講解説教とも言える。中には、「私も救われるでしょうか」等のように、信仰生活に答えたもの、また、ルターやパスカルのように歴史上の人物を扱ったものもある。従って、多くの説教では、教理、聖書、歴史、社会と各分野が関連して語られていると言ってよいであろう。しかし、どんな説教の分野でも一貫して逆接的神学に貫かれているのである。

それで、その神学的な項目と説教について、大雑把ではあるが、関連を見てみたい。以下に教理項目と説教との関連を若干であるが取り上げてみた。次のようになる。

キリスト論（主権）「神一人の外に善き者なし」等
（神性と人性）「神人一体の主イエス」「イエス・キリストの告白と私たちキリスト者の告白」等
（権威）「イエスの権威」「イエスの言々句々《げんげんくく》はキリストを啓示す」等
聖霊について「弟子達への告別の言」等
罪について「我らは唯、一信を願う」等多数
信仰について「狭き門より入れ」「来りて見よ」「二つの我」「人間の人間評価と神の人間評価」等多数
自由について「幸福なるかな柔和なるもの」「人間の求むべき唯一の途」等
教会について「私たちの立処《たちどころ》」「神人と共にあり」等
神の国について「神の国について」等
倫理について「キリストにおける『善き行為』について」等
復活について「イエス・キリストの復活」等
再臨について「キリストの再臨問題」等

また、前述したように、彼の説教は講解説教でもあるので、聖書の出来事に密着している。それは、十字架及び復活については勿論のこと、イエスの処女降誕から受洗、荒野の誘惑、安息日、奇跡、たとえ話、ペテロ、ユダ、マリアとマルタ、ファリサイ人、弟子達への告別の言葉、とタイトルだけを見ると彼の説教は、教理的な説教というよりは、むしろ、講解説教を思わせる。いわば、教理的な説教と講解説教との見事な融和である。組織神学と聖書神学が見事に調和し統一されているのである。その要《かなめ》はパウロの神学と言ってよいであろうが、ヨハネ的な部分もある。そして、彼は、旧約と新約とを一貫させて説教「イエスはキリストだ！」において壮大な神学的な立場を披露する。

さらに、彼の神学的な立場は一貫しているので、聖書に散見される矛盾や常識を超えた諸問題については、当然の如くその神学的な立場から言及されている。そして、その構成の見事さは他に類を見ないものであると筆者は思う。それは論理上の整合性の問題ではなく、小原福治という人物の復活という実存がかかったピラミッド型、あるいは、複層型と言うべきか、単純に見えるが奥深い構成、つまり、論理ではなく、告白であると筆者は捉えている。それについては、直接説教本文、特に晩年の説

教を読まれ確認していただければ幸いである。

ここまで、説教について述べてきたが、ここでは、説教における神学的な意味については触れる余裕がないので、次巻で、神学的な要素が強い、修養会での「講話」と合わせて解説することにする。

最後に、**説教集（聖書講解）の出版事情**について述べる。その特徴は講解説教及びその後の説教集の編纂が、教員である同僚信徒達と上条憲太郎によってなされたことにある。上条はキリスト教徒ではなかったが、初等教育界の上層部を担う人物で、小原の上司でもあり、小原校長の教育と信仰を高く評価していた人物である。彼が、退職後信濃教育会の出版部主任をしていた時、小原牧師に『聖書の講解』を出せ、おれが全部引き受ける」と言われ、大半の説教集は彼によって出版されたのである。そのためか、説教集『汝尚一つを欠く』には「頒布の対象が一般有志の先生」だと書かれている。晩年に到るまで、「小原牧師は教員の為に、教育の基盤として聖書研究を位置づけてきた」と思われてきたのは、そのような事情があったからであると思われる。しかし、彼の説教の内容は教員社会に限定されるようなものでないことは言うまでもないことである。

（三）余　録（項目別概略）

①　神　学

小原福治牧師の神学は、御自分の回心の出来事を基盤とした独自なものであるが、組織神学的に言えば、フォーサイスに学び、ルターを愛読し、バルトに傾倒したことは文献的に見て明らかである。それが形成されてきたのは、簡潔に言えば、植村神学の広さと高倉神学の鋭さの狭間から、フォーサイスとルターのことばに導かれたものであったと言えるであろう。そして、その根幹は、その後、小原に影響を与えたバルトの神学にも共通して表われている「逆接的神学」[1]であったと言える。それは説教に「逆説」という語句で表わされている。また、彼の場合も、逆接的神学は回心の出来事そのものに表われている。「回心までの精神史」の最後の部分において、「真善美を求める霊的な魂が、福音の光に照らされて、『我は罪人なり』と天に向かって告白する叡智的霊なる魂となる」と表現されているように、神と人間の接点は、その類似性にあったのではなく、「我々は罪人なり」という全面否定の告白にあったのである。ここに、我々は小原福治という人物において、救いは裁きであるという逆接が現実となって実在したという驚くべき出来事、すなわち、逆接的実存を見るのである。このことが逆接的神学の表現へと移行したのは言うまでもないことである。それは「『罪の増すところに恩恵も弥や増す』事実を獲得した」という表現に見事に顕わされている。そして、これが彼の実存と説教を形成し、その後の神学と生涯へと繋がっていったのである。

さて、前述の組織神学者について敷衍する。まず、フォーサイスについてであるが、彼は「信仰の遍歴」の中で「高倉先生を知るようになってからは、先生の教示によって、英国のフォーサイスの著書を読み、大体その著述に眼を通したが、特に神学的の意味に於いては此のフォーサイスに依るものが大であるといわねばならない」と述べていることから明らかである。ルターについては、説教の中でパウロと同等に扱われていることから説明を要しないが、彼自ら「バルトよりやはりルターに惹かれます」と言っていることからも、ルターに最も親近感を持っていたと思われる。そのような親近感は彼の回心の出来事が信仰義認を基盤にしているからであろう。最後にバルトについてであるが、昭和一四年には“The Word of God, The Word of Man”を再読しているので、最初に読んだのはそれより前である。この本を評して「実に愉快に読める書なり。……」と言っている。彼はこの頃にはすでにバルトに傾倒していたのである。その後も別な著作の読後感に再三に渡って、同じような評価を下し、バルトを講義や説教の主題にしている。晩年までバルトに対する評価は変わらず、『和解論』を読み込まれ、井上良雄教授を招いてバルトの講演会を開いている。

既述の如く、小原の神学は基本的には前述の三者に共通する逆接的神学に立つと言える。ただ、筆者はどれ程ルター的であるかという細部に至っては未研究である。

他の神学者についてであるが、組織神学的な方面では『基督者の躓き』にブルンナーの告白を読み取り、文化についての講義では彼に依拠している。また、晩年まで英訳でカルヴァンを読まれていたが、説教中で彼に触れてはいても彼を扱った説教はない。また、キルケゴールの一面に肯定的に触れ、パスカルの信仰についてはその健全さを評価した説教（本稿掲載）がある。ルターとの対比でアウグスチヌスに触れているが、彼の人間性に対しては肯定的な評価をしている。晩年、アルバート・シュヴァイツアーを説教に取り入れたが、ティリッヒは読まれただけであった。

ただ、彼の神学研究は組織神学に片寄っていたのではない。立教大学中沢宣夫名誉教授は、「小原先生は英語（英訳を含め）で書かれた聖書学や神学の大書のほとんどすべてを読破しておられた」と言っている。二〇年間に及んだ講解説教には何冊もの注解書を座右に置いていた。そして、晩年までブルトマンの英訳本を何冊か取り寄せて読み、「彼はキリストを信じたいと思っていた人物だ」と評していたこともあった。また、日記や書簡の中でドッドを高く評価し、ハンター等の名前が時折登場する。彼は聖書釈義において「クリティカルな所はクリティカルに」という理性的な姿勢を貫いている。

【注】

（1）「逆接的神学」という言い方が適していると思われる。説教集『切なる招き』七三〜七四頁の両頁に渡って「信仰はパラドックスである」ことが展開されている（本稿三七六頁の断片参照）。ルターはハイデルベルク討論で使ったとある（『ルター神学討論集』教文館一〇二頁）。フォーサイスは「神の赦しの道徳的逆説」のタイトルの下で六頁に渡って詳述している（『説教論』ヨルダン社二八六頁）。バルトについては弁証法神学で明らかである。

② 教会

さて、小原の回心後、教会の状況はどうなったのであろうか、簡潔に述べる。

まず、小原が柳町小学校長時代の昭和九年、恩師高倉徳太郎牧師の逝去後、長野教会の信徒達は小原を講師に据えて、毎年高倉牧師召天記念修養会を開催することにしたのである。それは、信徒教会の設立に感謝を表わすもので、晩年までで三〇回を数えた。その修養会は、また、県下に散在する信徒達の年一度の集いの場でもあった。

さて、教会自体の発展であるが、小原が長野伝道教会の牧会に専任することになった年、つまり、昭和一六年は宗教団体法が発令され、教会の主管者が必要とされた時と合致することとなった。彼は教団の教師試補の資格を、個人的には好まなかったが、教会の為に受諾し、長野伝道教会は「日本基督教団長野教会」となった。戦後になるが、昭和二〇年宗教団体法が廃止され宗教法人令が公布され、教団から各会派が離脱し始め、長野教会は植村環牧師から日本基督教会への加盟を要請されたが、教団に留まった。その後、昭和二七年に教団は小原伝道師（補教師）に正教師の資格を与えた。

注目すべき発展は婦人会でもあった。女性の活躍は戦前からあったが、婦人会発足は昭和二三年と遅かった。昭和一六年、信徒清水藤井は上田市で行われた北信の婦人会で植村環牧師の話を聞いて感動し、植村牧師を説教に長野教会へ招く橋渡しをした。また、彼女は昭和三二年全国婦人連合会で、正典論に詳しい渡辺善太牧師に接し感銘を受け、その弟子岡村民子を婦人会に招き、その後一五年間に渡って婦人会と親交を得た。小原牧師はこの婦人会に対しては見守っていただけであったが、婦人信徒の働きは、各地区の聖書研究会の開催にも繋がっていったのである。北信の信濃町の柏原（現信濃村教会）、中信の塩尻市の広丘、戦後になって、東信の国立上田療養所、中信の塩尻市片丘、東筑摩郡四賀村の会田に聖書研究会が次々と開かれていくようになっていった。その背後には、小原牧師が学校のＰＴＡ・職員会などで多くの講演を行なったことも影響していると推測される。

話は小原牧師個人のことになるが、小原牧師は、福音理解の相違から、地区の牧師会にはあまり参加せず、飲酒喫煙をしていたため、地区の大方の牧師達からの評判はよくなかった。だが、彼は閉鎖的であったのではなく、彼が説教・講演者として招いた牧師等は、柏井光蔵、福田正俊、森有正、植村環、寺田博、浅野順一、井上良雄等という錚錚《そうそう》たる顔ぶれであった。

その間（昭和七年〜昭和三九年）、小原牧師時代に洗礼を受けた者は一〇〇名に及んだのであった。

③　牧　会

小原牧師の牧会は、説教、自宅での談話、聖書研究会や各家庭での話等、また、書簡という分野において適宜、かつ多彩に行なわれた。

説教で牧会するというのは当たり前であると捉える人もいるであろうし、説教は説教で、牧会ではないと考える人もいるであろう。しかし、説教を聴いて、心が晴れやかになったという事例は正に牧会と言って差しつかえないのではないだろうか。立教大学名誉教授中沢宣夫は、昭和二五年、小原牧師の説教を一回聴いただけで、「清澄な光というべきもの」が心の中に注がれ、喜びにふるえながら聖書を開き、魂の書として学ぶようになったと言っている。近隣の柏原教会（現信濃村教会）の牧師であった清水恵三は説教に行き詰まってどうにもできなくなった時、こっそりと長野教会の礼拝に出て、小原牧師の説教を聴いて「心洗われる思い」をもって帰宅したという。これらは、説教による牧会の例であろう。

自宅における牧会であるが、とにかく、小原家への訪問客は多くあった。楽しく過ごして帰ったという思い出が多く追憶文に載っている。中にはこういう例がある。小原校長が柳町小学校時代の頃、その学校へ転勤が決まった教員松峰隆三は、話の中で英語を勉強したいという事を言い出した、その時、小原校長はくわっと目を開き「大いにやり給え」と言い「だが、生徒の前では己《おのれ》を失《な》くすのだ」とぽつんと付け加えられたのである。松峰は「これが私の人生の転機となった」と書き記している。これは特殊な例かもしれないが、そんな事実もあったのである。彼は後年或る英語研究会の会長になったと聞く。

書簡における牧会は、小原牧師の一つの特徴ではなかろうか。信仰などについてまるで対話しているかのように書きしたためている。例えば、次のような例がある。ある若い教員が自分の友人を小原校長の下へ転勤させてくれるよう手紙を出した後の小原牧師からの返事について、「この時の先生からのお返書は懦夫《だふ》である私を震え上がらせるものであった。私のような青二才に対して懇切丁寧でしかも深い御心痛の程も知られ教職の如何に大切な天職であるかも御教示下さったのである」と追憶文に書き記している。この種の例をあげれば切りがない程、書簡による牧会がなされたのである。

牧会の真骨頂は生活の中でなされたと言えるかもしれない。その状況に応じて自然に出て来る言葉によるものである。また、教員の話になるが、何かの講演での出迎えの時の話であろう、この教員と小原校長がリンドウが咲いている野道を下り始めた時、途に沿ってせせらぎが幽《かす》かな音を立てて流れていた。それを覗きこんで見た小原校長は「この水を見ろ。この水を見ろ」と洋傘の先で指し示し、憐れむような口調で「この水は楽しくて楽しくて、小躍りして流れているじゃないか」と諭すように言うのであった。それが一緒に居た教員にどう受け止められたかは定かではないが、小原校長は何かを暗示したのであろう。

また、戦時下における信徒達への励ましの言葉等を含む感謝の念は一律ではなく、千差万別と言ってよい程個性ある様々な対応の様子が追憶集に描かれている。その中で、最も大勢の信徒の方から感じられるのは、彼の存在が「身近に感じられた」ということであろうか。何人もが小原牧師を「心のふるさと」と言っている。ただこの「心のふるさと」によって示されるものも多様である。ただ、「ふるさと」を感じさせる反面、短気な彼はよく人を叱ったのである。教員時代だけでなく教会においても同様であった。浅野順一牧師による恒例の長野教会での礼拝説教の後の事であるが、浅野牧師は「集まっていた礼拝出席者に対して（小原牧師は）大声でドナリ付けるような何事か語られたことがある。……説教者である私が少々居たたまれないように思われた程である」と追憶集に書いている。修養会でも大勢の面前で遠慮無く信徒を叱られた。それは信仰義認を否定した時である。大喝をもって叱られたある信徒は不快と不満の後に、それが自らの心に対する叱咤激励であることに気づき「絶望に陥れなかった（小原牧師の）あの真情」を感謝をもって思い返している。

このように、彼の厳しさと優しさが一つとなって醸《かも》し出す霊的なものは「逃げ出したくなるが引き付けられる」という畏怖と魅力の狭間へと信徒を追いやったのであろう。

最後に、不思議なことに、このような牧会をされてきた小原牧師が、晩年に、次の様に言うのである。

「牧会者として、老生は全く成っていなかった事を切実に感じつゝも、学校の先生の経歴がよい様で然らず、という事を昨今痛感する面が大きい、……」（傍点編者）

この言葉は昭和三八年二月、信徒唐沢正作[1]に宛てた書簡に記されたものであるが、彼の牧会例を見てくれば、その言葉をどう解釈してよいのかわからないのである。もしかしたら、この言葉は牧会者が牧会者であるための宿命の言葉であったのであろうかと思ってしまうほどである。また、それはそれで、前文の最後の一節も難解な言葉である。「学校の先生の経歴がよい様で然らず」とは一体何を意味するのであろうか、解説不可能である。

【注】

（1）当時、彼は東京の信濃町教会員でもあり、小原牧師の『ガラテヤ書講解』の発行人をし、出版をめぐって特高とやり合った人物。また、彼は高倉徳太郎牧師の晩年の説教を速記し、それが召天五〇周年記念にまとめられて編纂され、最後の説教集『恩恵の栄光』となった。

④ 教育

さて、ここでは、昭和七年から昭和一六年までの教育、いわゆる「柳町教育」と称された小原校長の教育精神を述べることになる。

その教育の概要は「第二次大戦前後の右傾化という厳しい時流の中で、小原校長はその抑圧にもかかわらず泰然自若として、教員達には職員会で『生徒の前では己《おのれ》を失《な》くすのだ』と諭し、生徒には『唯一心、意地悪なしに、先生の心をもって心とせよ』と訴える中で、教員達は小原校長の精神を理解し、心から教育に打ち込み、かつ楽しみ、生徒達も勉学や運動に熱中しその成果を顕《あらわ》していった教育であり、それは自由主義教育の典型とされ、通称『柳町教育』と呼ばれ県の教育視察校と指定された」と表現してよいであろう。

次に、その「柳町教育」の状況の極一部を垣間見る程度であるが、見ていくことにする。

新設校として集められた柳町小学校（現在のほぼ中学まで含む）の教員達は皆かなり個性の強い者が多かったようで、「彼等を統率し風格の高い学校をつくろうとする先生の苦心は並大抵なものではなかった」と当時の教師は語っている。その具体的な一例を挙げると、「先生は教育観の前に人生観を徴《ちょう》された。中途半端な常識人、教育技術屋、教育渡世術師を低俗なものとして許されなかった」とか「人間肯定に突っ走る民族主義者やヒューマニスト達に対して、小原校長は『傲慢になってはならぬ』と戒めを与える」という厳しい態度で臨んだのである。厳しいのは教師達に対してだけでなく、生徒達にも同様であった。入学式でもふざけていれば大喝が下り、保護者の前で男子生徒はカタンカタンと音をたてて倒れたという。そのような指導が三年程続いたが、そのうちに、小原校長の教育の信念が理解されていき、昭和一〇年頃には、小原校長は「教室のことは勿論、その他の運営も職員各々に任せて、それを見守っているように」なり、朝礼の訓話も児童対象ではあるが、「聞いている職員一人一人が、しみじみ反省と自重をしないでは居られない切なるもの」なっていった。さらに、「小原校長の下に信条・学歴・出身を超え、生徒にひた向きに立ち向かっている職員は命冥加な自由人として、校長に総てを任せ切って心ゆくまで教育」を楽しむようになっていったのである。

実は、この教育の背後には、昭和六年に経験した回心の精神があったのである。回心後の小原校長の教育姿勢は、今までの精神的理想主義による教育姿勢、特に島立小学校における教育姿勢と外面的には似ているが、ただ一点異なることは「祈りの心で待っている」という姿勢であった。この姿勢は回心によって生れたと考えられる。彼はこの姿勢を校長訓話の中においても訴えている。

小原牧師は、退職後、このような精神の下に教育講話を県下全域に学校やＰＴＡ等で頻繁に行なっている。それは極晩年まで続き、その数は三〇〇回を下らないのではないかと推定される。また、昭和二三年にはＮＨＫの放送で信州教育について講演をしている。

⑤　社会問題に対して

小原福治という人物の生涯を追って行く中で、時代状況はかなり厳しいものがあったにもかかわらず、少なくとも半生（回心）までは、島内事件を除いて、ほとんど時代の状況は日記に表われてこないのである。しかし、ここ、昭和八年に至って、その時代状況が小原校長の身辺に直接関係してくるようになる。

まず、昭和八（一九三三）年、長野県で教員左翼化（赤化）事件が生じる。治安維持法で教員二〇〇名程が検挙され、柳町小学校では該当者二名を出した。小原校長は従来から共産主義は宗教を否定するものであるという視点で捉えていたので、彼等が危険思想の持ち主であると見なされてもそれを否定することはなかったのであろう。それで、彼は自分の学校で検挙者を出した責任をとって進退伺いを出すのである。そのことから、小原校長自身が「自分の学校で不祥事を出した」と考えたことは確かである。しかし、この事件を重大視しなかったと思われる。彼は後日教育会評議員会から出された対策案を「馬鹿らしい」と日記に記しているからである。

さて、次は彼の戦争観であるが、小原校長は、大東亜共栄圏を認めつつも、それはキリスト教精神を取り入れなければならないと考えていた。彼は南京陥落について、

日支提携が目的である以上、力は最終的のものでないことを考えねばならぬ。国際主義に対する真実の態度を失わないことが大事である。国家に理想がなければならぬということは其処である。

と記し、道義外交を主張し、さらに、昭和一四（一九三九）年八月には、

日本帝国が神より負わせられたる使命を感じて、日支問題も対欧州関係も考え直す必要があろう。ヒトラーやナチスの根性にかぶれた軍部の行く方に新しき方向を与えられることを。国を憂いて立たねばならぬ時だ。実に憂患の秋である。

と嘆いたのである。彼の嘆きは単なる嘆きに留まらず、言動に表われてくるのである。翌一五（一九四〇）年、日独伊三国同盟が調印された時、学校の朝礼において、全校の教職員と生徒を前に、

「日本は駄目だ、独逸《ドイツ》はやられる、日本もあぶない」
と絶叫したのである。

それを聞いた教職員達は戦慄し、直ちにこのことを学内で完全に封鎖したのであったが、彼自身は逮捕覚悟の発言であったのである。彼の戦争観は大局的には非戦論と言ってもよいのであろうが、単なる非戦論として類型化できない複雑な様相をしている。つまり、皇国日本を愛しつつも、軍国主義を否定し、国家を支えるのはキリスト教であると捉える構図を類型化はできないのではないだろうか。また、当時、彼が満州開拓（移民・義勇軍）についてとった姿勢が不明確であったこと等から、社会問題に対して若干疎いところがあったと一部からは評されている。

しかし、終戦後、彼は社会問題について、明確な態度を説教、講演などで打ち出している。昭和三三年には、『福音と世界』の読者アンケートに答えて、「警察官職務執行法改正問題」についてコメントを出している。社会党に対する具体的なコメントもしている。しかし、この時点では「教会として、また教団として政治に関わりをもつことについて、いかがなものかという疑念をもちます」と言っている。

彼はそれ以後も、説教の中で社会問題、国家間の問題を取り上げ激しく批判している。特に教育に関しては、説教の中で勤評反対運動を示唆する程、深い憂いを持って関心を抱いていた。晩年まで、雑誌『世界』を購読していた。また、恐らく浅野順一牧師との関係と思われるが日本基督教協議会（NCC）に関与し「靖国神社国家護持反対」にも一役買っていたと筆者は記憶している。

そんな小原牧師の社会問題意識や彼の姿勢を理解するのは難しいと言えるであろう。というのは、彼の大胆な行動、例えば、師範学生退学事件、島内事件、日独伊三国同盟発言などにおいて、自分の身や体制を恐れず、大胆極まりない行動をとり、戦後も政治・社会に深い関心を持っていたにも拘わらず、いわゆる社会運動と積極的に関わったことはなかったからである。その行動形態は、フォーサイスやバルトのような、社会問題への関わり方とは趣を異にしている。彼の基本的なスタンスは「民主主義が定着するには個人が変革されなければ」という一点に在り、彼の精力はそこに注がれた。そんな彼を、哲学者藤田美実《よしみ》は、「現実を認識する眼を持った非凡な常識人」であったと評している。

⑥　人物（ある交友関係と卓越した趣味）

最後に、ある交友関係と趣味について述べる。まず、彼の交友関係であるが、長野県下では幅の広い交友関係を築いた。しかし、長野という地方都市に生涯を終えたため中央の著名な人物達との交流は、高倉徳太郎牧師の関係から信濃町教会の人物達との関係を除けば、それほど多くはなかった。けれども、その中で特異と思われるのが、日本精神主義者と言ってよいのか、中央の名士杉浦重剛とその弟子角田孤峰と小原との間に親交があったことである。

杉浦重剛は国のトップレベルの教育行政職を歴任し、皇室の修身の指導にあたった人物であるが、信州教育との関連で言えば、当時、初等教育界で涌き起こった東西南北会というグループに招かれ講演をし、信州教育に強い影響を及ぼした人物である。小原は彼の自由主義的な姿勢に惹かれたようである。奥村政治郎[1]と共に、東京で会見し感動したという一文を残している。その彼の弟子に角田孤峰がいた。小原は角田と回心後の昭和六年十一月に始めて会っている。柳町小学校の校長時代である。その交流は昭和一六年に彼が亡くなるまで続いたが、お互いに頻繁に往来していたようである。昭和八年の赤化事件には、彼から当時国粋主義者と言われていた松本深校長に手紙が届き、その中で彼は小原校長を援護するのである。小原は、手塚縫蔵もそうであったが、何故このようにお互いに惹かれる程、日本精神主義者達との交流を続けたのかは理解するのは容易ではない。その理由を文献から見いだせないのである。ただ、キリスト教とは矛盾しないと言っているだけである。

次に、彼の趣味についてである。彼の南画風の水墨画と書、そして刀剣の趣味では素人の域を超えていたと評されている。それは彼の風情、古武士のような風情と呼応するようなところがあった。また、ペン字にも独特の気品があったが、ここでは刀剣と水墨画だけについて触れる。

彼は昭和一〇年頃から刀剣への関心を寄せ始めたようである。刀剣の刃研ぎにも優れていたが、それよりも目利きが優れていたと言えるのではないだろうか。ただ、彼は収集家ではなかった。昭和二〇年四月の日記に、

相伝備前の鎬地《しのぎち》をすっかり直す。真に名刀なり。或は余が所持中の最も優れたものか。国行におよび、国吉より上位にあり。(昭和二〇年)

と書かれている。このような記述は多く、彼の卓見を物語っている。彼は「刀剣の鋭さは神の愛の表徴である」

と言っている。それは「霊の剣」(エフェソ書六章一七節)を示すのか、定かではない。

水墨画に至ってはさらに凄く、卓越したセンスを持っていた。彼は小学校の頃から絵を描くのが好きであったが、高等科の時には彼の絵が「秀逸」と評されて称賛されたこともあった。その特技は、小学校卒業後、父親の手伝いで染め物の下絵にも生かされ、一時は美術学校への進学も考えたようである。彼は教員時代にも描き続け、南画風になったのは校長時代になってからであるが、退職後、思う存分絵を描くことを楽しみにしていた。その願い通り、特に、教育講演活動の後には絵を所望されて書き続け、県下にその数五〇〇〇枚は下らないのではないかと聞く。信徒は勿論、教員、PTAの人達へと望まれれば快く描かれたようで、「湧泉」という烙印を押された傑作をいくつも所蔵している人達が多い。南信の方では、龍峡亭の主《あるじ》と懇意になったが、小原牧師が亡くなった後、有志の展覧会が何回かそこで催された。彼の絵は戸隠連山を背景に越水ヶ原を描いたもの等のように山に関係したものが多く見られるが、それだけではなく、御覧頂いたように多彩である。昭和九年から描き始めたという波の画は長野県下各地の学校に見られる。その筆先の鋭さが描く大胆で細やかな造形美には驚きさえ禁じ得ないものがある。小原は画についての持論を「画論管見」という一文にまとめている程である。

このように、彼の趣味である刀剣と水墨画は、聖書や人間の生き方に関係をもったもの、すなわち、それらの表徴であったのである。しかも卓越したものであった。小原は、「宣教的立場にある牧師が絵など描いていられるのか」というような批判めいた言葉に対して、独特の平信徒論をもって弁明しているが、その弁明はどうであれ、彼が罪赦された自由人として躍動している生きた姿をそこに見る思いがするのである。

また、小原は山が好きであった。当時の人達はよく登山をしたようである。彼は『信山縦断記』を認《したた》め、その風情を記している。これは彼の画の題材とも絡み、独特の味わいを醸し出しているエッセイである。

【注】

(1) キリスト者でアララギ派の詩人。小原が付属長野小学校の教員時代には同校の教頭であった。小学校長を歴任したが、小原とは懇意の間柄にあった。彼の葬儀の時には小原牧師が司式をした。

おわりに

これで、解説は終了させていただきますが、今日《こんにち》、入手可能な文献をすべて参考にしましたので、彼の人物像は概略としては一応描かれているのではないかと思っています。しかし、概略では表現できない部分も多く、不十分なところがありますが、ご容赦下さい。

（文責）編者

評伝・著作一覧（兼参考文献）

（1）評　伝

『信州教育とキリスト教』「小原福治と長野教会」など
　塩入隆著　一九八二年（昭和四七年）キリスト新聞社

『信州教育の系譜上』「第三章キリストの流れ」
　藤田美実著　一九八九年（平成元年）　北樹出版

『信州近代の教師群像　続』「小原福治の祈り」中村一雄著　一九九五年（平成七年）　とうほう

『長野教会史　Ⅰ』立岡宏夫（執筆）　二〇〇三年（平成一五年）長野教会

『長野教会史　Ⅱ』立岡宏夫（執筆）　二〇〇八年（平成二〇年）長野教会

『信濃教育』「愛と信念と気迫の教育」１４７６号　駒込幸典著　平成二一年　信濃教育会

『小原福治　教育者として牧師として』大島純雄著　金城学院大学論集　人文科学編　３０

『涌く泉の如く』一九六八年　長野教会

（2）著　作

（説教集）

説教集『汝尚一つを欠く』一九五五年

説教集『切なる招き』一九五九年

『小原福治遺稿集　上』（説教等）一九六六年

（聖書講解）

『ガラテヤ書講解』一九四三年

『聖書講解　マタイ傳』一九五〇年

『ロマ書・ガラテヤ書講解』一九五〇年

『聖書講解　ヨハネ傳』一九五一年

（その他）

『教育随想』一九八一年（旧版一九五一年）

『小原福治遺稿集　下』（日記、書簡等）一九六七年

「刊行のことば」の出典および人物

（一）注の出典

（1）『卓上語録』植田兼善訳　２００３年　教文館　34頁　七五「開いた戸」

（2）『カール・バルト著作集　1』１９６８年　新教出版社　「キリスト教宣教の危急と約束」（大宮溥訳）

（3）『福音と世界』昭和三一年　書評欄

（4）『湧く泉の如く――小原福治追憶集――』昭和四三年　長野教会編　十一～一二頁

（5）前掲書二一～二二頁

（二）人　物

（人物の紹介にあたり、その主な参考資料を掲載しましたが、出典が複数に渡る場合は、その資料の意図を逸脱しておりますので、文責は編者にあります。）

マルチン・ルター（一四八三～一五四六）

ドイツの宗教改革者。彼は中部ドイツの炭鉱都市アイスレーベンで生れた。当時最も評判が高かったエアフルト大学で修士号を取った後、落雷に遭い、アウグスブルグ派の修道院に入り修道僧となる。司祭になった後、一五一二年には神学博士となり新設ヴィテンベルグ大学の神学部教授に就任。その後回心を経験し《塔の体験》、今まで悩んできた「神の義」の問題に対して「新たな神の義の理解」に到達した。一五一七年贖宥論争を開始し「九十五箇条の提題」を掲示し、一五一九年のライプチッヒ論争においてローマ教会と対立、その後三大文書をもって宗教改革を開始した。一五二一年ローマ教会から波紋され、ヴォルムス国会での発言により帝国追放となる。その後、ドイツ語訳聖書を出版したり農民戦争にも係わったが、ローマ教会との思想上の戦いや福音の普及等に精力的な活動が続けられた。約四五〇冊の著作と論文を書き、約三千回の説教を行ない、二六〇〇通の手紙を書いたと言われている。プロテスタントは彼の影響で成立した。

（『ルター』清水書院、等より）

カール・バルト（一八八六～一九六八）

スイスのプロテスタント神学者。スイスのバーゼルに牧師の息子として生れた。神学校に入学し、二二歳の時カントと初期シュライエルマッハーの路線に立つW・ヘルマンに傾倒した。しかし、小さな工業村ザーフェンビルの牧師に赴任し当地の労働組合運動に係わり、「赤い牧師」と言われるようになった。彼はその最中にも神の問題に没頭し、三〇歳の時に書き始めた『ローマ書』が当時の思想界に衝撃を与え、弁証法神学の中心的存在となる。その後、ドイツの大学神学部に招かれて教授になるが、ナチズムと対立して講壇を追われた。ヒトラーに抵抗する教会闘争の思想的支柱となり、また戦後は冷戦的思考を批判し続けた。1930年代以後三〇年以上にわたり、キリスト論的集中と呼ばれる立場から未完の大著『教会教義学』(邦訳全三四冊)を書いた。他にも著作多数あり、説教も邦訳され十八巻にまとめられている。プロテスタント史上、あるいは、ルター以後の最大の神学者と言われている。(『カール・バルト』清水書院、等より)

ピーター・テイラー・フォーサイス
(一八四八〜一九二一)

イギリスの会衆派神学者。スコットランドのアバディーン大学卒業後、同校の人文学部の助手をしていたが、二四歳の時ドイツへ留学しリッチェルに学ぶ。二八歳の時イングランドにおいて牧師として活躍。政治的な問題にも係わり、当初自由主義神学の立場で動脈硬化した正統主義に対して批判的に係わった。だが、伝道・牧会の過程で彼に回心が生じ、神学的自由主義を逆に鋭く批判するようになった。それが明確になったのは四三歳の時の講演「古き信仰と新しき信仰」である。その後の説教「聖なる父」「権威の福音的原理」は会衆派における大説教として評価された。一九〇一年ハクニーカレッジ神学大学の学長となり、二〇年間多忙な生活の中で一七冊以上になる著作と、優れた論文を発表した。その神学からバルト以前のバルティアンと呼ばれている。

日本に紹介されたのは植村正久牧師によってであるが、彼の神学が広められたのは高倉徳太郎牧師によってであった。(『キリスト者の完全』新教出版社、等より)

小塩《おしお》　力《つとむ》(一九〇三〜一九五八)

静岡県藤岡に生れる。旧制松本高等学校在学中植村正久から受洗。日本基督教団牧師、新約学者。小塩高恒の長男。東京帝国大学農学部卒業、東京神学社に学ぶ。高倉徳太郎の指導を受けた。松江、佐世保教会牧師。一九四七年日本基督教団井草教会を創立。雑誌『福音と世界』

主筆、『新約聖書神学辞典』(一九四八)を編集した。
父の残した少年教護施設、小塩塾の塾長を務め、幼児より悪性の喘息に苦しみつつも文書伝道に専心、重厚で香り高いキリスト賛歌の文章を多く記した。五〇年(昭和二五年)日本聖書学研究所所長を務め、死の直前まで講壇を守った。喘息発作のため死去。その間、東京神学大学、津田塾大学、農村伝道神学校講師も務めた。
主著『高倉徳太郎伝』『聖書入門』『小塩力説教集』『小塩力神学論集』(『日本キリスト教歴史大事典』等より)

福田正俊(一九〇三〜一九九八)

牧師、神学者(教会史、教理史)。中学生の時、高知教会の多田素牧師から受洗。慶応大学経済学部を卒業。二四歳の時、東京神学社で教養科目を担当しながら神学を学ぶ。三四年四月高倉牧師逝去後三五年より信濃町教会の主任牧師となり、一時退くも、東京神学大学教授を兼務しつつ、七三(七〇歳)年まで同教会の牧会にあたった。これは「第二次福田時代」と言われ、後期バルトといわれたバルト神学に学びつつ牧会が行なわれた。退職後の二〇年間は著述に専念された。主な著書に『恩寵の秩序』『時の徴』(小塩力と共著)、『世界の光』『福音の信仰』『主の祈り』等がある。小原牧師の葬儀には福田牧師が司式をされた。

(『キリスト教人名辞典』等より)

中沢宣夫《のぶお》(一九二七〜二〇〇三)

一九二七年に長野市に生まれる。高校生の時、小原牧師の説教を聞いて入信[1]。旧制松本高等学校へ転学後、一九五三年に東京大学哲学科を卒業し、三年後同大学院終了(西洋中世哲学専攻)。その後、金沢大学法文学部(現文学部)哲学科専任講師を経て、立教大学へ移り、学生運動に直面し、学生部長として大きな責任を果した。その頃、日本基督教団井草教会の牧会にもあたった。一九七六年四月立教大学教授となる。一九九二年三月に定年退職、同年六月名誉教授となる。その後、自宅で聖書集会を開かれ、亡くなるまで続けられた。また、終生、長野教会と深い繋がりをもたれた。

〔訳書〕(著作、論文は割愛させていただきました)

アウグスチヌス『三位一体論』東京大学出版
アウグスチヌス『ヨハネ福音書講解』上下巻
アウグスチヌス『母モニカ』新教出版社

(「中沢宣夫先生追想の会」パンフレット《二〇〇四年

十二月五日》等より）

【注】
（1）その様子を『追憶集』より抜粋

「昭和二五年五月一日の主日礼拝。講壇に立てる人は簡素な和服をまとって、壇上をゆきつもどりつして、諄々とローマ書の一章を解き明かしされた。先生は語られた『いいですか、パウロは現実に悩んでおり、救いを求めて叫んでいるんですよ。自分は救われていると思い、悟り澄ましているのではない。自分の罪と戦い、罪を告白している、ここに本当の信仰があるではないか』と。……私はこのただ一回の聴聞によって、『清澄な光というべきものが私の心の中に注がれた』（アウグスティヌス）思いに満たされた。……」

手塚縫蔵《ぬいぞう》（一八七九～一九五四）

東筑摩郡広岡村出身、長野県師範学校卒。明治三五年長野教会高木牧師より受洗。同年東筑摩郡和田小学校に訓導として赴任。翌三六年長野師範学校事件で休職を命ぜられた後上京し、新設の東京神学社に入学し、校長植村正久、教頭柏井園の指導を受けた。翌年三八年上高井郡川田小学校に首席訓導として復職。二年後、再度上京し神学社に学び、植村牧師より伝道師を薦められたが固辞し、教師の道を選んだ。[1] 明治四二年東筑摩郡間小学校校長に任じられ、西沢千代と結婚。[2] 二年後長野市後町小学校教頭になり、郊外においては東西南北会を設立し、中央の高潔な人物達を招き、啓蒙を受けた。大正五年に松本幼稚園で第一回聖書研究会を開き、後の日本基督松本教会に発展した。その後、三〇余年にわたって講壇を守った。

その間に、柏井園等、中央の神学者などを招き講演会を何度も開いたり、雑誌『基督者』の編集後記を書くなど、その影響は県下に及んだ。島内事件の翌年塩尻小学校後任問題で辞職を申し出たが、二年後、同信の友の尽力によって片丘小学校長に復帰した。退職後は日本基督松本教会を守り、昭和二九年感謝の内に召天した。[3]「教育は人なり」の風潮を信州教育界に残して世を去った。

（『長野師範人物史』より）

【注】（1）植村牧師は手塚縫蔵が教師の道を選んだことについて、目を細くして、「このことだけは手塚に負けたな、お前の方が正しかったようだな」と言って褒

めたという。『信州の片隅から』《川田殖著》より。
(2)手塚の妻、千代は小原の妻小仙の叔父の新聞記者牛山雪鞋の養女で小仙と姉妹のような関係にあった関係上、手塚と小原は親戚感情をもち、お互いに「小原」「手塚」と呼び合っていたという。
(3)矢内原忠雄が手塚の教会葬で「私は第一義的には勿論神のために死ぬ。しかし、第二義的には手塚縫蔵のために死ぬ」と語ったという有名な話がある。

植村正久(一八五八〜一九二五)

明治・大正期の指導的キリスト教師。安政五年旗本の子として江戸に生まれる。一八七〇(明治三)年、ブラウンより受洗。東京一致神学校を七八年に卒業、日本基督一致教会の伝道者となる。八四年に日本人による最初のキリスト教神学書といいうる『真理一斑』を刊行。八七年には番町一致教会(後の富士見町教会)を設立、終生同教会の牧師を務めた。一時、明治学院教授も務め、一九〇四年より東京神学社を創設して神学教育と伝道者の養成にあたった。自由主義神学の影響に抗して「福音主義」の立場を守り、また、日本基督公会に始まり日本基督一致、日本基督教会へと発展する流れの中で常に指導的役割を果した。ミッションからの独立を目ざした日本プロテスタントの代表的存在である。

さらに、自ら発刊した『日本評論』『福音週報』やその他の刊行物を通して、政治、社会、教育、宗教などに関する幅広い評論活動を行った。このほか聖書和訳事業や賛美歌の編纂、文学評論や英文学の紹介などに関する貢献も大きい。日本の文学界にも影響を与えた。まとまった著作としては『真理一斑』(84)、『福音道志流部』(85)がある。また『植村全集』全8巻(1931〜34)、『植村正久著作集』全7巻(1966〜67)がある。

(『日本大百科全書』『日本キリスト教歴史大事典』より)

高倉徳太郎(一八八五〜一九三四)

神学者、牧師。京都府綾部に生まれる。第四高等学校を経て東京帝国大学独法科に進み、植村正久の感化を受けて受洗。その後、神学校入学を決意し、東大を中退して東京神学社に投じた。同校卒業後富士見町教会伝道師として植村を助け、ついで、京都吉田教会、札幌北辰教会牧師となったが、一九一八(大正七)年東京に戻り東京神学社の教授となる。その後イギリスに留学し、エデインバラ、オックスフォード、ケンブリッジに学び、二四年帰国。直ちに大久保の自宅に教会（のちの戸山教会）を発足させ、東京神学社の教授を務めるかたわら伝道に従事。翌年植村の死後、東京神学社の校長となり、明治学院神学部と合併して日本神学校が設立された際その教頭となり、のち校長に就任。他方、戸山教会は富士見町教会から多数の転会者を受け入れて信濃町教会となった。また、福音同志会を結成、『福音と現代』を創刊して教会革新運動に乗り出したが、激務のために健康を害し、疲労困憊の極に達して欝状態に陥り、自ら生命を絶った。若くして自我の問題に悩み、それを介して信仰に近づき、福音によって救いを得たが、自我と文化とが青年時代の大きな問題であった。……特にフォーサイスの影響を受けてその神学的立場を確立した。帰国後は福音的キリスト教を提唱して社会的キリスト教その他と対決。……名著『福音的キリスト教』（大正二七年）を出し、恩寵宗教としてのキリスト教を提唱し、当時まだ未熟であった日本のキリスト教界に神学的自覚を促した。『高倉全集』全一〇巻（大正三六～三七年）、『高倉徳太郎著作集』全五巻がある。　　（『日本キリスト教歴史大事典』より）

掲載写真（画）について

（一）出　典

（1）口絵の小原牧師の写真　　長野教会蔵

（2）表紙、口絵の画を初め説教題の画多数　　小原小ハル氏蔵

（3）説教題の画と書「紫光」等　仲田草苑子《まき》氏蔵

（4）説教題の画「越水ヶ原」等　工藤和枝氏蔵

（5）説教題の画「乗鞍」　故小林久氏家蔵

表紙・カバーを含め、右の画と書はすべて小原牧師が描かれたものである。

（二）説明（一部）

「北海の怒濤」「涛声」等　波の画を描き始めたのは昭和九年頃犬吠崎からである。長野市立柳町中学校の講堂には今でも掲げられて在る。

「乗鞍山」塩尻市の教育会館に在る「乗鞍」は晩年八一歳の時に描いた彩色画である。

「前岳」戸隠連山の一つ。「西岳」はその南に連なる。

「越水ヶ原」ここを戸隠連山を背景にして描かれたものは

多い。これは色紙に淡彩で描かれている。

「北アルプス」　槍ヶ岳へは三五歳付属小学校教員の時に教頭の斉藤節等と登っている。

「旭山」「頼朝山より……」　長野市立西部中学校にはこの題材の絵が彩色画で講堂に掲げられている。長野教会の位置はこの山の左下隅に位置して、県庁もその近くの山際にある。「頼朝山より……」は、多分昭和六年の六月だと思われる。

「小霧の中社」　長野教会の三〇回に渡る戸隠修養会の舞台になった中社である。

「鹿」「若草山よりの景色」　七八歳の時、ご夫婦で京都旅行をしたときの画である。

「厳島」　昭和七年十一月に伊豆に療養中の高倉徳太郎牧師をお見舞いに行った時の画である。

「修養会二〇周年を記念して」　昭和二九年八月に描かれた。小原牧師はその直前に、信濃町教会における高倉徳太郎牧師の二〇周年記念会に参列している。「紫光」と共に、故中村秀夫氏の画帳に書かれたものである。

「病身中の画帳」　貴重な書である。昭和六年五月一八日、耳鳴りが発病し、翌日から家居となる。

年譜

年（西暦）	歳	月	活動内容及び関連事項	その他の事項（年）
明治一六年（1883）		3	長野県島内村に、父東弥、母たつの長男として生まれる（一日）。子女に姉まつ江（七歳）がいた	明治（一五）年 立憲改進党と立憲帝政党結成
明治一七年（1884）	1	3	（父東弥は苦境の中から家を再興し福治少年が小学校時代之頃は染色業としてかなり盛んであった）	デフレと農民生活の困窮 （一八）内閣制度確立
明治一八年（1885）	2	3		（二〇）日本赤十字社創立 （二二）②月 大日本帝国憲法発布
明治一九年（1886）	3	3	四月 各学校例制定 七月 信濃教育会創立 四月 津久井新三郎牧師長野に講義所を開設	（二三）日本基督教会発足 最初の経済恐慌
明治二三年（1890）	7	3	一〇月 教育勅語発令	（二三）⑦月 第一回衆議院総選挙 （二四）自由党の結成
明治二四年（1891）	8	3	島内小学校入学	（二五）産業革命の進行、労働運動始まる
明治二九年（1896）	13	3 7	島内小学校高等二年卒業 四月 松本開智小学校高等科三年入学 大洪水	（二七）日清戦争始まる （二八）日清講話条約
明治三〇年（1897）	14	3	F・S・スカッダー宣教師長野講義所の常任になる	③月 金本位制成立

明治三一年（1898）	15	3 春	松本開智学校高等科四年卒業 父と共に染織工として励む	憲政党結成 隈板内閣成立
明治三二年（1899）	16	3 春	三、四尺の絹布へ梅の模様の下絵を描き、父に褒められる	⑩社会主義研究会結成（幸徳秋水）
明治三三年（1900）	17	3 10	この頃から父親の声が出なくなって病状次第に悪化してきた 父東弥死去（九日・五〇歳）　白木氏へ染織工として弟子入りする（九日）	⑨内村鑑三『聖書の研究』創刊 ⑨立憲政友会結成（伊藤博文）
明治三四年（1901）	18	2 3	姉まつ江死去（七日・二五歳） 四月　小原学問に志す　松本戊戌商業学会（私立）入学、校長木沢鶴人	⑤社会民主党結成（片山潜） ⑫田中正造足尾鉱毒事件天皇直訴
明治三五年（1902）	19		手塚縫蔵　奥村政治郎長野講義所に入会 本科二年生になる（校名変更）　松本戊戌商業学校（現在の松本商業学園）	八甲田山遭難事件
明治三六年（1903）	20	3 5 11	四月本科三年生になる（注　中退という説もあるが不明確） 木沢校長と共に上京し早稲田実業中学校二年中途入学一ヶ月半後に退学 下伊那郡龍江《たつえ》小学校代用教員として赴任（15日）	⑤藤村操の自殺 ⑪平民党結成
明治三七年（1904）	21	3 4 夏	龍江小学校代用教員解職 帰郷　運動器具の外交員として県下に運動器具を売って歩く 上高地に遊ぶ　穂高の雄姿に感激　十一月手塚縫蔵、神学社にて学ぶ	②日露戦争始まる　⑨与謝野晶子「君死に給うこと勿れ」 ⑪植村正久が東京神学社創立
明治三八年（1905）	22	1 3	中野税務署に勤務　二月　松本税務署に転任 木村熊二牧師長野講義所第六代主任者となる（三一日）	①夏目漱石『我が輩は猫である』 ⑨日露講和（ポーツマス）条約

明治三八年(続き)		10	南佐久郡野沢小学校代用教員として赴任	
明治三九年（1906）			岡村千馬太 和田小学校長になる（三二歳）	①日本社会党結成
			長野講義所現在地へ移転	⑪「満鉄」設立
	23	3	この頃英文学書に興味を持つ　エリオット女史、トマス・ハーディ等	
明治四〇年（1907）	24	3	長野講義所は長野伝道教会になる	戦後恐慌始まる　義務教育六年
		10	野沢小学校退職　再度上京し苦学をする　『信濃教育』創刊（名称変更）	②足尾銅山で暴動
明治四一年（1908）	25	3	順天中学四年編入試験合格	
		4	順天中学四年入学（二ヶ月で退学）　右肋膜に異常あり、帰郷決意	
		7	信越線で御代田に下車　　同月　臼田小学校代用教員となる	
			十一月　手塚縫蔵、神学社にて再度学ぶ	
明治四二年（1909）	26	2	専門学校入学者検定試験（一回目受験）不合格	④第一回ブラジル移民
		3	【臼田在住の時、聖書を読み始める。これが信仰の萌芽となる】	⑩伊藤博文暗殺
明治四三年（1910）	27	1	専門学校入学者検定試験（二回目受験）不合格（図画のみ不合格）	④武者小路実篤「白樺」創刊
		3		⑤大逆事件幸徳秋水逮捕・死刑
明治四四年（1911）	28	1	専門学校入学者検定試験（三回目受験）合格（全科目優秀と激賞される）	製糸の輸出量世界一位となる
		3	八月　長野県基督者修養会（於長野伝道教会）五日間に渡り柏井園講演	
		9	本科正教員試験受験合格　一〇月　岡村千馬太、山形小学校長になる	⑨『青鞜』発刊
			東西南北会　この頃旗揚げ	

大正元年（1912）　29	3 10	四月　東筑摩郡山形小学校赴任（次席訓導として） 杉浦重剛講演会に出席　慰労会で歌い東西南北会の注目を浴び松岡弘と友好を結ぶ（三一日）	③美濃部達吉・天皇機関説 ⑦明治天皇没　⑨乃木大将殉死 ⑫西園寺内閣総辞職
大正二年（1913）　30	3 12	牛山小仙と結婚【小原基督教入信の決意をする】	⑫第一回憲政擁護大会　尾崎、犬養出席
大正三年（1914）　31	3 10 11	この頃山形小学校在任中に親友荻原左門が肺炎で亡くなる（三〇歳） 九月　長野師範にトルストイ事件起こる 山形小学校退職　十一月松本市松本小学校源地部赴任 長女みち誕生	①ジーメンス事件 ②内閣弾劾決議案提出・否決 ③山本内閣総辞職 ④大隅内閣成立　対独宣戦
大正四年（1915）　32	2 3	長野師範星校長辞職勧告事件（二一日）	①中国に二十一カ条の要求提出
大正五年（1916）　33	2 3 6 7	長男元亨氏誕生　一月　長野伝道教会第七代阿部賛平牧師来任 （四日）松本聖書研究会第一回集会（一三名出席） 松本聖書研究会第三回集会に小原始めて参加する	①吉野作造民本主義を説く ⑩大隅内閣総辞職　寺内内閣誕生 ⑩憲政会結成
大正六年（1917）　34	3 4	信大付属長野小学校赴任　眼病を患う 四月　杉崎瑢　付属長野小学校に研究授業を開設する（田中学級） 聖公会受洗志願式をすます　この頃白樺派運動が活発になる	『婦人公論』発刊 物価騰貴につれて米価二年前の二倍半になる

大正六年（続き）	12	【文検受験を止め、小学校教員として一生を捧げる決意をする】	⑩ロシア革命レーニン政権
大正七年（1918） 35	2 3 4 5 7	次女ゆき誕生 杉崎瑢 長野付属小学校主事となる 【日本基督長野教会において植村正久から洗礼を受ける】（二七日） （同時に矢島麟太郎・田中嘉忠両夫妻も洗礼を受ける） 日本基督松本伝道教会設立式 参観旅行（井口起喜源治の研成義塾を含む中南信方面） 手塚縫蔵発案『基督者』創刊 小原その編集業務をする	⑧シベリヤ出兵宣言 ⑧米価暴騰 富山県に米騒動起きて全国へ広まる ⑨寺内総理辞任 原敬内閣誕生・初の政党内閣誕生
大正八年（1919） 36	3 7 8 10	五月 柏井園長野教会で講演【小原柏井園と出会い、信仰上の一契機】 長野伝道教会安井牧師に対して、矢島麟太郎と抗議行動をする 奥村政治郎と共に杉浦重剛を訪れる 九月信州白樺派雑誌「地上」創刊 植村正久 松本へ講演にくる 小原等の抗議行動の処理に当たる	⑥ヴェルサイユ条約調印 米騒動アジア地域に連鎖・国内収まる 普通選挙運動各地に拡大
大正九年（1920） 37	3	一月 西田幾多郎を指導者に「信濃哲学会」発足 六月 柏井園死去	①国際連盟に正式加入③株価暴落 戦後恐慌始る ⑤初のメーデー
大正一〇年（1921） 38	1 3	三女みね誕生 （文部省の自由主義教育弾圧始まる） 四月 東筑摩郡波田小学校へ首席訓導として赴任 松本伝道教会の礼拝講壇に時々立ち説教をする（他長老三名と共に） 英語研究会講師をする（題ウィリアム・ローの「切なる召命」）	⑪原敬首相暗殺 高橋内閣発足 ⑫日本社会主義同盟結成 〈教養文化と大衆文化の進展〉 婦人運動勃興

大正十一年（1922）39	3 12	七月 東筑摩郡島立小学校へ校長として赴任　岡村千馬太埴科郡長に左遷 植村正久松本伝道教会へ講演に来る【小原、説教を聴き光明を見出す】	③全国水平社創立大会 ⑦日本共産党非合法に誕生
大正一二年（1923）40	3 9 11	自宅において家庭祈祷会を開く（手塚、島内小教員主体） 四女志づ氏誕生（一ヶ月後他界） 関西修学旅行　汽車に同乗の女性よりお礼状をもらう 【右のことより、教育方針のヒントを得る】	⑨関東大震災 社会主義社や朝鮮人を殺害する事件起きる ⑪長野県に上田自由大学誕生 ⑫虎ノ門事件
大正一三年（1924）41	3 6 9	長野、松本両師範の更迭（五月）副教科書取り締まりの通達 川井訓導事件（五日）島内事件（小原校長修身の問題で質問）（九日） 松本日本基督教会独立記念式	①第二次護憲運動始まる ⑥護憲三派内閣 ⑫婦人参政権獲得同盟会結成
大正一四年（1925）42	1 3 4 7	植村正久死去（九日） 『信濃教育』（四五六号）に小原論文を書く〔過去一年を思ふ〕 （三一日）手塚に塩尻小学校長任命（四月六日）手塚辞表を提出 高倉徳太郎松本教会で説教　五月『信濃教育』川井訓導事件特集号 列車事故に遭遇　軽傷で済む　八月　次男登誕生	④治安維持法公布 ⑤普通選挙法公布 ラジオ放送開始
大正一五（昭和元）年（1926）43	3 5	四月島立小校職員による英語会発足（ラスキンの「胡麻と百合」を講義） 高倉徳太郎松本高等学校において昼夜二回講演	⑫大正天皇崩御
昭和二年（1927）44	3 8	長野市加茂小学校へ校長として赴任　箱清水に転居	

昭和三年（1928）　45	3 4	この後二年間住居は転々とする　二月　木村熊治牧師死去 長野伝道教会主任として近藤善治氏着任	金融恐慌始まる ⑥立憲民政党結成⑫日本共産党・社会民主党・日本労農党結成
昭和四年（1929）　46	3 6 7 8 10 12	四月　全国市連合教育会に出席（広島・一九日）　信濃教育会館竣工 長野伝道教会を離れ第一回祈祷会が塚田保平宅で開く（五日） 「信濃教育」に論文を書く〔教育者の矜持〕（三〇日） 朝の礼拝第一回を塚田保平宅で開く（七日） 高倉徳太郎松本教会修養会にくる（一八〜二〇日） 小原右修養会に参加し、長野伝道教会のことを高倉牧師に相談する 回想録を書き始める（一五日） 【フォーサイスの『祈りの精神』から受肉の経験を与えられる】（大晦日）	治安維持法違反容疑で全国一斉検挙 ②初の普通選挙法実施（男性） ③三・一五事件 ③大学生の就職難深刻化 浜口雄幸内閣時代(昭和四〜六年) ⑩犬養毅　政友会総裁に就任 世界恐慌波及する
昭和五年（1930）　47	2 3 5 6 7 8	渡辺視学より新設柳町小学校長の懇請あり（二七日） 新設柳町小学校長に任ぜられる（三一日） 柳町小学校初職員会（一日）　高倉牧師来長　会談持つ（七日） 柳町小学校入学式（二一日）　始業式（二七日） （以下○印は信徒教会設立までの経過） ○　午前礼拝復活夏期伝道のため玉井義治伝道師来る ○　教会の午前礼拝に始めて出席（二〇日） ○　金井為一郎牧師から、来月から教会は自主礼拝組に責任を課す、との連絡あり（一七日） ○　高倉牧師来長し「藪」の会議もたれる（三〇日）	③内村鑑三死去（28日） ④ロンドン軍縮条約 ④高倉牧師　日本神学校建設式 ⑥高倉牧師　戸山教会牧師として正規の就職式挙行 ⑥空前の農村恐慌、小学校教員給料未払い始まる。 ⑦高倉牧師「我等の団体」（後の福音同志会）の会合

年	月	事項	社会
	8	○　午後三時から礼拝　高倉牧師説教　直前に四者協議行われる(三一日)	
	9	○　金井牧師来会　長野伝道教会総会が開かれ、信徒教会誕生（九日） 手塚雄二郎君葬儀の式辞を述べる（五日）	
	10	後町小学校との合同運動会（四日）	
昭和六年（1931）48	3		北海道東北大飢饉 農村恐慌の影響が学校に及ぶ ③福音同志会による雑誌「福音と現代」創刊号 ③三月事件（クーデター未遂） ④若槻礼次郎内閣時代始まる ⑨満州事変起る（18日） ⑨高倉牧師松本教会で礼拝説教（27日） ⑩一〇月事件（クーデター未遂）
	5	雑誌『信濃教育』のための原稿「教育と実生活」の原稿完了	
	6	耳鳴りの始まり(一八日)　内耳炎発症　この後家居安静となる(一九日)	
	7	三日から出勤　手塚縫蔵から漢詩の手紙届く（四日）	
	8	不眠症と耳鳴りが続くが勤務に戻る　日記を再開する（一二日） 渡辺担平視学へ辞任撤回を要請する手紙を送る（二五日） 第一回戸隠籠もり　戸隠中社大杉旅館にて静養する(四～一三日)この時、渡辺担平が帰郷を前に戸隠神社に参拝に来ているのに出会い同宿する 【この同宿が小原の信仰にとって非常に意義のあるものとなった】 (以下○印　回心までの重要事項) ○　記念すべき礼拝（二四日）	
	9	○　破綻の歌　三首を表す（二六日） 二学期始まる　初職員会での訓話（1日） ○　高倉牧師からルターの『ガラテヤ書註解』が贈られる（6日） 第二回戸隠籠もり　戸隠中社宮沢旅館へ塚田保平氏と向かう（20日）	
	10	○　回心を経験する（24日）	
	11	戸隠から下山する（10）　雅号湧泉の使用を始める　角田奇峰に邂逅す	

昭和七年（1932）　49	3	八月　母たつ死去（八二歳）（十一日）	①上海事変起る（一八日）
	10	高等官八等、正八位を贈られる　（秋）ヨハネ伝講解説教始める	③満州国建国宣言（一日）
	11	南伊豆に療養中の高倉徳太郎を訪ねる（二八～三〇余日）	⑤五・一五事変（犬養毅首相暗殺）
昭和八年（1933）　50	2	教員左翼化事件（二・四事件）起きる　柳町小学校から二名検挙（一〇日） 右の事件で進退伺いを出す（二二日）	小学校教員給料未払い激化
	3	角田奇峰より進退問題についての長文の手紙がくる（三日）	③日本国際連盟脱退（二七）
	5	ローマ書研究始める（一四日）	
	7	角田氏を上林温泉に案内する（三一日）（この年角田氏との交流多くあり）	
昭和九年（1934）　51	3	（二月）ヨハネ伝講解説教終了	
	4	御親閲のため上京中、高倉徳太郎牧師の死の電文を受け、翌朝訪問（四日）　高倉徳太郎牧師告別式に参列（五日）	
	8	第一回戸隠修養会開催（十一～一四日）　郷里島内の家を手放す	
	10	犬吠崎にて波を見る　波の絵この頃より手がける	
昭和一〇年（1935）　52	3	高等官七等従七位を贈られる	②貴族院で美濃部達吉の天皇機関説に対する攻撃事件始まる
	8	第二回戸隠修養会（十一～一四日）参加者二二名	
	9	長野県青年学校長に就任（一日）　金井為一郎牧師来会　説教　聖餐式を行う	
昭和十一年（1936）　53	3	（この頃より刀剣に関心を寄せ始める）	③二・二六事件（高橋是清蔵相暗殺）⑪日独防共協定調印
	8	第三回戸隠修養会（八～一〇日）参加者二六名	

昭和一二年（1937）　54	3	次男登と共に五智海岸へ散策（四日）	⑦日中戦争（日支事変）始まる ⑫南京事件（一三日）
	8	第四回戸隠修養会（八～一〇日）	
	12	勲八等、瑞宝章を贈られる（一日）	
	2	高等官六等叙正七位を贈られる　福田正俊牧師来会　説教　聖礼典を行う	
昭和一三年（1938）　55	3		④国家総動員法公布（一日）
	8	第五回戸隠修養会（七～一〇日）	
	9	上田彫塑会に石井鶴三氏を訪ねる	
	10	ガラテヤ書の講解説教を始める 柏原聖書会始まる（昭和一八年まで続く）この年下伊那行多し	
昭和一四年（1939）　56	3	金井為一郎牧師来会　説教　聖礼典を行う	③宗教団体法成立（二三日） ⑦国民徴用令公布 ⑨第二次世界大戦始まる ⑨毎月一日が興亜奉公日と定まる
	8	第六回戸隠修養会（七～一〇日）	
	9	全国小学校長会（九州）に出席（二六日～一〇月六日）	
	11	勲七等、瑞宝章を贈られる（一三日）	
昭和一五年（1940）　57	3	六月　柏井光蔵牧師来会　説教（九日）	④宗教団体法施行 ⑧賀川豊彦が憲兵隊に検挙される ⑨日独伊三国同盟調印 ⑩大政翼賛会発足
	8	ガラテヤ書講解説教終了（四日） 第七回戸隠修養会　説教（十一日） 植村環牧師来会　説教（二〇～二一日）	
	10	園部壮之助牧師来会　説教（二〇日） この頃防空演習のため夜の教会集会を中止した	

昭和一六年（1941）	58	2	住居緑町へ移転　柳町小学校長退職を決意	⑥日本基督教団創立総会開催
		3	柳町尋常高等小学校長退職	⑪右設立認可
		4	柳町小学校長退職式　長野伝道教会は長野教会となる	⑫ハワイ真珠湾攻撃　対米英宣戦布告
		6	日本基督教団教師試補受験上京（九日）准允式　於柏木教会	太平洋戦争が始まる（八日）
		7	植村環牧師司式による任職式　於長野教会	
		8	第八回戸隠修養会（一八～二一日）	
		10	長野教会牧師館（県町）へ転居（七日）	
			福島町へ講演にきた矢内原忠雄を来訪（二六日）	
昭和一七年（1942）	59	3	宗教団体法による長野教会規則県知事の認可を受ける（三一日）	⑩教団「戦時布教指針」を通達
		6	広岡聖書研究会（第一回）講話（四月）　ローマ書講解説教始める（二八日）	⑫教団　礼拝前の国民儀礼の示威しを通達
		8	植村環牧師来会　講演（七日）参加者四五名	
			第九回戸隠修養会（一八～二二）参加者一六名　寺田博牧師説教（三〇日）	
昭和一八年（1943）	60	2	手塚縫蔵氏母堂告別式に参列	⑩教団　大正天皇祭のためクリスマス祝会等はその前後へ移動することを全教会に通達
		3	県立長野中学校教授嘱託（三一日）	
		5	『ガラテヤ書講解』出版（発行者唐沢正作　特別警察から取り調べを受ける）	
		8	第一〇回戸隠修養会（一〇～一三）参加者一八名	
		9	長男元亨出征（一六日）（六月）ローマ書講解説教終了（二〇日）	

昭和一九年（1944）	61	3	長男元亨の東京帝国大学卒業式に参列の為上京	⑧教団「決戦態勢宣言」を発表
		4	次女ゆき氏、代田義雄氏と結婚（六日）	⑨教団「全国一斉必勝祈願の祈祷会開催」を通達
		6	長野県青年師範学校講師（三〇日）　この頃上条憲太郎との関係深まる	
		8	第十一回戸隠修養会（一二〜一五）参加者十一名	
		10	次女ゆき出産の為満州より来長	
		11	教団より伝道局長来会　講演「日本の四〇余派の合同は天佑であった」と	
昭和二〇年（1945）	62	1	ゆき長男出産、健と命名（二七日）	③東京夜間大空襲（九日〜一〇日）
		3	四月　ゆき母子満州へ（一八日）	⑧広島に原爆投下　⑨長崎に投下
		5	軍に食料置き場として教会堂を貸与（一〇日）　みち長女出産（一日）	⑧ポツダム宣言受諾
		7	妻小仙、次男登　広岡に疎開　最後の大詔奉載日妻科神社で早天祈祷会	⑧天皇「終戦の詔勅」　日本無条件降伏
		8	戸隠修養会中止　終戦の詔勅を聞く（於広岡役場）　次女ゆき一家死亡（於満州）	⑫宗教団体法廃止、宗教法人令公布施行
		9	妻小仙、次男登　広岡から引き上げる	
昭和二一年（1946）	63	3	四月　衆院選　池上隆祐氏を応援　東筑摩郡島立、山形へ出向く	①天皇「年頭の詔書」　神格を否定
		5	戸隠にて礼拝をする（十一〜一二日）	⑪日本国憲法公布
		8	第一二回戸隠修養会（九〜十一）参加者三二名	
		10	代田ゆき一家三名の告別式伊賀良にて行う（一五日）	
昭和二二年（1947）	64	1	寺田博牧師来会　説教（一二日）長男元亨、今井小ハルと結婚（一八日）	③教育基本法　学校教育法公布
		2	次女ゆきの遺品として画帳（父親よりの満州移住記念のもの）が届く	⑤日本国憲法施行
		3		

昭和二二年（続き）	7	下伊那方面の学校で講話を頻繁になす	
	8	第一三回戸隠修養会（六～八日）参加者二四名 主題「野に呼ばわるものの声」　一〇月　長野教会婦人会初会合	
昭和二三年（１９４８）　65	1	長野県青年師範学校講師退職（三〇日）　柏原聖書会再開（昭和三一年迄）	⑤日本基督教協議会（ＮＣＣ）結成、教団はその構成員となる
	3	柳町中学校助教諭（三一日）	
	7	第一四回戸隠修養会（三一～八月二日）参加者三一名 主題「基督とその十字架」	⑩教団教憲を改正、使徒信条の告白を決定（二七日）
	8	ＮＨＫより信州教育について放送（二〇日）	
昭和二四年（１９４９）　66	3	七月　無牧の上田車坂教会、国立上田療養所の聖書会の応援に行く	③東京神学大学設立
	8	第一五回戸隠修養会（三〇～八月一日）参加者二四名	⑦下山、三鷹、松川事件発生
	9	柳町中学校助教諭退職（三一日）これをもって全く教職から去る 以後、講演の為長野県下へ出向くこと非常に多くなる	
昭和二五年（１９５０）　67	3		⑪教団「キリスト教平和宣言」を発表
	7	第一六回戸隠修養会（二四～二六）参加者二四名	
	11	『聖書講解マタイ伝』出版　『教育随想』（初版）出版（二〇日）	
	12	『ロマ書 ガラテヤ書講解』出版	
昭和二六年（１９５１）　68	3	福田正俊牧師来会　説教・聖礼典	②東京で「キリスト者平和の会」発足
	7	第一七回戸隠修養会（二～四日）参加者二四名	
	9	『教育随想』出版　『聖書講解ヨハネ傳』出版（三〇日）	

		この年の講演　五～六〇日に及ぶ　PTA二〇回、職員一五回　等 （講演は前年度よりこのような状態が長い間続く、逐一記載はしない）	
昭和二七年（1952）69	3 11 12	八月第一八回戸隠修養会（一～四日）参加者二四名 教団の教師検定試験受験　正教師の資格を得る 教区総会議長来会、小原牧師按手礼を受ける	⑤血のメーデー事件 ⑦破防法公布 ⑫教団「平和に関する声明」発表
昭和二八年（1953）70	3 8	長野教会員より古稀の祝いを受ける 小仙夫人と共に東京旅行をする（一九～二四日） 第一九回戸隠修養会（一～四日） 主題「パウロ書簡よりヨハネ福音書へ」	
昭和二九年（1954）71	3 8	高倉牧師二〇周年記念会参列（於信濃町教会） 第二〇回戸隠修養会（二～五日）浅野順一牧師講演（初参加） 主題「ローマ書八章一節について」　手塚縫蔵氏死去（一五日）	③米国水爆実験、第五福竜丸被災 ④日本聖書協会『口語訳新約聖書』刊行 ⑦自衛隊発足
昭和三〇年（1955）72	2 3 12	『福音と世界』（三、四月号）に寄稿　主題「信仰の遍歴」 八月　第二一回戸隠修養会（二～五日）浅野順一牧師講演（初参加） 主題「恩寵に対する人間至上の対戦」 説教集『汝尚一つを欠く』出版（二七年～三〇年）（一五日）	
昭和三一年（1956）73	3 8	この年松本教会応援の為、三回程説教に赴く 第二二回戸隠修養会（六～九日）参会者四〇名を超える	⑫日本　国連に加盟

昭和三一年（続き）	8	第一講「我は福音を恥とせず」　第二講「上からの新発足」 第三講「福音は神の力」――K・バルトの信仰紹介を兼ねて――	
	9	『福音と世界』十一月号に寄稿　巻頭説教「神一人の他に善き者なし」	
昭和三二年（1957）　74	3		
	8	第二三回戸隠修養会(五～八日)　主題「我らがイエスに出会う場所は何処」	
昭和三三年（1958）　75		小原牧師七瀬教会応援（一～三月）	
	3	浅野順一牧師来会講演　六月小塩力牧師死去（三〇日）	③文部省　道徳教育実施要綱を通達
	8	第二四回戸隠修養会（六～九日）　第一講「福音による自由」 第二講「キリストの与える愛」　第三講「祝福されたるもの」	
昭和三四年（1959）　76	3	説教集『切なる招き』出版（三一年～三三年）	
	6	東京美竹教会で説教（一四日）	
	8	第二五回戸隠修養会（六～八日） 信濃村伝道所会堂落成記念集会記念講演をする第二日目（三日のうち）	
昭和三五年（1960）　77	3	小原牧師喜寿の祝	①安保改定反対のキリスト者集会開催
	8	第二六回戸隠修養会（八～十一日）　中澤宣夫氏参加　所感を述べる 第一講「キリストの教訓」　第二講「宣教初期におけるキリストの神認識」 第三講「エルサレム入城時におけるキリストの神の救済観」 参会者六〇数名	①日米安保条約改定調印（一九日） ③日本基督教協議会「靖国神社の国家護持」に反対を決議
	11	東京信濃町教会で説教（一三日）　浅野順一牧師来会　講演（五日）	⑥全学連、国会構内で対立

昭和三六年（１９６１）　78	1	清水藤井死去	⑥チェコスロバキアの首都プラハで全キリスト者平和会議開催
	3	六月　奈良・京都方面の旅行（小仙夫人と共に）	
	8	第二七回戸隠修養会（六～九日）第一講「キリストは世の光、生命なり」 第二講「光としてのキリストに対しての私たちの態度」 第三講「キリスト者、光の子、生活について」	
	12	井上良雄教授伝道集会　講演「主の勝利の証人」（一〇日）	
昭和三七年（１９６２）　79	3	七月　浅野順一牧師来会　講演（二一日）	④「憲法を守るキリスト者の会」結成 ⑪教団、憲法擁護に関する声明を発表
	8	第二八回戸隠修養会（一～四日）参会者五〇名を超す 第一講「文化とキリスト教」第二講「文化とキリスト教（E・ブルンナーによる）」第三講「第一、二講の総括」	
昭和三八年（１９６３）　80	3	小原牧師引退を予定し松本市へ転居　礼拝説教には松本市から汽車で通う 八〇歳を祝う会、合わせて長野を去る会を催す（教会・教育会）	⑥教団　建国記念の日制定に対する反対声明を発表
	8	第二九回戸隠修養会（七～一〇日）主題「失われたもの」 戸倉上山田中学校職員研修会「文化と教育」（一四日）最終講演か	
	12	藤沢一二三氏教団補教師検定試験合格　准允式は東海教区総会で行われる	
昭和三九年（１９６４）　81	3	四月　藤沢一二三氏長野教会主任者任職式（一二日）	③『信徒の友』創刊 ④日本キリスト者平和の会結成
	8	第三〇回戸隠修養会（九～一二日）参会者六〇名を超す 小原牧師最後の説教「イエスはキリストだ」（二〇日） この年秋頃より胃腸の調子が悪くなる	

昭和四〇年（1965）	1	松本市の自宅にて腸捻転のため死去（九日午前四時五〇分） 小原福治牧師の教会葬（一七日午後一時　於長野市蔵春閣） 福田正俊牧師司式 小原福治牧師遺骨埋葬（長野市花岡平墓苑）	④教団　米国大統領に対して、ベトナム問題の平和的解決を求める書簡の送呈を決める ⑩日本聖書刊行会『口語訳新旧約聖書』刊行

あとがき

ここに、小原福治牧師の著作集第一巻（説教）が刊行できましたことは、誠に感慨深いものがあります。振り返って見れば、私が小原牧師の説教をお聞きしたのは五〇年前であり、それ以来ほとんどその説教の内容を理解できないままに過ごしてまいりましたが、八年程前、彼の説教に学びつつ、回心までの足跡を辿り始めたところ、次第に小原牧師の存在の重要性に気づくようになり、彼の業績を日本のプロテスタント史に遺さなければいけないと考え四年前からその準備をし始めましたが、今年、召天五〇周年目という記念すべき年に著作集第一巻（説教）刊行の運びとなったのです。

小原牧師の説教は昭和三〇年代には注目を浴びたのですが、小原牧師の説教集が全国的に公開されるのは今回初めてであります。この説教集を読まれた読者の方の中には、おそらく、これ程の説教が日本の昭和時代にあったのかと驚く方もいらっしゃるのではないでしょうか。今回の刊行は、記念行事の意味だけではなく、むしろ、小原牧師の神学的実存が日本の教会の中で理解され位置づけられなければならないという意図で為されたものであります。私は、本稿の中で、小原牧師の回心の実存と説教とは日本のプロテスタント史上希有なものであると言及してきました。読者の皆様方におきましては、それをどのように受け取っていただけたのかと気になるところですが、ルター的な神学的実存に立ち、「福音の再発見」をもたらした一人の人物の足跡と信仰が少しでもこの日本の土壌に継承されていくことを願う次第であります。

また、小原牧師の著作はこの説教だけではなく、三〇回に渡って開かれた長野教会主催戸隠修養会における講話――壮大な神学的思索――があり、教育関係の論文・講話があります。これらの著作も小原牧師の人物と福音理解を知る上では欠かせないもので、今後、再刊行できればと願っています。

説教とは直接関係しませんが、小原牧師の趣味の一つに水墨画がありました。そのほんの一端ではありますがが、口絵及び説教のタイトル頁等に掲載を許されました。先生は「画は線だ」と言われていましたが、その画を音楽に例えると、モーツァルトの弦楽四重奏曲K465&K421番の透き通った旋律のようであります。
最後に、このような小原牧師の遺産に対し、私の非力の故に、また、時間的な制約もあり十分な編集ができなかったことをお詫び申し上げると共に、それにも拘わらず、長野教会員の皆様方のご協力とご援助をいただきましたことを感謝申し上げます。本稿中でも申し上げましたが、原稿作成に関しお骨折りをいただき、また写真の提供等有形無形にご協力をいただきました。また、刊行に際しましては、刊行会の皆様方をはじめとする有志の方々から多大なご援助をいただきました。重ねて御礼申し上げます。

二〇一五年　晩秋

編　者

「小原福治著作集」刊行会
（代表・編集）松本　富雄
香山　孝子
工藤　和枝
久保田邦夫
篠原　正信
塚田　正彦
徳武　邦雄
徳武美和子
橋爪　長三

小原福治著作集Ⅰ　説教　　律法の彼方に

2015年12月25日　第1版第1刷発行

著　者　小原　福治
発行者　「小原福治著作集」刊行会
制作　キリスト新聞社出版事業課
〒162-0814　東京都新宿区新小川町9-1
電話 03(5579)2432
URL. http://www.kirishin.com
E-Mail. support@kirishin.com
印刷所　協友印刷

ISBN978-4-87395-689-3　C0016　　Printed in Japan